广东知识产权年鉴

Guangdong Intellectual Property Yearbook 2015

二〇一五年版

广东省知识产权局 编

SPM
南方出版传媒
广东人民出版社
·广州·

图书在版编目（CIP）数据

广东知识产权年鉴. 2015 / 广东省知识产权局编. —广州：广东人民出版社，2015.10
ISBN 978-7-218-10262-7

Ⅰ.①广… Ⅱ.①广… Ⅲ.①知识产权—工作—广东省—2015—年鉴 Ⅳ.①D927.650.34-54

中国版本图书馆CIP数据核字（2015）第169278号

广东知识产权年鉴（2015）

广东省知识产权局 编

出 版 人：曾 莹

责任编辑：余小华 陈东英
责任技编：周 杰 黎碧霞

出版发行：广东人民出版社
地 址：广州市大沙头四马路10号（邮政编码：510102）
电 话：（020）83798714（总编室）
传 真：（020）83780199
网 址：http://www. gdpph. com
印 刷：广州市官侨彩印有限公司
开 本：889毫米×1194毫米 1/16
印 张：21 插 页：21 字 数：900千
印 数：1—2000册
版 次：2015年10月第1版 2015年10月第1次印刷
定 价：280.00元

如发现印装质量问题，影响阅读，请与出版社（020-83795749）联系调换。
售书热线：（020）83790604 83791487 邮购：（020）83781421

编辑说明

一、《广东知识产权年鉴》自2002年首卷问世以来至今已满十四周岁。她在各级领导、省知识产权局、有关主管部门以及社会各界人士的关心和支持下，正在健康成长，在此一并表示谢意。

二、《广东知识产权年鉴》是由广东省知识产权局主持，全省有关知识产权管理和执法的单位和部门，以及各地级以上市知识产权管理部门共同参与编撰的大型资料性工具书。《广东知识产权年鉴》每年出版，公开发行，其宗旨是全面、系统、详实地载录广东知识产权工作的基本情况和最新发展状况，为广东历史提供基本资料保存，为社会各界乃至海外人士了解与研究之用，也可作为企事业单位知识产权部门及有关人员的参考书。

三、《广东知识产权年鉴》采取分类编辑法，以编目、分目、条目组成框架结构的主体部分，着力满足读者的需求，方便读者查阅，体现年鉴作为知识产权工具书的现实意义。

四、《广东知识产权年鉴》以出版年号为版次名称，2015年版主要记载广东省2014年知识产权工作的基本资料，设有十二个编目：（1）特辑；（2）综述；（3）知识产权创造；（4）知识产权运用；（5）知识产权保护；（6）知识产权管理与服务；（7）知识产权交流与合作；（8）宣传、教育培训；（9）地市知识产权工作；（10）表彰奖励；（11）工作交流；（12）附录。

五、书内所刊载的内容和数据，均由广东省内省直各厅局、高等院校、科研院所以及各地级以上市知识产权部门提供，并经过一定程序的审核。

六、本年鉴的编辑出版工作得到各供稿单位大力支持和通力合作，谨此致谢。由于时间仓促、水平有限，本书难免有疏漏之处，欢迎各界人士批评指正。

主编：唐　毅

2015年10月31日

《广东知识产权年鉴》（2015年版）
编辑委员会

2014年4月10日，国家知识产权局与广东省人民政府第二轮知识产权高层次战略合作2014年度工作会议在广州市召开。中共广东省委书记胡春华（左三）和广东省委副书记、省长朱小丹（右三）会见国家知识产权局局长申长雨（左二）等一行

省知识产权工作会议暨广东省专利奖励
第十五届中国专利优秀奖
广东省人民政府奖励
50万元
陈云贤
申长雨

1 | 3
2 | 4

1. 2014年4月16—19日，全国人大常委会副委员长吉炳轩（右二）率执法检查组来粤检查广东省实施专利法情况

2. 2014年8月28日，广东省知识产权工作会议暨广东省专利奖励大会在广州市召开。广东省省长朱小丹（主席台左三）、国家知识产权局局长申长雨（主席台右二）、广东省副省长陈云贤（主席台左二）出席会议

3. 2014年4月10日，国家知识产权局局长申长雨（前左二）一行在广东省副省长陈云贤（前右二）的陪同下在广州市、深圳市等地调研

4. 2014年3月27日，广东省副省长陈云贤（中）在广东省知识产权局局长马宪民（右二）的陪同下考察中山市灯饰企业

Harxon

1 | 3
2 | 4

1. 2014年11月3日，国家知识产权局副局长贺化（左四）一行在深圳市开展企业知识产权专题调研

2. 2014年10月14日，国家知识产权局副局长杨铁军（前排右一）一行到佛山市顺德区调研知识产权工作

3. 2014年3月26日，国家知识产权局副局长甘绍宁（左二）一行到广东省知识产权研究与发展中心开展专利信息传播利用（广东）基地建设专题工作调研

4. 2014年7月2日，国家知识产权局副局长何志敏（右三）一行到广东省知识产权局调研

1 | 3
2 | 4

1. 2014年1月14日，粤闽地区专利保险理赔工作研讨会暨国家专利保险试点首宗赔款支付仪式在佛山市举行

2. 2014年5月28日，国家知识产权投融资（南海）综合试验区创建考核验收会在佛山市召开。广东省知识产权局副局长袁有楼（左三）出席验收会

3. 2014年9月29日，“广东省数字家庭产业专利分析及预警报告会”在广州市召开

4. 2014年12月9日，“广东（广州）汇桔知识产权交易中心筹建知商论坛暨汇桔网战略融资新闻发布会”在广州市举行。广东省知识产权局副局长谢红（右二）出席发布会

广东省数字家庭产业专利分析及预警报告会
数字家庭产业
专利分析及预警报告会
科研机构

WTOIP 汇桔 .com

ShiLong Forum
龙论坛
打假治劣与食品药品安全
九届石龙食品药品打假协作会议
指导单位：国家食品药品监督管理总局
主办单位：广东省食品药品监督管理局 广东省公安厅 东莞市人民政府
承办单位：广东省食品行业协会 广东省医药行业协会
东莞市食品药品监督管理局 东莞市石龙镇人民政府
协办单位：广东众生药业股份有限公司 医药经济报 《食经》杂志
广东 · 东

1 2 3 4 5 6

1. 2014年2月27日，全国打击侵权假冒工作考核组到中国中山（灯饰）知识产权快速维权中心及灯饰市场进行检查

2. 2014年8月7日，全国首家地区性行业协会知识产权边境保护联盟——广州地区行业协会知识产权边境保护联盟在广州市成立

3. 2014年12月11日，由广东省食品药品监督管理局、广东省公安厅、东莞市人民政府联合主办，广东省食品行业协会、广东省医药行业协会联合承办的“第九届石龙食品药品打假协作会议”在东莞市石龙镇召开

4. 2014年3月4日，“全省知识产权局局长会议”在广州市召开

5. 2014年4月2日，《企业知识产权管理规范》贯标宣讲会在东莞市举行

6. 2014年7月29—31日，“广东省专利信息服务地市行”第一期活动在惠州市、深圳市及东莞市三个地市举办

国家专利审查协作广东中心共建领导小组第二次会议

1 | 4
2 | 5
3

1. 2014年8月28日，“国家专利审查协作广东中心共建领导小组第二次会议”在广州市召开。广东省省长朱小丹（主席台左二）、国家知识产权局局长申长雨（主席台右二）、广东省副省长陈云贤（主席台左一）出席会议

2. 2014年8月28日，全省专利申请及资助工作座谈会在广州市召开

3. 2014年11月13—14日，国家知识产权局专利局检查组对广州代办处进行两年一度的工作检查，广东省知识产权局副巡视员黄光华（左三）代表广州代办处进行工作汇报

4. 2014年5月15日，广东省工商行政管理局与美国专利商标局驻广州办公室在广州市联合举办“商标注册管理研讨会”

5. 2014年7月25日，粤港保护知识产权合作专责小组第十三次会议新闻发布会在广州市召开。广东省知识产权局局长马宪民（主席台中），香港知识产权署署长梁家丽（主席台右）分别率团出席

1 | 4 5
2 | 6
3

1. 2014年1月15日，梅州市知识产权局在梅州城区开展专
2. 2014年1月26日，韶关市知识产权局会同市工商行政管
新闻出版局联合授予市区四家经营单位为"正版正货承诺
3. 2014年3月16日，中国东莞（家具）知识产权快速维权
暨新闻发布会在东莞市厚街镇广东现代国际展览中心举行
4. 2014年4月3日，惠州市举办高新技术产业知识产权保护
5. 2014年4月11日，深圳市召开推进知识产权战略实施座
6. 2014年4月21日，广东省知识产权局与江门市人民政府
"省市知识产权联合执法和集中销毁假冒伪劣产品活动暨
知识产权宣传周启动仪式"

1 | 3
2 | 4

1. 2014年6月12—13日，由国家知识产权局专利复审委员会主办、广东省知识产权局承办的"2014年专利代理机构业务能力促进培训班（广州班）"在广州市举办。广东省知识产权局纪检组长、监察专员严小宜（主席台右二）出席开班仪式

2. 2014年7月2—4日，由广东省知识产权局主办、华南理工大学知识产权学院承办的"广东省会展和行业协会知识产权保护实务培训班"在国家知识产权培训（广州）基地举办，省知识产权局副局长唐毅出席开班仪式并讲话

3. 2014年10月13—19日，由广东省知识产权局主办，广东省知识产权研究与发展中心、国家知识产权培训（广东）基地承办的"全国专利代理人资格考试广州考点考前培训班"在广州市举办

4. 2014年12月9—13日，全国首个"《企业知识产权管理规范》贯标实战培训班"在东莞市举办

购家电年货 到超

中国东莞（家具）知识产权快速
暨新闻发

知识产权审查员实践基地启动仪式
度深圳高新区知识产权沙龙第二期

保护·运用·发展

“志愿服务·助力创文”河源市志愿服务进社区活动

1 2 3 | 4 5|6

1. 2014年4月22日，深圳市举行国家知识产权局深圳高新区专利审查员实践基地启动仪式

2. 2014年4月24日，阳江市知识产权局在阳江市高级技工学校举办“4·26”世界知识产权日宣传咨询活动

3. 2014年4月24日，河源市知识产权局举办“4·26”世界知识产权日宣传活动

4. 2014年4月25日，珠海市知识产权局举办知识产权管理专题系列培训之国内外专利商标申请策略、技巧及精华案例分享讲座

5. 2014年4月26日，潮州市知识产权局联合市工商行政管理局、市版权局等8个部门，在第二届中国瓷都潮州国际陶瓷交易会上举办“4·26”世界知识产权日宣传咨询活动

6. 2014年5月14日，茂名市开展专利行政执法专项行动

广州市保护知识产权市长奖
一等奖
广州市人民政府
马宪民

全市知识产权工作会议暨汕头市专利奖励大会

1 | 3 4
2 | 5

1. 2014年10月23日，广州市首次组织召开全市知识产权工作会议，广州市市长陈建华在会上提出广州知识产权发展定位和工作目标，并向获得第二届“广州市保护知识产权市长奖”的单位颁奖

2. 2014年11月6日，汕头市政府召开“全市知识产权工作会议暨汕头市专利奖励大会”

3. 2014年11月21日，中德金属生态城知识产权服务合作框架协议签约仪式、“中德金属生态城知识产权保护与管理办公室”揭牌仪式在揭阳市举行

4. 2014年12月4日，湛江市知识产权局工作人员在中国海博会宣传专利知识

5. 2014年12月16日，广州知识产权法院召开新闻发布会，宣布正式挂牌成立

目 录

特辑

综述

知识产权创造

知识产权运用

知识产权保护

知识产权管理与服务

知识产权交流与合作

宣传　教育培训

地市知识产权工作

表彰奖励

专题研究与工作交流

附录

主题索引

照片目录

Contents of Photos

Contents

Intellectual Property Creation

Intellectual Property Protection

Intellectual Property Exchange and Cooperation

Publicity & Education and Training

Regional Operations on Intellectual Property

Appendix

TE JI

特辑

- 第二轮知识产权高层次战略合作
- 贯彻实施《珠江三角洲地区改革发展规划纲要（2008—2020年）》
- 打击侵犯知识产权和制售假冒伪劣商品工作
- 领导讲话

第二轮知识产权高层次战略合作

第二轮知识产权高层次战略合作

【概况】 2014年，国家知识产权局和广东省人民政府围绕“知识产权强国建设先行地、知识产权深化改革试验区、省部知识产权协同发展先导区”等三方面，共同推动2014年度合作项目,广东知识产权领域实现创新与发展，各项工作均取得成效，实现合作预定目标。

【知识产权强国先行地建设】

先行地建设的政策研究。2014年，广东围绕创建“知识产权强国建设先行地”，组织专家队伍通过半年多的专题调研，完成《广东创建知识产权强国先行地行动纲要》（征求意见稿）起草工作，提出产业支撑行动、企业提升行动、转化促进行动、市场净化行动、海外护航行动、服务提质行动等六大专项行动。组织开展知识产权产品纳入国民经济核算体系专题研究。印发《关于促进我省知识产权服务业发展的若干意见》，提出知识产权服务全覆盖、服务品牌、支撑决策、维权援助、商用化、集聚发展、人才建设、强基建设等八大任务，制定《广东省创建知识产权服务业发展示范省规划》，进一步夯实广东知识产权事业发展的政策基础。

强省建设向地市延伸。广东以贯彻落实《关于加快建设知识产权强省的决定》为抓手，探索强国建设先行地路径。2014年，汕头、佛山、惠州等八个市制定实施意见或实施方案。省知识产权局与东莞、揭阳市政府建立知识产权会商机制。积极筹建广东省知识产权专家咨询委员会。推进知识产权特派员试点工作。

【知识产权深化改革试验区创建】

中新（广州）知识城知识产权运用和保护综合改革试点。2014年，国家知识产权局将国家知识产权运用和保护综合改革试点纳入国家知识产权局重点推进工作，双方共同合力推进知识产权运用和保护综合改革试点建设。广州开发区将国家专利审查协作广东中心作为综合改革试点的标志项目全力推进。积极推动与北京大学合作共建知识产权学院、知识城知识产权服务业园区总体规划等建设项目。

专利导航产业发展。2014年，国家知识产权局对广东开展专利导航产业试点给予支持和倾斜。广东围绕珠三角地区的佛山市高端制造装备、东莞市工业机器人、深圳市生物医学工程、中山市海洋工程装备等产业，启动实施“产业转型升级专利导航工程”。组织开展“广东省重点出口产品专利预警分析计划”。目前，广东已建立各类产业专利联盟25个，建成战略性新兴产业专利信息资源开发利用计划专利数据库30个。

知识产权快速维权工作。知识产权快速维权中心是国家知识产权局支持广东改革突破的重点项目之一。2014年，在国家知识产权局的直接领导下，中山古镇知识产权快速维权中心服务模式日益完善，成效日益凸现，专利申请数量和质量实现双提升。中国东莞（家具）知识产权快速维权援助中心转入营运阶段。中国顺德（家电）知识产权快速维权中心已获国家知识产权局批准。广东已设立知识产权快速维权中心3家，占了全国总数的1/2，专业镇快速维权中心模式在广东受到广泛欢迎。

知识产权金融创新试点。以南海区国家知识产权投融资综合试验区和顺德区国家知识产权投融资服务试点为抓手，全面推进知识产权金融创新。2014年，南海区共有51家企业通过质押758件知识产权获得5.74亿元知识产权质押贷款，顺德区10家企业融资额达20.1亿元，全省获得知识产权质押融资贷款46亿元。专利保险方面，广东158家企业641项专利参与“专利执行险”等险种，总保额达138.83万元，最高可获赔3765.62万元。

知识产权运营交易市场。国家知识产权局批准设立“全国知识产权运营公共服务横琴特色分平台”。广东省政府批准省产权交易集团成立广州知识产权交易中心，积极支持佛山市海科知识产权交易有限公司与银行（投行）、评估等机构建立市场化运作平台，支持广东知识产权（中山灯饰照明）运营中心、广东知识产权创新运用（顺德）试验区建设。广州涌现民营投资、市场化运营的广东（广州）汇桔知识产权交易中心。中兴通讯、腾讯、中彩联等3家企业深化国家专利运营试点工作。深圳市出台全国首个企业专利运营指南地方标准（SZDB/Z 102-2014）。

专利信息大数据商用服务平台。2014年，在国家知识产权局指导下，广东深化泛珠三角区域专利信息服务（广州）中心服务，积极整合完善数据资源，引进创新服务产品与服务模式，建立以互联网在线服务为主的大数据资源服务体系。广东通过组建广东专利信息协会、引导全国知识产权服务联盟成员入粤服务等措施，构建公益服务和商用服务相融合、线上线下立体服务专利大数据利用新局面。拓展面向小微企业的专利技术信息推送服务，推送专利技术信息7万多条。

【省部知识产权协同发展先导区建设】

知识产权服务业发展示范省建设。创建知识产权服务业发展示范省是省部合作重点工作之一，在国家知识产权局的支持下，广东从优化发展环境、培育服务市场、扶持服务机构等多方面下功夫，全面推动广东省知识产权服务业发展。引导资产评估公司积极参与知识产权评估，扶持服务机构发展，促进知识产权服务业集聚区建设。2014年，广东4家知识产权服务机构入选“全国知识产权服务品牌机构培育单位”，5家机构成功挂牌“全国知识产权服务品牌机构”；深圳市福田区和佛山市获批成为国家知识产权服务业集聚发展试验区，东莞松山湖新区、广州市越秀区设立省级知识产权服务业集聚发展试验区，顺德区试点建设“知识产权创新运用试验区”，培育形成国家、省、市三级知识产权服务业集聚发展区。

“提升专利质量样板区”建设。2014年，国家知识产权局指导广东以数量合理增长为基础，全面调整专利申请主体的申请质量。省政府出台《广东省专利奖励办法》，将广东专利奖由部门奖上升为省政府奖。研究制定《关于提升我省专利申请数质量的若干意见》，加大对发明专利授权、发明专利维持、PCT专利申请以及发明专利加速审查等方面的专项支持。全省有效发明专利量率先突破10万件大关，年底达到111878件，位居全国第一。万人发明专利拥有量10.6件。2014年全省PCT国际专利申请量13332件，居全国第一。第十六届中国专利奖广东省获得金奖4项，外观设计金奖2项，优秀奖64项，外观设计优秀奖13项，获奖数再创新高。

企业知识产权海外护航优势区建设。2014年，广东省围绕“21世纪海上丝绸之路”，在展会知识产权保护、行业涉外保护及重点产品专利预警分析三方面开展企业知识产权海外护航优势区建设。展会知识产权保护方面，全年调解会展专利侵权纠纷近1000件；在跟踪重点国家知识产权保护方面，广东支持9家行业协会和展会主办单位开展知识产权涉外应对工作。起草企业规避海外知识产权风险指南，对粤企出现的涉外知识产权纠纷及“337调查”重点案件进行对接维权服务。研究制定《企业应对“337调查”策略方案及操作指引》《海外会展知识产权维权与风险防范指引》等。

企业知识产权管理规范工作。2014年，广东通过建立企业知识产权管理规范推广工作机制、开展知识产权管理规范培训、设立企业知识产权管理规范推进项目、开展企业知识产权

贯标试点等措施，推动企业知识产权贯标工作取得实效。全年企业贯标培训人员达400余人，比亚迪、朗科、白云山制药总厂等50多家企业拟申请国家标准认证。积极开展贯标工作平台建设，目前平台架构已初步建立，将进一步完善平台架构，补充数据。

专利菌种保藏中心建设。国家知识产权局支持广东微生物所建设中国华南专利菌种保藏中心，双方签订专利菌种保藏协议，就该项工作达成一致意见，将按照国家知识产权局要求及相关标准，落实了该中心建设实体、场地及资金，并于近期试运行。

专利审查协作中心服务区域发展合作机制。在国家知识产权局的指导下，国家专利审查协作广东中心与广东省知识产权局签订《国家专利审查协作广东中心 广东省知识产权局2014年服务区域发展帮扶合作计划》，建立长效合作机制。（供稿人：阳屹琴）

贯彻实施《珠江三角洲地区改革发展规划纲要（2008—2020年）》

贯彻实施《珠江三角洲地区改革发展规划纲要（2008—2020年）》

【概况】 2014年，广东省知识产权局根据广东省实施《珠三角规划纲要》的总体部署，按照《广东省人民政府办公厅关于印发〈实施珠三角规划纲要2014年重点工作任务〉的通知》（粤府办［2014］21号）的要求，开展珠三角地区知识产权工作，实现珠三角地区百万人口发明专利申请量为1248件，万人发明专利拥有量为18.8件，两个指标均超过年初设定的1190件、17.5件目标值。

【省级知识产权交易中心】 2014年，广东省产权交易集团牵头构建省级知识产权交易平台“广州知识产权交易中心”。该中心于2014年12月经广东省政府批准正式设立。同时，广州市工商联牵头组建由民营资本主导的广东（广州）汇桔知识产权交易中心，开展知识产权交易、知识产权转化运用。

【知识产权综合改革试点工作】 2014年，国家知识产权局将国家知识产权运用和保护综合改革试点纳入国家知识产权局重点推进工作，双方共同合力推进知识产权运用和保护综合改革试点建设。广州开发区将国家专利审查协作广东中心作为综合改革试点的标志项目全力推进。引进吴汉东团队进驻开发区，成立广东中策知识产权研究院。积极推动与北京大学合作共建知识产权学院、知识城知识产权服务业园区总体规划等建设项目。此外，广东省在中新（广州）知识城搭建高层次的知识产权国际交流合作平台，主办第二届中新知识论坛，围绕“由‘中国制造’迈向‘中国创造’——品牌竞争力与可持续发展的知识产权战略”开展研讨。

【专利审查协作中心加快服务区域发展】 2014年，广东省知识产权局积极协调省、市、区相关部门配合审协广东中心建设工作，全力配合和保障审协广东中心过渡期的工作及日常运转。截至2014年11月，审协广东中心已入职正式员工1467人，其中专利审查员1370名；累计发出第一次审查通知书186064件；完成结案106834件，各项业务均有序开展。同时，广东省知识产权局与其签订《国家专利审查协作广东中心 广东省知识产权局2014年服务区域发展帮扶合作计划》，正式与专利审查协作广东中心建立长效合作机制。（供稿人：阳屹琴）

打击侵犯知识产权和制售假冒伪劣商品工作

打击侵犯知识产权和制售假冒伪劣商品工作

【概况】 2014年，广东省根据《国务院关于进一步做好打击侵犯知识产权和制售假冒伪劣商品工作的意见》（国发〔2011〕37号）要求，按照全国打击侵权假冒工作领导小组的统一部署，加大生产源头治理力度，加强市场监督管理，强化刑事司法打击，努力推进诚信体系建设，建立健全长效治理机制，打击侵权假冒工作取得显著成效。

【组织管理】 省委、省政府高度重视打击侵权假冒工作，领导小组组长陈云贤副省长参加全国打击侵权假冒工作领导小组第五次全体会议，向汪洋副总理汇报工作，并亲自主持召开省领导小组会议和全省电视电话会议，传达中央精神，部署广东省工作任务。省打击侵权假冒工作领导小组办公室积极发挥协调推进作用，组织完成2013年度绩效现场考核，制定并推进年度工作要点实施，深入开展侵权假冒行政处罚案件信息公开、行政执法与刑事司法衔接、互联网打击侵权假冒等专项工作，针对央视曝光问题组织广州市开展皮具行业专项整治，并组织主要成员单位到广州、汕头、佛山、惠州、东莞、江门等地督查，落实工作任务。各地按照省政府统一部署，切实加强组织领导，落实工作制度，进一步理顺关系，提升工作效能，为工作的深入推进打下坚实的基础。

【行政执法】 各地、各部门将日常执法与专项行动紧密结合，围绕重点商品和突出问题，切实加大执法监管保护力度。农业部门深入开展以种子、肥料、农药、饲料、兽药和农机等为主要内容的专项整治，有效规范农资市场秩序；林业部门开展林木种苗质量抽查和打击侵犯林业植物新品种权专项行动；商务部门开展电视购物专项整治；地税部门开展虚开发票专项整治；工商部门紧紧围绕“食品、民生、高危、重害”等领域，部署汽车配件、箱包皮具、酒类、农资和网络交易侵权假冒专项整治；质监部门开展“质检利剑”专项行动；食品药品监管部门深入开展保健食品打“四非”、医疗器械“五整治”、食品安全“三打两整治”、农村市场“四打击四规范”等专项行动；知识产权部门开展专利“护航”和电子商务领域执法专项行动；海关部门专门针对世界杯足球赛开展“绿茵”专项行动。2014年，全省主要行政执法部门共立案查处侵权假冒违法案件21072件，涉案金额4.74亿元；办结18081件，向司法机关移送案件1562件，涉案金额3.65亿元。

【刑事司法】 2014年，全省公安机关共立制假售假案件11280宗，破案10334宗，占全国破案数的1/4，打掉职业化犯罪团伙1100多个，逮捕6278人，移送审查起诉10459人，涉案价值约220亿元，打假工作各项数据指标增幅均为历年之最，得到国务委员、公安部部长郭声琨的充分肯定；全省检察机关共批捕侵犯知识产权犯罪案件1706件3092人，生产、销售伪劣商品犯罪案件649件973人，起诉侵犯知识产权犯罪案件1527件2674人，生产、销售伪劣商品犯罪案件2593件3154人；全省审判机关共受理侵犯知识产权案件和生产、销售假冒伪劣商品案件3535件4969人，审结3313件4684人,同期判决生效3735人，被判处三年以上有期徒刑的168人，持续保持对侵权假冒违法犯罪分子的强大震慑力。

【大要案查处】 全省各地集中优势力量，加大侦破力度，破获一系列具有重大影响的案件。广州开展菱烨假冒注册商标案全国集群战役收网行动，共抓获犯罪嫌疑人70名，打掉制假售假犯罪团伙7个，破案10宗，捣毁制售窝点17处，查获假冒“施耐德”等知名品牌成品传感器7700件、半成品数万件，制假设备、工具一大批，涉案金额2亿余元；深圳联合河北、山东、吉林、山西等地公安机关，侦破特大制售假冒“三星”手机案，共捣毁制售假窝点18处，打掉犯罪团伙16个，抓获犯罪嫌疑人34名，查获假冒“三星”等品牌手机1.2万余部，涉案金额达3.7亿元；汕头联合浙江、江苏、天津、重庆等省公安机关，成功打掉一加工、生产假冒“国际名牌”皮具的犯罪团伙，抓获犯罪嫌疑人16名，查获假冒LV、GUCCI皮具成品2万多件、假冒品牌皮具半成品及制假生产设备一批，涉案价值4亿多元；东莞侦破假冒手表窝点案件，查获假冒“精工”“西铁城”等手表55941块，大批半成品以及制作手表的配件，涉案价值约1亿元。

【打击互联网侵权假冒】 一是各地各部门针对互联网领域侵权假冒的多发环节和重点商品采取积极行动，如工商部门开展“2014红盾网剑专项行动”、版权部门开展打击网络侵权盗版“剑网2014”专项行动，取得阶段性成果。公安部门全年侦破涉及互联网售假案件1293宗，查处违规网站、电商平台616个。深圳快播公司涉嫌未经许可通过信息网络向公众传播他人作品，侵犯著作权人合法权益，损害公共利益。深圳市市场和质量监督管理委员会对其立案调查，克服取证难、定性难、法律适用复杂、证据链条长等一系列困难，最终查明侵权行为直接证据，并处以2.6亿元罚款，创下国内互联网行业处罚之最，极大地打击侵权盗版违法犯罪行为的嚣张气焰。二是电商企业积极开展行业自律，唯品会通过建立“事前审查”和“事后救济”制度，以第三人的身份建立电商平台侵权投诉和调查机制，对侵权假冒采取“零容忍”原则，确保知识产权权利人的投诉和争议得到及时有效处理。三是电商领域立法已经启动，受全国人大委托，深圳市市场和质量监督管理委员会牵头承担电子商务法立法课题，形成《电子商务可信交易环境立法课题研究》等调研项目成果，提出立法建议，为电子商务领域法律法规的完善提供重要参考。

【软件正版化】 2014年，广东省按照国家要求，着力推进企业使用正版软件工作，制定全年推进企业使用正版软件工作计划，通过地市上报等方式编制重点督办企业名录，确定165个重点督办单位，通过培训、讲座和督促检查等方式，狠抓企业软件正版化，取得阶段性成效，其中新闻出版行业二级企业通过国家版权局检查组和省联席会议检查小组的抽查，全部达到软件正版化要求。省推进使用正版软件工作联席会议办公室先后派出5批次督查组，联合地市派出的36个督查组，对全省县级政府机关推进使用正版软件工作进行重点抽查，进一步巩固软件正版化工作成果；4月，国务院督查组检查广东省推进政府机关软件正版化工作，认为广东省“工作严谨扎实，保障工作到位，组织落实迅速，长效机制健全，支持国产办公软件成效明显”。

【两法衔接信息平台建设】 广东省已按照国务院和全国领导小组要求建成两法衔接信息平台，并实现省市县三级平台与中央平台的对接互联。各地各部门深入推进两法衔接信息平台建设，珠海市出台《珠海经济特区行政执法与刑事司法衔接工作条例》，该条例为全国首部保障两法衔接工作的地方性法规，其两法衔接平台自2012年以来共录入案件14735件，行政执法机关移送涉嫌犯罪案件282件，公安机关立案177件；佛山市检察机关用6个月时间梳理完成《佛山市行政执法与刑事司法相衔接工作刑事案件移送标准汇编》《证据参考标准汇编》和《案例选编（一）》三册共计70余万字的书籍，明确移送标准和流程；省质监局会同省公安厅、省检察院起草《质量技术监督行政执法移送涉嫌犯罪案件标准指引》，进一步梳理质监部门两法衔接领域的法律法规，明确涉刑案件移送细则，实现集中化、系统化、明晰化，指导全省质监部门做好行政执法案件移送工作，有力推动两法衔接工作。

【行政处罚案件信息依法公开】 省打击侵权假冒工作领导小组办公室组织成员单位召开电视电话会议，部署侵权假冒行政处罚案件信息公开工作。陈云贤副省长亲自主持领导小组会议，审议并通过《广东省依法公开制售假冒伪劣商品和侵犯知识产权行政处罚案件信息工作监督管理办法（试行）》，并要求各地各部门切实按照国务院和全国领导小组要求，全部依法公开侵权假冒行政处罚案件信息。各地均制定本地区行政处罚案件信息公开实施意见，各行政执法部门均在门户网站或其他平台设置行政处罚案件信息公开专栏，并对案件信息公开的保密审查、审核决定、信息发布、档案管理、部门协调和监督检查等作出规定，及时公开案件信息，接受社会监督。其中，全省工商部门2014年共计公开3517宗侵权假冒行政处罚案件信息，对促进依法行政和震慑违法分子起到积极的作用。

【社会共治氛围营造】 各地、各部门一是以“3·15”“4·26”和“12·4”等重要节点为契机，充分利用电台、电视、报刊和网络等各类媒体，通过召开新闻发布会、开展宣传咨询、公开集中销毁侵权假冒物品和曝光典型案例等活动，宣传报道打击侵权假冒工作成果。二是进一步健全完善举报投诉处理制度，开展维权援助，社会公众主动参与打击侵权假冒的积极性进一步提升。出入境部门实现举报投诉100%人工接听、100%调查取证、100%录入电子案卷和实名举报投诉100%回复；全国首个家具知识产权快速维权中心——中国东莞（家具）知识产权快速维权援助中心在东莞正式运行。三是积极开展社会综合治理，司法部门试点开展律师进村居活动，服务基层打击侵权假冒工作；惠州市开展“社会矛盾化解年”百日攻坚活动，有效化解因侵权假冒违法犯罪行为引起系统性、区域性风险的可能。

（供稿人：王强）

领导讲话

广东省人民政府省长朱小丹在全省知识产权工作会议暨广东省专利奖励大会上的讲话

（2014年8月28日）

尊敬的申长雨局长，同志们：

今天，我们召开全省知识产权工作会议暨广东省专利奖励大会，主要是总结近两年来我省知识产权强省建设情况，表彰我省获得第十五届中国专利奖的单位和个人，研究部署下一步工作。国家知识产权局申长雨局长在百忙中专程莅临大会指导并作了重要讲话，充分体现了国家知识产权局对广东的支持与厚爱。会上，云贤同志宣读了省政府表彰决定，宪民同志作了工作报告，广州市、汕头市、省新闻出版广电局、工商局以及中山（灯饰）知识产权快速维权中心、腾讯科技（深圳）有限公司的负责同志分别作了发言，讲得都很好，我完全赞成。在此，受春华书记委托，我谨代表广东省委、省政府，对长雨局长和国家知识产权局一直以来对我省工作的支持帮助表示衷心感谢！向获奖单位和个人表示热烈祝贺！希望受表彰的单位和个人再接再厉，团结引领全省知识产权工作者，为建设知识产权强省作出新的更大贡献。希望全省各地、各有关部门认真贯彻落实这次会议精神特别是长雨局长的重要讲话精神，不断开创我省知识产权工作新局面。

2012年省委、省政府率先在全国出台实施《关于加快建设知识产权强省的决定》以来，全省各地、各部门认真贯彻落实党的十八大和十八届三中全会精神，以全面深化改革为动力，深入实施创新驱动发展战略和国家知识产权战略，大力推动我省知识产权事业健康有序发展，知识产权激励自主创新活动的社会价值进一步彰显，引领支撑全省经济社会转型升级的作用更加突出。据国家知识产权局2013年发布的报告，我省知识产权创造运用能力不断增强，知识产权综合发展指数和专利综合实力指数均居全国首位。从数量上看，我省知识产权申请量和拥有量稳步增长，专利、商标、著作权登记等各项指标均居全国前列，基本提前实现2015年的规划目标。从结构上看，我省有效发明专利量在全国率先突破10万件大关，PCT国际专利申请量连续12年位居全国首位，累计有效注册商标连续19年位居全国首位，专利密度为每百万人901件，是全国平均值的2.24倍。从运用上看，大力实施“战略性新兴产业专利信息资源开发利用计划”，开展重点出口产品专利预警分析，推行企业知识产权管理规范化，以培育知识产权评估及运营市场等导航产业发展，有力促进了创新成果知识产权化、知识产权成果市场化，企业利用知识产权提升产业核心竞争力的能力不断提升，有力支撑了全省加快转型升级。

回顾两年来的知识产权工作，我们有三点重要的认识和体会：

一是要在部省合作框架下，切实加强对

新时期知识产权工作的领导。2008年广东成为全国第二个开展省部知识产权战略合作的省份之后，国家知识产权局相继安排了国家专利审查协作广东中心、国家级区域专利信息服务广州中心、国家知识产权局专利信息传播利用基地等一批国字号创新性项目落户广东，可以说这是我省近年来知识产权工作的最大亮点。去年，省部开启第二轮知识产权高层次战略合作，围绕打造知识产权服务经济结构战略性调整的创新地、知识产权服务业发展示范省，就实施专利导航、企业贯标、知识产权运营、执法协作等十个方面开展了广泛合作，推动省部合作逐步由项目共建迈向制度共建。今年4月，长雨局长亲临广东，双方又一次召开高层次战略合作工作会议，提出要将广东打造成为“知识产权强国建设先行地”“知识产权深化改革试验区”“省部知识产权协同发展先导区”，进一步加强了对广东知识产权工作的顶层设计。与此同时，围绕实施《国家知识产权战略纲要》，省委、省政府切实将知识产权工作摆上重要工作日程，把实施知识产权战略作为实施创新驱动发展战略的重要组成部分来规划和部署，两年里相继颁布实施《关于加快建设知识产权强省建设的决定》《广东创建知识产权服务业发展示范省规划（2013—2020年）》《关于促进知识产权服务业发展的若干意见》，研究起草了《关于运用知识产权促进产业转型升级的意见》和《关于加强全省知识产权人才工作的意见》等一系列政策措施。《广东省专利奖励办法》也正在审定之中，将于近期以地方政府规章的形式出台，这都为我省知识产权事业发展提供了坚实有力的组织保障、制度保障和政策保障。

二是要运用多种方式培育知识产权创新主体，加快完善知识产权服务体系。这两年，我们围绕维护和保障企业市场主体地位，加快科技体制改革、行政审批制度、工商登记制度等重点领域和关键环节改革，不断释放改革红利，有效激发企业、科研院所、高等院校及个人等知识产权创新主体的活力，在各行业、各领域培育形成了一大批明星企业群，如大家在发言中介绍的华为、中兴、腾讯、金发科技等这样的知识产权优势企业、示范企业已达600多家。同时，全省不断创新知识产权管理服务方式，积极推进知识产权服务业发展示范省建设，建成了一大批知识产权基础信息、维权服务、展示交易等公共服务平台。如中山（灯饰）知识产权快速维权中心获得世界知识产权组织高度评价，佛山联合国际服务机构建成中德服务中心，揭阳建成“中德金属生态城”知识产权服务体系等，这些创新举措，有力拓展了知识产权服务范围，强化了对各类创新主体的服务。

三是要坚持以构建法制化国际化营商环境为目标，不断加大知识产权保护工作力度。做好知识产权工作要坚持“破”与“立”相统一，保护与服务相协调。近几年我们通过“三打两建”专项行动，始终保持打击侵权假冒违法犯罪行为的高压态势，强化侵权假冒领域“两法衔接”信息共享和行政处罚案件信息公开，推动知识产权保护国际化、法制化和常态化建设，取得积极成效。近两年，全省主要行政执法部门、公安机关、检察机关和法院立案或受理查处侵权假冒案件总计近17万件，展会专利、软件、集成电路等重点行业和特定领域知识产权保护力度持续加强。去年我省作为唯一地方代表应邀在全国打击侵权假冒新闻发布会上向海内外作了介绍，进一步弘扬尊重知识、崇尚创新、诚信守法的知识产权文化理念，展示了我省知识产权工作的良好形象。

两年来我省知识产权工作取得的成绩来之不易。这是在国家知识产权局的有力指导支持下，全省知识产权系统广大干部职工拼搏创新、扎实工作的结果，应当给予充分肯定。

在肯定成绩的同时，我们也要清醒地看到，我省知识产权工作还存在不少问题。主要表现在：核心专利、知名品牌和版权精品还不多，知识产权创造能力有待提高；高校和科研院所存在大量知识产权“沉睡”资产，科研成果转化机制亟待完善；知识产权侵权现象还时有发生，保护效果与各方面的要求还存在一定差距；知识产权战略推进不平衡，部分地区特别粤东西北各市知识产权综合服务水平还不高；政府和企业运用知识产权国际规则应对国际纠纷的能力不足，人才普遍紧缺等。对此，我们必须高度重视，采取更加有力措施认真加以解决。

党的十八大报告将创新驱动发展战略上升至国家发展战略的核心位置，并强调要实施知识产权战略，使其成为创新驱动战略的重要组成部分。前不久，习近平总书记在中央财经领导小组第七次会议上明确指出，实施创新驱动发展战略，就是要推动以科技创新为核心的全面创新，坚持需求导向和产业化方向，坚持企业在创新中的主体地位，发挥市场在资源配置中的决定性作用和社会主义制度优势，增强科技进步对经济增长的贡献度，形成新的增长动力源泉，推动经济持续健康发展。知识产权一头连着创新，一头连着市场，是推动科技与经济紧密结合最重要的战略性资源之一。大力实施知识产权战略，对于我省激励创新，增创创新驱动发展新优势、产业竞争新优势、营商环境新优势和开放型经济新优势都具有十分重要的意义。全省各地、各有关部门一定要把思想和行动统一到中央和省的决策部署上来，充分依托省部知识产权高层次战略合作平台，全面贯彻落实省委、省政府《关于加快建设知识产权强省的决定》和省部《关于建立第二轮知识产权高层次战略合作关系的议定书》，围绕“做强、做新、做优”，加快推进知识产权战略的实施，全面提高我省知识产权创造、运用、保护和管理服务水平，使知识产权在转变经济发展方式、推进创新型广东建设中发挥更加有力的引领和支撑作用，努力创建知识产权强国先行地、知识产权深化改革试验区和省部知识产权协同发展先导区，为实施创新驱动发展战略提供有力支撑和保障。

关于下一步工作，刚才长雨局长提出了明确要求，宪民同志也作了具体部署。我这里再强调五个方面：

（一）聚焦产业发展，为转型升级提供动力支持。知识产权运用和产业化是实现知识产权市场价值、推动经济发展方式转向创新驱动的关键环节。一要加快发展重点产业自主知识产权。实施战略性新兴产业知识产权专项工程及重大专利技术与产业化计划，结合重大科技专项，加强重点技术创新与知识产权发展的协同互动，突破一批核心技术，形成一批突破关键环节、具有先进水平、转化带动能力强的知识产权。二要积极实践专利导航产业发展新模式。围绕园区重点产业建立专利导航产业发展工作机制，做好产业专利布局规划，提升产业创新驱动发展能力。三要实施重点产业（集群）专利联盟推进计划。推进重点产业和产业集群构建专利池、建立专利联盟，在产业园区和专业镇开展知识产权专项行动，支持联盟以知识产权共享和共同维权为纽带，实施有效的利益协调机制和发展策略。四要大力实施“版权兴业工程”。在版权产业集聚区域设立版权基层工作站，积极发展版权产业链，形成版权产业集群。引导和扶持企业积极运用版权许可和转让手段，延伸产业链条，实现版权商品化、产业化。

（二）改革激励机制，着力提升全社会知识产权创造活力。要坚持向改革要动力，通过深化科技改革，正确处理政府和市场的关系，使市场真正在创新资源配置中起决定性作用。一要突显企业主体地位和作用，推行“企业知识产权管理规范”，加强知识产权试点示范认定工作力度，加快培植一批国家级和省级知识产权试点、示范骨干企业。搭建中小微企业知识产权公共服务平台，开展“百所千企知识产权服务对接工程”及企业知识产权特派员试点，创新中小微企业知识产权托管服务。二要完善知识产权资助和奖励办法，重奖重大知识产权发明创造人才，推动全省各级政府建立完善知识产权奖励制度。加快建设提升知识产权质量样板区，推动知识产权政策与科技、产业、外贸、金融等政策的衔接与融合，鼓励企业建立激励发明创造的奖励和分配制度。三要积极鼓励引导高校和科研机构与企业开展技术合作，逐步形成以市场为导向的技术创新体系。重点借鉴武汉对高校知识产权一年内未实施转化的，由成果完成人拥有处置权的成功经验，大胆改革科研成果处置办法，激励创造更多高质量知识产权成果。

（三）加大保护力度，努力营造公平有序竞争的市场环境。加强知识产权保护，是保护和调动各类创新主体积极性的客观需要，也是构建法制化国际化营商环境、保护公平有序竞争的重要内容。一要加快完善省、市、县三级知识产权行政执法体系。逐步建立行政执法部门之间的信息共享和协作机制，积极探索知识产权快速维权和纠纷快速调处机制，形成部门联动、快速反应和运转高效的执法机制和执法合力。二要继续加大打击侵权假冒工作力度。强化侵权假冒领域“两法衔接”信息共享和行政处罚案件信息公开，加强对重点市场、重点产品、重点案件的查处力度。三要进一步强化会展、行业协会和专业市场知识产权保护工作。探索设立重大国际展会知识产权服务站，增强应对国际知识产权纠纷与诉讼的整体联防能力。四要积极探索知识产权快速维权和知识产权纠纷快速调处机制。选择技术创新活力旺盛和升级潜力巨大的产业聚集区，建立知识产权服务平台，打造产业集群知识产权保护高地。五要关注和参与知识产权国际规则变革，探索建立涉外案件处理的有效途径和涉外问题的快速应对机制，不断提升海外知识产权纠纷诉讼应急能力。开展重点出口产品专利分析预警工作，及时发布预警信息，为企业“走出去”保驾护航。

（四）健全服务体系，全面提升知识产权管理和服务水平。要按照加快转变政府职能、简政放权的要求，正确处理政府、市场和社会之间的关系，切实做好政府该做的事情，把知识产权服务搞上去。一要巩固和拓展知识产权信息服务。完善专利信息大数据服务基地建设方案，建立专利大数据商用化服务机制，建设政府引导、市场运作的专利大数据产业应用商务平台，推动专利信息社会化服务。二要培育知识产权运营市场。完善知识产权交易市场体系，探索设立知识产权运营基金，实施运营机构培育项目及知识产权评估与价值分析推广项目，组织开展知识产权交易、拍卖、运营、价值分析等。三要完善推进知识产权金融服务。探索建立知识产权质押融资企业信用及风险控制体系和风险补偿机制。贯彻知识产权质押融资政策措施，构建中国（广东）知识产权投融资服务平台，开展专利保险、专利拍卖等试点工作。四要推动知识产权服务企业高端人才的国际交往。完善国际和区域知识产权信息沟通交流机制，构建吸引知识产权高端人才集聚的工作机制，提升知识产权国际化服务能力。五要加快发展知识产权服务业。全面推动知识产权服务业示范省建设，试点培育知识产权产业集群化发展的创新园区。培育知识产权评估与运营优势服务机构群，继续推动广东省知识产权交易所设立工作。

（五）强化组织领导，为推进知识产权强省建设提供有力保障。知识产权战略实施是一项系统工程，专业性、综合性都很强。全省各级、各有关部门要切实加强领导，密切配合，狠抓落实，确保各项工作有力有序有效推进。各级党委、政府及各有关部门要高度重视知识产权工作，切实把它摆上重要议事日程，扎实推进，务求实效。要落实知识产权工作责任制，明确工作责任，加强监督检查，层层抓好落实。同时，要以办公会议或联席会议为平台，建立完善多层级、多部门的知识产权工作机制，合力解决知识产权发展中出现的各种问题和困难。要开展多种多样的宣传教育活动，加强党政机关、企业和学校多个层次的知识产权知识培训，扩大“4·26”知识产权宣传周、专利周等活动的社会影响。充分发挥各种媒介的作用，宣传报道加强知识产权保护、促进知识产权创造运用的工作措施和成效，曝光一批侵权假冒典型案件，在全社会形成尊重劳动创造、尊重知识产权、自觉保护知识产权的良好社会氛围。

这里我要特别强调的是，建设知识产权强省，必须牢牢把握部省合作的良好机遇。推进部省知识产权合作涉及方方面面，需要双方的不懈努力特别是国家知识产权局的关心指导。全省各地、各部门要主动做好与国家知识产权局的衔接配合和各项服务工作，全力确保各项合作落实到位、取得实效。我们也诚挚希望长雨局长等各位领导和国家知识产权局对广东工作多提宝贵意见，一如既往大力支持我省知识产权事业改革发展。

同志们，做好新时期知识产权工作，加快建设知识产权强省，任务艰巨、责任重大。让我们紧密团结在以习近平同志为总书记的党中央周围，坚定信心、开拓进取、真抓实干，推动全省知识产权工作再上新台阶，为我省实现“三个定位、两个率先”总目标、为建设创新型国家作出新的贡献！

谢谢大家。

广东省贯彻实施《中华人民共和国专利法》情况汇报

广东省副省长　陈云贤

（2014年4月15日）

尊敬的吉炳轩副委员长，

尊敬的执法检查组各位领导、同志们：

大家好！

今天，全国人大常委会吉炳轩副委员长亲自带队莅临广东，对我省贯彻实施《专利法》情况进行检查指导，充分体现了全国人大常委会对广东专利工作的高度重视和亲切关怀，将对我省进一步贯彻好《专利法》、促进专利事业发展起到重要推动作用。借此机会，我谨代表广东省政府对吉炳轩副委员长及执法检查组各位领导的到来表示热烈的欢迎！下面，我简要汇报我省贯彻实施专利法的有关情况。

一、贯彻实施《专利法》情况

第三次修订的《专利法》颁布实施以来，我省各级、各有关部门高度重视，认真抓好贯彻落实，有效发挥了专利对科技创新、经济发展和社会进步的激励保障作用，全省专利工作逐步走上了规范化、法制化的轨道，专利申请数量和质量实现“双提升”，专利事业实现了跨越式发展。2009年至2013年，我省专利申请受理量968634件、发明专利申请量254563件，专利授权量655408件、发明专利授权量85525件，PCT国际专利申请受理量40773件。截至2013年底，我省有效发明专利量95475件、连续四年居全国第一，专利密度为901.2件/百万人，是全国专利密度402.5件/百万人的2.24倍，PCT国际专利申请受理量连续十二年保持全国首位。我们的主要做法是：

（一）加强《专利法》的宣传培训。全省各级、各有关部门能从各自的职责出发，认真研究制定加强专利法宣传教育的工作计划，把学习宣传、贯彻实施专利法纳入总体工作部署。一方面切实加强普法宣传工作。采取多种有效形式，开展系列宣传活动，如在每年“4·26世界知识产权日”期间，召开广东省知识产权保护状况新闻发布会，开展以查处专利违法行为、公开审理专利案件、提供知识产权咨询服务为主要内容的“4·26”联合执法及宣传活动。利用好每年的“3·15消费者权益日”“12·4法制宣传日”“中国专利周”等宣传日，采取大会宣讲、集中辅导、发放学习材料等多种方式开展系列宣传活动。另一方面认真做好教育培训工作。加强对知识产权局系统及有关党政机关工作人员的培训，提高各部门依法行政能力。加强对企事业单位、高校、科研院所等的培训，使社会公众和专利权人深入领会法律精神，自觉做到学法、懂法、守法，如组织实施外观设计专利实务培训、新专利法实施细则及审查指南修改解读培训等。

（二）加大对专利申请的支持力度。积极引导和激励发明创造，促进知识产权成果的运用和保护，着力提升自主创新能力。一是认真开展专利申请资助工作。把开展专利申请资助工作作为激励创新的重要抓手，以“数质并重、质量优先”为资助工作导向，对含金量较高的发明专利、国境外专利申请进行资助。颁布了《关于加强全省专利申请工作的意见》《广东省专利申请资助专项资金管理办法》等。二是进一步加大专利奖励力度。2009年至2013年间，开展了四届中国专利奖配套奖奖励工作，省政府给予中国专利金奖每项100万元、优秀奖每项50万元的奖励，累计对165项项目进行了奖励表彰，其中金奖项目19项、优秀奖项目146项。开展了2011年、2013年广东专利奖评选与表彰工作，共评选出获奖专利138项，其中金奖28项、优秀奖110项，省知识产权专项投入600余万元。

（三）完善专利的法规和政策体系。进一步强化地方专利管理和保护措施，提高专利法规和政策体系建设水平，为创新驱动发展提供制度保障。一是制定和完善地方专利法规和政府规章。2010年9月29日，省人大审议通过《广东省专利条例》，是全国首部在篇章结构和内容编排上完整规范专利创造、管理、保护和运用的地方性法规。2011年11月30日，省人大又审议通过《广东省自主创新促进条例》，对专利技术和知识产权的研究开发和成果转化等作出明确规定。2012年9月10日，省政府常务会议审议通过《广东省展会专利保护办法》，是我省关于展会专利保护的地方政府规章。二是完善专利和知识产权的政策体系。2011年8月10日，出台《广东省知识产权事业发展“十二五”规划》，是我省第一个集专利、商标、版权、商业秘密、植物新品种和地理标识等各知识产权门类的五年发展规划。2012年1月20日，出台了《关于加快建设知识产权强省的决定》，是广东首个以省委、省政府名义颁布的涵盖各类知识产权的政策性文件，也是进一步推进知识产权事业改革发展的纲领性文件。此外，还制定了《关于促进知识产权服务业发展的若干意见》等政策文件。《广东省专利奖励办法》将力争今年出台。

（四）促进企业提升专利运用水平。通过搭建和完善专利运用和转化平台，提升企业运用知识产权制度的能力和市场竞争力，推动知识产权有效服务产业转型升级。一是促进企业成为知识产权主体。积极开展知识产权试点示范工作，组织开展全省企业知识产权管理规范的推广。2011年，出台了《广东省知识产权优势示范企业认定办法》。截至2013年底，培育认定省级知识产权优势企业510家、示范企业120家。2013年，全省企业专利申请量达13.6万多件，同比增长8.9%，是2008年的2.85倍。其中企业发明专利申请量4.9万多件，增长8.8%，是2008年的2.34倍，占全省发明专利申请总量的72.2%。二是强化产业载体专利支撑。推动专利联盟建设，加强专利产业化基地、专业镇知识产权服务平台建设，促进专利集群管理与运用。截至目前，全省产业专利联盟已达25家，其中“广东省专利联盟示范培育单位”3家，全省建设国家级专利产业化基地2个、国家级知识产权试点园区3个、示范园区2个。三是积极构建促进专利运用的工作体系。推动专利质押及投融资，开展专利交易、专利保险等工作，实施“广东省专利技术实施计划”，促进专利与产业、金融、科技的融合发展。截至2013年底，我省已建立6个战略性新兴产业专利信息专题数据库，组织14场产业专利分析及预警报告会。省内4个“国家专利技术展示交易中心”发明专利交易量 2746件，交易额5.4亿多元。全国第一张专利保险保单2010年在禅城诞生，全国第一例专利保险赔付案件2012年在禅城结案。“广东省专利技术实施计划”累计投入3705万元，扶持了全省488个专利项目实施。

（五）强化专利行政保护。把专利保护作为增强自主创新能力、营造良好投资环境、维护公平有序的市场秩序的重要手段和内容，切实加强专利行政保护力度。一是加大专利行政执法力度。坚持日常执法与开展专项行动相结合，加强和深化专利行政执法能力建设，努力增强市场监管水平。2009年至2013年，全省查处专利违法案件共4015件，其中立案处理各类专利纠纷案件2855件，结案2167件；立案查处假冒专利案件1160件，结案1053件。二是加强对各类会展和行业协会知识产权保护工作的指导、监督和管理。积极进驻广交会、美博会、中博会和加博会等重要知名展会，维护会展的正常交易秩序。2009年至2013年的10届广交会共处理专利投诉案件4244件，占了广交会知识产权投诉案件七成多。开展会展和行业协会知识产权保护试点示范认定工作，目前已经认定了7家知识产权保护示范单位、17家知识产权保护优势单位和63家知识产权保护试点单位。三是努力探索专利行政执法协作新模式。积极强化省际、区域间、部门间的执法协作，推进建立泛珠三角区域专利行政执法协作机制，在十六省市、中南五省、粤闽沿海城市执法协作会议的基础上提出了执法标准统一化的新思路，开创了省与省、省与市、市与市案件移送的新模式。四是大力开展维权援助和涉外应对工作。我省已成立省知识产权维权援助中心以及深圳、汕头、佛山、东莞、中山6家知识产权维权援助中心，其中中山市建立了全国首家单一产业的中国中山（灯饰）知识产权快速维权中心，实行“一站式”知识产权快速维权。我省还启动知识产权保护（涉外应对）试点单位的认定工作，并将涉外应对试点单位的范围逐步扩大到专利联盟、研究机构，目前已经认定了14家知识产权保护（涉外应对）试点单位。

（六）推进专利服务体系建设。一是推动广东专利代理行业全面发展。依法开展对代理机构设立审批及执业监管工作，承办全国专利人资格考试，开展专利代理机构业务能力促进工作，推进专利代理人实务技能全员轮训，组织专利代理行业防治腐败专项活动，切实提升我省专利代理服务的质量和水平。我省专利代理机构、分支机构及代理人数量从2008年的84家、73家、619人分别增加到2013年124家、120 家、971人。二是实施“百所千企知识产权服务对接工程”。2010年，我省启动了这一工程，并连续多年列入省政府重点工作内容，旨在为各类创新主体和知识产权服务机构搭建有效的服务平台。该项工作先在我省佛山、东莞、中山等五个地区进行试点，再逐步向全省推进。目前，全省各地结合各自实际，开展形式多样的对接活动，切实增强了知识产权中介服务能力，提升了企业自主创新能力和核心竞争力。三是不断推进专利信息化建设。在国家知识产权局的支持下，设立了国家知识产权局区域专利信息服务中心（广州中心）、国家知识产权局（广东）专利信息传播利用基地，建设成“广东省知识产权公共信息综合服务平台”“广东省产业发展专利信息综合应用服务平台”和“广东省重点产业、行业外观专利图像分析服务平台”，进一步提升了专利信息服务能力。四是专利代办工作成效显著。截至2013年底，国家知识产权局专利局广州代办处受理专利申请文件36.38万件，收缴专利费用超过11.21亿元，工作质量和效率不断提高。专利电子申请和网上缴费推广工作取得新突破，2013年我省平均专利电子申请率为86.89%，每月电子申请率超过80%，专利代理机构平均电子申请率达99.87%。

二、贯彻实施《专利法》中遇到的主要问题

（一）专利法律意识仍还比较淡薄，行政保护力度有待加大。从总体上看，全社会专利法律意识仍有待提高，各级领导干部学习宣传《专利法》的广度和深度有待加强，企事业单位整体知识产权意识和运用能力仍待增强，特别是不少企业对国际规则的了解和运用还很不够，在参与国际市场竞争中常常处于知识产权劣势。省内甚至跨省的专利违法行为还时有发生，专利行政保护力度和支撑保障力度亟待加大。

（二）专利专业人才十分紧缺，队伍整体素质有待提高。一是我省专利行政执法人员的素质和能力，与日益繁重的任务要求相比不相适应，执法队伍建设有待加强。二是现有专利代理人的数量和服务能力不能满足发展需求，专利代理人的知识结构和年龄结构亟待改善，高水平代理人才缺乏。三是企事业单位、高

校、科研机构中，知识产权人才普遍缺乏，涉外知识产权人才、精通国外知识产权法律和国际规则并具有实务操作经验的高级专门人才更是紧缺。四是缺少知识产权专业技术人才评价体系，专利管理师、专利信息工程师等职业体系发展滞后。

（三）专利服务体系不够健全，公共服务能力有待加强。与快速增长的社会需求相比，政府在专利服务方面的公共服务能力普遍不足，特别是服务企业海外专利布局和维权的能力不足，难以满足企业“走出去”的需要。同时专利信息基础设施建设有待加强，面向公众和企业的专利信息服务能力仍需进一步提高。

三、贯彻落实《专利法》的几点建议

当前，我省正处在推进全面改革开放、加快转型升级的关键时期，专利事业发展也将迎来一个新的大有可为、大有作为的重要机遇期。加快推进专利工作既是支撑创新型国家建设的内在要求，也是保障产业发展和经济安全的迫切需要。结合我省实际，我们对更好地贯彻实施《专利法》提三点建议：

（一）加快专利法的修订进程。专利法自1984年颁布以来，先后于1992年、2000年、2008年进行了三次修改。目前，专利法的修改已经列入国务院2014年立法计划的研究项目，加快专利法修订进程非常必要。从广东实际来看，近年来我省专利保护实践中依然存在着取证难、周期长、成本高、赔偿低、效果差等突出问题，难以适应广东新形势、新情况发展的要求。因此，我们建议加快专利法修订进程，加强对专利权的保护，以激励发明创造，促进对发明创造的投资和利用。

（二）加强专利管理体制与机制建设。当前，全国各地专利工作的法制环境、管理体系和人才队伍建设都有待加强，体制与机制改革有待进一步深化。因此，我们建议在贯彻实施《专利法》的过程中，进一步完善专利管理的体制和机制，推动省级、市（地）级知识产权管理机构建设，推动国家和地区专利政策体系的构建，健全协调有力、分工合理、决策科学、执行顺畅、监督到位的知识产权协调管理机制，形成横向协作、上下联动的知识产权工作合力，共同推进全国知识产权事业的深入发展。

（三）加大对专利事业的经费投入。就我省知识产权局系统管辖的专利行政执法来说，专利申请和专利保护经费收支两条线，专利申请和维持费上交中央财政，行政执法经费实际上由地方财政支出，但由于知识产权工作经费有限，用于行政执法的专项经费数量也相对不多。因此，我们建议：一是将上缴中央财政的专利费用返拨给地方财政，用于支持地方专利事业的发展；二是从国家到地方要进一步加大对专利事业的经费投入，加强专利基础设施建设，落实专利法规定的“一奖二酬”，通过优化经费使用、调整对专利事业的资金扶持方法和力度，大力构建鼓励知识产权创造与转化的区域创新环境。

全面深化改革　服务创新发展 争创知识产权强国建设先行地

省政府知识产权办公会议副主持人、办公室主任

广东省知识产权局局长　马宪民

（2014年8月28日）

各位领导，同志们：

受省知识产权办公会议主持人陈云贤副省长委托，我代表省政府知识产权办公会议向大会报告近两年来我省知识产权强省建设基本情况，并综合各知识产权成员单位的工作就争创知识产权强国建设先行地提出意见。

一、近两年来我省知识产权的基本情况

2012年1月，省委、省政府作出《关于加快建设知识产权强省的决定》。两年来，我省知识产权工作全面贯彻党的十八大和十八届三中全会精神，认真落实国家和省委、省政府各项决策部署，紧紧围绕产业转型升级和创新驱动发展的中心任务，深入实施知识产权战略，扎实推进知识产权创造、运用、保护、管理和服务各项工作，为经济社会发展做出积极贡献。

（一）知识产权政策全面加强。《强省决定》是广东省委、省政府就知识产权专项工作制定的第一个政策性文件，也是推进全省知识产权事业改革发展的纲领性文件。为贯彻落实《强省决定》，2012年10月，省府办印发《广东省加快建设知识产权强省重点任务分工方案》，对《强省决定》提出的工作任务进行具体部署。省政府先后制定了《广东省展会专利保护办法》《关于实施商标品牌战略的指导意见》《广东省专利奖励办法》等配套文件。省人大修订《广东省查处生产销售假冒伪劣商品违法行为条例》。全省各级政府和各有关部门扎实推进知识产权强省建设工作，积极制定强省建设配套政策。汕头、佛山、惠州、阳江、茂名、清远、潮州、云浮等市出台强省建设实施方案，揭阳、茂名、中山等10个市及顺德区出台商标品牌战略实施政策。

（二）知识产权战略实施扎实推进。省委、省政府把“实施知识产权战略”列入《实施〈珠江三角洲地区改革发展规划纲要〉实现“九年大跨越”》的主要措施。省府办每年印发年度实施战略纲要工作方案。省政府与国家知识产权局深化第二轮知识产权高层次战略合作。全省各地积极落实国家和省知识产权战略各项任务，广州、深圳、东莞成为国家知识产权示范城市，广州被评为全国版权示范城市，广州、深圳、佛山全面落实商标战略实施示范工作，广州、深圳获“中国软件名城”称号。省政府知识产权办公会议组织开展战略实施五周年宣传，完成阶段性总结评价。在《全国知识产权发展状况报告》中，我省知识产权综合发展指数、保护指数和环境指数均居全国首位。

（三）知识产权创造水平持续提升。全省有效发明专利量连续四年居全国第一，于2014年4月在全国率先突破十万件大关，截至2014年6月底达到103880件，占全国有效发明专利总量的17.28%。PCT国际专利申请量连续12年

位居全国首位，占全国总量的50%以上。在2012年和2013年全国专利实力状况报告中，我省专利综合实力指数蝉联全国第一位。全省累计有效注册商标总量1126595件，连续19年居全国首位，年度马德里商标国际注册申请量蝉联全国首位。两年间，全省共新增作品著作权登记22429件，新增农业、林业植物新品种申请量91件，授权量44件，新增地理标志保护产品174个，位居全国前列。知识产权奖励激励机制作用显著，省政府持续投入重金奖励中国专利奖获奖单位和个人，广州设立保护知识产权市长奖，汕头、阳江、东莞等市完善知识产权奖励措施。

（四）知识产权运用取得明显成效。全省大力推进商标品牌战略实施，“广东制造”品牌价值快速提升。推进“版权兴业”工程，打造区域版权产业集群。推进质押评估技术规范起草和专利价值分析体系标准制订工作。推进质量强省建设，产业技术标准体系建设全面加强。商务厅创新品牌培育模式，推进国际知名品牌建设。统计局开展工业企业专利情况调查分析，掌握行业专利整体和分布情况。推动科研机构对知识产权形成系统集成，并通过共建研究院、与企业共建转化平台等方式加快技术转化运用。经信委依托产业集群升级示范区开展区域品牌提升试点工作。东莞等地组织专业镇与省知识产权研究与发展中心签署合作协议，提升专业镇知识产权运用能力。深圳、珠海、佛山等地积极打造区域品牌，助推特色产业转型升级。深圳、中山、江门、顺德知识产权质押融资成果显著，广州、深圳、东莞、佛山专利保险试点工作不断深化。

（五）知识产权保护力度不断加大。2012年以来，全省开展包括打击侵权假冒在内的“三打”专项行动取得显著成效，打击侵权假冒工作常态化机制有效运转。据不完全统计，两年间，全省专利、商标、版权、文化、质监、食药监、农业、林业、海关和出入境等主要行政执法部门共立案查处侵权假冒案件15万余件，全省公安机关共立制售假犯罪案件9753宗，破案7801宗，检察机关批捕侵权假冒案件4683件7331人，起诉5009件7373人，全省法院受理侵权假冒犯罪案件4745件，审结4649件。我省打击侵权假冒工作在全国绩效考核中位居前列，并在全国打击侵权假冒新闻发布会上作为地方代表向海内外通报情况。软件正版化工作取得突破，省、市两级政府机关于2012年、县级政府机关于2013年全部实现软件正版化，提前完成国务院工作要求。全省保护知识产权协作机制不断完善，公安部门与省打击侵权假冒各成员单位建立信息共享合作机制。食药监与公安、工商、质监等11个部门建立齐抓共管的工作机制。知识产权与商务部门共同推进外贸企业知识产权海外维权工作。海关系统深化粤港、粤澳海关知识产权保护合作。全省各地市建成“两法衔接”信息平台。深圳、东莞、惠州成立跨地区打假联席会议。

（六）知识产权服务全面有效推进。省政府和国家知识产权局把建设知识产权服务业示范省作为新一轮省部会商的重要内容，省制定了《广东创建知识产权服务业发展示范省规划（2013—2020年）》和《促进知识产权服务业发展若干意见》。专利审查广东中心共建工作全面顺利开展，省知识产权服务集聚中心建设积极推进，深圳福田区成为全国第一批知识产权服务业聚集区。省经信委积极推广广东优质制造GMC集合品牌模式。知识产权局大力推动企业知识产权贯标工作。“广东省工商行政管理系统企业信用信息网”正式开通。“广东省版权登记系统平台”正式建立。各职能部门加强对服务机构的监督和管理，促进行业自律和规范发展。中国中山（灯饰）知识产权快速维权中心获得世界知识产权组织高度评价，中国东莞（家具）知识产权快速维权中心投入运行。清远推动专利预警机构与企业开展对接，揭阳建设“中德金属生态城”知识产权服务体系。

（七）知识产权文化建设和人才工作稳步开展。全省各级知识产权职能部门深入开展知识产权文化建设，大力弘扬尊重知识、崇尚创新、诚信守法的知识产权文化理念。广电、工商、版权、知识产权等部门围绕“知识产权宣传周”开展系列宣传活动。省司法厅评选“诚信守法示范企业”。省法院发布知识产权司法保护状况白皮书，公开审理知识产权大要案。质监系统开展“质量安全月”宣传活动。海关组织侵权货物销毁活动并完善社会举报受理处置机制。全社会知识产权教育活动深入普及，省知识产权局向公众免费开放知识产权远程教育平台资源。联合省教育厅、团省委、少工委累计认定省级知识产权教育示范学校40所，推进知识产权教育向纵深延伸。华南理工大学、广东省知识产权研究与发展中心先后建设成为国家知识产权培训基地，全国首家中小微企业知识产权培训基地落户南海。省教育厅加强知识产权人才培养和专业人才培训，强化知识产权学历教育。省知识产权局积极组织高层次人才赴国外交流学习，联合省教育厅累计认定省级培训基地7家。全省各级工商部门组织开展新《商标法》系列培训。省人社厅推动知识产权专业技术人才评价试点顺利开展。

（八）知识产权对外交流合作不断深化。一是对外交流合作十分活跃。知识产权局积极构建知识产权多元国际合作实验区，支持重点国际知识产权合作平台建设，组织举办国际研讨活动，指导民间社团组织签署国际合作备忘录。法院加强与美国、英国、韩国的知识产权保护交流与合作。全省公安机关加强与境外知识产权执法机关的案件协查工作，与重点企业建立合作机制。工商局分别与日本代表团、欧盟商会开展交流。二是粤港澳台知识产权合作持续深入。粤港保护知识产权合作专责小组召开第十二次会议，签署合作协议。公安厅强化与港澳海关及警方合作。工商局完善粤港商标案件协作处理机制，组织部分地市、协会及企业代表赴港参加知识产权论坛。版权局完善粤港版权案件协作处理机制，组织粤港两地企业及学生版权交流活动。省内海关与港澳海关开展专项合作，强化情报交流和信息通报。省知识产权局加强与台湾的合作，签署合作协议。三是泛珠三角区域知识产权合作不断推进。知识产权局积极统筹推进泛珠三角区域知识产权合作。工商局参加泛珠三角工商部门高层联席会议，探索商标区域监管合作。

各位领导、同志们，两年来，我省知识产权工作取得了可喜成绩，这有赖于省委省政府的正确领导，得益于国家知识产权局和有关部委的大力支持，离不开各地各部门的共同努力。

我们清醒地认识到，我省知识产权工作仍存在许多问题，面临着诸多困难和挑战：在当前国际知识产权形势日益复杂的情况下，我们的企业运用国际规则、应对国际纠纷的能力还不强；知识产权质量和效益有待提高，产业核心专利、知名品牌仍然不多；侵权假冒行为仍然存在，部分地方部分领域还比较突出；知识产权公共服务和管理水平仍有待提升等等。我们必须认清形势，坚定信心，把握机遇，拿出切实有效的措施加以解决。

二、扎实推进知识产权强省建设各项工作

今年4月，在与国家知识产权局第二轮知识产权高层次战略合作中，省政府提出打造“知识产权强国建设先行地、深化知识产权改革实验区”，为全省知识产权事业发展明确了前进方向和奋斗目标。前不久，国家知识产权局、教育部、科技部、工业和信息化部、国资委、工商总局、版权局、中科院等八部门联合颁布《关于深入实施国家知识产权战略，加强和改进知识产权管理的若干意见》，对知识产权工作提出了更高要求。下一阶段，全省知识产权工作要继续深入实施知识产权战略，紧紧围绕产业转型升级和创新驱动发展的需求，以建设知识产权强省和创建知识产权强国先行地为目标，以全面深化改革为动力，把实施知识产权战略与建设知识产权强省和强国建设先行地目标有机结合起来，找准知识产权工作与经济社会发展的结合点，加强知识产权运用和保护，扎实开展各项工作。

（一）着力完善知识产权强省建设政策体

系。在已有工作基础上争取尽快出台《关于运用知识产权促进产业转型升级的意见》《广东省重大经济和科技活动知识产权审查与评议暂行办法》以及《关于加强全省知识产权人才工作的意见》等政策性文件，强化知识产权政策与科教、经贸、文化等领域政策的紧密衔接。完善知识产权强省建设模式和具体路径，建立健全知识产权强省评价指标体系和绩效考核评价机制。各地也要认真研究制定促进知识产权事业发展的政策，已经出台战略纲要实施方案和《强省决定》贯彻意见的地市，要切实抓好任务落实。

（二）着力探索知识产权改革发展新路径。继续推动中新（广州）知识城开展知识产权保护与服务综合改革试点，完善综合改革方案，探索合作模式，落实园区场地、人员、资金及合作内容。实施“走出去”企业知识产权海外护航计划，开展重点出口产品专利分析预警工作，及时发布预警信息。跟踪涉外知识产权纠纷及“337调查”重点案例，分析广东涉外重点国家知识产权环境，适时发布规避知识产权风险指南，引导企业防范进出口贸易中的知识产权风险。继续开展自由贸易环境下知识产权保护机制创新等研究。总结中山灯饰和东莞家具快速维权中心经验，争取在陶瓷、服装、刀具、珠宝等对知识产权保护需求强烈的产业集聚区，建立知识产权快速维权工作机制，为权利人提供快速确权、维权等服务。构建知识产权金融创新机制，加快广东知识产权交易所建设进程，创新交易模式，开展知识产权交易。支持探索设立知识产权运营基金，实施运营机构培育项目及知识产权评估与价值分析推广项目，重点扶持一批知识产权评估与价值分析、知识产权运营机构。

（三）着力增强各类知识产权创造能力。要充分运用好省各类知识产权奖励激励机制，继续重奖国家专利金奖和优秀奖获得者，激发发明创造活力。经信、科技、教育、知识产权等部门要加强协作，加快制定促进知识产权质量提升的政策，对获得发明专利授权、PCT专利申请、核心专利维持给予定向支持，引导知识产权创造质量和数量双提升。推动重点城市和重点领域版权登记工作，扩大版权基础信息资源共享范围，支持创造“最具价值版权产品”。实施骨干企业培育和重大项目扶持计划，强化企业知识产权创造主体地位，催生自主知识产权。鼓励知识产权优势单位主导或参与各类标准制定，占领产业发展制高点。充分发挥企业、科研机构在林业和农业植物新品种权创造中的主体地位和主力军作用。

（四）着力加强知识产权保护和执法协作。进一步加大打击侵权假冒工作力度，加强对侵犯知识产权突出问题的专项整治，开展打击利用网络侵权假冒违法犯罪。加强专利、商标、版权行政执法，密切跨地区、跨部门执法协作，加强执法调度工作，推进综合执法和联合执法。加快建设知识产权行政执法与刑事司法衔接工作信息共享平台，实现三级“两法衔接”信息平台互联互通和执法司法信息全面共享。加强侵权假冒行政处罚案件信息公开。继续做好展会和行业协会保护工作，加大广交会、加博会等各类重要展会的知识产权执法保护力度，在重点展会设立知识产权投诉处理机构。探索在重点专业市场设立知识产权管理制度、标准和保护机制。开展文化市场专项整治，深化农林业专项执法保护，加强医疗、药品行业监管。进一步推进政府和企业使用正版软件工作。及时批捕、审查起诉知识产权犯罪分子；依法高效审理知识产权案件。推动将知识产权司法鉴定纳入统一登记管理；发挥律师在知识产权保护中的职能作用。继续推进知识产权举报投诉和维权援助工作。

（五）着力提高知识产权深度运用能力。围绕产业创新驱动发展目标，开展专利导航试点工程，面向产业集聚区、行业和企业，实施一批专利导航试点项目，加强专利布局，构建支撑产业（企业）竞争力的专利储备。继续实施“战略性新兴产业专利信息资源开发利用专项计划”，定期发布重点产业专利发展态势报告，引导企业加强产业核心技术研发，增强企业核心竞争力。继续推进建立重大经济和科技活动的知识产权审查分析评议机制，针对重大产业规划、政府重大投资活动开展知识产权评议服务，增强经济活动的知识产权风险防控能力。实施企业知识产权管理标准化工程，推广《企业知识产权管理规范》国家标准，引导企业加强知识产权管理机构和管理制度建设，将规范管理贯穿到企业生产经营全流程。鼓励和支持优势企业强强联合，建立“专利池”，将共享专利转化为先进的企业联盟标准。促进知识产权与金融资本有机融合，开展知识产权质押融资试点。继续推进“版权兴业”工程。推进商标品牌战略实施。引导各地探索运用地理标志、农产品商标提升竞争力，指导扶持各地培育农业品牌。指导高校完善以知识产权为核心的转化运用机制，推动高校知识产权成果产业化。

（六）着力提升知识产权全方位服务能力。全面推进《广东创建知识产权服务业发展示范省规划（2013—2020年）》实施，贯彻落实省政府《关于促进知识产权服务业发展的若干意见》。提高知识产权服务覆盖能力，依托珠三角地区知识产权代理、法律服务机构雄厚实力，辐射带动粤东西北地区知识产权服务，实现全省全方位、高质量的知识产权服务。以区域专利信息服务（广州）中心海量数据为依托，根据信息服务市场需求，加快广东专利信息商用化大数据基地建设进程，根据应用需求开发功能齐备的专利信息应用系统，为市场各类需求者提供专利信息服务。通过试点，积极推动在广州、深圳等珠三角重要城市建设国际化、高水平的知识产权集聚中心，探索建立国际性知识产权产业园区。继续加强对知识产权服务业重点企业和项目的培育和支持。探索开展行业协会与代理机构合作试点，促进行业协会与代理机构加快自身建设，建立监管和自律机制，提升服务水平。

（七）着力创造知识产权发展条件和环境。加强知识产权人才工作，完善知识产权专业技术人才评价制度，将知识产权专业人才纳入职称评价范围，深化高校知识产权人才培养和学历教育。推动知识产权学科建设，推动知识产权教育纳入各类教育体系，建立知识产权人才评价、培养、使用、激励机制，加强知识产权远程教育和继续教育，大力吸引高端人才集聚。加快知识产权文化建设，广泛开展宣传教育，积极营造知识产权文化氛围，将知识产权法律法规纳入法制宣传计划。深入开展中小学教育试点示范工作，加大学校知识产权宣传普及力度，推进职业技术学校知识产权教育。拓宽知识产权国际合作领域，提高合作层次，提升合作水平。深化粤港澳台知识产权合作交流，落实知识产权合作项目。推进泛珠三角区域知识产权合作，促进优势互补和互利共赢。

同志们，建设知识产权强省，争创知识产权强国先行地，使命光荣，任务艰巨，让我们齐心协力，按照中央和省委省政府决策部署，扎实工作，锐意进取，为深化改革，实现“三个定位，两个率先”的总目标做出更大贡献。

谢谢各位！

在全省知识产权审判工作视频会议上的讲话

广东省高级人民法院党组成员、副院长　徐春建

（2014年7月31日）

同志们：

我们这次会议的主题是，传达贯彻全国法院知识产权审判工作座谈会和全省中级法院院长会议精神，分析总结2013年和今年上半年全省知识产权审判工作，研究当前的形势和任务，部署下半年和今后一个时期的工作。最高法院在武汉召开的全国法院知识产权审判工作座谈会，围绕深入学习贯彻党的十八大、十八届三中全会和中央政法工作会议精神，回顾总结2013年全国法院知识产权审判工作情况，深入分析人民法院知识产权审判工作面临的形势和任务，进一步明确当前和今后一个时期知识产权审判工作的指导思想和工作方向。这次会议在十八届三中全会作出全面深化改革和建设法治中国的重大部署之后召开，意义重大。最高法院陶凯元副院长的重要讲话，统揽全局，立意高远，突出问题导向，针对性强，围绕党和国家工作大局，提出明确的工作目标、工作思路、工作重点和工作措施，为我们指明了方向。郑鄂院长在全省中级法院院长会议上的讲话，肯定了上半年全省法院工作成绩，揭示和分析了面临的复杂局面和严峻形势，指出了下半年工作的重点。郑鄂院长的讲话，高屋建瓴，鼓舞人心，激发干劲，坚定了我们推进司法改革和知识产权审判工作科学发展的决心和信心。我们要把领会贯彻全国法院知识产权审判工作座谈会精神，与领会贯彻全省中院院长会议精神，很好地结合起来，进一步统一思想，明确方向，坚定信心，推动广东知识产权审判工作取得新进展、跨上新台阶。下面，我着重讲三个问题。

一、2013年和今年上半年全省法院知识产权审判工作情况

去年以来，我们在最高法院指导下，在省法院党组坚强领导下，围绕司法办案第一要务，全面提升知识产权审判工作水平，取得新的成效。一是积极履行审判职能，高效优质审结占全国四分之一强的知识产权案件。2013年，全省法院新收一、二审知识产权民事案件24843件和4993件，同比分别增长4.95%和45.44%；审结24819件和4759件，同比分别增长10.5%和46.25%；民事二审发改率为3.13%。审结知识产权刑事一审案件1075件1731人、知识产权行政一审案件208件。今年上半年，全省法院新收一、二审知识产权民事案件14635件和2458件，同比分别增长6.39%和3.67%；审结10019件和2030件，同比分别增长5.99%和37.63%；民事二审发改率为2.51%，同比下降2.50个百分点。审结知识产权刑事一审案件932件1470人、知识产权行政一审案件48件。特别是审结一批在国内外有重大影响的经典案件，彰显了知识产权司法保护的主导作用和社会正能量。如省法院终审的华为公司诉美国交互数字公司滥用市场支配地位垄断纠纷案、最高法院二审维持广东高院一审的腾讯公司诉奇虎公司反不正当竞争纠纷案，都成功挑战了国内、国际司法领域前沿课题。全省有8宗知识产权案件新入选中国法院10大知识产权案件、10大创新性知识产权案件和50件典型知识产权案例。二是坚持理论和体制机制创新，探索加大司法保护力度的具体实现方式。完善

司法证据制度破解知识产权侵权损害赔偿难试点工作一年来，审结一批具有典型意义的案件，成效初步显现。进一步完善知识产权案件管辖布局和推进“三合一”试点工作，逐步形成科学合理的知识产权审判体系。省法院认真研究和推进广东探索设立知识产权法院工作，知识产权法院试点成功落地广东。省法院关于发挥司法保护知识产权主导作用促进网络经济公平有序发展的调研成果，获得最高法院周强院长充分肯定，刊登在《最高人民法院简报》和《司法决策参考》。三是深入推进司法公开，彰显司法保护的权威和公正。广东首次承办全国法院知识产权宣传周活动媒体见面会和新闻通气会，在中央媒体知识产权司法保护广东行活动中，组织了邀请朱小丹省长接受媒体集体采访、举行广东省法院新闻发布会、邀请各家媒体深入企业和高校采访等一系列活动，国内外反响积极热烈。全省法院实现上网公布知识产权裁判文书规范化、制度化和常态化，在最高法院民三庭公布的全国排名中名列前茅。四是依法加强监督指导，统一裁判尺度和提升司法公正水平。坚持每季度通报全省知识产权审判工作统计分析情况，通过视频会议、业务培训班、巡回辅导、案件协调会等多种举措，加强对全省审判工作，特别是重点地区、重大敏感案件的监督指导，统一法律适用标准，解决审判难题，全省办案质量和效率进一步提高。五是扩大与行政执法机关的交流合作，增强知识产权保护合力。为改变过去司法保护与行政执法工作缺少配合、各自为战的状况，我们着力加强与知识产权行政执法机关的合作。与国家知识产权局、国家发改委、省知识产权局、省发改委、省版权局等单位举办多场座谈会，深入交流探讨专利法、反垄断法实施的热点难点问题以及交流协作机制问题，力求法定的知识产权保护体系，在实际运行过程中更趋完善。六是强化队伍建设，知识产权审判队伍的素质和水平进一步提高。结合党的群众路线教育，进一步查摆和整改审判工作中存在的“四风”和“六难三案”等问题，加强作风建设和促进公正廉洁司法。加强全省知识产权审判人员对知识产权基础理论和新法律、新领域、新技术的学习培训，知识产权审判队伍的拒腐防变能力和公正司法能力进一步提高。全省法院有5篇裁判文书获第三届全国知识产权优秀裁判文书奖、6项调研成果获首届全国知识产权优秀调研成果奖，其中省法院4篇裁判文书获评一等奖或二等奖，是全国获得这两个等级奖项合计最多的高院。省法院民三庭有三位同志荣获二等功或嘉奖、庭办荣获集体三等功。

我们也要清醒看到，当前我省知识产权审判工作还存在一些问题和薄弱环节。一是“案多人少”的老大难问题长期存在，审判力量配置相对滞后，尤其在基层法院更为突出。二是新类型和重大疑难案件大量出现，应对措施和审判体制机制有待创新和完善。三是司法保护与行政执法工作在职能对接上不够紧密，有待进一步改进和完善。四是部分法院审判队伍变动频繁，存在某种程度青黄不接的状况。五是重办案轻调研的问题，在各中院和基层院较严重地存在，成为我省与北京、江苏、浙江等省市相比的明显短板。

二、当前形势、任务和总的工作要求

纵观世界，新一轮科技革命和产业变革正在孕育兴起，主要发达国家竞相加紧知识产权全球布局，并遏制新兴国家的崛起，国际竞争日趋激烈。国内改革开放和创新驱动发展进入关键时期，知识产权是市场主体参与市场竞争的核心要素和战略性资源。广东作为改革开放的先行地区，重大、疑难、新类型以及涉外涉港澳台的知识产权纠纷不断涌现，人民群众对知识产权保护的期待和要求越来越高，这使我们既面临前所未有的挑战，又迎来跨越式发展的重要机遇。全省法院要准确把握知识产权司法保护的定位，作好应对复杂局面和破浪前进的充分准备。今年是贯彻落实党的十八届三中全会精神、全面深化改革的开局之年，是全省法院“改革创新推进年”“司法公开深化年”

和“队伍建设强化年”。在新的形势和任务面前，如何破解知识产权审判工作的重大难题和困局，在更高水平上营造知识产权审判新格局，是近年来我们一直思考的问题。

根据目前的形势和任务要求，当前和今后一段时期全省法院知识产权审判工作的总体目标和工作思路是：以党的十八大、十八届三中全会和习近平总书记系列重要讲话精神为指引，认真贯彻落实全国法院知识产权审判工作座谈会和全省中院院长会议的重要部署，以确保司法公正为中心，以突出加强知识产权司法保护为导向，以司法改革为动力，以破解侵权损害赔偿难、反垄断促竞争、强化司法与行政对接三项重点工作为突破口，全面履行知识产权审判职能，深化司法公开，改进司法作风，力争在全国法院当好知识产权审判工作排头兵，在全省知识产权保护体系中发挥好主导作用。

三、当前要突出抓好的几项重点工作

根据上述总的工作要求和思路，当前要紧扣广东知识产权审判工作实际，着重抓好以下几方面工作：

（一）以执法办案为第一要务，不断扩大广东知识产权审判的国内国际影响力。全省各级法院要及时进行清案动员及部署，从省法院做起，逐级加强审判管理和监督指导，确保全省法院优质高效完成全年审判任务。新收案件和未结案件大量增加的珠三角地区法院和部分粤东、粤西法院，要分别进行重点研究部署，确保解决问题。要重点审理好国际、国内社会普遍关注的重大涉外、敏感、疑难和新类型案件，配合审判进度，借助媒体和社会的力量，提升正能量和社会影响力，并以点带面，提升整体审判水平。要增强裁判文书的逻辑性、说理性和规范性，注重辨法析理，全面提高裁判文书水平和社会影响力，在今后的全国优秀裁判文书评选中，我省各级法院都务必力争获得佳绩。要会同行政执法机关、行业组织等社会各界力量，创新调解机制、方法和手段，提高审判和调解工作水平。要充分认识调研工作的作用及其重要性，各级法院都必须结合审判实践，及时探索破解审判中的法律适用疑难问题，广州、深圳等案件多、问题多的珠三角地区法院，更要在这方面带好头。

（二）深入推进破解知识产权侵权损害赔偿难试点工作，努力提升知识产权司法保护水平。经过一年来的试点，我们收获了经验、成果和典型案例，更为可贵的是，发现了存在问题和困扰。我们要以问题为导向，在总结一年来试点工作经验基础上，将这项工作推向第二阶段。要扩大试点范围，着重在强化操作性、实效性和正能量上下功夫。一是要增强法官的责任感和司法能动性，充分发挥好主导作用。做好诉讼指引和释明工作，引导当事人提高举证证明侵权损害实际损失或侵权人实际获利的意识和能力。二是把握好试点案件的范围。试点“求精不求广”，以工作绩效和正能量最大化为目标，既要在重点案件上注重精细化审判和质量提高，又要保证一般类型案件的处理效率。选择试点案件，应重点放在创新程度高、有利于体现知识产权较高市场价值的案件上，特别是针对那些有利于明晰试点证据规则的案件。对于涉及价值链低端、销售终端的规模性商业维权诉讼案件、权利人懈怠维权、放水养鱼式的维权诉讼案件，则一般不宜列入试点范围。三是要注重实现赔偿与市场的良性互动，围绕知识产权市场价值评估这个核心问题，将完善证据规则的探索，与健全鉴定和评估机制等工作有机结合起来，加强与相关行政部门、中介机构和社会各方面的沟通协作，探索与证据规则、证据保全和妨碍诉讼强制措施等民事诉讼相关规定配套的操作性较强的制度和措施，使损害赔偿较好反映和实现知识产权的真实市场价值。四是要根据商标法等法律法规的最新修订内容，结合典型案例的整理和推出，进一步完善办案指导参考意见，更好地指导推动这项工作。五是进一步扩大试点法院范围，强化广东破冰探路的集聚效应，为将来全省全面推行做好准备。六是积极与宣传部门沟通，

制定宣传典型案例的有效方案，加强试点工作的专题报道和重点报道，并通过强化司法公开工作，指导当事人从立案阶段开始，就能较好地运用相关证据规则和配套操作规程进行诉讼。

（三）审理好重大涉外案件，尤其是反垄断、反不正当竞争案件，保障和促进我国企业公平参与国际竞争。我省涉外知识产权审判在全国具有举足轻重的地位，特别是一些案件，涉及知识产权审判领域最前沿、最新颖的法律问题，事关技术创新、国家发展和国际竞争，甚至影响知识产权相关国际规则的走向，必须高度关注和重点应对。当前，要以努力打破西方知识产权垄断格局为近期目标和突破口，为我国当事人及广大企业公平参与国际竞争引路架桥、保驾护航。一是在审判中要坚持大局意识和国家利益意识，既要注重法律适用的规则统一，也要坚持知识产权的地域性和独立性，切实维护国家利益和经济安全。二是要处理好加大知识产权司法保护力度与防止滥用市场支配地位排除限制竞争的关系。对诸如相关跨国公司起诉的侵害计算机软件著作权之类的纠纷案件，要特别注意全面分析案件及其前因后果，透过现象看本质，准确公正地作出研判和裁判，绝不能坐视外国当事人在我国既滥用市场支配地位实施垄断行为，又要求我国司法机关给予保护。三是要大力加强对反垄断法律适用问题的研究以及对反垄断诉讼案件的审理，有效制约滥用市场支配地位或滥用知识产权排除、限制竞争的行为，有效打破西方发达国家利用知识产权优势遏制我国经济崛起的图谋。

（四）加强司法保护与行政执法的有效对接，努力发挥司法和行政执法在知识产权保护上的各自优势和整体合力。会同相关行政执法机关，探索建立符合各自职能定位的工作衔接机制和协作机制。建立合作研究反垄断法律问题的机制，准确把握对垄断行为的定性。建立信息共享机制，在依法办案的前提下，对执法查处案件和民事纠纷案件中的相关事实信息进行有效交流，就疑难法律问题共同研究，力求达到办案的法律和社会效果最佳化。建立技术支持机制，审判中借助行政机关掌握的技术力量，查明相关技术问题。建立证据传导机制，将行政机关办案中查封扣押的证据材料，通过民事质证、认证程序转化成为界定当事人行为性质及其法律后果的重要依据。特别是涉及国家利益和公共利益的垄断纠纷案件，要注意与行政机关相互沟通、有效合作，确保公正处理，共同推动建立健康有序的竞争机制和市场秩序。

（五）以推进司法公开和司法宣传工作为重要抓手，进一步提升知识产权审判工作水平。建立全省法院裁判文书上网公布工作责任人和联络人等制度，以公开上网推动知识产权裁判文书质量不断提高。选取典型、新类型及社会关注度高的案件举办示范庭，邀请媒体直播庭审，引导社会舆论，回应公众关切。以主动上门走访、集中座谈等多种形式，加强与人大代表、政协委员的联络工作。注重日常宣传工作，及时上报和公布重大审判工作信息及典型案例。适时组织主办法官接受媒体专访，通过解剖和阐释典型案件，扩大宣传示范效应。精心组织每年的“4·26”宣传周活动，不断结合审判工作新发展，创新和丰富宣传活动的内容和形式。注重报道和反馈行政机关、学界、企业等各界人员对知识产权审判工作的评价和建议。针对案件中反映的问题和社会管理中的薄弱环节，积极向党委、政府、人大及企业等相关方面提出依法可行的司法建议，积极推动社会管理创新。

（六）以推进建立广州知识产权法院为重要动力和契机，加快全省知识产权法官队伍专业化、正规化、职业化建设。按照最高法院的要求和指导意见，继续深化探索设立知识产权法院问题。按照司法改革的目标要求先行先试，积极稳妥推进试点工作。全面准确领会中央和最高法院相关司法改革文件精神，在改革试点推进过程中，深入研究消化法院组织法等相关法律规定和最高法院相关审判规则的精神，坚持在依法有据、遵循规律、讲究科学的前提下进行改革设计和创新探索，在依法、科学、合理、可行地进行细化研究和配套论证上下足功夫，切忌心浮气躁、片面求新、求轰动效应而不重法理、违背科学和脱离实际。以进一步推行“三合一”改革试点为依托，加强知识产权民事、刑事、行政三大审判力量的配备及知识产权法官的培训。针对不同地区的差异，要加强分片分类督导。针对知识产权审判骨干流失问题，建议全省法院参照省法院的做法，取消知识产权法官定期必须轮岗的做法。加强经验总结、问题研究、典型案例收集筛选和分类指导，表彰优秀裁判文书和调研成果，在各级法院培养和打造既能办精品案件，又能出优秀研究成果的高水平法官。要把坚定理想信念、坚定社会主义核心价值观、坚定职业操守和坚持反腐倡廉，作为队伍建设的重中之重，贯穿在审判工作的全过程，努力打造司法能力强、作风正派廉洁、人民群众信得过的高素质知识产权法官队伍。

同志们，今天这个会议的中心词是“贯彻落实”。我们围绕贯彻全国法院知识产权审判工作座谈会和全省中院院长会议提出的每一条意见和措施，都是有针对性地研究论证过的，都是要认真做的。希望各级法院，要及时向院党组报告，并结合实际提出可行的操作意见。会后，省法院还要以典型示范和检查督导等形式推进落实，并适时向最高法院报告贯彻情况。希望全省每一个法院和知识产权司法人员，都要把握好自己的定位，恪尽职守，努力发挥好职能作用，为我们这个不平凡的时代，为提升我们的知识产权司法水平和司法公信力，作出应有的贡献！

谢谢大家！

综　述

ZONG SHU

- 协调机制
- 职能部门工作概述

协调机制

广东省人民政府知识产权办公会议

【概况】 广东省人民政府知识产权办公会议制度是根据国发〔1994〕38号文和粤府〔1994〕103号文件成立的议事机构，主要目的是加强知识产权的宏观管理和统筹协调。2000年，办公会议办公室职能划入广东省知识产权局。经2002年、2006年、2010年和2014年四次调整，目前，办公会议由省发展改革委等25家组成单位以及省委宣传部等6家特邀单位组成。

【主要职责】

1. 组织、协调、指导全省知识产权工作。

2. 贯彻执行国家有关知识产权的法律法规和方针政策；研究制定广东省有关知识产权的法规、重大政策、措施和规划，并组织实施。

3. 协调解决广东省经济、科技和文化发展中有关知识产权的重大问题，并提出政策性意见和建议。

4. 组织知识产权联合执法行动。

5. 组织大型知识产权宣传活动，普及和提高社会各界知识产权意识。

6. 建立各组成单位信息交换、情况通报制度，定期发布广东省知识产权保护状况。

【组织架构】

2014年，广东省人民政府知识产权办公会议领导和组成人员名单如下：

主持人：

广东省人民政府副省长　陈云贤

副主持人：

省政府副秘书长　李捍东

省知识产权局局长　马宪民

办公室主任：

省知识产权局局长　马宪民

办公室副主任：

广东省知识产权局副局长　谢红

组成单位及人员：

广东省发展和改革委员会副主任（正厅级）　张军

广东省经济贸易委员会副主任　戚真理

广东省教育厅巡视员　罗远芳

广东省科学技术厅副巡视员　周木堂

广东省公安厅副厅长　何广平

广东省司法厅副厅长　余继军

广东省财政厅副巡视员　曾毓昌

广东省人力资源和社会保障厅副厅长　李长峰

广东省环境保护厅巡视员　王子葵

广东省农业厅副厅长　程萍

广东省林业厅总工程师　谭天泳

广东省商务厅副厅长　蔡勇

广东省文化厅党组成员、执法局局长　胡振国

广东省卫生和计划生育委员会副主任　江效东

广东省人民政府外事办公室副主任　罗军

广东省人民政府国有资产监督管理委员会副主任　周兴挺

广东省新闻出版广电局副局长　陈春怀

广东省统计局副局长　刘智华

广东省工商行政管理局副局长　钱永成

广东省质量技术监督局副局长　邱庄胜

广东省知识产权局副局长　谢红

广东省人民政府法制办公室副主任　王光辉

广东省人民政府港澳事务办公室副主任　叶维园

广东省食品药品监管局副局长（正厅级）　黄绍龙

广东省人民政府发展研究中心副主任　李惠武

特邀单位及人员：

中共广东省委政策研究室副主任　吴茂芹

中共广东省委宣传部副部长（正厅级）　朱仲南

广东省人大教科文卫委员会副主任委员（正厅级）　许家瑞

海关总署广东分署副主任（正厅级）　赵民

广东省高级人民法院副院长　徐春建

广东省检察院副厅级检委会委员　李庆协

（供稿人：王一）

广东省打击侵犯知识产权和制售假冒伪劣商品工作领导小组

【概况】　根据国务院的统一部署，自2010年10月至2011年6月，全国组织开展了打击侵犯知识产权和制售假冒伪劣商品（简称“双打”）专项行动，广东省委、省政府高度重视，迅速行动，省政府成立28个部门组成的“双打”专项行动领导小组，由宋海副省长任组长，领导小组办公室设在省知识产权局。领导小组制订实施方案，从清理整顿生产源头、加强市场监督管理、强化刑事司法打击力度、深化知识产权宣传等多个方面推进“双打”行动的各项工作，取得显著成效。

2011年底，国务院下发《关于进一步做好打击侵犯知识产权和制售假冒伪劣商品工作的意见》（国发〔2011〕37号），明确打击侵权假冒是一项长期、复杂、艰巨的任务，要求各省建立健全长效机制，并设立常态化的全国打击侵权假冒工作领导小组，办公室设在商务部，领导小组现任组长为中共中央政治局委员、国务院副总理汪洋。根据国务院的部署和要求，广东省成立省打击侵权假冒工作领导小组（粤办函〔2012〕251号），办公室继续设在省知识产权局。经过新一轮机构改革，目前领导小组成员单位共28家，省政府副省长陈云贤担任领导小组组长。

【领导小组办公室主要职责】

1. 承担领导小组日常工作，向领导小组提出工作建议，协调、督促各地区、各成员单位落实领导小组决定事项。

2. 建立打击侵权假冒案件统计制度，推动跨地区跨部门执法协作，督办侵权假冒重大案件。

3. 落实打击侵权假冒领域行政执法与刑事司法衔接工作。

4. 推动落实打击侵权假冒相关法律法规修订工作，推动健全检验、鉴定和其他相关标准。

5. 组织推动打击侵权假冒重点领域社会信用体系建设。

6. 组织协调知识产权涉外应对事项，推动建立和完善多双边执法合作机制。

7. 组织打击侵权假冒宣传教育工作，承办并管理打击侵权假冒工作网站。

8. 承办全国打击侵权假冒工作领导小组及办公室、省政府和省打击侵权假冒工作领导小组交办的其他事项。

【组织架构】

组　长：陈云贤　副省长

副组长：李捍东　省政府副秘书长

马宪民　省知识产权局局长

任小铁　省质监局局长

成　员：蔡伏青　省委宣传部副部长

蔡　辉　省综治办专职副主任

张　军　省发展改革委副主任（正厅）

戚真理　省经济和信息化委巡视员
黄守应　省公安厅经侦局局长
张　渝　省监察厅副厅长
余继军　省司法厅党委委员、副厅长
曾毓昌　省财政厅副巡视员
李长峰　省人力资源社会保障厅副厅长
王子葵　省环境保护厅党组副书记、巡视员
程　萍　省农业厅副厅长
谭天泳　省林业厅总工程师
马　桦　省商务厅副厅长
胡振国　省文化厅党组成员、省文化市场综合执法局局长
温伟群　省卫生计生委副巡视员
周兴挺　省国资委副主任
余振荣　省地税局稽查局局长
钟庆才　省新闻出版广电局（省版权局）副局长
钟　明　省物价局副局长
钱永成　省工商局副局长
邱庄胜　省质监局副局长
方洪添　省食品药品监管局稽查局局长
唐　毅　省知识产权局副局长
谢　红　省知识产权局副局长
王光辉　省法制办副主任
赵　军　省法院审委会副厅级专职委员
李庆协　省检察院检委会副厅级专职委员
赵　民　海关总署广东分署副主任
朱江涛　省国税局副局长
张崇刚　广东出入境检验检疫局副局长
丘　斌　人民银行广州分行副行长

联络员：曾宝瑜　省委宣传部新闻处副调研员
陈　策　省综治办综治督导处副处长
曹　鹏　省发展改革委高技术产业处副处长
罗房枢　省经济和信息化委市场体系建设处处长
吴义来　省公安厅经侦局副局长
凌子筠　省监察厅执法和效能监督室主任科员
黄梅新　省司法厅政策法规处副处长
李广文　省财政厅行政政法处副处长
彭　力　省人力资源和社会保障厅专业技术人员管理处副处长
王大力　省环境保护厅环境监测与科技标准处副处长
李耀武　省农业厅科技教育处调研员
林　新　省林业厅科技与交流合作处调研员
李　敬　省商务厅政策法规处处长
杨智勇　省文化市场综合执法局副调研员
冯惠强　省卫生计生委监督处处长
林济远　省国资委规划发展处副处长
张　弟　省地税局稽查局专职纪检监察员
张同英　省新闻出版广电局（省版权局）版权管理处处长
杨志民　省物价局价格监督检查与反垄断局副处长
伍　莉　省工商局商标管理处副处长
廖家恒　省质监局稽查局副局长

刘永谭　省食品药品监管局稽查局副局长

蓝伟宁　省知识产权局协调与合作处处长

陈曦帆　省知识产权局执法与监督副处长

吴　笛　省法制办行政执法监督处副处长

谭双堰　省法院刑二庭庭办负责人

罗永忠　省检察院侦查监督一处副处级检察员

梁润超　海关总署广东分署法规处处长

陈　东　省国税局稽查局副调研员

刘科峰　广东出入境检验检疫局稽查处副处长

张学贵　人民银行广州分行货币金银处副处长

（供稿人：王强）

粤港保护知识产权合作专责小组

【概况】　2003年12月，“粤港保护知识产权合作专责小组”（以下简称“专责小组”）成立，并在香港召开第一次会议。粤港双方确定定期会议制度，每年定期在两地轮流召开专责小组会，确定项目合作模式。“粤港保护知识产权合作专责小组”成立以来，粤港知识产权合作全面展开并不断向前推进。截至2014年，粤港双方召开专责小组联席会议13次，在粤港合作联席会议上签署《粤港知识产权合作协议》5份，两地公安、工商、版权、海关等部门在知识产权案件协作、宣传教育、研讨培训等领域开展157项合作。

【粤港知识产权合作】　截至2014年底，两地知识产权相关部门在粤港保护知识产权合作框架下，开展逾百个合作项目。

粤港跨境知识产权案件协作机制。粤港两地知识产权执法部门协同努力，在知识产权案件协作机制建设方面不断取得新的进展和突破。海关广东分署与香港海关设置粤港海关保护知识产权专职联络员，持续加大情报通报和信息交流力度。广东省公安厅、省版权局、省工商局等知识产权相关部门相继与香港海关建立知识产权联络员制度，开展知识产权保护合作。

粤港企业知识产权保护与创新促进机制。粤港知识产权部门从2003年开始联合举办“粤港知识产权与中小企业发展研讨会”。截至2014年，研讨会已在广东省内各个不同的地市（深圳、东莞、韶关、顺德、惠州、江门、湛江、珠海、汕头、中山、广州、肇庆、佛山、清远）巡回举办15次，累计数千家企业参加。

“正版正货承诺”活动。省知识产权局联合省版权局、省工商局在全省全面推广“正版正货承诺”活动，全省21个地级以上市大力推进。

“粤港澳知识产权资料库”与“粤港知识产权合作专栏”。粤港双方及时更新和丰富粤港澳三地知识产权执法的信息，增加了有关三地知识产权执法信息的英文版和知识产权贸易信息的超链接，对帮助粤港澳三地企业和公众适时掌握三地知识产权制度的最新发展发挥了积极的作用。

协助香港居民参加全国专利代理人资格考试。根据CEPA有关内地服务行业对香港开放的承诺，自2004年开始，全国专利代理人资格考试对港澳考生开放。根据国家知识产权局的安排，港澳考生统一在广东考点参加考试。广东省知识产权局与香港知识产权署合作，并协同澳门特区政府经济局知识产权厅，共同做好有关考试的咨询、报名、培训和考点准备等相关工作。

粤港知识产权交流活动。举办商标、版权为主题的知识产权交流活动，持续加大广东省

知识产权政策宣传力度，大力引导有产品内销的在粤港资企业申请认定广东省著名商标。

（供稿人：郭亚青）

粤澳知识产权工作小组

【概况】 2012年5月10日，《粤澳知识产权合作备忘录》签署仪式暨知识产权工作小组第一次会议在广州举行。会议正式成立粤澳知识产权工作小组，并审议通过《粤澳知识产权工作小组工作机制》，确立粤澳知识产权工作小组会议制度，建立粤澳知识产权合作项目制度。截至2014年，粤澳知识产权工作小组已召开两次工作会议。

【工作机制】 组建知识产权工作小组，建立粤澳知识产权协调机制。工作小组由粤澳双方知识产权保护及管理部门组成，粤方成员包括广东省知识产权局（牵头单位）、广东省工商行政管理局、广东省版权局、广东省公安厅、海关总署广东分署；澳方成员包括澳门经济局（牵头单位）、澳门知识产权厅、澳门海关。

建立粤澳知识产权工作小组会议制度，原则上每两年召开一次会议，总结上一阶段粤澳知识产权合作计划落实情况，商讨确定下一阶段合作计划。工作会议由广东省知识产权局和澳门经济局轮流主持召开。

建立粤澳知识产权项目合作制度，由各成员单位提出粤澳知识产权合作项目及牵头落实单位建议，经粤澳知识产权工作小组会议审议确定后，由牵头单位负责组织落实。

建立粤澳知识产权合作情况通报制度，各单位联络员负责粤澳知识产权合作的联络沟通工作，及时将本单位合作项目进展情况通报各方牵头单位。

【粤澳知识产权合作备忘录】

（一）建立粤澳知识产权联络协调机制，组建知识产权工作小组；

（二）建立信息交换机制，相互通报粤澳两地知识产权法律法规政策最新进展情况；

（三）探索开展知识产权联合保护执法行动，建立完善粤澳跨境知识产权协作处理机制；

（四）探索将粤港中小企业发展与知识产权研讨会扩大为“粤港澳中小企业发展与知识产权研讨会”的可行性，邀请来自粤港澳三地的知识产权专家与企业共同参加研讨；

（五）继续推进粤澳知识产权部门公务员培训交流机制，协同开展知识产权培训交流活动；

（六）持续建设粤港澳三地知识产权信息平台，不断充实与更新粤港澳三地知识产权资料库；

（七）鼓励粤澳两地高校及科研机构开展知识产权交流合作，支持双方高校及科研机构举办学习交流活动；

（八）举办粤澳创意产业与知识产权交流活动，组织两地创意产业专业人才开展交流互访，开展粤澳两地知识（创意）产业发展现状调查研究；

（九）加强两地知识产权中介服务业的交流，推进两地知识产权代理行业的交流合作与协同发展。 （供稿人：郭亚青）

职能部门工作概述

广东省人民政府知识产权办公会议成员单位

广东省发展和改革委员会

【概况】 2014年，广东省发展改革委员会将发展高技术产业和战略性新兴产业作为推进产业结构调整、加快经济发展方式转变、抢占国际经济科技发展制高点的重大举措，从创新能力、创业投资、产业基地、重大项目、试点示范等方面，推动广东省尤其是珠三角地区成为具有较强国际竞争力的战略性新兴产业集聚区。2014年，全省战略性新兴产业和高技术制造业分别实现增加值3470.9亿元和7546.1亿元，同比增速7.6%和11.4%。

【知识产权创造】

争取国家重大科技基础设施布局建设。2014年，广东省与中科院成立共建国家重大科技基础设施建设领导小组，进一步加强科技基础创新能力建设的统筹协调。截至目前，已有东莞散裂中子源、广州和深圳超级计算中心、国家基因库、江门中微子实验等一批大科学基础工程落户广东省，强流重离子加速器（HIAF）和加速器驱动嬗变研究装置（CIADS）两个“十二五”期间投资最大的国家重大科技基础设施项目也已选址落户广东，广东省成为全国重大科技基础设施布局最多的省份。重大科技基础设施建设及应用催生一批具有自主知识产权的科研成果，其中“下一世代的基因组学”、“外显子组测序/罕见疾病基因”、大亚湾中微子实验成果等一批重大科研成果入选当年度“全球十大科学突破”。

争取国家工程实验室平台批准建设。2014年广州有色金属研究院获批组建“国家工程实验室现代材料表面技术国家工程实验室”。截至目前广东省累计组建国家级工程类创新平台（含国家工程实验室、工程研究中心和国家地方联合创新平台）46家。

积极推进国家企业技术中心认定建设。省发展改革委联合省经济和信息化委、省科技厅以及国税、地税、海关有关部门推荐企业申报第21批国家认定企业技术中心，其中4家获得国家发展改革委批复。截至目前广东省累计组建国家认定企业技术中心78家。

系统推进省级工程实验室建设。自2010年启动省工程实验室建设工作以来，已累计组建四批省工程实验室46家，涵盖高端新型电子信息、新能源汽车、半导体照明、生物医药、高端装备制造、新能源及新材料等战略性新兴产业领域，成为知识产权创造和使用的重要基地。

【知识产权产业化应用】 国家高技术产业基地认定。2014年，广州、湛江获得国家发展改革委、国家海洋局认定为国家海洋高技术产业基地。截至目前，广东省围绕信息、软件、生物、新材料、航空、高技术服务业、海洋等领域建设15家国家高技术产业基地。

省级战略性新兴产业基地。2014年，围绕生物、高端新型电子信息、半导体照明、新能源汽车、新材料等重点领域，组织认定19家第二批省战略性新兴产业基地。截至目前，广东省共认定42家省级战略性新兴产业基地。

战略性新兴产业集聚发展试点项目。推进实施《广东省战略性新兴产业区域集聚发展试点实施方案》，支持新一代显示技术、新型动力电池、蛋白类生物药及植（介）入器械等三个重点领域43个项目建设，促进产业集聚发展。

国家高技术产业化专项。组织省内重点企业申报信息安全、卫星应用、蛋白类生物药、高端医学诊疗设备、新型平板显示、物联网、云计算等国家高技术产业发展项目，2014年有24个项目获得国家批复。加快推动高技术服务业产业化项目建设。组织推荐广州奥凯信息咨询有限公司等13家单位申报第一批国家高技术服务业研究开发及产业化专项项目，其中8家获得国家批复。

年度重点项目。协调推进恒健质子肿瘤治疗装置项目动工建设和广州乐金显示8.5代液晶面板项目建成投产，推进粤海装备产业园、广州市基于物联网的城市智能交通应用示范工程、华星光电8.5代液晶面板（二期）、华为和TCL 4G移动终端、北斗卫星导航应用示范工程等战略性新兴产业领域重大项目的实施。

【创业投资计划】 启动实施省新兴产业创投计划。2013年10月，省发展改革委会同省财政厅联合印发《关于组织实施广东省战略性新兴产业创投计划的通知》，启动实施省战略性新兴产业创投计划。省新兴产业创投计划的启动实施，得到社会各界的广泛关注，首批共收到17只创业投资基金申报该计划，涉及高端电子信息、生物医药、新能源、节能环保、高端装备制造等多个战略性新兴产业领域。目前正在进行尽职调查。

推进实施国家新兴产业创投计划。争取粤科惠华电子信息产业、粤科白云新材料产业、广晟新材料产业等三只创业投资基金获得国家2014年新兴产业创投计划批复，数量为历年之最。

【试点示范工程建设】 国家信息惠民试点城市建设。联合省编办、经济和信息化委、民政厅等单位，组织推动广州、深圳、佛山、东莞四市获得国家批复成为首批信息惠民国家试点城市，并获启动资金支持，广东省试点城市数量和启动资金额度均居全国首位。

国家电子商务示范城市建设。联合省商务厅、财政厅等单位，组织推动东莞、揭阳获得批准成为第二批国家电子商务示范城市。截至目前，广东省共有广州、深圳等5个电子商务示范城市，数量继续位居全国首位。

国家物联网试点示范。组织编制国家物联网重大应用示范工程区域试点（广东省）总体工作方案，围绕智能交通、智能安全监管、智慧物流、智能制造等重点领域，遴选了一批重大物联网应用示范工程项目。目前方案已获得国家发展改革委批复，广东省成为国家首批物联网重大应用示范工程区域试点之一。

（供稿人：曲延军）

广东省经济和信息化委员会

【智能制造产业】

智能制造示范基地建设。组织智能制造产业调研，制定《广东省智能制造示范基地培育建设实施方案》，在省市共建战略性新兴产业基地框架下，开展示范基地申报认定工作。认定广州、珠海、佛山、东莞、肇庆、江门、顺德等7个市（区）为首批广东省智能制造示范基地。截至2014年底，7个示范基地已经落实的招商引资项目（指已签订落户基地协议并开始施工和持续建设的项目）共41个，项目投资总额达303.07亿元，项目投产后预期产值可达986.98亿元。正在洽谈并有意向进驻的项目25个，有计划引进的项目17个。

智能制造骨干企业建设。制定战略性新兴产业骨干（培育）企业实施方案，启动智能制造领域骨干企业培育认定工作。以骨干企业为引领，带动中小企业协作配套，壮大示范基地智能制造产业发展潜力，带动基地智能制造产业发展。2014年共认定骨干企业19家，培育企业23家。

智能制造示范应用。在优势行业重点企业中开展智能制造的应用示范。广州、顺德等示范基地先后在汽车及零部件、食品包装、塑料机械、农产品、家电等领域实施智能制造示范应用，将工业机器人等智能技术和装备应用于物料搬运、冲压、注塑、加工、喷粉、装配、自动码垛等，对基地所在市优势主导产业向自动化、智能化升级起到良好的示范作用。

【科技成果与产业对接计划】

全省科技成果与产业对接会。举办以促进先进装备制造业为主题的2014年广东省科技成果与产业对接会，促进科研成果对接，300余项具有产业化前景的技术成果、170多家企业200余项技术需求参与此次对接。促成36家企业、高校院所就先进装备制造业科技成果产业化达成合作并签约。建设广东省科技成果产业化信息网，打造网上永不落幕的科技成果与产业对接会。发布高端装备制造产业标准体系规划和路线图研究成果，为企业制订装备制造业标准提供科学指引。

科技成果应用推广。分别在中山市举办智能制造产品专题对接活动，推广中山新诺公司无掩模光刻设备新产品；在惠州市举办手机企业专利研讨与产业链专场对接活动，组织新岸线公司、中星微公司与手机厂商进行对接，促进手机产业链协作共赢、手机产业链专利提升与协作、手机产业链生态圈建设。在佛山市举办智能制造专题推介会，组织广州、佛山、顺德智能制造示范基地介绍基地产业发展情况和相关政策，广州数控、瑞松科技、普拉迪数控、嘉腾自动化、科杰机械等企业就自主研发的智能制造装备作推广应用宣传。

【新兴产业发展】

重大项目建设推进。积极协助河源市重大项目招商，推动中兴通讯（河源）生产研发培训基地项目于2014年9月底正式动工。继续跟踪信利（惠州）智能显示有限公司4.5代AMOLED项目建设，项目自2014年7月进入实质性建设阶段，预计2015年完成主厂房的建设和装修，预计2016年第一季度完成设备的安装和调试，第二季度实现量产。

财政资金股权投资试点。创新财政专项资金使用方式，开展股权投资试点，重点支持战略性新兴产业创新能力强的企业或产业化前景良好的项目，发挥财政资金引导放大效应。在2013年省战略性新兴产业发展专项资金项目的基础上，积极组织企业政策宣贯，督促受托管理机构规范程序和做好服务，重点支持TCL集团股份有限公司第8.5代TFT-LCD（含氧化物半导体及AMOLED）生产线建设项目等11个股权投资项目。

新一代显示产业区域集聚发展。会同省发改委、财政厅组织实施战略性新兴产业区域集聚发展（新一代显示）试点工作。项目集中在广东省新一代显示产业链关键环节，从上游ITO靶材、特种气体、OLED发光材料等基础性原材料，到中游偏光片、导电膜，以及下游显示面板、智能电视、激光显示电视，基本涵盖了新一代显示领域的核心环节。15个试点项目总投资达38.75亿元，预计完成后将新增105亿元销售收入，创造税金6.4亿元，形成产业链相对完整、创新能力较强的新一代显示技术产业体系。

【企业技术中心建设】

以“评价+项目+认定”三位一体，加强企业技术创新体系建设。开展省级企业技术中心评价，以评价促使企业强化技术中心体系建设。修订《广东省省级企业技术中心专项资金使用管理办法》，规范专项资金管理，组织实施2014年省级企业技术中心专项。开展第十五批省级企业技术中心认定工作，加速大中型企业建立研发机构，开展创新活动。重点支持54个省级企业技术中心针对技术创新的薄弱环节，通过产学研结合等有效形式，建设与企业发展相适应、代表行业先进水平的技术创新平台，催生自主知识产权。

【品牌建设】

开展工业企业品牌、区域品牌和知识产权培育三大试点。组织区域品牌建设发展情况摸底调查，开展区域品牌培育试点工作，深圳时尚产业、中山古镇灯饰产业、汕头澄海玩具产业、东莞清溪光电通讯产业等4个产业集群被列为工信部首批区域品牌建设试点名单，数量位居全国第一；开展工业企业品牌培育试点，组织48家企业申报品牌培育试点，7家企业被评为2013年度工业企业品牌培育示范企业。发动52家企业申报工信部第二批工业企业知识产权运用能力培育工程试点，运用知识产权提高企业市场竞争力。（供稿人：黄海丹）

广东省教育厅

【专利申请和授权】 据31所主要本科高校统计，2014年广东省高校申请专利量为5356件，已达2013年广东全省高校的71.10%；其中发明专利申请量为3727件，实用新型申请量为1323件，国际PCT专利申请量为56件。广东省高校发明专利申请占总申请量的69.59%。广东省高校发明专利授权量为2927件，已达2013年总授权量的69.02%；其中发明专利授权量为1483件，实用新型授权量为1191件。广东省高校发明专利授权占总授权量的50.67%。广东省高校专利申请量和发明专利授权量最多的高校是华南理工大学，专利申请量为2214件，专利授权量为1390件。

【知识产权获奖】 2014年，广东省高校在中国专利优秀奖、广州市专利奖金奖、广州市专利创造贡献奖等方面取得丰硕成果。中山大学荣获第二届广州专利奖创造贡献奖1项和广州专利配套奖3项；华南理工大学在第十六届中国专利奖中荣获1项中国专利金奖和2项专利优秀奖的历史最好成绩，获奖数量位列全国高校首位；华南农业大学荣获2014年度高等学校科学研究优秀成果奖（专利奖）二等奖，并再次荣获第二届广州专利奖创造贡献奖。

【专利技术实施】 广东省高校通过国家、省部级科研机构的平台，与企业共建成果转化平台等多种途径推动专利成果的有效转化。华南理工大学发挥广州现代产业技术研究院、华南协同创新研究院、珠海现代产业创新研究院等校地联合研究院的孵化辐射功能，与企业共建成果转化平台，加快专利技术转化进程。华南农业大学的三个杂交水稻新品种“宁优1179”“五丰优1179”“Y两优1173”分别以500万元、500万元及300万元的价格实施许可给广东华农大种业有限公司及广西金卡农业科技有限公司使用，并在广东省及广西壮族自治区全面推广使用这三个品种，合同金额合计1303万元。

【知识产权保护】 广东省高校进一步完善知识产权管理保护制度，形成“以管理促保护、以保护促科研，以科研促发展”的知识产权保护体系。华南理工大学充分利用国家知识产权专利检索网络、广东省专利信息网络等专利网络平台进行检索，以保证专利具备“三性”（新颖性、创造性和实用性），避免侵权。华南农业大学注重对已授权专利的保护，与新入学的1418名研究生及新报到的90位教职工签署《华南农业大学知识产权》承诺书；同时，对纵向科技项目合同书及横向科技项目合同书中涉及知识产权权属的条例，进行严格审查，切实保护学校的知识产权权益。

【知识产权工作机构和制度建设】 2014年，广东省高校以知识产权机构完善和知识产权制度建设为抓手，逐渐形成一个专业化的知识产权服务团队，健全知识产权制度，提高知识产权服务。中山大学成立科技发展研究院，下设地方服务与产学研合作处，分管专利相关工作；新修订《中山大学专利工作管理办法》《中山大学科技成果转化规定》和《中山大学技术合同管理暂行办法》，对科技成果转化及技术合同中涉及的知识产权问题都做明确的规定。华南理工大学设立知识产权办公室和配备专职人员的专利事务中心，下拨专项经费，资助教师申请国内外专利以及知识产权工作机构的建设；华南理工大学专利中心制定《华南理工大学专利事务中心专利代理人工作准则》，完善代理人管理制度，提高专利撰写质量，规范流程管理，并落实例会制度，对专利业务管理系统进行重新规划，提高专利信息利用水平。

【知识产权培训、宣传、交流】 广东省高校组织各种知识产权讲座和培训班，定期组织开展知识产权法律法规的学习宣传。中山大学根据“高校知识产权宣传周活动”的要求，举办“专利信息培训月系列讲座”，邀请专利信息领域的专业人士为学校师生进行专利基础知识及专利文献检索的培训，宣传并普及知识产权相关知识。华南理工大学在国家知识产权培训（广东）基地共主办/承办培训班、月谈等大型培训活动20余次，参加人员近2000人次。此外，还积极开展知识产权成果表彰活动，对获得专利奖、科技奖等各种荣誉及奖励的知识产权成果进行表彰，并以新闻形式通报宣传。

【知识产权工作相关课题研究】 广东省高校提升知识产权研究能力。华南理工大学2014年共承担知识产权研究相关课题20项，合同总经费249.8万元。其中省级项目6项，经费28万元；厅级项目5项，经费111万元；校级项目3项，合同经费21万元；横向项目6项，合同经费89.8万元。广东工业大学获得广东省知识产权软科学研究计划项目2项。

【知识产权人才培养】 广东省高校加强知识产权人才培养和专业人才培训。中山大学利用2005年11月13日正式揭牌成立的知识产权学院，致力于培养知识产权领域的高层次人才，中山大学知识产权学院已成为中国知识产权专门人才培养的重要基地之一。华南理工大学于2005年开始在民商法专业招收知识产权方向硕士研究生，2008年开始招收知识产权专业本科生，累计招收研究生246人，本科生258人，毕业生就业率达到99%。华南农业大学选派管理人员10人次参加国家和省市知识产权行政部门举办的专题培训班，订阅知识产权报刊学习，1人参加企业知识产权管理规范培训班。

（供稿人：吴宝榆）

广东省科学技术厅

【概况】 2014年，广东省科学技术厅增创创新驱动发展新优势，推动自主知识产权创新实现新突破。广东省区域创新能力综合排名连续7年位居全国第二，稳居第一梯队；全年R&D经费支出达1600亿元，占GDP比重提高至2.4%，比2013年提高0.15个百分点；技术自给率达70%，接近创新型国家/地区水平。

【自主创新环境】

自主创新政策体系。2014年6月，广东省委、广东省人民政府在全国率先出台《关于全面深化科技体制改革 加快创新驱动发展的决定》（粤发〔2014〕12号）。针对制约广东科技创新的体制机制瓶颈问题，广东省科学技术厅认真贯彻落实文件精神，着手制定出台在全国先行先试的重大创新政策及其实施细则，加快构建覆盖自主创新全过程的1+N政策体系。2014年12月，经广东省人民政府同意，广东省科学技术厅印发了面向省直有关部门落实改革任务的《〈中共广东省委 广东省人民政府关于全面深化科技体制改革 加快创新驱动发展的决定〉配套政策措施制订工作分工方案》（粤科政字〔2014〕186号），为实施知识产权战略营造良好的政策环境。

科技金融产业融合。2014年，广东省科学技术厅出台《2014年科技金融产业融合创新发展重点行动》《科技金融支持中小微企业发展专项行动计划》等政策措施，科技金融政策体系进一步完善，形成省市联动共同完善科技金融政策体系的良好局面。依托广东省粤科金融集团在全省国家级高新区布点设立6个子公司和5个融资性担保公司，形成科技金融产业发展的一体化效应。建立健全财政资金与社会资本投向科技产业的联动机制，调整财政科技经费使用方式，整合归并设立5大省财政专项资金共12.5亿元，加强对企业技术创新和产业化项目的引导性投入，预计带动风投、创投、信贷、保险等社会和金融资本超过50亿元。在系列政策措施的推动下，2014年，广东创业投资机构预计超过2800多家，管理资本规模超过3500亿元；2014年上半年创业风险投资超过200项，投资总额超过20亿元，约占全国风险投资总额的20%，投资数量和投资金额均排在全国前列，为知识产权的产业化提供强力支撑。

多主体协同创新格局。在省部院产学研、重大科技专项等重大科技项目的带动下，广东充分发挥市场在资源配置中的决定性作用，促使企业的技术创新主体地位加速提升。全省90%以上的研发经费来源于企业。现有科技型企业超过5万家，其中省级以上创新型企业507家，国家认定高新技术企业8230多家，省民营科技企业8940家。省级科技计划重大/重点项目的70%以上由企业牵头或参与。大中型骨干企业逐步设立研发机构，专业镇中小微企业公共服务体系日益完善。

科技创新人才队伍建设。2014年，广东省科学技术厅加快引进培养大批高层次人才，深入实施“珠江人才计划”，引进四批91个国内外高水平创新科研团队，集聚人才750多人，吸引各类人才5000人；开展“扬帆计划”，为粤东西北引进12个高层次人才团队，启动首批省培养高层次人才特殊支持计划。三大人才计划使广东初步形成“引育并举、立体支撑”的新局面，为广东省知识产权战略实施提供有力的智力保障。

【知识产权创造】

省重大科技专项组织实施。广东省科学技术厅紧密结合广东转型升级重大科技需求，加强对接国家重大科技专项，以新思路、新机制凝炼实施9个省重大科技专项，在计算与通信集成芯片、移动互联关键技术与器件、云计算与大数据管理技术、新型印制显示材料、可见光通信技术及标准光组件、智能机器人、新能源汽车电池和动力系统、3D打印、干细胞与组织工程等关键领域，重点打造一批科技“明珠”工程，着力突破一批关键核心技术，研发推广一批重大战略产品，获得一批重大知识产权。

原始创新能力投入。2014年，广东省科学技术厅加强对原始创新能力的财政投入，在高校、科研院所、骨干企业等重点建设一批重大创新平台和基础应用研究平台。目前，广东已经形成由21家国家重点实验室、6家省部共建国家重点实验室培育基地、196家省重点实验室、44家省企业重点实验室、18家省公共实验室、32家省重点科研基地组成的较为完整的实验室体系。珠三角大科学工程创新体系建设步伐加快，中国（东莞）散裂中子源、中微子实验室（二期）等大科学工程进展顺利，依托“天河二号”超算中心建设“国家大数据科学研究中心”取得重要进展，协调推动“加速器驱动嬗变系统研究装置”“强流重离子加速装置”等国家重大科技基础设施加快落户，大科学工程及其应用机构逐步成为广东汇聚人才、技术、资讯、资金和培育发展新兴产业的“新洼地”。

【知识产权产业化战略】

区域创新发展。深圳获批成为国家自主创新示范区，成为广东争创国家创新驱动发展排头兵的“新引擎”。汕尾省级高新区获批成立，实现省级高新区在全省地级市全覆盖。推动高新区创新型产业集群建设，目前共获批5个国家级、12个省级创新型产业集群。2014年，全省23个省级以上高新区实现营业总收入预计达2.9万元，同比增长20%。依托高新区，全面推进科技企业孵化器建设，全年新增国家级孵化器9家、创业苗圃（前孵化器）37家；截至2014年度，全省纳入统计的孵化器已达233家，孵化场地面积累计1348万平方米，在孵企业14748家，累计毕业企业5014家，毕业企业总收入超过3000亿元。

专业镇特色产业。深入实施“一镇一策”行动计划和“一校一镇、一院（所）一镇”产学研特派团联动帮扶计划，加快建设专业镇中小微企业九大公共服务平台，组织开展“重点示范专业镇”行动。2014年，全省381个专业镇累计实现地区生产总值超过2万亿元，约占全省GDP的30%。

战略性新兴产业培育。2014年，广东LED产业产值达3500亿元，同比增长24.6%，继续领跑全省战略性新兴产业发展。广东省科学技术厅组织开展第11届中国国际半导体照明论坛、粤港台澳LED产业协同创新高峰论坛等全国性、专业性行业论坛活动，加速LED标杆体系及标准光组件在全国的推广和应用，大力推进国家半导体照明综合标准化示范区，发布了首批21项标准光组件项目技术规范。

新兴科技服务业。2014年，广东省科技服务业实现新发展，科技部批准广州现代产业技术研究院等7家机构为国家技术转移示范机构，全省国家技术转移示范机构增加到33家。广东46个项目获国家科学技术奖，位居全国第四；其中，国家自然科学奖2项，国家技术发明奖12项，国家科技进步奖31项，国际科技合作奖1项，为历年之最；以第一完成单位（第一完成人）获奖的项目21项，较2013年增幅达163%。2014年全省审核通过的科技成果登记总数达1748项，应用技术成果1656项。2014年，全省技术市场发展态势良好，全年认定登记技术合同19150项，合同成交总金额543.14亿元，合同成交额再创新高，比2013年增长1.39%，其中技术交易额为526.69亿元，比2013年增长2.36%。

【产学研及区域和国际合作】

省部院产学研合作和国际科技合作。2014年，广东省科学技术厅深化与中国科学院、清华大学、北京大学、中国电力科学研究院等重大创新机构战略合作，推动“三部两院一省”产学研合作向纵深发展。累计建成各类产学研创新平台1600多家、产业技术创新联盟100多家。广东省企业与西北工业大学、西安交通大学等多所名校及中国科学院半导体研究所、中国科学院理化技术研究所、中国科学院自动化研究所等16所中国科学院院属科研机构开展校企对接、院企对接活动，促使一批科研成果入粤转移转化。省部院产学研合作2014年预计实现产值2500亿元，利税250亿元。在国际和区域科技合作方面，中乌巴顿焊接研究院建设工作进展顺利，并正为广东省的核电、船舶、航空、机械、海洋工程、生物医疗等产业的技术创新发挥重要作用。东莞“国家级环保与水处理国际创新园”、广州“国家级科技服务国际创新园”的基础建设和“招科引资”工作稳步推进。佛山中德工业园、揭阳中德生态金属园等国际合作园区建设取得新进展。积极开拓与创新型国家和地区的交流合作，2014年2月，与英国兰卡斯特大学签订合作谅解备忘录，正式启动面向中小企业的“催化剂计划”；2014年3月，与意大利就合作开展技术转移达成共识；2014年6月，与俄罗斯基础研究基金会、俄罗斯科学院激光技术及信息工程研究所签署了合作共建“中俄工业技术研究开发中心”备忘录。产学研合作及国际和区域合作的稳步推进，为集聚国内外高端创新资源，提高广东省自主知识产权核心竞争力提供了有效的创新路径。

（供稿人：严军华）

广东省公安厅

【概况】 2014年，广东省公安机关全年共立制假售假案件11280宗（同比增长173%），破案10334宗（占全国破案数的1/4，同比增长212%），打掉职业化犯罪团伙1100多个，抓获16108人（同比增长195%），刑拘10345人，逮捕6278人（同比增长123%），移送审查起诉10459人，涉案价值约220亿元（同比增长76%）。全省公安机关专项行动各项破案数据指标增幅均为历年之最，打击侵犯知识产权刑事犯罪工作得到上级充分肯定，公安部1次通令嘉奖、15次发来贺电，国务委员、公安部部长郭声琨、公安部副部长刘金国对广东打假工作给予充分肯定。副省长、公安厅长李春生同志批示“组织有力，措施扎实，成效显著，应予表彰”。

【专项打假】 省厅根据全省涉假犯罪特点规律，紧紧围绕“打击假烟、网络打假、保护知名品牌、保障生产生活安全”四个主题，分阶段、分批次组织系列专项打击整治行动。

一是开展互联网领域侵权犯罪打击行动。全省侦破涉及互联网售假案件1293宗，查处违规网站、电商平台616个。全省侦破一批利用“淘宝网”销售名牌服装、玩具、皮具大要案件，为权利人挽回巨额经济损失，为规范电商平台合法运营提出对策建议。

二是开展打击假烟犯罪专项行动。在烟草部门配合下，全省公安机关侦破假烟刑事案件442宗，刑拘863人，逮捕593人，移诉569人，涉案价值15亿元。省厅组织全省开展“粤北一号”打击假烟犯罪集中收网行动，对烟机窝点、非法经营烟丝烟叶、非法运输假烟、制造假烟标识、仓储、销售假烟等犯罪环节实现全链条打击。

三是开展打击危害生产生活安全的假冒伪劣犯罪。全省侦破危害生产生活安全的假冒伪劣犯罪案件2030宗，占破案总数的20%，广州、深圳、东莞、湛江等地成功侦破假冒五羊本田摩托车零配件、美孚润滑油、“施耐德”传感器、电热水壶、陶瓷等危害生产、生活安全涉假案件。

【集群打假】 为保证全省力量向打大案打集群战役倾斜，以省厅名义给各地下达一批全国、全省集群战役任务，把任务完成率作为重要考核指标单独计分，打破行政区划界限，开展跨市、县线索收集研判经营，由省厅统筹发起侦破。2014年，省厅经侦局统筹组织全省各地经侦部门开展258次跨省区集群破案行动，对侵权伪劣犯罪的组织者、策划者及出资者进行全面围剿，摧毁300多个跨区域犯罪集团，切断一系列犯罪利益链。如11月7日，广东联合山东、河北、山西、湖北、天津、辽宁、浙江、广西等地公安机关，成功捣毁生产、销售假冒润滑油窝点5个，抓获犯罪嫌疑人9名，查获大量假冒美孚路宝、假冒壳牌润滑油及大量美孚、壳牌标贴，涉案金额达5000多万元。

【工作机制】 广东省公安厅始终坚持“以打促建、打建结合”，高度重视与相关行政执法部门、重点企业及行业协会的协作，围绕打假工作特点转变理念、创新机制，夯实长远发展根基。一是加强部门协作，建立与各相关行政执法部门联合执法机制，建立涉假黑名单5万多条，开展联合执法4616次，破案5164宗，刑拘5309人，捣毁窝点4546个。二是加强警企协作，各地主动联系沟通当地品牌企业、互联网企业及物流企业，与200多家重点企业签署协议建立知识产权刑事保护协作机制和绿色通道，为企业提供涉假预警信息，积极探索搭建省内主要电子商务领域打假平台体系。三是开展打假基础建设调研。组织各地围绕犯罪形势分析、典型案例剖析、技战法提炼、执法协作及法律适用等打假基础建设工作开展深入研究，形成136篇优秀调研文章上报公安部经侦局，并得到好评。四是建立常态化打假宣传工作机制。通过在《南方法治报》、南粤警视等媒体开辟打假宣传阵地，采取新闻发布会、专题报道等多种形式，公开报道典型案件，展现公安机关打假成果，彰显政府打假的决心。全省打假工作在中央媒体报道48次，省级媒体303次，市级媒体663次。 （供稿人：李游）

广东省司法厅

【概况】 2014年，广东省司法厅大力推进知识产权法律服务和法制宣传工作，提高公民的知识产权意识和知识产权管理、保护的法治化水平，指导成立知识产权纠纷人民调解组织。

【知识产权法制宣传】 围绕“增强法制宣传教育针对性和实效性”，继续把知识产权法律法规的宣传教育纳入全省法制宣传教育活动，利用“4·26”世界知识产权日，各地集中开展知识产权法制宣传教育。征集评选上一年度（2013年）广东省律师知识产权典型案例，并在全省举办5场巡回报告会，通过典型案例，大力宣传、提高社会知识产权意识。为进一步宣传推广广东省知识产权律师的业务成就，充分发挥典型案例的示范和指导作用，省司法厅与省律协成立知识产权讲师团，联合省知识产权保护协会和有关高校开展“第二届广东知识产权法律服务论坛”“中美知识产权商业化运营实务研讨会”和主题为“欧洲商标外观设计制度最新发展与实务研讨”的华南知识产权月等活动。

【指导成立知识产权纠纷人民调解组织】 为有效化解日益增多的版权纠纷，根据《国家知识产权战略纲要》和司法部《关于加强行业性专业性人民调解委员会建设的意见》（司发通〔2011〕93号）有关部署要求，在司法行政部门的指导下，深圳市于2014年9月18日建立深圳市版权纠纷人民调解委员会。这是广东省成立的第2家知识产权纠纷人民调解组织（2013年8月8日，广州市版权纠纷人民调解委员会经核准正式成立）。深圳市版权纠纷人民调解委员会的成立，为版权协会广大作家、文艺影视创作者和权利人、创意企业等提供更加灵活、便捷的版权纠纷解决的方式和有效的法律保障。目前，深圳市版权纠纷人民调解委员会设委员9名，其中主任1名、副主任2名，聘请特邀人民调解员21名。截至2015年2月，该委员会共受理调解版权纠纷3件，成功调解3件，调解成功率100%。2014年12月22日，佛山市版权保护协会申请设立佛山版权纠纷人民调解委会，12月26日，佛山市司法局同意备案。佛山市版权纠纷人民调解委员会由设立机构负责具体运作，保障办公场所、工作经费，有12名调解员，包括版权律师、专家，负责调解版权纠纷，对接广州知识产权法院相关业务。同时，佛山市已申请设立专利纠纷人民调解委员会，拟在2015年正式开展运作。

【知识产权法律服务】 结合律师进村居活动，推进基层知识产权法律服务工作。起草并下发《关于贯彻落实〈关于开展一村（社区）一法律顾问工作的意见〉的工作方案》及10多个配套相关文件和工作指引,在普法课件、典型案例、业务指引等系列工作资料中融合知识产权法律知识。加强政府、企业法律顾问工作。组织律师积极服务工商、税务等政府职能部门“知识产权”专项行动，为政府决策、执法行为提供优质、高效的法律服务。围绕“知识产权”行动要求，积极为企业开展法律体检，降低法律风险，提高企业依法经营的能力和水平。积极参与各类社会矛盾的化解工作，积极参与涉及“知识产权”案件的信访接待工作，协助党委、政府和有关部门及时妥善处理突出问题及群体性事件，努力消除不稳定因素。 （供稿人：骆文经、朱征宇）

广东省农业厅

【概况】 2014年广东省农业厅贯彻落实国家和农业知识产权战略纲要精神，提升农业领域的知识产权创造、运用、保护和管理能力，为促进全省农业农村经济平稳较快发展提供有力支撑。截至2014年底，全省累计申请自主研发的植物新品种权271个，82个品种获得植物新品种权。引进新品种4986个，筛选出适宜广东省种植的品种298个，引进优质种质资源2434份，有136个品种通过国家或省级审定；集成新技术98项，引进新技术65项；建立作物高产、高效、多熟种植模式46个，面积157.38万亩；申请专利165项，已授权114项。评选2014年广东省名牌产品（农业类）296个，并在此基础上推介出首届广东省十大名牌系列农产品50个。目前全省已有7个产品获得农产品地理标志证书。

【植物新品种专利保护】 进一步完善种业科技创新机制，加大扶持农业植物新品种培育，不断提高全民知识产权和法律责任意识，大力开展品种权执法，打击侵犯品种权违法行为，维护品种权人合法权益。开展打击侵犯品种权和制售假劣种子行为专项行动，公告停止推广主要农作物品种91个，其中水稻品种76个、玉米品种15个，提升品种种植安全水平。开展种子市场检查和质量监督抽查，强化种子生产经营主体资质审查，加强种子案件查处力度，有效遏制制售假劣种子和侵犯品种权等违法行为。全省共出动种子执法人员3700多人次，检查种子企业600家（次），经营门店6200多家，查处种子案件45宗（其中移交公安机关3宗）。同时开展夏季种子打假联合执法行动与对制种基地的巡查，从源头上保障农业生产用种安全。

【农业类名牌产品创建】 开展广东名优新特农产品评选推介活动，认定体现广东特色、展现现代农业科技成果的地方性名优特农产品。经广东省南方名牌农产品推进中心组织专家评审和广东省名牌产品（农业类）推进委员会审核，共评出2014年广东省名牌产品（农业类）296个。目前，有效期内的广东省名牌产品（农业类）数量达到811个，其中珠三角九市381个，粤东西北地区分别为88、185、157个。省农业名牌生产企业541家，其中珠三角九市233家，粤东西北地区分别为70、177、121家。同时，在此基础上评选出首届广东省十大名牌系列农产品50个，分别命名为广东名米、广东名猪、广东名鸡、广东名鸭、广东名鹅、广东名果、广东名茶、广东名菜、广东名鱼和广东名虾，极大提高了广东省名优特农产品社会关注度和影响力。

【农产品地理标志登记保护】 加快完善“三品一标”技术规范和标准体系，严格产地认定和产品认证管理。建立和健全地理标志产品技术支撑和创新体系，积极培育地理标志产品产业带和产业集群，保障地理标志产业的持续发展。按农业部农产品质量安全中心《农业部办公厅关于开展全国农产品地理标志资源普查工作的通知》（农办质〔2013〕14号）要求，经普查，全省具备实施地标保护的特色农产品达到257个，其中58个产品已登记保护（51个产品通过工商和质检部门登记），还有199个特色农产品具备地标登记保护条件。重点开拓地理标志农产品市场，着力发展以地理标志农产品为载体的旅游休闲业。

【行政许可办理】 对办理种子生产许可证的企业，要求申请生产具有植物新品种权的种子企业提供品种权的书面同意证明材料，不能提供相关证明材料的，不予发放该品种的生产许可证。加强种子生产许可证的后续跟踪管理，开展制种基地摸底排查工作，掌握授权品种的生产情况，依法打击无证生产、套牌侵权等违法行为。

【知识产权宣传周活动】 宣传周期间，在广东种业信息网开展以“打击侵犯品种权行为激发种业科技创新活力”为主题的品种权保护和打击侵权行为法律知识宣传活动，整理刊登植物新品种权相关的法律法规和农业植物新品种保护名录，提高社会对植物新品种权的认知程度，为种业发展营造良好氛围，公开切实维护品种权人合法权益、维护公平竞争的市场秩序的多项措施，以激发种业科技创新活力，全面提升广东省现代种业发展水平。

（供稿人：刘晚治、司徒志谋）

广东省林业厅

【概况】 2014年,按照《国家林业局贯彻实施〈国家知识产权战略纲要〉的指导意见》《全国林业知识产权事业发展规划（2013—2020年）》和《广东省委省人民政府关于加快知识产权强省建设的决定》等文件精神，广东省林业厅积极推进林业知识产权的创造、运用和保护，加强林业知识产权保护宣传,推进行政处罚案件信息公开，认真开展林木种苗质量抽查和打击林业植物新品种权专项行动，加快推进现代林业科学发展。

【林业植物新品种保护】 2014年，继续加强林业科技创新，加快林木花卉新品种的培育，促进林业植物新品种创造、运用和转化。有12个林木花卉新品种申请植物新品种权；23个新品种获得国家林业局植物新品种授权，同比增长53.3%,是历来最多的一年。至2014年底，广东省申请林业植物新品种权总数量达73个，授权总量达61个。

【生物遗传资源保护】 稳步推进全国第二次野生动植物资源调查，继续开展喜树、扣树、仙湖苏铁等极小种群保护工作。组织申报广东清远长隆国家级世界珍稀野生动植物种源基地和深圳仙湖蕨类植物国家种质资源保护中心，加强深圳兰科植物、苏铁国家种质资源保护中心、华南珍稀濒危野生动物保护中心、湛江徐闻木兰科植物种源基地建设。基本完成了全省油茶遗传资源调查编目工作，共调查样地73个，调查单株1039株，收集果实、种子、叶片1657份，制作标本1300余份，采集照片4485张，数据50余万个，提出了全省油茶遗传资源状况报告。

【林业知识产权宣传与普及】 采取网络媒体、现场咨询等多种形式积极宣传林业植物新品种保护条例等相关知识产权法律法规和政策，增强公众对林业知识产权保护相关法律法规及政策的了解，提高社会各界对打击林业植物新品种和林木种苗侵权假冒工作重要性、必要性的认识，营造良好的林木种苗发展环境。组织开展“送林业科技下乡暨林业科技特派员服务基层活动”,现场发放《林业知识产权宣传手册》200多本，并提供咨询服务，大力宣传植物新品种保护知识，不断提高社会人员知识产权保护意识。

【行政处罚案件信息公开】 广东省林业厅于2014年6月制定了《广东省林业厅公开制售假冒伪劣商品和侵犯知识产权行政处罚案件信息工作实施管理办法》（粤林〔2014〕64号），在全省林业系统推行行政处罚案件信息公开工作，进一步增强执法透明度，更好地震慑违法者、保护消费者。同时，在广东省林业厅门户网站开设知识产权专栏，公开打击侵犯植物新品种权专项行动举报电话、电子邮箱及联系人，及时收集侵权假冒行为线索；设立双打信息公开专栏，及时报道行政处罚信息公开工作动态信息。

【打击林业植物新品种权专项行动】 按照国家林业局的工作部署，广东省林业厅于2014年6月制定并印发《2014年广东省林业厅打击侵犯植物新品种权专项行动方案》（粤林函〔2014〕366号），在全省部署开展打击林业植物新品种权专项行动。通过对已授权林业植物新品种的单位和个人调查摸底，了解授权植物新品种的推广应用，以及侵权、假冒情况。并在摸底调查的基础上，在全省组织开展林业植物新品种权保护执法检查，重点检查授权品种的繁殖、生产、销售环节，包括苗圃、繁殖场、种苗（花卉）交易市场、经营等场所。检查分各地自查和省级抽查两个阶段。经检查，两个阶段均未发现有林业植物新品种权侵权行为。

（供稿人：叶龙华）

广东省商务厅

【广交会知识产权保护】 2014年第115、116届广交会，广东交易团大力加强知识产权保护力度。一是完善上下联动的工作机制。在各市分团（广州、深圳除外）以及选取的19家省属重点企业中建立保护知识产权负责人和联系人工作机制，由分团（企业）有关领导负总责，联系人具体落实，上下联动，确保知识产权保护“有人管、管得住”。二是加强侵权案件提前介入处理力度。通过工作重心前移，在大会投诉站认定涉嫌侵权并录入电脑前，加强与投诉人、被投诉企业、投诉站、各市分团多方的沟通协调，通过调解纠纷、协调涉嫌侵权企业、投诉站专家释疑等多种方式，切实降低涉案率。

【打击侵权假冒工作】 2014年上半年，根据商务部等7部门《关于开展电视购物专项整治工作的通知》部署，省商务厅联合省公安厅、工商局、质监局、新闻出版广电局等部门共同开展专项整治行动。一是研究制定《广东省开展电视购物专项整治工作方案》，明确整治内容、任务分工和工作要求，确保专项整治工作取得成效。二是根据商务部线索，会同工商、新闻出版广电等部门联合查处广东电视台珠江频道发布“乔治丹顿金钻对表”涉嫌违法电视购物广告案件。充分利用电视购物专项整治监测平台，加强电视购物广告监测工作，准确掌握电视媒体购物广告发布情况，并及时转办有关部门进行核查。 （供稿人：邓楷凯）

广东省文化厅

【概况】 2014年，广东省文化厅结合文化市场综合执法工作实际，紧紧围绕“平安文化市场”创建工作，在全省范围内组织开展了一系列文化市场专项整治工作，依法严厉打击文化市场各类违法违规经营行为，取得明显成效。据统计，2014年全省文化市场行政执法部门共出动行政执法力量约91万人次，检查各类文化市场经营场所约32.3万家次；受理举报2390件，立案调查各类违法违规案件2475宗，移交案件66宗，办结案件1945宗；行政处罚违法违规文化经营单位2288家次，其中责令停业整顿136家次、吊销经营许可证9家，罚没人民币约1197.4万元，有效地保证全省文化市场的健康、平稳、安全。 （供稿人：林旭东）

广东省卫生和计划生育委员会

【医药卫生创新知识产权管理】 在科研管理系统中，重视科研诚信承诺、项目查新和合作研究项目的知识产权归属，加强规范科技项目的知识产权管理工作。2014年10月，转发《关于印发医学科研诚信和相关行为规范的通知》（国卫科教发〔2014〕52号，以下简称《规范》），要求各级卫生计生行政部门认真贯彻落实《规范》精神，开展多种形式的培训活动，加强宣传教育，提高医学科研人员诚信意识，遵守诚信原则，养成良好的科研行为习惯，营造良好的医学科研氛围，促进医学研究健康发展。 （供稿人：钟芸）

广东省版权局

【概况】 2014年，广东省版权局以“保护版权，发展经济”“兴版权产业，建文化强省”为抓手，在推动经济发展与社会进步中取得显著成效。

【软件正版化工作】 2014年广东省推进使用正版软件工作联席会议办公室编制《2014年

度全省推进企业使用正版软件工作重点督办名录》，确定165个企业为2014年重点督办单位，先后派出5个批次督查组，各地级以上市共派出36个督查组，分别检查全省86个县（县级市、区），215个政府机关单位，共1854台计算机；同时，派出两个检查小组分别对16家新闻出版行业的二级企业进行全面检查，共检查二级企业48家，计算机460台；截至年底，全省新闻出版广电版权行业企业所属二级企业全面完成软件正版化。在国家版权局检查组重点抽查中，广东省按时保质保量完成新闻出版行业软件正版化任务受到上级好评。

【“版权兴业”工程】 2014年广东省广州市越秀区获“国家版权贸易基地”称号；东莞松山湖高新技术产业开发区被国家版权局授予“全国版权示范园区（基地）”称号；雅昌文化（集团）有限公司、广东咏声文化传播有限公司、东莞市和丰文化传播有限公司、广东雅威生物科技有限公司和揭阳市百分珠宝玉器有限公司等5个单位被授予“广东省版权兴业示范基地”称号，广东省版权兴业示范基地达到76个。

【最具价值版权产品】 2014年广东省新增广东咏声文化传播有限公司美术作品“《逗逗迪迪》动画片系列形象”、东莞市功夫龙影视传媒有限公司美术作品“《功夫龙》人物形象系列”、东莞市和丰文化传播有限公司“《马可波罗东游记》系列人物形象、道具、摄影和剧本版权作品”、深圳第七大道科技有限公司网游产品《神曲》、深圳市方块动漫画文化发展有限公司电视动画片《甜心格格》、广东飞轮科技实业有限公司“漂移少年”主角战车FC029“飞炫号”产品设计图、珠海金山办公软件有限公司“金山WPS Office2013专业版办公软件”、珠海金山网络游戏科技有限公司“金山剑侠情缘网络版叁之安史之乱游戏软件”、广东南玉工艺总公司大型玉雕“一帆风顺”、佛山市锦麟文化传播有限公司美术作品“米娅系列动漫”等10个作品为广东省最具价值版权作品。目前，全省共有34个“最具价值版权产品”。

【作品著作权自愿登记】 2014年，全省版权登记量为15782件，同比增长约11.2%；版权合同备案为185件。全省作品登记代办机构增至26家，广东省版权登记系统平台已建好。

【版权服务工作站】 第六届中国国际影视动漫版权保护和贸易博览会于2014年8月21日至25日在东莞举行。广东省版权局和东莞市版权局继续在漫博会上设立版权服务工作站，其间共受理并完成登记程序的参展作品著作权免费登记 320宗，并在漫博会现场核发“作品登记证书”198个；工作站共接受版权业务咨询160多人次；共派发版权保护笔记本、著作权保护宣传鼠标垫、版权保护宣传笔、版权知识宣传书签4万多本（件）。

【版权交流】 2014年3月24日至26日，省新闻出版广电局（版权局）率广州漫友文化科技股份有限公司等15家单位的代表一行20人赴港以影视动漫为主题进行版权管理与知识产权贸易交流活动，参观香港电视广播有限公司、香港海关、香港电影资料馆并与香港版权业界进行交流。4月10日至12日，省新闻出版广电局（版权局）与香港海关、香港知识产权署携手举办2014年粤港两地中学生版权知识和版权保护的交流活动。组织了海珠区版权局、海珠区教育局、广州市第五中学、广州市绿翠现代实验学校师生代表共22人的交流团赴港进行交流。7月25日，派员参加粤港保护知识产权合作专责小组第十三次会议暨新闻发布会。9月11日，派员参加2014年内地与香港、澳门特别行政区知识产权研讨会。

（供稿人：张同英　沈欣）

广东省统计局

【概况】 2014年，广东省统计局作为省知识产权保护办公会议成员单位,认真贯彻省知识产权保护办公会议精神,并按照相关工作部署，积极开展专利相关情况统计工作。

【工业企业专利情况统计调查】 2014年，广东省统计局在第三次经济普查中，在对全省规模以上工业企业和重点服务业企业科技活动情况统计调查时，将相关专利指标纳入企业科技统计调查制度。共调查工业企业4.12万家、重点服务业企业0.88万家，采集相关企业相关专利数据信息72.6万条。

【工业企业专利情况统计分析】 2014年，广东省统计局根据广东省人民政府积极推动知识产权保护，促进企业自主创新发展的战略部署，继续开展对广东工业企业专利情况的总量分布和行业专利申请、拥有、专利所有权转让及收入等情况的统计分析,及时向省委和政府部门提供相关统计分析报告。

【专利纳入GDP核算研究】 与有关高校一同积极参与由省知识产权局组织的将专利纳入GDP核算方法的研究探索工作。

【专利情况的统计资料编辑】 2014年，广东省统计局为向政府和社会提供优质的统计服务，组织科技统计专业人员，对年度全省工业企业专利统计资料进行整理，并将其编入年度《广东科技统计简报》和《广东统计年鉴》，及时为省委省政府领导和机关，以及社会提供相关专利统计服务。

【知识产权保护宣传工作】 继续认真履行成员单位工作职责，积极参与省知识产权保护办公会议办公室组织的政策论证、新闻发布和知识产权保护宣传等相关活动。

（供稿人：谭乐明）

广东省工商行政管理局

【概况】 2014年，广东省工商行政管理系统贯彻新商标法，保护注册商标专用权，实施商标品牌战略，为全省公平竞争、安全消费提供有力保障。

【商标注册】 2014年，广东省商标申请406393件，同比增长27.48%；商标注册223470件，同比增长37.72%；全省累计有效注册商标总量达1314188件，同比增长16.65%，约占全国（含港澳台）商标注册总量的17.85%，自1995年以来连续二十年保持全国首位。2014年度广东省马德里商标国际注册申请598件，同比增长18.89%，位居全国第二。

【商标保护】 商标行政执法。2014年，全省工商行政管理系统共查处各类商标违法侵权案件6171件，同比下降3.46%；案值9763.76万元，同比上升5.28%；罚没金额7971.75万元，同比上升0.31%；移送司法机关涉嫌商标犯罪案件137件、嫌疑人61人，分别同比增长77.92%和24.49%。其中查处侵犯港澳台和外国商标注册人权益案3129件，案值6123.89万元，罚款金额5166.43万元，移送司法机关涉嫌商标犯罪案件121件、嫌疑人60人。

驰名商标保护。2014年，广东省获国家工商行政管理总局认定与保护的驰名商标146件，总量达640件，自2006年以来连续九年保持全国第一。

此外，广东的“凤凰单枞”“英德红茶”商标入选“中欧地理标志保护清单”第一批备选名单。汕头市工商行政管理局推动“谷饶针织内衣”集体商标申请注册，茂名市工商行政管理局协助农业组织注册“高州荔枝”“化州橘红”“化橘红”地理标志证明商标。揭阳市运用“普宁青梅”证明商标，助推普宁实现青梅年销售额4亿多元，年出口创汇5000多万美元，带动30万名梅农增收。佛山市工商行政管理局通过推动商标注册保护本市“行通济”等52个公共资源名称。

【商标品牌战略】 2014年，广东省工商行政管理局发挥商标品牌促经济转型、服务创新驱动发展的作用，加强商标品牌战略的实施，指导各地开展商标品牌建设。目前，全省10个地级以上市及顺德区以政府名义出台实施商标品牌战略的政策，14个地级以上市及顺德区设立商标扶持资金或专项工作经费，广州、深圳、佛山市商标战略实施示范城市建设步伐加快。广东省工商行政管理局与中山大学联合展开商标发展规划研究，评估商标品牌与经济发展的关系，研究广东省“十三五”时期品牌发展目标、重点任务和措施，完成了《广东省“十三五”品牌发展研究报告》。全力推进在广东设立工商总局商标注册派出机构的筹建进程，成立由广东省工商行政管理局朱泽君局长任组长的筹备工作领导小组，制定筹建草案，明确工作计划，筹建工作得到工商总局肯定。

建立行业协会与商标代理机构合作试点，指导4家商标代理机构与行业协会建立合作关系，发挥双方优势共同提高行业商标权保护水平。

【对外交流合作】 2014年，广东省工商行政管理局通过建立商标保护快速反应和重大案件应急处理执法机制，推进与广东、香港海关的合作，与内蒙古自治区工商局建立协作机制。参加粤澳知识产权工作小组第二次会议，确定建立与澳门海关建立联络员制度、开展新商标法宣传研讨、完善粤港商标执法及案件协作处理机制、在香港举办新商标法研讨活动、开展品牌国际化建设等项目。5月15日，与美国专利商标局驻广州办公室在广州联合举办“商标注册管理研讨会”，时任广东省工商行政管理局局长卢炳辉与美国专利商标局商标事务部部长黛博拉·科恩女士出席会议。8月5日，接访美国众议院司法委主席古德莱特及美国驻广州总领馆代总领事潘大为一行，美方高度评价广东省工商行政管理局在保护商标专用权方面取得的成绩。（供稿人：陈小冰）

广东省质量技术监督局

【概况】 2014年，广东省质量技术监督局围绕“加快转型升级，建设幸福广东”的核心任务和建设知识产权强省的总目标，大力实施以质取胜战略和名牌带动战略，积极探索建立以消费者认可和市场竞争力为基础的名牌评价新体系和“评”“管”分开的评价新机制，努力提高名牌评价和名牌产品的社会公信力，为促进广东省产业结构调整和经济发展方式转变发挥积极作用。另外，广东省质监局在积极开展地理标志产品保护工作以及严厉打击质量技术监督领域知识产权违法行为等方面也取得新的成效。

【名牌产品】

名牌评价目录。积极发挥名牌带动作用，科学制定名牌评价目录，鼓励和引导符合国家产业政策的产品优先发展，促进产业结构调整。2014年各地市质监局和行业协会要求新增目录409个，经认真筛选并经名推委主任会议研究确定，2014年新增名牌产品目录100个，90%以上都是国家和广东省鼓励发展的新产品目录。

名牌评价体系。积极贯彻省名推委主任会议意见，认真修改完善评价体系。因中国名牌暂停评价多年，所有获得中国名牌企业到今年都已过有效期。因此取消“企业质保体系”中的“获得中国名牌”指标。同时，专家提出目前广东企业大多缺乏完善的计量控制体系，导致产品在国内外市场竞争力不强。因

此，将取消的“获得中国名牌”的评价指标10分增加到“获得测量管理体系认证”指标中，即将“获得测量管理体系认证”由20分调整为30分。2014年7月，邀请行业专家根据行业发展水平研究制定名牌产品的申报条件和主要质量性能指标。10月，针对每一类产品的不同特点，请各专业权威机构分类制定名牌产品评价细则，确保评价规则更加科学具体、更具针对性和操作性。

名牌产品申报。积极开发运用名牌产品网上申报系统，提高工作效率，促进廉洁办事。共同把好名牌产品申报关。各地市质监局对申报企业严格审核把关，并广泛征求当地进出口检验检疫、工商、国税、地税、统计等部门意见，有些还以召开质量工作联席会议的形式对申报企业进行审查。各地市实际推荐申报产品共815个。研究院为确保申报资料真实有效、准确可靠，严格审查申报材料，并对通过初步审查的815个产品（复评392个，新申报423个）数据进行公示，广泛接受社会监督，积极处理举报投诉问题。

用户满意度调查。积极改进用户满意度调查方法，制定《广东省名牌产品评价用户满意度电话调查实施办法》和《广东省名牌产品（工业类）用户满意度评价细则》，实现用户满意度调查的制度化、规范化和科学化。广泛开展网络调查、电话调查工作。据统计，2014年共有66789名用户参与网络调查，共实施58970宗电话调查。同时，是年除了发文征求工商“12315”、质监“12365”、质量监督处、稽查局等单位意见外，还增加征求出入检验检疫局的意见，全面掌握申报产品用户满意度情况，确保评价出来的名牌具有较高的知名度和满意度。

专家评审工作组织。2014年11月13日，在省纪委驻省质监局监察室、质管处、质监处和稽查局的监督下，去掉去年评审专家，从专家库中随机抽取78名专家，组成12个评审专业委员会。11月18—21日，在省局监察室、质管处、质监处和稽查局的共同监督下，在河源国家通讯终端产品质检中心，封闭组织专家对申报的812份资料进行评审。同时，改进专家评审工作程序。各专业组分别分成3个小组（一审、二审和汇审），先由一审和二审对每一份材料进行独立打分，然后汇审组进行比较，对出现分差较大的项目提交中心和专家组组长审核裁定，对分值相近的则取其平均值，较好地保证公平公正。此外，评价期间，研究院特别邀请行业协会代表和名牌企业代表进行全程监督观察，增加评审工作的透明度和公正性，得到参评专家、协会代表和名牌企业代表的称赞。

名牌评价质量。 2014年12月9日，召开省名牌产品推进委员会全体会议，对卓越质量品牌研究院提交的评价结果进行认真讨论。讨论中，大家坚持宁缺毋滥、保证质量，确保被推荐的企业是行业龙头。其次，对近三年来在监督抽查、稽查打假和举报投诉中存在突出问题的26个产品实行一票否决，积极维护广东省名牌产品的声誉。最后，省名推委综合考虑各相关部门意见、申报产品得分、产品质量监督抽查等因素，决定2014年广东省名牌产品（工业类）初选名单共675个，其中复评333个，新申报342个，总的推荐率为83%。

【地理标志工作】

地理标志产品申报。2003年年底“河源米粉”成为广东省第一个获得地理标志保护的产品，实现“零”的突破，此后2008年有10个产品获得保护；2010年有19个产品获得保护；2012年有9个产品获得保护；2014年有13个产品获得保护，累计数量位居全国第三；截至2014年底已有103个产品获得保护，位居全国前列。

获保护产品的经济和社会效益。2014年广东省质监局对全省获保护产品开展的初步统计数据显示，广东省获保护的地理标志产品年总产值已达225.4亿元，较保护前的93.8亿元增长140%，受惠农户764813户、养殖户5805户、生产企业986家，农民年平均收入获保护后达

8685元，较获保护前的6500元增长33.6%，高出全国农民年平均收入水平2800元，如新会陈皮实施保护后销售价格较保护前增长85%；如端砚自2004年实施保护后，加工企业数从保护前的400家增至如今的600多家，增幅达33.3%，企业总产值也由保护前的9000万元增至2.8亿元，增幅达211%；迄今，广东省质监系统开展的地理标志产品保护工作已惠及全省农户、养殖户达200万人，获保护产品的经济和社会效益得到显著提高，有力地促进县域经济的发展和农民的增收。

广东省农业标准化的发展进程。截至2014年底，在广东省获批的地理标志产品中已经制定省地方标准（农业类）91项，已建立国家级农业标准化示范区22个，省级农业标准化示范区52个。大多数地理标志产品均实现标准化种植与生产，“地理标志产品+龙头企业+农户”的经营模式不断推广，有利于推动广东省农业标准化的发展。

地理标志产品保护的后续监管。广东省自实施地理标志产品保护工作以来，一直注重加强地理标志产品保护的后续监管，推动广东省地理标志产品生产企业和种养殖者不断提升产品质量。截至2014年底，全省质监系统75个国家地理标志产品共有115家企业使用专用标志。各地共制定地理标志产品保护管理办法40件，如广州市政府出台《广州市质量技术监局地理标志产品保护工作指引（试行）》；江门市政府出台《新会陈皮地理标志产品保护管理办法》；清远市政府对辖区内的13个地理标志保护产品均出台《地理标志产品保护管理办法》和《地理标志产品保护专用标志使用管理办法》等，对地理标志产品保护工作提出具体的措施；韶关市质监局对辖区内的养殖户以及生产加工企业使用专用标志的情况建立可溯源可核查的台账，促进产品生产、加工、流通的各个阶段的实施主体在其产品上显示专用标志等相关信息，以保证监管部门可以明确和锁定产品的来源与流向，避免冒用或者伪造专用标志的产品流入市场交易后对社会公众的人身健康与安全造成损害；江门市新会区先后建成省级、国家级柑橘栽培综合标准化示范区；积极推进产品深加工，制定并颁布《新会陈皮普洱茶》等相关产品联盟标准，促进产业链条的延伸；全面实施品牌战略和技术标准战略，申报筹建“广东省陈皮及相关产品技术标准化委员会”，并积极推动陈皮衍生服务业升级标准化示范点建设。通过上述措施来充分体现地理标志产品为提高相关企业产品质量和信誉、促进县域经济发展、推动广东省城乡与区域协调发展发挥的积极作用。

【严厉打击质量技术监督领域知识产权违法行为】 2014年以来，广东省质监系统围绕“重点战役促进日常执法打假”工作思路，整合资源，利用垂管优势，健全知识产权违法案件快速反应和联动执法机制，针对重点产品、重点行业和重点区域，牵头各有关部门开展各类打假治劣专项行动，与刑事司法建立刑事案件快速移送“绿色通道”，严厉查处、打击侵犯知识产权的违法案件。2014年，全省质监系统共出动执法人员78325人次，立案查处知识产权类案件3516宗，捣毁窝点164个，涉案产品货值1.65亿元，移送公安机关案件61宗。在“双打”“质检利剑”等专项行动期间，广东省质监局围绕群众关注的聚焦点，突出与群众健康安全密切相关的产品，针对集中交易市场、农村、城乡结合部、城中村、工地、中小学校园及周边等重点场所，开展隐患排查治理，严厉打击违规冒用乱用品牌标识等问题，共查处伪造、冒用他人厂名、厂址案件2855宗。与此同时，加大知识产权案件的查处密度和曝光力度，通过典型案例，造成轰动和热点效应，努力扩大宣传覆盖面和执法影响力，普及市民的知识产权法律意识，形成良好的保护知识产权的法治环境和宣传氛围。 （供稿人：李铮）

广东省知识产权局

【概况】 2014年，全省专利申请量278351件，同比增长5.33%，其中发明专利申请量75148件，同比增长8.93%。专利授权量179953件，同比增长5.59%，其中发明专利授权量22276件，同比增长10.91%。截至12月底，广东省有效发明专利量为111878件，位居全国第一，占全国总量的16.86%；万人发明专利拥有量10.6件。全省PCT国际专利申请量13332件，居全国第一，占全国总量的55.53%。第十六届中国专利奖广东获奖数量再创新高，共获得金奖4项、外观设计金奖2项、优秀奖64项、外观设计优秀奖13项。据《2013年全国知识产权发展状况报告》和《2013年全国专利实力状况报告》，广东省知识产权综合发展指数、专利综合实力指数、专利运用指数、保护指数、管理指数均位居全国首位。

【知识产权强国先行地建设和战略实施】 积极响应国家知识产权局倡导，在全国率先提出着力打造“知识产权强国建设先行地”新目标，得到省政府和国家知识产权局的大力支持。组织开展“知识产权强国建设先行地”政策体系、运行体系、指标体系、保障体系以及纳入GDP核算体系研究。制定《关于开展广东省知识产权局强国建设先行地研究的工作方案》，形成《广东省建设“知识产权强国先行地”行动纲要》初稿。

知识产权强省建设政策完善。《广东省专利奖励办法》《关于促进我省知识产权服务业发展的若干意见》正式施行。《广东省重大经济和科技活动知识产权审查评议暂行办法》已提请省政府审议。省委、省政府《关于全面深化科技体制改革加快创新驱动发展的决定》提出实施知识产权战略、加强知识产权保护的明确要求。《珠三角科技创新一体化行动计划（2014—2020）》的政策措施中强化知识产权的内容。汕头、佛山、惠州、阳江、茂名、潮州、云浮、汕尾等八市制定《关于建设知识产权强省决定》实施意见或实施方案。

知识产权战略实施。完善知识产权战略实施信息平台。积极推动中新（广州）知识城开展知识产权保护和运用综合改革试验和探索。向省政府提出《关于加强广东自贸区知识产权工作的报告》。专利战略推进工作有序开展，组织编制广东省贯彻落实《专利战略推进计划》实施方案，在确保完成“加强专利政策体系顶层设计”等14项必做工作的基础上，自选“推进专利价值分析指标体系应用”等9项选做工作，全年各项工作均按计划完成，整体完成情况在全国位居前列。

《珠江三角洲规划纲要》实施。年初，向省政府报送珠三角地区“百万人口发明专利申请量”和“万人有效发明专利拥有量”目标值。2014年，珠三角地区百万人口发明专利申请量为1248件，万人发明专利拥有量为18.8件，均超额完成年度指标。

区域知识产权事业发展。深化与东莞市的市局合作会商机制。广东省新增佛山、中山为国家知识产权示范城市，茂名为国家知识产权试点城市，佛山南海为国家知识产权局强县工程示范县（区），汕头澄海等6个县（区）为国家知识产权强县工程试点县区。广东省知识产权局和广州、深圳等6个城市获国家知识产权试点示范城市工作先进集体称号，7名个人获先进个人称号。

【知识产权运用】 继续实施战略性新兴产业专利信息资源开发利用计划。共建成产业专利数据库30个，开放给企业自由使用。

“珠江三角洲地区重点产业转型升级专利导航工程。”围绕珠三角地区的佛山市高端制造装备、东莞市工业机器人、深圳市生物医学工程、中山市海洋工程装备等4市4个重点发展的专利密集型产业，导航产业转型升级及创新发展规划，各个项目现均已启动。

重点出口产品专利预警分析计划。全年

立项安排“广东省重点出口产品专利预警分析计划”项目20个，培养专利预警分析机构及人才队伍服务广东省企业“走出去”。启动省技术性贸易壁垒专利分析预警服务试点，探索专利分析与应对技术贸易壁垒有效结合的工作机制。

重大经济活动知识产权审查评议。构建审查评议机制和开展项目审查评议试点，广东省知识产权局按省领导及省有关部门的提请，围绕广东省新能源领域某重大产业技术引进项目，组织开展专利评议，形成评议报告，支撑广东省重大项目的决策工作。

产业专利联盟发展。培育认定中国彩电知识产权产业联盟等3家联盟为广东省专利联盟示范单位。深圳市印发《深圳市专利联盟管理办法》推动专利联盟规范化发展。顺德区成立岘德知识产权运营服务有限公司，作为电压力锅专利联盟、家用榨油机专利联盟等专利运营实体，推动专利联盟实体化发展。截至2014年底，全省专利联盟达25家。

高新区知识产权示范创建。广州开发区、深圳高新区成为省内首批“国家知识产权示范园区”，推荐惠州仲恺高新区申报“国家知识产权示范园区”。截至2014年底，广东省在建国家知识产权示范园区2个（广州开发区、深圳高新区）、国家知识产权试点园区1个（肇庆高新区）。

省级知识产权交易平台建设。省政府批准省产权交易集团牵头组建“广州知识产权交易中心”，注册资金5000万元，目前各项准备进展顺利。

知识产权质押融资。南海区国家知识产权投融资综合试验区和顺德区国家知识产权投融资服务试点顺利通过验收。

广东省专利技术实施计划。立项实施年度计划项目30个，其中重大项目10个，重点项目20个。该计划累计投入3705万元，扶持全省488个专利项目实施。

【知识产权创造】

《企业知识产权管理规范》。组织开展贯标培训班5期，辅导企业200多家，培训骨干1000多人。广州白云山制药总厂等5家企业成为首批通过认证企业。组织编写出版全国第一部“贯标”工作指导专著《GB/T 29490-2013〈企业知识产权管理规范〉理解及知识产权管理体系审核指南》。

企业知识产权试点示范。评定2014年省级知识产权示范企业20家及优势企业58家，总数累计分别达140家及568家，广东省企业专利创造和运用的主体地位日益凸显，已成为全省创新发展的绝对主力，知识产权示范和优势企业已成为全省创新发展的中坚力量，模范带动作用显著提升。据统计，2014年全省共有8851家企业申请发明专利53898件，占全省发明申请总量的71.72%，同期共有3889家企业获得发明专利授权17416件，占全省发明授权总量的78.18%。其中知识产权示范企业和优势企业分别申请发明专利14319件和17127件，授权发明专利6828件和7743件，分别占全省企业发明申请总量的26.57%和31.78%，授权总量的39.21%和44.46%。

专利质量样板区。修改完善专利申请资助办法，指导各地市进一步调整和完善专利申请资助制度。强化专利受理前期监管，完善制度遏制非正常专利申请。

《广东省专利奖励办法》颁布实施。将广东省专利奖由部门奖上升为省政府奖，首次以政府规章形式将专利奖励工作予以规范。制定《广东省专利奖励办法实施细则》等配套文件。目前，正组织开展第一届政府奖的评选工作。

【知识产权保护】

打击侵权假冒工作。在全国“双打办”组织的2013年度打击侵权假冒绩效考核中广东省成绩位居全国前列，作为全国“双打”工作成绩突出的代表在全国打击侵权假冒工作领导小组第五次全体会议上作经验介绍。印发2014年

全省打击侵权假冒工作要点和广东省侵权假冒行政处罚案件信息公开监管办法。开展全省打击侵权假冒工作督查，组织主要成员单位到广州、佛山、江门、汕头、惠州、东莞等地实地督查检查。

全省知识产权局系统“两建”工作。贯彻落实《2014年省市场监管体系建设工作实施方案》。积极推进知识产权保护综合监管分体系建设。定期向省两建办和省市场竞争秩序建设专责小组办公室报送分体系建设进展情况及存在问题。

专利行政执法。4—5月，在全省先后开展将涉及民生领域的商品作为重点的专利行政执法“护航”行动和电子商务领域执法专项行动。全年进驻广交会、加博会等13个展会开展专利保护工作。组织制定《专项行动指南》《广交会专利投诉案件处理操作规程》《广东省知识产权局系统专利侵权纠纷案件立案指引》等一系列规章制度规范行政执法工作。全省各级知识产权局作出行政处罚决定的假冒专利案件和作出处理决定的专利侵权纠纷案件自7月1日起全部进行公开，主动接受群众监督。接受的省外移送案件线索82件全部办结，执法协作水平和效率不断提高。采用以案代训的方式，带动地市执法水平的提高。

知识产权维权援助。5月22日，全国首个家具知识产权快速维权中心——中国东莞（家具）知识产权快速维权援助中心于在东莞厚街镇正式运行，广东省成为全国首个拥有两家快速维权援助中心的省份。持续加强中国中山（灯饰）知识产权快速维权中心的制度和机制建设。筹备建设广东顺德家具专利快速调处中心。华南地区专利侵权判定中心正式提供服务。推动行业开展知识产权涉外应对维权援助工作，支持帮助广东省公共安全技术防范协会等10家有知识产权工作基础的行业协（商）会、展会开展行业海外维权信息收集分析工作。

2014年全省各级知识产权局共受理各类专利案件2555件，结案2541件。其中：专利纠纷侵权纠纷案件1811件（含立案调解展会专利纠纷1085件），结案1796件；调解其他专利纠纷案件5件，结案6件；查处假冒专利案件立案739件，结案739件。

【知识产权服务】

知识产权服务业发展示范省建设。制定《广东创建知识产权服务业发展示范省规划（2013—2020年）》，2014年贯彻实施工作方案。培育形成国家、省、市三级知识产权服务业集聚发展区，深圳市福田区、佛山市成为国家知识产权服务业集聚发展试验区。东莞松山湖新区、广州市越秀区成为省级知识产权服务业集聚发展试验区，顺德区试点建设“知识产权创新运用试验区”。广东省5家知识产权服务机构成为“全国知识产权服务品牌机构”，4家成为第二批“全国知识产权服务品牌机构培育单位”。组织开展2014年广东省知识产权评估推广项目及知识产权运营机构培育试点项目，全年共完成80份涉及知识产权的资产评估报告，完成27份专利价值分析报告，建立专利价值应用平台1个。

专利代理。制定促进专利代理行业发展试点工作方案并组织实施。组织开展百所千企知识产权服务对接活动，10月，在湛江、茂名两地组织9家专利代理机构和80多家企业开展服务对接活动。支持举办“广东专利代理协会2014年年会暨创新知识产权服务论坛”，印发《广东省专利代理机构管理和服务规范》及《广东省专利代理服务指导价》。加大对专利代理人才培养，首次举办由广东省知识产权局全额支持的面向全省及港澳台考生的考前培训班。截至12月底，专利代理机构和分支机构分别达到143和138家，专利代理人1171人。

专利信息传播和利用。开展专利信息服务地市行活动，8—9月，在珠三角八地市组织全国首次由公益和商业机构共同参加的大规模专利信息推广活动，促进专利信息服务与需求对接、推介公共及商用服务。创造性地开展企业信息定制推送服务，建立省（中心）、市、镇、企业4级服务推送工作渠道，向东莞、中山6个专业镇30家企业分别推送定制的信息服务产品，覆盖教育机器人、LED材料等15个技术领域，合计推送专利数据超过7万件。

广东省知识产权服务业集聚中心建设。经报请省领导同意，集聚中心已于12月22日经省发改委批复立项，目前已落实省财政投资经费（2亿元）。全面开展以吴汉东教授为首的专家团队组成知识产权研究院建设工作，研究院于2014年11月注册成立，目前已协助其落实政府对其在资金、办公场所、人才引进等方面的扶持措施。与知识产权出版社建立战略合作关系，在集聚中心建设、知识产权与科技信息服务、知识产权图书馆建设等方面开展一系列合作。

审协广东中心。积极协调省、市、区相关部门全力配合和保障审协广东中心过渡期的工作及日常运转。组织召开共建审协广东中心领导小组第二次会议。截至2014年底，审协广东中心已入职正式员工1461人，其中专利审查员1361名，累计发出第一次审查通知书198388件，完成结案115787件，各项业务均有序开展。

专利代办工作。广州代办处全年受理专利申请91119件，办理专利实施许可合同备案548件，涉及专利735项，合同金额7526万元。办理专利登记簿副本2896件，批量法律状态证明112批次共6243件。为广交会提供专利确权信息477件。受理专利权质押登记22件，合同金额18.79亿元。

【知识产权宣传培训和队伍建设】 人才教育和培训工作。制定《2014年广东省知识产权人才培训计划》和《广东省知识产权培训基地管理办法（试行）》。从政策、资金、项目等方面对3家国家级知识产权培训基地［国家知识产权培训（广东）基地华南理工大学和省知识产权研发中心及国家中小微企业知识产权培训（南海）基地］和7家省级知识产权培训基地建设予以支持。开展全省知识产权专业人才的学历培养和继续教育工作。指导汕头大学等4家省级知识产权培训基地设立省知识产权远程教育平台分站。有序推进省知识产权专业技术资格评审工作。

知识产权宣传。制定《2014年广东省知识产权宣传工作要点》。组织制定全省“4·26”知识产权宣传周活动方案并开展各项宣传。召开2014年广东省知识产权宣传周活动方案暨2013年广东省知识产权保护状况新闻发布会，向社会公众、驻穗领馆及国内外媒体发布全省知识产权保护状况白皮书。先后在主流媒体刊登《加快推进知识产权战略的实施》《知识产权要成为转型升级实在管用的抓手》等一系列重量级报道，取得良好宣传实效。

【知识产权国际交流与区域合作】 知识产权对外交流合作平台。接待美国、欧盟等境外访问团12批100多人次。搭建国际知识产权培训研讨平台，举办中日企业知识产权研讨、中新知识城知识产权高端论坛等研讨培训活动十余场，近千人参加研讨。

粤港澳合作。召开粤港保护知识产权合作专责小组第十三次会议暨新闻发布会，推进粤港知识产权与中小企业发展研讨会等合作项目。继续积极推进粤澳及泛珠三角知识产权合作，举办粤澳知识产权工作小组第二次会议。联合香港、澳门承办第十届泛珠三角区域知识产权合作联席会议暨知识产权专题交流活动。

粤台知识产权合作。参加第七届两岸专利论坛，成功争取到“第八届两岸专利论坛”在粤举办。举办粤台专利服务高端人才培育专题研修班、粤台知识产权运营合作洽谈活动、粤台企业高级管理人员知识产权对接活动等。

（供稿人：徐靓薇）

广东省人民政府法制办公室

【概况】 2014年，广东省法制办围绕基本实现建设法治政府的目标以及加快创建“知识产权强国建设先行地”的总目标和任务，进一步加强知识产权地方立法工作，积极推进《广东省专利奖励办法》的出台，为有效激励知识产权创造营造了良好法制环境。

《广东省专利奖励办法》是2014年省政府规章立法计划新制定项目。由省知识产权局报送省政府后，省法制办征求了省直各单位、21个地级以上市的意见，并在门户网站上公开征求意见，会同省知识产权局赴佛山、珠海进行立法调研，以召开座谈会和实地调研的方式听取了相关部门和企业的意见。综合各方反馈的意见后，省法制办会同省知识产权局对草案进行了多次修改。《办法》已经2014年7月21日广东省人民政府第十二届第二十九次常务会议通过，8月27日以省政府令第202号公布，自2014年10月1日起施行。《办法》围绕广东省专利奖的奖项设置、评奖原则、政府职责以及相应的评审机构、申报条件、评审程序等作了明确的规定，其出台对进一步贯彻落实《广东省专利条例》，促进广东省专利奖励工作可持续发展，实现我省知识产权强省目标起到积极推动作用。（供稿人：黄涛涛）

广东省食品药品监督管理局

【机制建设】 *机构改革*。整合食品安全委员会办公室和食品药品监管、工商、质监、卫生等部门的食品安全监管及药品管理职能，并将相关部门的酒类流通监管职能，食用农产品、林产品（含依法可食用陆生野生动物）、水产品的流通监管职能划转到食品药品监管机构的新一轮食品药品监管机构改革，到2014年底基本就绪。全省21个地级以上市均已出台“三定”并履行新职，114个县（市、区）出台“三定”并挂牌运作，在1586个乡镇（街道）共设派出机构784个。初步构建了一体化、专业化、广覆盖的食品药品监管和产权保护新格局。

联合打假。联合省公安厅、省检察院印发《关于加强食品药品犯罪案件移送和办理工作的意见》及《食品药品涉嫌犯罪案件移送标准》。省公安厅派员到省食品药品监管局驻点上班，实现“提前介入”、强化“两法衔接”。升级扩建“广东省假药信息预警处理系统”为“广东省假冒食品药品信息预警处理系统”，加强全省食品药品打假的分析预警和指挥协调。联合省公安厅、东莞市人民政府成功召开第九届石龙食品药品打假协作会议，与湖南、广西、江西、福建等省（区）局召开系列区域稽查合作会议，增强打假合力。

社会共治。在全省食品药品监管系统全面开通12331专线电话，开发应用相应投诉举报业务系统，并率先实现与国家食品药品监管总局的无缝对接。在门户网站上开设“黑名单”专栏，建立“曝光台”运行机制，加大社会公众对食品药品违法违规、侵权假冒企业或个人的监督力度。

【打击假冒侵权】 *专项整治行动*。组织开展食品领域“三打两整治”、医疗器械“五整治”、农村食品市场“四打击四规范”，以及中药制剂和互联网非法销售药品整治、化妆品“违法添加和违规标签标识”整治、儿童食品和校园及其周边食品安全治理等一系列专项行动。2014年，全省食品药品监管系统共查办食品药品违法案件21225宗，移送公安机关1354宗，抓获犯罪嫌疑人799人，有力保护了正常的市场秩序和正当的商业利益。

大案要案查办。组织查办博大公司三聚氰胺食品案、广东亿超鳕鱼肝油案、假“红牛”保健食品地下窝点案、芬卡橄榄油案、亨氏米粉铅污染案、深圳沃尔玛生虫大米案、广州“早孕试纸”和“凝固电极”案等一批重大案件，严厉打击了侵权假冒行为、有力震慑了违法犯罪分子。

【推动企业创新】 通过推进药品注册审评审批机制改革、药品技术转让审评审批试点、实施创新医疗器械特别审批程序等监管制度创新，为企业加快自主创新步伐营造良好的环境。2014年，全省共申报了22个一类创新药，6个创新医疗器械产品列入公示名单（占全国公示总数的40%）。深圳微芯生物科技有限责任公司申报的西达本胺在12月获得批准，广州白云山制药总厂成为国内申报枸橼酸西地那非片（伟哥）中首家获得批准企业；中山大学达安基因股份有限公司拿到了全国第一个获批上市的针对登革病毒核酸的检测试剂的三类产品注册证，中山大学达安基因股份有限公司和深圳市普瑞康生物技术有限公司的埃博拉病毒检测试剂纳入应急审批通道，华大基因生物科技（深圳）有限公司在全国率先取得第二代基因测序诊断产品注册证。

【健全药品标准】 全省地方药品标准体系建设取得新进展。目前已完成中药饮片标准70个、中药材标准231个、医疗机构制剂标准575个、中药配方颗粒标准206个、中药破壁饮片标准62个。并完成了《广东省中药配方颗粒标准》（第二册）的校稿工作，《广东省医疗机构制剂规范》（第一册）已交付印刷，《广东省医疗机构制剂规范》（第二册）已完成审稿工作。（供稿：陈勇）

广东省人民政府知识产权办公会议特邀单位

海关总署广东分署

【概况】 2014年，海关总署广东分署按照海关总署和广东省委省政府的统一部署，协调广东省内海关稳步开展知识产权保护工作，加大对进出口环节侵权行为的打击力度，取得明显成效。据初步统计，广东省内七个直属海关共查获涉嫌侵权货物3518批次，涉及侵权嫌疑货物5046万件，案值人民币12525万元。查获的侵权货物主要是通讯设备、服装、箱包及皮革制品和机电产品等。所涉知识产权权利人遍及世界29个国家和地区，涉及侵权货物贸易国93个。

【专项执法行动】 一是强化运用风险分析手段，对重点商品、重点领域开展重点打击。广东省内海关高度重视利用风险分析手段开展查缉工作，认真总结分析近年来关区查获侵权案件特点，加大对出口到发生侵权风险较高的美国、欧盟、俄罗斯、日本、澳大利亚、香港、澳门等国家和地区的货物，以及侵权高发领域的商品，如药品、食品、汽车配件、手机、平板电脑和家用电器等的监控力度；针对水客走私以及携带侵权物品进出境行为采取更加严厉的管理措施，做到有的放矢，确保监管到位。据统计，2014年，广东省内海关通过风险分析手段查获的侵权货物共308批次、货物超4000万件。

二是针对关区进出口特点，广东省内海关采取“分阶段、有重点、逐步推进”的方式，2014年开展针对海运渠道、邮递快件渠道以及针对“世界杯”期间的“绿茵”专项行动、“全国质量月”活动等行动期间，省内海关加强对上述重点渠道、重点进出口货物的监管，加大情报分析的力度，在重点口岸部署专项查缉行动。同时，省内各海关结合当地进出口情况，自行组织打击进出口侵权电池、灯具、日化用品、玩具等专项行动，集中力量突破一批侵权假冒犯罪重点案件。

【知识产权保护长效工作机制】

*跨区域执法协作。*广东分署牵头广东省内海关积极开展与香港和澳门的知识产权保护合作，开展情报交流和信息通报，进一步遏制粤港、粤澳两地进出口侵权活动。

一是发挥粤港澳知识产权专项联络员联络机制，定期举行会晤，强化联络工作，保证信息沟通及时翔实。同时加强各层级互访，促进沟通联系。

二是积极开展情报交流与情况通报。广东分署与香港海关坚持每月定期通报相互查获的涉港、涉粤侵权案件信息。广东分署要求省内有关海关对香港海关通报的侵权案件信息逐项予以核查、分析和反馈，督促对重点企业和重点口岸加强监管力度；继续尝试开展事前情报交流以及粤港进出口侵权状况趋势性和综合性分析，以便更具针对性地加强对跨境侵犯知识产权违法行为的打击力度。

三是针对粤港两地通过邮递快件渠道进出口侵权货物情况有所蔓延发展的情况，广东分署组织省内海关与香港海关联手开展打击邮递快件、海运渠道侵权违法活动的专项合作，2014年度与香港海关举行3次打击侵权违法活动联合执法行动，广东省内的广州、深圳、黄埔海关参与。其中，在针对邮递快件渠道专项行动中，省内海关共查验出口EMS邮件逾55万票、出口快件近4万票，查获涉嫌侵权案件17宗，涉及药品、香烟、手机及配件、电脑配件、手袋、球鞋等货物物品。据统计，2014年，广东省内海关共查获涉及香港、澳门的侵权货物400批次、货物超60万件，案值超2510万元。

跨部门合作机制。2014年，广东省内海关继续全面贯彻国务院发布的《关于做好打击侵犯知识产权和制售假冒伪劣商品工作中行政执法与刑事司法衔接的意见》，根据海关总署与公安部联合下发的《关于加强知识产权执法协作的暂行规定》，开展进出口侵权涉罪案件线索的通报和移送工作。广东分署与广东省公安厅进一步落实双方打击侵权假冒工作领域信息共享合作备忘录，进一步明确广东海关与广东省公安机关加强打击侵权假冒领域行政执法与刑事司法信息的共享机制。此外，广东分署积极落实与广东省工商局联合签署的关于加强知识产权保护合作的协议，开展与广东省工商行政管理部门在专业咨询、教育培训、专门问题研究等方面的合作。此外，广东省内各海关也在积极研究建立与专利、版权、法院等知识产权行政、司法部门合作长效机制的工作。

信息公开制度。为更有效打击侵权行为，提高综合治理的效果，广东省内海关一方面将有侵权记录的企业列入重点监控名单，加强对这类企业的进出境监管；另一方面对于多次进出口侵权货物的企业加大处罚力度，从重从快进行处理。

为进一步做好落实信息公开，提高综合治理成效，海关已于2014年4月21日起根据国务院发布的《关于公开侵犯知识产权和制售假冒伪劣商品行政处罚案件信息的意见》，公开海关查处的进出口侵犯知识产权货物行政处罚案件信息。目前，广东省内各海关已在其官方门户网站上开设“进出口侵犯知识产权货物行政处罚案件信息公开”栏目，公开查获的进出口侵犯知识产权货物行政处罚案件相关信息。这个举措将大大提升海关知识产权执法的公信力，保障公众知情权、引导企业规范守法，充分发挥知识产权行政处罚信息公开对规范进出口贸易秩序的社会作用。

宣传活动。广东分署以“4·26”知识产权宣传周、“8·8”法制宣传日、全国“质量月”为契机，加强知识产权海关保护的宣传工作，通过互联网、政策宣讲会、新闻发布会等多种形式宣传报道广东省内海关知识产权保护工作，宣讲海关知识产权法律和政策，为公众答疑解惑。同时，根据2014年上半年“世界杯”举办期间，结合海关“绿茵行动”，大力宣传海关相关执法成效、宣示海关执法决心；继续加强与港澳海关在宣传交流方面的合作，为三地进出口企业和权利人提供必要的资讯和其他服务；引导广东地区进出口企业、进出境人员遵守法律法规，提高知识产权保护意识，自觉抵制侵权。同时，利用新媒体平台，广东海关紧贴海关工作特点，多维度开展宣传，各海关充分运用新媒体，如官方微博、微信等，发布海关知识产权温馨提示，提高社会公众的知识产权保护意识。 （供稿人：林已凡）

广东省高级人民法院

【概况】 2014年，广东省高级人民法院围绕“让人民群众在每一个司法案件中都感受到公平正义”总目标，贯彻全国法院知识产权审判工作座谈会和全省中院院长会议精神，推进司法公开和加强队伍建设，知识产权审判工作水平全面提升。

【审判职能】 2014年，受理案件数再创历史新高，新收各类案件1366件（其中一审1件，二审1250件，再审审查113件，再审案件1件，执行复议案件1件），收案数同比增长30.72%。在办案人员比2013年同期减少的情况下，通过精细化、规范化和制度化的审判管理，审判效率、质量和效果明显提升。

审判工作高质高效。在案件量急剧增长的情况下，广东高院多项审判指标向好，呈“两增”“两高”“两低”特点，即：结案数和人均结案数增加。全年共审结案件1243件，同比多办结364件，增长率为41.41%。其中审结一、二审案件1142件，同比多办结263件，增长率为29.92%。人均办结69.06件，同比增长28.29%。广东高院一、二审案件结案数和人均结案数均居民事审判口前列。调撤数和调撤率保持高水平。二审调撤案件397件，调撤率达34.82%，与2013年相比基本持平。调撤数和调撤率在民事审判口中名列前茅。发改数和发改率保持低位。发改案件33件，发改率为2.89%，同比上升0.82个百分点。

典型案件审结。二审审结法国SEB公司诉旗峰公司侵害发明专利权纠纷案，依据专利说明书及附图准确确定权利要求中的功能性特征而界定专利权的保护范围，划清专利权利范围和公有领域的边界；审结谢建平、冯成因、张安菽、魏蒙恩诉腾讯计算机公司、腾讯科技公司侵害发明专利权纠纷案，抓住互联网即时通讯软件侵权判断关键，厘清此类案件裁判思路；审结珠海格力公司诉广东美的公司侵害实用新型专利权纠纷案，准确认定涉案专利保护范围，体现司法对专利权人和社会公众利益的平衡；审结陈光彩诉恒升公司侵害实用新型专利权纠纷案，明确专利权终止后技术成果进入公有领域的条件，妥善解决专利审判的新问题。一审审结加多宝公司与广药集团互诉擅自使用知名商品特有包装装潢纠纷两案，在对王老吉红罐凉茶特有包装装潢权利归属认定的基础上作出侵权判断；二审审结上海好又多公司诉张家港好又多公司、刘念龙侵害商标专用权及不正当竞争纠纷案，从市场实际出发准确认定商场、超市服务属于“第35类替他人推销”核定服务项目，实现对商标权利的有效保护。二审审结音集协诉金鹏酒店公司侵害著作权纠纷案，依法审查卡拉OK经营者的许可使用合同抗辩事由，平衡著作权管理组织与市场使用者之间的利益，促进文化艺术作品的正常传播。二审审结廖洪云诉讯天宏公司侵害外观设计专利权纠纷案，明确间接侵权和直接侵权的界限以及间接侵权成立的要件。二审审结北京趣拿公司诉广州市去哪公司不正当竞争纠纷案，确定域名权益与知名服务特有名称权冲突的处理原则，鼓励市场公平竞争的司法导向。另外，审核12宗涉及驰名商标认定案件。

2014年，广东高院的8宗案件入选最高法院典型案例。其中，华为公司与IDC公司标准必要专利使用费纠纷案入选2013年中国法院10大知识产权案件，华为公司与IDC公司滥用市场支配地位纠纷案、亚泰机电公司与雷炳全侵害实用新型专利权纠纷、广州饮食集团与西关世家公司商标及老字号使用许可使用纠纷案等入选2013年中国法院10大创新和50件典型知识产权案例。广东高院一审审结的腾讯公司与奇虎公司反不正当竞争纠纷互诉两案，获得最高法院二审维持。在第三届全国知识产权优秀裁判文书评选活动中，广东高院有4件案件裁判文书获评一等奖或二等奖，是全国获得这两个等级奖项合计最多的高院知识产权庭。在全省法院案件质量评查中，有4宗案件获奖。

【理论和体制机制创新】

（一）“探索完善司法证据制度破解知识产权侵权损害赔偿难”试点

2014年，试点工作迈向深入推进的第二阶段。广东高院加强对各试点法院综合运用证据披露、举证妨碍、优势证据、专家辅助人等证据制度和规则的指导，审结小肥羊公司诉周一品小肥羊公司侵害商标权及不正当竞争纠纷案等一批具有典型意义的案件，在查明赔偿数额方面取得较好经验。广州、佛山中院在充分分析酌定因素具体情况及其对确定赔偿数额所起的作用的基础上适用法定赔偿原则。试点工作得到最高法院高度评价，被推荐在全国法院知识产权审判工作座谈会上交流经验。

（二）知识产权民事、行政和刑事案件审判“三合一”改革试点

经最高法院同意，新增珠海市香洲区、惠州市惠城区和肇庆市端州区等3个法院管辖一般知识产权案件，至此广东省有一般知识产权案件管辖权基层法院数量增加至33个。同时深入分析全省案件增长态势和审判力量等情况，进一步向最高法院申请增加指定阳江市江城区、茂名市茂南区和湛江市经济技术开发区等3个法院管辖一般知识产权案件。

（三）依照最高法院和省法院深化体制改革部署，积极探索推动设立知识产权法院工作

2014年初，广东高院分析近四年来全省知识产权案件分布、发展趋势以及各地市经济科技文化发展状况，综合考虑各地法院知识产权审判力量配备和当地党委政府对设立知识产权法院的态度，借鉴美、英、德等国家和地区知识产权法院设置的成熟经验，听取省公安厅、工商局、知识产权局等省政府知识产权办公会议办公室成员单位以及珠三角地区法院的意见和建议，在充分调研、科学论证的基础上，形成调研课题成果。并以该调研成果为基础，起草向最高法院呈报的相关建议以及向省社会体制改革专项小组呈报的《关于在广州或深圳试点设立知识产权法院的报告》等文件，为最高法院、省委的决策提供参考。在最高法院制定知识产权法院管辖案件相关司法解释过程中，针对广州知识产权法院跨区域管辖部分类型案件等实际情况，提出十二条建设性意见并多数被采纳。协商广东高院立案一庭、执行局等部门起草《关于广州知识产权法院成立前后案件管辖过渡安排有关问题的通知》《广州知识产权法院履职的公告》等文件，对广州知识产权法院成立过渡期与广州等相关法院案件交接问题作出安排。指派专人参与知识产权法院法官遴选环节的案件质量评查。协商宣传处、行装处等部门，完成制作宣传片、起草相关领导新闻发布会稿件、新闻媒体采访稿件等广州知识产权法院挂牌成立的相关工作。

（四）开展审判理论和实务研究，提升知识产权审判水平

为总结《专利法》实施以来广东法院专利审判经验成果，全面搜集全省法院专利案件、审判队伍的基本情况，深入分析专利审判中存在的主要问题及相应的做法、对策，并针对审判所涉专利授权等问题提出针对性的建议，广东高院民三庭形成《关于广东法院2009—2013年专利审判情况的调研材料》，并在此基础上形成《关于广东法院贯彻实施〈专利法〉的情况汇报》，在吉炳轩副委员长率全国人大常委会执法检查组来广东高院调研中作专题汇报。为应对新商标法实施后出现的新情况和疑难问题，针对全省法院在商标案件审判司法实践中的新情况新问题进行梳理分析，并提出处理意见和建议，形成《关于审理商标民事纠纷案件适用法律问题的调研报告》。为解决当前广东省审理涉卡拉OK场所侵害音像著作权案件中存在的突出问题，经认真调查分析，依据相关法律、法规和最高法院司法解释的规定，广东高院就依法妥善解决审理涉卡拉OK场所侵害音像著作权案件进行深入研究，剖析此类案件存在问题的原因，并有针对性地提出解决办法，形成《关于审理涉卡拉OK场所侵害音像著作权案件的调研报告》，在此基础上向最高法院报送《关于审理涉卡拉OK场所侵害音像著作权案件的参考意见》，促进裁判标准

的统一和文化产业健康发展。针对微软等相关跨国公司起诉的侵害计算机软件著作权纠纷案件等进行分析，对外国当事人在中国滥用市场支配地位实施垄断行为规制问题提出意见，形成《关于我省法院审理涉微软公司软件著作权侵权案件的情况汇报》报送最高法院。对反垄断审判中新的法律适用问题进行研究，形成书面报告《积极探索破解新难题 努力推动反垄断审判新发展》。参与院领导牵头的调研课题“探索与行政区划适当分离的司法管辖制度”调研报告的起草，提出知识产权案件管辖跨区域和知识产权法院机构体系的参考意见。

此外，广东高院积极参与最高法院开展有关专利案件审判、知识产权和竞争纠纷行为保全、“三合一”改革工作、“三网融合”知识产权法律问题和知识产权“商业维权”等调研活动，组织审判力量对于广东省专利案件审判领域进行经验总结和理论探索，形成《广东省侵害外观设计专利权纠纷案件审理相关情况的汇报》。针对《最高人民法院关于审理侵犯专利权纠纷案件应用法律若干问题的解释（二）》三稿提出意见和建议。2014年，在首届全国知识产权优秀调研成果评选活动中，由徐春建副院长牵头完成的《以制度创新破解知识产权赔偿难问题——司法保护视野下的解决途径》调研报告获评二等奖，《关于技术合同纠纷审理情况的报告》《关于商业秘密司法保护问题的调研报告》获评三等奖。广东高院关于发挥司法保护知识产权主导作用促进网络经济公平有序发展的调研成果，获得周强院长充分肯定，刊登在《最高人民法院简报》和《司法决策参考》。

【司法公开和司法宣传】 “4·26知识产权宣传周”和“知识产权司法保护广东行”。2014年“4·26知识产权宣传周”期间，首次承办全国法院知识产权宣传周活动媒体见面会和新闻通气会，主办中央媒体“知识产权司法保护广东行”。其间，开展了邀请朱小丹省长接受媒体集体采访、举行广东省法院新闻发布会、发布广东省知识产权司法保护状况和十大知识产权典型案例以及邀请各家媒体旁听公开开庭、采访大要案法官、深入企业高校采访等一系列活动，国内外反响积极热烈。《人民日报》、中央电视台、新华社、《人民法院报》等17家中央媒体和《南方日报》、《广州日报》和广东电视台等18家省内媒体全程跟踪报道活动相关情况，《人民日报》在5月7日以“广东：为知识产权提供优质司法保障（新实践）”为题大篇幅报道此次“广东行”活动所见所闻。人民网、新华网、财新网和凤凰网等多家门户网站详细报道朱小丹省长的专访。《人民法院报》、《法制日报》、广东电视台、南方电视台等媒体详细报道广州、深圳中院公开审理案件的庭审情况。人民网、《法制日报》、《南方日报》等媒体全文刊载广东知识产权司法保护十大案件，称“广东审结全国25%知产民案”，评价华为诉美国IDC案件是“审判史上的里程碑”“3Q大战创不正当竞争纠纷案赔偿之最”。

公开开庭和裁判文书上网公开工作。广东高院一、二审案件法定公开开庭率均达到100%。扩大庭审公开程度，邀请媒体单位、专家学者、高校学生等社会各界人士到庭旁听。“联塑”商标侵权纠纷等10余件案件的公开开庭通过网络全程视频直播，其中“联塑”商标侵权纠纷庭审更是广东高院首次在互联网公开直播。对加多宝公司与广药集团互诉擅自使用知名商品特有包装装潢纠纷两案进行公开宣判。推动全省法院上网公布知识产权裁判文书的规范化、制度化和常态化工作，采取下发通报对各市法院知识产权裁判文书上网公开情况进行排名、借助信息化手段建立明细台账制度以及针对重点地区单独跟踪督导等措施，取得明显成效。全省法院在7月30日至10月30日期间上传1874份文书，上网数量在全国排名第二，仅次于已完全实现文书上传信息自动化的浙江省。另外，仅11月1日至30日期间，省法院上传文书就达412份。在2014年最高法院民三庭发布的通报中，排名全国第二。

【审判监督指导】 运用审判情况分析通报、分类指导和沟通协调三项工作机制，依法加强审判监督指导。每季度对全省各项审判数据进行统计分析并印发《全省知识产权审判工作统计分析情况的通报》，加强对工作发展趋势的分析研判，以便提早谋划，积极应对，使监督指导工作更具科学性、前瞻性和有效性。召开“全省知识产权审判工作视频会议”，部署全年工作目标任务、工作措施和重点工作，研究应对审判任务和提升审判工作质效的措施。深入分析专利案件改判、发回重审的原因，研究具有普遍性的问题，并提出改进措施，形成《2013年专利案件审判基本情况和典型案例分析》，监督指导下级法院有效克服审判工作的薄弱环节。组织专利复审委审查员赴具有专利案件管辖权的中院巡回授课，提升办案质量、效果和促进裁判尺度的进一步统一。按照广东高院统一部署，参与对全省知识产权案件的评查工作。良好运用沟通协调机制，指导广州中院及其所辖白云区、萝岗区法院，东莞中院及其所辖东莞第一法院依法做好广药集团与加多宝公司系列案件的审理工作。庭领导带队赴阳江、茂名和肇庆中院妥善处理音集协诉KTV经营者侵害著作权系列纠纷案，有力促进案件的及时依法审结和司法标准的统一。指导深圳地区法院对涉电视盒生产商被控侵犯著作权纠纷案法律适用疑难问题进行研究。全省知识产权审判质量和效率进一步提高。

【沟通协作】 与知识产权行政执法部门、行业协会的交流合作机制。与省知识产权局、文化局、海关等行政主管单位进行座谈，深入交流探讨专利法、商标法、著作权法的热点难点问题。在主管院领导主导下，与省发改委、知识产权局等行政主管单位就软件领域相关跨国公司滥用市场支配地位排除限制竞争的问题进行座谈，并确立涉及国家利益和公共利益的垄断纠纷中司法与行政沟通协调机制，进一步推进行政和司法保护形成合力。受国家反垄断行政主管单位要求，参与行政查处涉美国IDC公司等反垄断行为的研讨。受海关总署等行政主管单位，参与涉及定牌加工的商标法律问题进行实务性研讨和交流。针对侵害作品信息网络传播权、通过网络侵害商标权和专利权等涉互联网侵权纠纷不断增长，广东高院推动引入中国互联网协会辅助解决纠纷机制，与该协会签订广东法院委托调解涉及互联网纠纷案件协议，进一步发挥协会在纠纷化解、网络技术、行业号召等方面的优势，加快构建和完善多元化的纠纷解决机制，使纠纷能够便捷、经济、高效地解决，促进中国互联网行业的健康发展。

学术交流研讨。2014年，根据“双千计划”安排，暨南大学讲师陈胜蓝博士到广东高院挂职交流，促进司法实践和理论研究之间相互交流、共同提升。派出业务骨干百余人次参加最高法院、全国各法院、行政部门、高等院校及行业协会召开的高端学术研讨会，派出20人次参加国际性交流活动，派代表2人分赴英国、德国交流知识产权保护工作，多次会见美、英、法等国知识产权同行。例如，参加由最高法院与美国华盛顿大学知识产权研究中心在上海联合主办的“知识产权司法保护国际研讨会”、国家法官学院与德国国际合作机构在德国法官学院举办的“中德法官交流研讨会”、最高法院与世界法学家协会在上海联合主办的“知识产权保护的国际视野国际研讨会”等，并在上述研讨会上分别就“中国知识产权保护的反盗版经验”等主题发表演说。

（供稿人：肖少杨）

广东省人民检察院

【概况】 2014年，广东省检察机关充分发挥检察职能，全面加强知识产权司法保护，完善和创新工作机制，提升知识产权司法保护水平，为发挥知识产权在推动全省科技创新、经济发展和社会进步中的作用创造良好的知识产权法治环境。

【打击侵犯知识产权犯罪】 充分履行批捕、起诉职能，坚决严厉打击侵犯知识产权犯罪活动，尤其是事关国家利益或形象、直接危害群众身体健康和生命安全、严重损害消费者利益、扰乱市场经济秩序的知识产权犯罪。积极提前介入、引导侦查取证，加强出庭公诉工作。通过建议适用追缴违法所得、收缴犯罪工具、销毁侵权产品、依法加大罚金刑适用力度等，从经济上剥夺犯罪分子的再犯能力和条件。

【对侵犯知识产权犯罪的法律监督】 加强对知识产权行政处罚案件的备案审查，对涉嫌犯罪的及时提出移送公安机关的建议，并监督公安机关立案侦查。监督纠正执法、司法机关对侵犯知识产权犯罪案件有案不移、有罪不究、以罚代刑和借保护知识产权之名非法插手企业经济纠纷，违法查封、扣押、冻结和划拨企业财产，滥收保证金，滥用强制措施等行为。监督纠正审判机关违反法定程序和审判结果严重不公的知识产权案件。

【危害知识产权管理秩序的职务犯罪的查办和预防】 坚决查处国家工作人员纵容包庇制假售假、侵犯知识产权的职务犯罪案件，以及在市场监管、社会管理、行政审批等活动中滥用职权、玩忽职守、徇私舞弊等严重危害知识产权权利人权益和执法公正的职务犯罪案件；及时发现和查办涉及知识产权的民事、行政裁判不公背后的司法腐败，维护司法公正。同时，严厉查处侵吞国家投入高科技企业发展和循环经济建设资金的职务犯罪案件。进一步加强预防工作，从源头上防止和减少涉及知识产权职务犯罪活动。

【知识产权民事和行政申诉案件办理】 加强与法院知识产权审判部门以及相关行政部门的联系沟通，共同促进知识产权纠纷案件的依法公正处理；对裁判确有错误的知识产权民事、行政案件依法行使法律监督权，维护知识产权司法公正；探索切实可行的矛盾纠纷处理方式，对法院裁判并无不当的申诉案件，依法据理协助做好息诉疏导工作，积极促成和解。

【行政执法与刑事司法相衔接机制】 进一步加强与行政执法机关的联系，完善联席会议、信息通报、备案审查等工作机制，监督行政执法机关依法移送涉嫌犯罪案件，防止知识产权犯罪案件以罚代刑、降格处理。大力推进“行政执法与刑事司法信息共享平台”建设，实现网上衔接、信息共享，提高工作效率，加大案件审查力度。

【知识产权保护合力推动】 加强检察机关内部协调，做好批捕与起诉、公诉与自诉等工作的有效衔接，加强职务犯罪线索的发现和移送工作。强化上下级检察机关之间的信息通报和业务指导。加强与公安、法院等司法机关及工商、版权、专利等行政执法部门的沟通协调，做到既监督制约，又支持配合，形成依法保护知识产权的合力。

【检察建议和预警工作】 针对办案中发现的知识产权保护工作的薄弱环节和管理漏洞，及时向行政主管部门和行业协会提出检察建议，帮助完善监管，提高企业应对知识产权纠纷能力。针对发现的侵犯知识产权苗头，及时向行业协会发出预警，提醒加强防范应对，引导行业自查自律、自觉抵制侵犯知识产权行为。

【检察职能向基层延伸的工作机制】 结合派驻镇（街）检察室建设，探索在高新企业密集地区或行业协会设立保护知识产权检察联络点，加强与高新技术企业、知名品牌企业的密切联系，及时了解企业在知识产权保护方面存在的问题和困难，开展法律宣传，接受举报申诉，为企业知识产权保护提供便利服务。

【对侵犯知识产权案件支持起诉和督促履职工作】 对严重影响市场经济秩序、给权利人造成较大损失的知识产权侵权行为，在权利人有起诉意愿但因经济、地方保护主义等客观原因处于明显弱势地位的情况下，依法支持权利人向人民法院起诉。对造成国有资产或社会公共利益重大损失的知识产权侵权行为，督促和指导有关监管部门依法履行职责，以挽回或减少损失。

【送法上门服务】 针对企业的具体需求，通过以案释法、法律专题讲座、发放宣传手册、开展法律咨询等多种形式，帮助企业加强知识产权保护意识，指导企业运用法律手段保护知识产权。

【案后回访制度】 对案件受害企业建立案后回访制度，针对办案过程中暴露出来的企业知识产权管理方面的问题，帮助企业堵塞漏洞，完善知识产权保护机制。

【知识产权检察宣传】 通过举办检察开放日、编发宣传手册、典型案件旁听庭审等活动和方式，介绍检察机关在知识产权保护方面的职能、地位和作用，提高社会对检察机关知识产权保护工作的认知度。加大在广播、电视、报刊、网络、微博等媒体进行知识产权法制宣传的力度，引导和促进市场主体依法诚信经营，增强其维权意识，营造全社会尊重知识产权的氛围。 （供稿：刘月新）

ZHI SHI CHAN QUAN CHUANG ZAO

知识产权创造

- 专利
- 商标
- 地理标志
- 植物新品种
- 重大知识产权获奖成果

专　利

专利申请及授权

【概况】　2014年，广东省专利申请受理总量、外观设计专利申请受理量居全国第二位，发明专利申请受理量居全国第四位，实用新型专利申请受理量居全国第三位。

1—12月份，广东省发明专利授权量居全国第二位。

2014年，广东省PCT国际专利申请受理量居全国第一，连续十三年保持全国首位。

截至2014年12月底，广东省有效发明专利量连续五年居全国第一，每万人口发明专利拥有量居全国第三位。

【专利申请受理】　2014年，广东省专利申请受理量278351件，同比增长5.33%。其中，发明专利申请受理量为75148件，同比增长8.93%；实用新型专利申请受理量96136件，同比增长2.72%；外观设计专利申请受理量107067件，同比增长5.29%。发明、实用新型和外观设计三种专利申请受理量占总量的比例为27.00：34.54：38.46。

广东省专利申请中的职务申请数量165105件，同比增长9.95%，非职务申请数量113246件，同比下降0.74%，专利申请中职务与非职务比例59.32：40.68。

【专利授权】　2014年，广东省专利授权量179953件，同比增长5.59%，其中，发明专利授权量22276件，同比增长10.91%；实用新型专利授权量83202件，同比增长7.35%；外观设计专利授权量74475件，同比增长2.24%。发明、实用新型和外观设计三种专利授权量占专利授权总量的比例为12.38：46.23：41.39。其中，职务授权数量111045件，非职务授权数量68908件，职务与非职务的比例为61.71：38.29。

【有效发明专利及专利密度】　截至2014年12月底，广东省有效发明专利量111878件,同比增长17.18%，占全国有效发明专利总量的16.86%。根据国家知识产权局公布的数据，广东省的专利密度为1056.1（件/百万人），是全国专利密度487.5（件/百万人）的2.17倍。

【PCT国际专利申请受理】　2014年，广东省PCT国际专利申请受理量13332件，占全国受理总量的55.53%，同比增长15.68%。

【专利电子申请】　2014年，广东省平均专利电子申请率为93.40%，比全国平均电子申请率高3.78个百分点，居全国第六位。专利代理机构平均专利电子申请率为99.98%，比全国代理机构平均电子申请率高0.31个百分点。广东省有12个地级以上市平均专利电子申请率达到90%以上。

【专利申请及授权主要特点】　*专利申请受理量、授权量保持平稳增长态势。*2014年，广东省专利申请受理量为278351件，同比增长5.33%。比全国平均水平高6.33个百分点。全省专利授权量179953件，同比增长5.59%，比全国平均水平高7.59个百分点。其中，专利申请受理量增速近四年来首次高于全国平均水平。

*专利申请受理量和外观设计申请受理量居全国第二位。*2014年，广东省专利申请受理量、发明、实用新型和外观设计专利申请

受理量增长率分别为5.33%、8.93%、2.72%、5.29%，专利申请受理量、外观设计申请受理量居全国第二位。

有效发明专利总量首次突破10万件。2014年，广东省有效发明专利总量首次突破10万件，达111878件，较2013年同比增长17.18%，连续五年保持全国首位。每万人口发明专利拥有量为10.56件，比2013年同期增加1.55件，位居全国第三。统计数据显示，广东省有效发明专利年限主要集中在二至九年，占有效发明专利总量的89.26%。

PCT国际专利申请受理量连续十三年居全国第一位。2014年，广东省PCT国际专利申请受理量13332件，同比增长15.68%，占国内PCT国际专利申请受理总量的55.53%，连续十三年保持全国第一位。2008年起，广东省PCT国际专利申请受理量连续七年稳占全国半壁江山。

企业作为创新主体地位稳固。广东省共有19767家企业申请专利，合计为149670件，同比增长9.48%，占全省专利申请受理量的53.77%；18122家企业获得专利授权，合计104193件，同比增长12.38%，占全省专利授权总量的57.90%。其中8851家企业有发明专利申请，合计53898件，同比增长8.23%，占全省发明专利申请总量的71.72%，占企业专利申请总量的36.01%；3889家企业有发明专利授权，合计17416件，占全省发明专利授权的78.18%。企业专利申请占全省专利申请的半壁江山，作为创新主体地位稳固。

重点企业成为专利增长的有力推手。2014年，广东省获专利授权较多的重点企业分别是：华为技术有限公司2506件，排名第一；中兴通讯股份有限公司2443件，排名第二；珠海格力电器股份有限公司以2303件，排名第三。企业发明专利授权量前三名分别为华为技术有限公司2409件、中兴通讯股份有限公司2217件、鸿富锦精密工业（深圳）有限公司524件。从统计数字看，以华为技术有限公司、中兴通讯股份有限公司为代表的一批省内重点企业已经成为广东省专利增长的有力推手。

职务发明比例稳步增长。2014年，专利申请中职务和非职务的比例仍处于六四开局面，较2012—2013年非职务专利申请增幅高于职务专利申请的趋势，2014年职务专利申请稳步增长，增幅为9.95%，而非职务专利申请则出现下降的趋势，降幅为0.74%。

大部分地市专利申请受理量保持平稳增长。2014年，广东省13个地级以上市专利申请受理量保持正增长，其中湛江、梅州、惠州、云浮、广州、中山、珠海、佛山、茂名9个地级以上市增幅高于全省平均增长率5.33%。13个地级以上市的发明专利申请受理量保持正增长，有11个市的增幅高于全省平均增长率8.93%，其中阳江、佛山两市增幅超过50%。

（供稿人：洪伟）

商　　标

有效注册商标

【商标申请注册】 据国家工商总局商标局网站公布数据显示，2014年，全国商标申请量突破200万件，其中广东省商标申请量达406393件，占全国申请总量的19.57%；广东省商标注册量223470件，占全国年注册量的17.98%；有效注册商标1314188件，在全国的占比从2013年的17.76%增加到2014年的17.85%，自1995年以来连续20年居全国首位。广东省2014年的商标申请量是排名全国第二的浙江省的 2 倍。

广东省商标申请注册数量持续快速增长，主要得益于广东省各级工商部门改革创新取得的成效。一是商事制度改革激发市场活力。2014年，全省新登记各类市场主体130.59万户，稳居全国第一。这些市场主体在新开办业务或扩大经营过程中，产生申请注册商标的巨大需求，2014年商标申请量同比增长了27.48%。二是以商标工作带动全省品牌建设，商标品牌战略实施工作取得显著成效。有10个地级以上市及佛山市顺德区以政府名义出台实施商标品牌战略的政策，14个地级以上市及佛山市顺德区设立商标扶持资金或商标品牌战略实施专项工作资金。三是在依法履职的基础上提供优质公共服务，支持和协助商标协会、行业协会健全功能，并引导、支持行业协会、代理组织参与商标品牌建设。四是商标监管执法增强市场主体创新创牌信心。

【马德里商标国际注册】 2014年，广东省马德里商标国际注册申请量达598件，占全国马德里商标国际注册申请总量的21.60%，居全国第二位。

【地理标志商标注册】 2014年，广东省新增“高州荔枝”1件地理标志证明商标，全省已注册的地理标志证明商标、集体商标总量达到35件。全省地理标志商标数量排名前三位的地级以上市仍然是肇庆、佛山、茂名，获准注册的地理标志商标数量分别为8件、5件、5件。

（供稿人：陈小冰）

地理标志

标准与地理标志

【概况】 2014年,广东省大力推进“质量强省”建设，以标准助推广东经济发展，继续推动地理标志产品保护。全年获批地理标志保护产品13个（累计103个，总量居全国第三位），批准实施战略性新兴产业地方标准68项（累计306项），批准成立省级专业标准化技术委员会 8项（累计40项），制定地理标志产品省级标准（农业类）8项（累计91项），累计建立国家级农业标准化示范区22个、省级示范区52个。2014年，全省企事业单位主导或参与制修订国际标准148项（累计874项）、国家标准463项（累计 3807项）、行业标准374项（累计3068项）、地方标准243项（累计1566项），制定先进企业标准6971项（累计36647项）。 （供稿人：李铮）

国家地理标志保护产品

【概况】 2014年广东省获得国家地理标志保护的13个产品中，都具有鲜明的地方特色，源自特定的自然环境和人文环境，传递着浓厚的岭南文化气息。

【文岗鲤】 因产于肇庆市鼎湖区沙浦镇的文岗塱而得名。文岗鲤具有肉质清甜嫩滑、骨骼柔软，鳞薄脆滑，吃了不燥热不上火等特色，深受广大食客的喜爱。文岗鲤产于明代，名噪于清代光绪年间。据说清光绪年间，一位钦差大臣到过产地尝食文岗鲤，因该鱼肉质好，鲜甘香具备，惊叹为“鱼中之王”，其美味妙不可言，立即派人日夜兼程送给慈禧太后品尝。慈禧太后尝过之后，大加赞赏，并颁赐镌有“岭南第一塘文岗鲤王”的牌匾给文岗塘塘主。文岗鲤从1951年开始成为广东省水产馆常年展览品，名扬海内外。在上世纪60–70年代，文岗鲤作为国宴名菜款待外宾，受到外国宾客的欢迎。埃塞俄比亚塞拉西一世皇帝及柬埔寨西哈努克亲王到广州访问时，指名要品尝文岗鲤。1965年，文岗鲤的产量为1.1万公斤，全部出口销售以增创外汇。2008年，文岗鲤养殖基地获得了国家农业部颁发的无公害（水产）产地认证，成为肇庆市供港澳食用水产品出口基地。目前，鼎湖区沙浦镇养殖文岗鲤的鱼塘面积3000多亩。年总产量2万公斤，产值达200多万元，产品主要销往周边、珠三角主要城市、香港、澳门以及东南亚等地区。

【文岗鲩】 因原产于肇庆市鼎湖区沙浦镇典三村的文岗塱而得名。一直以来，文岗塱就实行鲤鱼鲩鱼立体混养的模式，利用这两种不同鱼类的生物间关系，充分利用水体空间，达到高产高效的目的。文岗鲩是肇庆市鼎湖的特色农产品之一，也是肇庆市的重要名优产品。目前文岗鲩产量约15万公斤，产值约1000多万元人民币，销售价格平均在80元/公斤，是市面同类鱼价格的3倍。过去，文岗鲩主要作为贵重的产品销往珠三角、香港地区，并通过香港销往东南亚等地。文岗鲩具有肉质嫩滑、甘香可口、久煮不烂、鱼味浓郁等特色，深受广大食客的喜爱，得到社会各界的认可，社会各界新闻媒体对其也宠爱有加。2007年3月3日《羊城晚报》以“鲜时香滑干时甘美”为题推介文岗鲩。2013年5月14日中国水产养殖网以“抓住特色 优质草鱼也能卖出石斑鱼的价格”的文章报道了文岗鲩，将文岗鲩与麦溪鲩，中山脆肉鲩，茂名、清远的氹仔鲩并列。从2005年开始，肇庆市旅游部门及鼎湖沙浦镇等单位每年会联合养殖户在收渔期举办“开渔节”，吸引大批外地游客来品尝。2008年8月27日，珠江经济广播电台《为食掌门人》为广大听众直播文岗鲩上市的盛况。2010年4月30日，在广西南宁市东南亚美食城推广会上，肇庆推出了文岗鲩，昔日南粤进贡朝廷的佳品，已成为南宁人桌上的佳肴。

【广绿玉】 产于肇庆市广宁县。广绿玉的历史追溯到明清时期，发展到清朝期间已经出现规模开采。广绿玉色彩绚丽，纹理变化多样。目前，已发现的广绿玉系谱拥有“绿、蓝、黄、红、黑、白、灰、紫、褐”九个色系，多达70余个品种；分为半透明、亚半透明、微透明和不透明四个质地类型；呈油性光泽、蜡状光泽、丝绢光泽等。截至目前，广宁县玉石企业已达209家，从业人员2100人，产值达1.2亿元。历史上，广绿玉曾饮誉中国艺坛，备受中国书画泰斗的青睐。中国宝玉石专家赵朴初先生对广绿玉是大加赞赏，认为这种石质地细腻、洁净、光滑润泽、油腻欲滴、温润如玉、凝聚晶莹，具有“细、洁、润、腻、温、凝”的“六德”；成大均专家也认为广绿玉质地温润细腻，各种颜色色调变化无穷，可与田黄、鸡血石相媲美，誉其为中国五大名石之一。广东省博物馆把广东本土出产的广绿玉、信宜王、台山王、阳春孔雀石台称为“广东四大王石”。经过广宁民间玉雕工艺师的多年努力，广绿玉艺雕精品达到了极高的水平，数十件作品在全国文博会上荣获金奖；广绿玉玉雕精品《硕果》《蜗居》被中国工艺美术馆收藏并在该馆永久展出。2011年9月，广绿玉艺雕精品代表广东省民间工艺美术精品亮相京城汇展，得到各地市民的赞誉。2012年，有27件广绿玉作品在“广东省玉魂奖（2012）玉雕艺术品展”上获奖。此外，广绿玉以其独特的美色和优质，在海内外文房收藏市场上走俏。在20世纪80年代末，由美国联谊会筹办了“中国五城市工艺商品展销会”，为期一周的展销会在洛杉矶US展销公司举行，在展销会上500多件来自广宁县的广绿玉产品不到三天便告售罄，引起西方收藏界的惊讶、艳羡和高度关注。

【连山大米】 产于清远市连山壮族瑶族自治县。连山大米米粒色泽晶莹玉白、通透；形状呈细长或长圆形，横断面呈扁圆形，无腹白或腹白小；蒸煮时有自然清淡的米饭香味；烹制出的米饭晶莹剔透，富有光泽，柔而不粘，质地适中，口感好，并且冷却后不硬、不回生。连山大米有着悠久的人文历史，中国历史上唯一“瑶族皇太后”明妃纪太后，出生在连山，自幼吃着这里的大米长大。在清代连山香粳、大糯被列为朝廷贡品。在民国4年（1915），连山香粳又被北洋政府农商部鉴定为全国最优等稻种。可见连山种植优质大米已有600多年历史。连山现有稻米生产加工产量达到1.8万吨，产值达到了10800多万元。由于各级政府高度重视和大力扶持，连山大米如今已成为连山壮族瑶族自治县粮食种植和生产加工业的支柱产业之一，创建了“壮瑶家香”“壮瑶金爵”“采胜”等品牌连山大米，产品已远销到清远以及珠江三角洲及香港等地。随着连山大米的名声越来越大，各大新闻报刊和电视媒体对连山大米给予了极大关注。如《南方日报》在2008年9月9日发表题为《有机米13元1斤仍抢手——连山山泉水种出优质米优良生态环境助农民增收》的报道；在2011年5月25日发表题为《连山有机米畅销省港澳——连山农业产业化擦亮“特色”牌“标准”牌》的文章；《清远日报》在2008年11月5日发表题为《连山太保“稻鸭共作”种植有机稻》等文章报道。

【马图绿茶】 产于梅州市丰顺县龙岗镇马图村。马图村已有近200年马图绿茶的种植历史，其特有的地理环境形成了马图绿茶“香、甘、滑、柔、醇”的原生态品质。随着改革开放的推进，生产规模的扩大和对外市场的拓展、延伸，马图绿茶更为外界所熟知和喜爱，为外界的茶客所津津乐道。人们也习惯在各种活动中把马图绿茶作为家乡的名优特产馈赠亲朋好友。马图绿茶在人们的潜意识中自然形成了一种“马图绿茶”就是家乡地道好茶的意境。马图绿茶早在上世纪70年代就被广东省评为绿茶类八大名茶之一。近年来，当地政府通过加强对其品质及人文历史的宣传，带动了当地生态旅游业的发展，人们对马图绿茶的认知度也越来越广，产品远销全国各地及马来西亚、泰国、印尼、香港、澳门等20多个国家和地区，尤其是在周边地区和海外侨胞及外出乡贤中享有很高的声誉。茶叶产业不仅成为老区显示地域形象的一大特色产业和承载历史的文化产业，也成为改善生存环境的生态产业和保健养生的健康产业，更成为老区群众脱贫致富的富民产业和前景美好的朝阳产业。凭借产品的质量特色，多年来获得了一系列荣誉与奖项：2002年6月荣获广东省第五届名优茶质量竞赛优质茶奖；2005年5月荣获广东省第六届名优茶质量竞赛金奖；2007年12月荣获广东省第七届名优茶质量竞赛银奖。

【新垌茶】 产于茂名高州市新垌镇。新垌茶具有“清、甘、香、滑”之誉，色、香、味、形俱佳，有提神醒脑、消除疲劳、去郁消滞、行气镇痛、促进血液循环等功效。新垌种植茶树历史悠久。明朝成化年间（1465年），新垌邓氏始祖开泰公奉调入粤，在新垌定居，开出良田200余亩，称当地为新垌，并从福建省汀州地区引入青心中叶、红心中叶和米碎茶等绿茶种子，种于新垌镇明星村委会出瑞龙村，其中两株植于古官道旁的古井边，距今有500多年历史。在各级政府的大力支持下，经过10多年的发展，高州市已形成了以高州市出水窿茶厂为首的茶叶产供销一体化的龙头企业，目前新垌茶种植面积达到1500多亩，2012年生产成品茶为35吨，产值1000多万元。新垌茶驰名中外，远近闻名，畅销国内外，不但畅销粤西茂名、阳江、湛江等地，而且远销珠三角、新加坡、马来西亚、香港、澳门等国家和地区，产品供不应求，被称为是粤西特产，是继云南普洱茶、福建乌龙茶的后起之秀，成为人们馈赠亲朋好友的特色佳品和社会交往的珍贵礼品，深受社会各界的好评、关注和瞩目，曾引起省市领导的重视，把新垌茶视为是山区一宝。

【罗定稻米】 产于云浮罗定市。罗定稻米米粒均匀，晶莹洁白，具有本品固有的自然清香，饭味微甜，入口柔滑有弹性，香甜回甘，冷不回生。罗定市是广东省水稻新品种区域试验点，也是广东省重要的粮产区和首个全国绿色食品原料（水稻）标准化生产基地，罗定稻米先后获得北京中绿华夏有机食品认证中心、欧盟有机食品认证机构以及日本有机和自然食品协会JONA及JAS有机农产品认证，是华南地区目前唯一取得日本有机认证的有机大米。近年来，当地政府不断加大其推广种植力度，全市现有水田27万亩，水稻年种植面积52.8万亩，稻米生产加工产量达到8万吨，产值达到了9.5亿元。先后培育出“亚灿”“聚龙”“金瓯”“罗镜”“如雨”“山坑田”“金稻康”“青洲”“米琪乐”“好有米”“雨意”等罗定稻米知名品牌，远销至上海、港澳和广州、深圳、佛山等珠三角大中城市，产品深受广大客户和消费者喜爱，供不应求，发展前景十分广阔。

【云安蚕茧】 产于云浮市云安县。云安蚕茧外观洁白，具自然光泽，茧衣少，茧形匀称。云安县种植蚕桑历史悠久，早在明、清年间就有记载，在上世纪50年代，蚕桑种植面积就有1200亩。80年代初，全县蚕桑种植面积已发展到7000亩，分布在镇安镇、白石镇、高村镇等地。到了90年代，越来越多的农民从传统的种植水稻、花生改为种桑养蚕。在当地县委、县政府引导下，全县蚕茧产区通过“公司+农户+协会”的经营模式推广云安蚕茧生产，蚕茧产量逐年递增。目前，全县共有千亩以上的蚕桑基地5个，总种植面积达到5.36万亩，从业人员4万多人，产茧2.5万吨，可创产值3.5亿元。逐步形成以镇安、白石、高村等镇为中心的农业经济的支柱产业，并成为农民奔康致富的捷径。云安蚕茧及产品丝棉被除了畅销韶关地区外，还远销广州、珠海、深圳、佛山等珠三角地区和港澳地区，以及邻近的湖南省和江西省等地，在广东省内和周边地区都享有较高的知名度，深受消费者的好评。

【活道粉葛】 产于肇庆高要市活道镇。活道粉葛外形饱满，表皮光滑少皱褶，皮色乳黄，肉质呈乳白色，纤维少，粉葛鲜品气味清香。烹熟后香味浓郁，带黏性，味道天然甘甜，少渣，口感细嫩。活道粉葛最早是在清朝开始种植，当时多为在深山上的野生粉葛。活道镇农民开始人工种植是在新中国成立前，但都是农户利用种粮地块的周边空地进行零星个别种植，未成规模。到20世纪60年代，由于粮食紧缺，山区的山货尤为抢手，而活道产的粉葛由于品质优良，独具特色，深受人民群众的喜爱，特别适用于逢年过节作为亲友往来相送的珍贵礼品。此后活道粉葛开始大量种植，用以充饥，并作为特产运到周围地区销售。目前，活道粉葛除了畅销肇庆、高要地区外，还远销广州、珠海、深圳等珠三角地区。从2009年开始，成为供港蔬菜基地，由占国内供应香港蔬菜份额40%的东莞市润丰果菜有限公司直销港澳地区，在港澳、东南亚等地区享有盛誉。而在价格上，周边地区普通粉葛的零售价一般为每公斤5—6元，活道粉葛却能卖到每公斤14—16元，在香港更能达到每公斤20元的售价。

【仁化白毛茶】 产于韶关市仁化县。仁化白毛茶内含丰富的营养保健成分，具有提神醒脑、生津止渴、清热解毒、减肥健美、防癌抗病的作用，以香气清幽如兰，滋味鲜爽甘醇且耐冲泡而著称。仁化白毛茶历史悠久，据仁化县志记载，早在清朝“嘉庆”年间，仁化白毛茶就已成为朝中贡品。建国初期，仁化全县种茶360亩。改革开放后，农村体制改革，实行定产承包制度，仁化白毛茶种植和生产得到进一步的发展，其产量和质量也得到了进一步的提升，知名度不断扩大。80年代后期至90年代中期，茶园面积首次突破10000亩。近年来随着制茶工艺水平和科技含量的进一步提高，仁化白毛茶的品质更优良、口感更独特，茶叶产销量节节高升，茶叶销售价格一般在500元/公斤左右，最高售价可达2万元/公斤，茶农和企业的效益比之前翻了数倍，但仁化白毛茶产品仍处于供不应求的状态。目前，仁化白毛茶除了畅销韶关地区外，还远销广州、珠海、深圳、佛山等珠三角地区和港澳地区，以及邻近的湖南省和江西省等地，成为人们馈赠亲朋好友的佳品和社会交往的珍贵礼品，在广东省内和周边地区都享有较高的知名度，深受消费者的好评。仁化白毛茶凭着优秀的品质收获了大量荣誉，在国家级和省级的茶叶评比中荣获多项殊荣：1992年、1996年荣获广东名茶称号；1998年获中国国际名茶、茶制品、茶文化展览会名茶推荐产品；2011年获“中茶杯”全国名优茶评比一等奖等。

【苏村番薯】 产于湛江吴川市长岐镇苏村。苏村番薯色泽鲜艳，薯块均匀，皮光滑，以黄白、个大著名，口感松软，一入口便有一股独特的香味，甜而松脆。苏村番薯种植至今已有500多年的历史，栽培技术成熟，加上土质结构独特，气候适宜、历年培育出不少的优质品种，大多数品种都具备高产、质优的特点，适宜大面积推广。目前苏村番薯的种植面积已达2800亩，平均每年增加300亩产，总产2800吨，销售收入1100多万元，个体最大达3.6公斤，大部分畅销珠三角、港澳地区，是当地农产品的著名品牌。2004年，苏村番薯向农业部门申请无公害绿色食品认证，同时开始产品统一纸盒包装上市销售。同年苏村番薯被吴川市农业部门评为“名优农业土特产品”。

【阳山淮山】 产于清远市阳山县。阳山淮山呈棍棒形，上端较细，有少量吸收根，且细须根较密集，中下部较粗，细须根生长稀疏。切开后肉白、细腻、胶质多，放久肉质白而不变色。煮熟时，有自然清淡的香味，质地适中，口感爽脆。阳山县有悠久的淮山种植历史，凭借着独特的气候和地质环境条件，是广东省最大的淮山种植基地，有“中国淮山之乡”的荣誉。阳山淮山历史悠久，据民间考究，七拱镇村民早在隋唐年间就开始利用河边沙质地开发、发展食用淮山的栽培。经过多年的改良栽培，在阳山这个特定的地理环境下，形成阳山县淮山所特有的特性和品种。在改革开放后，阳山淮山从自耕自足的农作物变为发展农村经济的主要经济作物，在县委县政府和农业部门的重视下，在80年代得到了大力的推广。1995年被列为第一批“一乡一品”的实施项目。经过近三十年的大力发展，全县种植面积发展到近2万亩，产量达到4万多吨，销往省、港、澳及珠三角地区的数量逐年增长，吸引了广州、南海市的有关企业到阳山收购阳山淮山，阳山淮山发展成为阳山县农业产业化项目的一大品牌。

【新兴话梅】 产于云浮市新兴县。新兴话梅粒大肉厚，其味酸中带甜，入口香郁持久生津，其原料采用新兴县山区种植的青梅。青梅在新兴种植的历史久远，现主要产于太平镇共成东水、曹田等村庄，明代瑶人在此居住时已有种植的品种为火梅、大肉梅。新兴县青梅种植的面积约34000亩，所产的鲜果除极少部分用作浸酒和鲜食外，98%以上用作加工，制作新兴话梅。新兴话梅产品销往香港、日本、美国、联邦德国等地。90年代初新兴话梅在各类博览会上获“中国消费品博览会特等奖”“中国食品博览会银奖”等荣誉。并且成为首届世界女子足球赛中国国家女子足球队指定专用食品。进入21世纪，新兴话梅凭着其优秀的品质获得绿色食品标志的使用权，被评为广东省名牌产品。2008年被云浮旅游文化节组委会评为“云浮十大名优旅游土特产”。2010年被广东省食品行业协会授予“广东岭南特色食品”称号。

（供稿人：李铮）

农产品地理标志

【概况】 广东省以地理标志农产品为载体，挖掘特色农业发展潜力，着力培育一批休闲农业知名品牌，促进创意和设计产品产业化，建立健全地理标志的技术标准、质量保证、检测体系，加强农产品地理标志的品牌建设，提升农产品地理标志登记保护工作质量，规范农产品地理标志标识使用，推动农产品地理标志登记保护和产业发展。支持农业企业申报、推介绿色环保产品和原产地标记，鼓励利用信息技术创新具有地域文化特色的农产品营销模式。重点围绕粤东西北作为发展农产品地理标志重点区域，深入挖掘，积极培育和保护地理标志农产品，着力打造农业区域品牌，推进广东省特色效益农业的发展。目前广东省已有7个产品获得农产品地理标志证书，有3个产品正在申报中。

【农产品地理标志管理工作】 广东省严格按照《农产品地理标志使用规范》要求，加强对农产品地理标志使用情况的监督检查。按照农业部农产品质量安全中心《2014年无公害农产品及农产品地理标志工作要点》的通知（农质安发[2014]3号）的要求，加强对广东省地理标志获证的农产品及生产基地、大型超市和农贸市场等进行检查，均未发现违规、违法使用农产品地理标志的行为，切实维护了生产者和消费者的合法权益，有效保障农产品质量安全。

【宣传工作】 利用有影响的新闻媒体、各种展销会和“3·15”质量安全周大力宣传农产品地理标志保护和登记的重要意义，切实提高农产品生产者、经营者和消费者的法律观念和质量意识;广泛宣传和推广普及农产品地理标志的有关知识，使广大农民切身了解、真正懂得农产品地理标志保护对于增加农民收入的重要作用，自觉主动地通过注册农产品地理标志来适应市场经济的新形势，促进农村经济的全面、协调、可持续发展。与获得农产品地理标志登记的地区联合举办宣传活动，广泛宣传地理标志农产品，提高人们对地理标志农产品的认知程度，不断拓展特色农产品市场。2014年协助江门市和连州市成功举办了“江门凉瓜节”“新会陈皮节”和“连州菜心节”，促进了地理标志农产品贸易发展，推动了交流与合作，活动收到了良好的社会效果，扩大了国内外的影响力。（供稿人：杨艳芹）

植物新品种

农业植物新品种

【概况】 2014年，广东省农作物品种研发能力明显提高，自主研发选育一批优良品种，新品种保护授权数量增加。审定通过农作物新品种128个，其中水稻48个，玉米17个，花生4个，蔬菜31个，果树10个，花卉18个。申请植物新品种权16个，涉及水稻、玉米、花生、蚕桑、甘蔗、香蕉等作物种类，12个品种获得植物新品种权，比2013年增加5个，其中水稻8个，玉米、花生各1个，蚕桑2个。截至2014年12月31日，全省累计申请植物新品种权271个，82个品种获得植物新品种权，其中水稻70个、玉米5个、花生5个、蚕桑2个。

（供稿人：司徒志谋）

林业植物新品种

【概况】 2014年，林业植物新品种申请量和授权量分别为12件和23件，累计申请量和授权量分别为73件和61件。大戟科麻风树属的麻风树嘉能1号、嘉能2号、嘉能3号、嘉桐1号、嘉桐2号、嘉优1号,桃金娘科桉属的热桉1号、热桉2号，紫金牛科紫金牛属的中科紫金1号,杜鹃花科杜鹃花属的红艳艳,木兰科木莲属的镛粉、镛红共12项林木新品种申请植物新品种权；大戟科大戟属的闪亮一品红，桃金娘科桉属的新桉3号、新桉4号、新桉5号、新桉6号，木兰科含笑属的玉壶含笑、甜甜、转转，野牡丹科野牡丹属的心愿、天骄，木麻黄科木麻黄属的木麻黄粤501，红豆杉科红豆杉属的中大一号红豆杉，大戟科麻风树属的麻风树嘉能1号、嘉能2号、嘉能3号、嘉桐1号、嘉桐2号、嘉优1号，山茶科山茶属的夏风热浪、夏日红绒、夏梦小旋、夏梦春陵、夏梦玉兰共23个林木花卉新品种获得国家林业局植物新品种授权。

（供稿人：叶龙华）

重大知识产权获奖成果

第十六届中国专利奖

【概况】　广东省开展的专利奖励工作有两项，一项是广东专利奖评选与表彰，以省政府名义开展；另一项为中国专利奖配套奖，由省政府实施。省政府印发了《广东省专利奖励办法》，广东专利奖上升为省政府奖，并对广东省专利奖励工作进一步规范。

【年度中国专利奖相关工作情况】　2014年，广东开展两项中国专利奖相关工作，一是对广东省获得第十五届中国专利奖的单位及个人实施配套奖，二是组织和推荐广东省项目参加第十六届中国专利奖评选。

第十五届中国专利奖配套奖。在第十五届中国专利奖评选中，广东省共有72项专利获奖，其中金奖项目5项、优秀奖项目67项，获奖项目总数创历史新高。2014年8月28日，省政府隆重召开表彰大会，对广东省获奖项目单位及个人给予表彰，并给予金奖每项100万元，优秀奖每项50万元的奖励。获奖项目在《南方日报》《中国知识产权报》等媒体开辟专版、在广东省知识产权局官方网站设立专栏进行宣传报道，扩大获奖项目的影响力，充分发挥奖励工作激励创新、推动知识产权成果运用和保护的积极作用。

第十六届中国专利奖组织推荐。广东省认真组织开展第十六届中国专利奖项目遴选推荐工作，一方面，广东省知识产权局按照国家知识产权局《关于评选第十六届中国专利奖的通知》要求，在全省范围内遴选优秀项目；另一方面，广东省知识产权局积极鼓励、引导优秀专利项目单位通过国务院部委、行业协会、科学院院士和工程院院士等多种推荐渠道，争取更多广东省专利项目参加评选。广东省知识产权局推荐项目34项，其中，发明专利21项、外观设计专利13项。2014年10月，第十六届中国专利奖评选结果揭晓。广东取得历史最好成绩，共83项项目获奖，其中金奖6项，优秀奖77项。获奖项目中，15项由广东省知识产权局推荐。

2010—2014年中国专利奖
广东获奖项目数一览表

	第十二届	第十三届	第十四届	第十五届	第十六届
专利金奖	5	5	1	4	4
外观设计金奖	2	1	1	1	2
专利优秀奖	21	23	39	51	64
外观设计优秀奖	13	11	14	16	13
合计	41	40	55	72	83

（供稿人：刘延君）

2014年广东专利奖

【2014年广东专利奖】　2014年广东专利奖评选与表彰工作于2012年10月启动，按照《广东省专利奖励办法》和《广东省专利奖励办法实施细则》组织开展。至2012年12月，广东专利奖评审办公室完成2014年广东专利奖项目及人员申报、推荐、形式审查、专家评审等工作。评审办公室收到项目274项、发明人50个。其中，274个项目采用国际专利分类号即IPC分类号进行分组，分为机械、通信、医

药、光电、电学、材料、化学、外观设计8个组，经过专家网上评审、项目答辩评审、评审委员会评审等程序，评选出拟奖项目70项，其中金奖15项、优秀奖55项；50个发明人中，49个顺利通过形式审查进入专家评审程序，并经评审委员会评审等程序，评选出拟奖发明人10个。经公示无异议，2015年4月省人民政府发布表彰决定。（供稿人：刘延君）

2014年广东省名牌产品（工业类）

【概况】 2014年，广东省质监局实施名牌带动战略，取得显著成绩。675个企业的工业类产品被评为广东省名牌产品，截至2014年底，全省共有在有效期内的广东省名牌产品（工业类）1762个。675个广东省名牌产品（工业类）主要分布的地区有：广州100个、深圳45个、珠海16个、汕头31个、佛山131个、韶关5个、河源3个、梅州6个、惠州15个、汕尾1个、东莞63个、中山76个、江门18个、阳江12个、湛江10个、茂名5个、肇庆22个、清远19个、潮州14个、揭阳18个、云浮9个、顺德56个；主要辐射的行业有：电子信息、电器机械及专用设备、汽车及摩托车产业等九大支柱产业，其中合资企业、股份制企业和民营企业的名牌产品已占据半壁河山，有效促进产品结构和企业组织结构的优化升级。广东省所获中国世界名牌中,九大支柱产业生产企业占100%。以“HUAWEI 华为”“ZTE中兴”“震雄CH”“兴发”等品牌为代表的名牌优势企业吸纳生产要素的能力不断增强，有效促进产业结构和企业组织结构的优化升级。以名牌企业为龙头，逐步形成了深圳珠宝、佛山陶瓷、顺德家电、南海铝材、虎门服装、狮岭皮具等100多个产业集群和区域品牌。

（供稿人：李铮）

2014年广东省名牌产品（农业类）

【概况】 2014年，经广东省南方名牌农产品推进中心组织专家评审，广东省名牌产品（农业类）推进委员会审核，共评出2014年广东省名牌产品（农业类）296个，其中初评产品118个，通过率64.1%，到期复审产品178个，通过率82.4%。目前，有效期内的广东省名牌产品（农业类）数量达到811个，其中珠三角九市381个，粤东西北地区分别为88、185、157个。省农业名牌生产企业541家，其中珠三角九市233家，粤东西北地区分别为70、177、121家。

【十大名牌评选推介活动】 2014年省农业名牌培育工作在省名牌产品（农业类）评选基础上，突破性的启动广东省十大名牌系列农产品评选推介活动，省农业厅精心协调成立权威评选委员会、发动各大主流媒体进行跟踪报道、动员广大民众积极参与，通过评选形式着重对名牌农产品进行全面宣传推荐。

（供稿人：张可申）

ZHI SHI CHAN QUAN YUN YONG

知识产权运用

- 重大经济活动知识产权分析评议
- 2014年战略性新兴产业专利信息资源开发利用计划
- 专利技术实施计划
- 产业专利联盟
- 信息运用
- 重点企业及区域知识产权高端运营及创新运用
- 知识产权质押及投融资
- 专利保险
- 转化
- 知识产权运营

重大经济活动知识产权分析评议

重大经济活动知识产权分析评议

【分析评议机制构建】 广东省知识产权局努力构建分析评议机制，形成《广东省重大经济和科技活动知识产权分析评议暂行办法》（送审稿）并提请省政府印发。此外，省委组织部“珠江人才计划”引进创新创业团队项目申报指南2014年首次将知识产权评议内容列入其中。

【分析评议试点】 广东省知识产权局围绕广东省新能源领域重大产业技术引进项目“固体钒动力电池项目”组织开展专利评议，形成评议报告，有力支撑广东省对项目的决策工作。

积极申报并获批承担国家知识产权局分析评议试点项目。

【第二批“全国知识产权分析评议服务示范创建机构”】 广东省知识产权局推动广东省广州华进联合专利商标代理有限公司、广州圣理华知识产权代理有限公司、广州恒成智道信息科技有限公司、深圳市中彩联科技有限公司、深圳市标准技术研究院5家知识产权服务机构入围第二批“全国知识产权分析评议服务示范创建机构”。

【地市知识产权评议机制】 广东省知识产权局引导地市建立知识产权评议机制。《深圳市重大经济科技活动知识产权评议办法》于2014年12月25日起施行，有效期五年。

（供稿人：成思）

2014年战略性新兴产业专利信息资源开发利用计划

2014年战略性新兴产业专利信息资源开发利用计划

【概况】 2014年，为导航战略性新兴产业科学发展，促进产业高端突破，广东省知识产权局积极推动“战略性新兴产业专利信息资源开发利用计划”实施。

【主要做法】

首轮“战略性新兴产业专利信息资源开发利用计划”项目实施。2011年以来，广东省知识产权局一直在推进首轮“广东省战略性新兴产业专利信息资源开发利用计划”（11个项目）实施，该计划围绕广东省重点培育发展的新一代通信、物联网、数字家庭、LED、OLED、新能源汽车、生物医药7个重点产业，组织开展专利信息资源开发，进行产业专利分析及预警。2014年，根据《广东省战略性新兴产业专利信息资源开发利用计划项目合同书》，继续推进2011年立项的该计划各个项目实施。

第二轮“战略性新兴产业专利信息资源开发利用计划”。广东省知识产权局会同省财政厅启动实施第二轮即2013年“广东省战略性新兴产业专利信息资源开发利用计划”，围绕云计算、移动互联网、卫星及应用产业、新型元器件、智能制造装备、环保装备、资源循环利用、生物农业、生物医学工程、高性能高分子材料等10个产业领域，经公开组织申报及专家评审立项实施新一批专利分析及预警项目12个。该计划深度开发利用专利信息，形成各重点产业的专利分析及预警研究成果，分析各产业专利布局，明晰广东省产业创新发展的优势劣势、方向、突破口与路径，导航产业发展。第二轮项目将于2014年全面启动实施。

截至2014年底，通过两轮“战略性新兴产业专利信息资源开发利用计划”，已在新一代通信产业、物联网产业、数字家庭产业、新能源汽车产业、半导体照明（LED）产业、有机电致发光器件（OLED）产业、生物医药产业、生物医学工程产业、云计算产业、移动互联网产业、卫星导航及应用产业、智能制造装备产业、高端新型电子元器件产业、环保装备产业、废弃资源再生循环利用产业、高性能高分子材料PVC/PU产业、生物农业主要产业等17个产业领域深度开展专利分析及预警，建成战略性新兴产业专利数据库7个，形成专利分析及预警报告27份，并召开系列报告会20场，面向3600多家企事业单位发布。编辑出版23期《广东省战略性新兴产业知识产权工作动态》。同时，已建立运行战略性新兴产业专利信息实时统计系统，支持产业专利各指标的智能化统计分析，监测产业创新全景。另一方面，广东省知识产权局通过举办培训班、工作交流会和到各项目组听取工作进展情况汇报等方式，及时了解和解决工作中存在的问题。同时，培养大量广受企业欢迎的专利信息利用人才。目前，不少参与课题研究的人员已分布在企业、知识产权服务机构、知识产权管理部门，为广东省知识产权服务业向高端发展提供了人才储备。

第三轮“战略性新兴产业专利信息资源开发利用计划”工作方案。广东省知识产权局会同省财政厅起草第三轮“战略性新兴产业专利信息资源开发利用计划”工作方案。第三轮项目将于2015年立项并启动实施。

（供稿人：李伟）

产业专利导航及分析预警

【产业专利信息服务平台】 持续依托国家知识产权局区域专利信息服务（广州）中心和省知识产权公共信息综合服务平台，面向产业和广大企业提供专利信息服务。截至2014年底，共建成战略性新兴产业专利数据库7个，广东省重点产业专利数据库17个，地方特色产业专利数据库6个，开放给广大企业自由使用。

【专利导航产业发展新模式】 其一，立项实施“珠江三角洲地区重点产业转型升级专利导航工程。”围绕珠三角地区的佛山市高端制造装备、东莞市工业机器人、深圳市生物医学工程、中山市海洋工程装备4市的4个重点发展的专利密集型产业，分别立项实施“产业转型升级专利导航工程”，开展专利信息的深度开发利用，导航产业的转型升级及创新发展规划制定。各个项目现已启动。其二，经国家知识产权局同意，广州开发区正积极探索创建国家专利导航产业发展实验区。广东省知识产权局正全力支持广州开发区围绕区内重点产业开展专利导航工作。

【广东省重点出口产品专利预警分析计划】 其一，推动省内专业服务机构开展专利预警分析，与广东省企业直接对接，服务企业产品“走出去”，并培养广东省专利预警分析机构及人才队伍。施行2014年“广东省重点出口产品专利预警分析计划”项目20个，各个项目已处于稳步推进之中。其二，完成2013年度该计划15个项目的验收，在项目答辩及专家评审基础上，确定优秀执行项目3个。其三，指导地市开展专利预警工作。广州市进出口专利预警平台上线运行。

【省技术性贸易壁垒专利分析预警服务试点】 委托广东省知识产权专业服务机构，针对影响广东省有关出口企业的技术性贸易壁垒，试点开展专利分析预警，探索专利分析与应对技术贸易壁垒有效结合的工作机制。

（供稿人：成思）

专利技术实施计划

专利技术实施计划

【概况】 2014年度“广东省专利技术实施计划”共收到项目申请84项，其中71项申请通过初审。分为：机械（11项）、医药生物（13项）、材料及化学（21项）、电学光电及通信（26项）四个技术领域。

【项目评审】

产业政策审查。邀请广东省发展改革委、省经济和信息化委员会专家，对所有项目从是否属于国家非禁止产业、是否符合技术改造方向、是否环保等方面进行产业政策审查。产业政策专家评审不计分，但对项目给出是否通过政策审查的评审意见。经政策审查，71项申请全部通过。

技术和经济评审。根据项目技术领域分类，邀请相关专业技术专家（国家知识产权局专利局专利审查协作广东中心7名审查员），对项目的技术水平评审打分；邀请管理与经济领域专家（中山大学、广东工业大学教授2人），对单位实施条件、项目市场前景评审打分。所有专家评分后，形成两类专家的评分汇总。

【项目立项原则】

立项原则。

集中扶持与普及推进相结合。根据广东省产业发展需要，采用集中扶持与普及推进相结合的原则，择优立项一批“重大项目”，给予较多经费支持；同时，择优立项一批“重点项目”，扩大在全省的支持范围。

专家评分与地域、技术领域平衡相结合。立项以专家评分结果为主要依据，同时考虑全省区域平衡，以及技术领域平衡，拟立项30个，其中“重大项目”10个，“重点项目”20个。具体安排如下：

（1）立项名额分配：以所属技术领域为纲，突出对广东省重点培育发展、专利技术相对密集的光电通信、新材料、生物医药等战略性新兴产业的扶持，在名额分配上给予倾斜。同时按照各领域的评审项目数比例，确定各产业领域拟立项重大项目和重点项目数如下：

产业技术领域	评审项目数	重大项目数	重点项目数	立项总数
机械	11	1	3	4
医药生物	13	2	5	7
材料及化学	21	3	6	9
电学光电及通信	26	4	6	10
合计	71	10	20	30

在名额的地域分配上，根据申报通知明确各地市的推荐数量及实际申报数量，30项名额各地市分配情况是：广州、深圳各4项，珠海3项，中山2项；其余各地市、顺德区各1项（茂名市除外，因该市无申报项目）。同时，为兼顾区域平衡，“重大项目”立项方面，每个地市不超过2项。

（2）“重大项目”的立项：以专家评分为依据，分别对机械、医药生物、材料及化学、电学光电及通信各产业领域排名的前1名、前2名、前3名、前4名，拟立“重大项目”。

（3）“重点项目”立项：以专家评分为依据，同时兼顾地区平衡，保证通过初审的各地市及顺德区至少有1个项目（重大或重点）纳入整个计划。

（4）同等总分情况下项目的选取：优先立项经济分较高的项目，以突出专利对经济的促进作用；优先考虑以往未获本局专利技术实施计划扶持的单位。（供稿人：何社善）

产业专利联盟

产业专利联盟

【概况】 2014年，广东省知识产权局构建以共性关键技术研发为手段、以知识产权利益分享为纽带、以知识产权有效运用为归宿的产学研合作机制；引导有关行业协会和企业建立产业专利联盟、构筑专利池。

【产业专利联盟】 2014年，中国彩电知识产权产业联盟、顺德电压力锅专利联盟、佛山市南海区联合广东新光源产业创新中心等3家联盟为广东省专利联盟示范单位，推动上述单位在工作机制、专利信息利用合作机制、专利池建设维护机制、技术标准制定机制、专利联合保护机制等方面开展工作，促进相关产业领域专利的协同创造、协同运用、联合保护和协同管理。截至2014年底，全省专利联盟达25家。顺德电压力锅专利联盟通过建设专利和标准“双联盟”，实现联手出击、双剑合璧。联盟“专利池”专利数量由46项增加至759项，联盟成员由4家发展至13家，产品占全国市场份额的75%以上。中彩联作为国内最早的实体专利联盟，依靠资深的知识产权专家、法律专家和彩电研发等综合人才团队，基于对国外数千项彩电专利的深度分析，与国外巨头谈判，使得国外彩电专利收费从每台彩电41美元降到18美元以下，为行业出口彩电至北美节省至少5亿人民币，在降低彩电专利费方面作出了突出贡献。中彩联还积极组织中国彩电骨干企业开展面板反垄断工作，推动中国彩电骨干企业获得退赔1.72亿元人民币，面板保修由18个月延长至36个月，仅面板售后服务费，就帮助中国彩电整机企业每年节省逾3.9亿元人民币。目前，中彩联已建立行业专利专题数据库及预警平台，正管理2600多件的彩电专利池，正在建立3D立体显示和智能电视等多个专利池模块；推动建立深圳市智能电视标准联盟，正在起草部分子标准。通过专利池与国外巨头谈判，中彩联已累计实现直接经济收入逾1000万元，未来每年还可为公司带来300万左右的收入。同时，中彩联以风险代理的形式运营专利池的国外专利，通过反向工程实验锁定涉案目标，预期可获得3项专利的许可收益或诉讼赔偿，这也标志着中国彩电专利实现了从被动防守到主动出击的突破。

【专利联盟规范化、实体化发展】 《深圳市专利联盟管理办法》于2014年12月印发执行。顺德成立岘德知识产权运营服务有限公司，作为电压力锅专利联盟、家用榨油机专利联盟等专利运营实体。

【战略性新兴产业专利联盟】 国家知识产权局立项、广东省知识产权局承担的重点软科学研究项目“战略性新兴产业专利联盟的构建及运作模式研究”于2014年12月在北京顺利通过结题评审。评审委员会认为该课题通过对专利联盟形成的合理性基础及运行机制的分析，借鉴国外的经验并结合国情，针对战略性新兴产业专利联盟发展的困境，从不同产业联盟运行机制入手寻找出路，从理论、制度、模式、运行等角度论证了中国战略性新兴产业专利联盟的构建与运作模式，对构建及运作战略性新兴产业专利联盟、集聚创新资源、掌握市场话语权、抢占竞争制高点、促进战略性新兴产业发展壮大具有较好的参考价值。

（供稿人：成思）

信息运用

国家知识产权局（广东）专利信息传播利用基地

【概况】 2014年，国家知识产权局（广东）专利信息传播利用基地（以下简称“广东基地”）实施国家知识产权局“广东基地专利信息利用促进项目”,开展广东省知识产权局“专利信息服务地市行活动”。制定“广东省中小微企业专利信息推送服务工作方案”和开展专利信息大数据基地服务平台建设，探索出公益化服务和商用化服务融合发展的新路径。继续深入推进广东省战略性新兴产业专利信息资源开发利用计划和专利信息分析及预警工作，为专利信息服务全省经济和产业发展、服务技术创新提供有力支撑。编写《广东省战略性新兴产业知识产权工作动态》《广东省战略性新兴产业专利信息统计简报》《广东省专利统计简报》《广东省推进知识产权战略实施简报》等期刊，为本地区专利工作提供有价值的决策参考，也为广东基地探索和建立情报共享机制提供实践经验。组织参加“2014年中国专利信息年会”有效宣传广东基地的建设成果和服务特色，提高基地的对外影响力，拉近用户与基地的距离。

【工作体系建设】 2014年，广东基地以规划建立区域性“专利信息服务联盟”的思路为导向，结合现有资源和政策条件，发起并筹备建立“广东省专利信息运用协会”。目前，该协会已制定章程并完成相关筹备工作

2014年，广东基地启动探索建立专利大数据服务基地平台的工作。确定依托国家知识产权局（广东）专利信息传播利用基地、国家知识产权局区域专利信息服务（广州）中心、国家知识产权局（广东）培训基地和省综合服务平台等广东省现有专利信息化建设及运用成果,采用多种大数据及云计算应用技术,打造一个服务平台，创新一种运营模式，培育一个运用市场,探索专利信息资源市场化配置服务模式，建立公益性和商务性两翼齐飞的专利大数据服务基地的建设思路。

2014年，广东基地以制定“广东省中小微企业专利信息推送服务工作方案”为契机，通过走访调研，了解需求，设立中小微企业专利信息传播利用工作体系和工作机制，形成省、市、区（县）、镇四级专利信息推送网络系统的总体思路，建立自下而上的需求反馈机制和服务直接到达的专利信息推送模式。

2014年，广东基地不断完善专利信息网络服务平台的建设，加大宣传和推广，发挥其在专利信息传播利用中的重要作用。一是通过各种途径和手段，如通过各类活动课件、宣传手册、产品手册、展览等方式，加大广东基地各大服务平台网址和服务的推广力度。二是开拓新的专利信息传播利用渠道,开通广东知识产权官方微信，以订阅号的形式向用户推送消息,为专利信息助力科技创新提供有力支持。

【广东基地专利信息利用促进项目】 2014年，在国家局文献部的统一规划和指导下，广东基地承担“广东基地专利信息利用促进项目”的实施工作。一是建立并完善广东基地利用专利信息服务本地区政府决策、产业发展和企业创新的工作机制和业务体系，形成适用于区域内重点行业、企业专利信息利用的工作方法和业务规则。二是建成广州杰赛科技股份有限公司、金发科技股份有限公司、顺德区专

利信息协会3家优势明显、特色突出的专利信息利用重点促进单位，通过项目咨询、专项辅导（培训）等方式提升重点促进单位的专利信息利用能力。三是通过举办“全省县区管理部门专利信息利用培训班”和“全省专利信息利用高级培训班”两期培训，推广应用《企业专利信息利用工作指南》和《专利文献信息服务指南》，强化专利信息利用与服务业务指导工作。四是开展“广东省车用聚丙烯领域专利布局及竞争情报分析”，通过对该技术领域的专利风险分析、专利布局分析及重点企业和研发机构专利分析几个角度展开深入剖析，针对广东省知识产权管理机构提出切实可行的知识产权管理意见建议，为实现改进塑料行业持续健康创新发展提供专利信息利用支撑。五是通过网络信息与纸质材料综合发布、人工服务与专项推送结合推广等方式进行多渠道展示和推广研究成果。通过实施广东基地专利信息利用促进项目，实现专利信息的广泛传播与有效利用，增强专利信息对地方经济发展和科技创新的贡献度，为政府决策和企业创新提供有效支撑。

【公益讲座】 2014年6月，国家知识产权局文献部在广东基地开放远程教室，开通公益讲座网络课堂，建立国家与地方人才共育新平台。广东基地依托广东省知识产权研究与发展中心，积极配合推广公益讲座网络课堂和发放调查问卷，不仅派专人负责，还制定《关于开通公益讲座网络课堂的筹备方案》，对每周公益讲座网络课堂举办的时间、地点、授课对象、人数、通知方式、人员分工、硬件设施及课程安排等筹备工作进行详尽的规定，较好地保障公益讲座网络课堂顺利进行。截至12月底，广东基地共组织23期公益讲座网络课堂，学员范围包括广州市各区域企事业单位、高校和科研院所、政府部门、中介服务机构等工作人员，以及广东省深圳市等其他重点地市服务机构学员。

【专利信息运用】 一是制定全省中小微企业专利信息推送服务工作方案。2014年，广东基地为提高中小微企业专利意识和专利信息利用能力，促进广东省专利信息公益利用，开展全省中小微企业专利信息推送服务工作。二是开展“广东省专利信息服务地市行”主题系列活动。为促进专利信息服务公共化及商用化融合发展，提高广东省地方政府、企事业单位及社会公众专利信息利用的能力，实现专利信息服务地方创新发展。2014年7月底至9月，广东基地依托广东省知识产权研究与发展中心，组织部分专利信息专业服务机构，开展“专利信息服务地市行”专项活动。活动范围覆盖珠三角包括广州、深圳、珠海、佛山顺德、江门、中山、东莞、惠州等地。

【专利信息服务经济和产业活动】 一是深入分析重点产业专利申请、授权、趋势等情况，编撰和发放《广东省战略性新兴产业专利统计简报》3期，内容涉及数字家庭、OLED等领域，为政府部门、产业界、科技界、学术界、服务机构，提供优质和专业的战略性新兴产业专利信息及行业动态。二是召开产业专利信息分析与预警发布会，面向社会公众分阶段发布广东省重点领域专利信息研究报告，扩大专利信息利用传播范围，充分发挥广东基地情报研究发布中心的职能。

【专利信息服务技术创新】 一是定期编写《广东省战略性新兴产业知识产权工作动态》。2014年，广东基地已编写《广东省战略性新兴产业知识产权工作动态》（以下简称“工作动态”）6期，及时公开本区域内重点产业项目成果、最新工作动态，并面向政府、高校、科研机构、中介和广东省知识产权示范企业等单位发放工作动态逾4800本，加强专利信息对技术创新的支撑。二是面向社会开放专利信息咨询服务窗口。2014年，广东基地以广东省知识产权研究与发展中心为服务主体，利用已建广东省知识产权公共信息综合服务平台、广东省战略性新兴产业专利信息资源发布系统等网络平台以及数据优势，继续面向企事业单位开展专利信息检索、专利预警分析等工作。三是根据企事业单位的具体需求开展专利分析与预警。2014年，广东基地接受广州开发区科技与信息化局、佛山市知识产权局委托，承担并完成《广州开发区生物产业基因治疗专利分析及预警报告》《佛山市机械装备产业专利分析报告》。2014年7月18日，广东基地还组织召开“广州开发区生物产业基因治疗专利预警分析报告发布会”，发布研究成果。

【专利信息服务本地区专利工作】 一是编辑和发放《广东省专利统计简报》。2014年以来，广东基地编写和发布《广东省专利统计简报》5期，该统计简报主要内容包括发布广东省专利申请和授权情况，对广东省政府机构、企事业单位了解广东省专利申请现状，制定合适的专利政策有很强的指导意义。二是编辑和发放《广东省推进知识产权战略实施简报》。2014年以来，广东基地已经编辑和发放《广东省推进知识产权战略实施简报》5期，该简报主要面向社会公布广东省市推进知识产权战略实施新闻及战略实施成效，为广东省公众了解广东省知识产权战略现状、实施进度和实施成效等内容提供窗口，便于公众进行监督和进行其他相关工作。三是积极申报“广东省知识产权人才培育机制研究”软科学研究项目。为切实提升全省知识产权人才工作科学化水平，推动知识产权人才培育机制创新，加快建立科学的知识产权人才培育和评价体系。2014年度，广东基地积极申报“广东省知识产权人才培育机制研究”软科学研究项目。本项目拟通过研究国内外培养知识产权人才的现状出发，剖析全省现有人才培养模式存在的问题，并结合实际，探索构建广东省知识产权事业发展实际的知识产权人才综合评价机制及知识产权人才培养模式。

【组织参加2014年中国专利信息年会】 2014年，广东基地牵头组织广东省知识产权研究与发展中心、广州奥凯信息咨询有限公司、广州恒成智道信息科技有限公司三家专利信息服务机构，亮相2014年中国专利信息年会。广东专利信息服务展区成为首个地方性专利信息服务展区，集中展示广东省专利信息公益性及商业性服务工作的生机与活力，引来大批参会企业的关注。 （供稿人：丁长青）

重点企业及区域知识产权高端运营及创新运用

重点企业及区域知识产权高端运营及创新运用

【国家专利运营试点企业】 广东省知识产权局推动深圳市中彩联科技有限公司、腾讯科技（深圳）有限公司、中兴通讯股份有限公司深化国家专利运营试点企业试点工作。

广东省知识产权局推荐广东省产权交易集团有限公司、深圳市联创知识产权服务中心、深圳中科院知识产权投资有限公司、佛山市海科知识产权交易有限公司等4家单位入围第二批国家专利运营试点企业。

【全国知识产权运营公共服务平台】 结合广东省横琴国家新区的特色优势，广东省知识产权局组织珠海市政府及珠海金融投资控股有限公司启动“全国知识产权运营公共服务横琴特色分平台”申报及构建工作，该特色平台将依托横琴区位优势，打造知识产权金融创新、跨境知识产权交易两大特色服务；12月，国家知识产权局专利管理司马维野司长一行赴珠海专题调研，充分肯定该平台建设的必要性和可行性，并表示全力支持。12月16日，财政部和国家知识产权局联合印发《关于开展以市场化方式促进知识产权运营服务工作的通知》，明确将在珠海建设“全国知识产权运营公共服务平台特色试点平台”。目前，广东省知识产权局正按《通知》要求，主动与省财政厅沟通，积极制订实施方案和相关配套政策。

【企业及区域知识产权运营】 广东省知识产权局引导深圳出台《企业专利运营指南》（SZDB/Z 102-2014），旨在引导企业对专利资产加强管理和运用。

广东省知识产权局支持中山市建设广东知识产权（灯饰照明）运营中心，推动该市运用知识产权引领灯饰照明产业转型升级及国际化发展。

广东省知识产权局与顺德区共同启动建设广东省知识产权创新运用试验区，以省区镇三级合作方式，共同推进该试验区的运营。截至2014年底，该试验区建设已完成筹备工作，将于2015年正式投入运营。（供稿人：何社善）

知识产权质押及投融资

知识产权质押及投融资

【概况】 广东省知识产权局实施加快推进知识产权质押融资的若干意见及实施细则。组织知识产权服务机构制定《广东省知识产权质押评估技术规范》地方标准，目前该标准已报省质监部门审批。

推动佛山市南海区开展国家知识产权投融资综合试验区创建工作。该试验区2014年5月顺利通过验收，进入国家知识产权投融资综合试验区全面建设阶段。截至2014年底，该试验区累计共有51家次企业通过质押758件知识产权（专利权、商标权）获得5.74亿元质押贷款。

支持顺德区开展国家知识产权投融资服务试点。该区2014年5月顺利通过国家知识产权投融资服务试点工作验收。截至2014年底，顺德区10家企业实现多项商标权质押融资，融资额达20.1亿元。

支持佛山市海科知识产权交易有限公司开展应用专利价值分析促进专利质押融资工作试点。

举办2014年中国（广东）知识产权投融资项目对接会，7个先进制造业知识产权项目与创投企业对接，金额0.88亿元。

（供稿人：何社善）

专利权质押登记

【概况】 2014年，国家知识产权局相关部门和国家知识产权局专利局广州代办处受理涉及广东省的专利权质押登记184件，同比增长46.03%；合同金额为46.7996亿元，同比下降6.05%。涉及专利权994项，平均每件专利权质押登记涉及金额2543.46万元。

【全省专利权质押特点】

专利权质押主要集中在珠三角地区。其中，深圳、广州、东莞、佛山、珠海五市专利权质押量占全省专利权质押总量的95.10%，金额占93.60%。按专利权人所在地区分布数量由高到低依次是：深圳市135件，占总量73.37%，质押金额230282万元；广州市20件，占10.87%，质押金额168871万元；东莞市10件，占5.43%，质押金额16582万元；佛山市7件，占3.80%，质押金额11162万元；珠海市3件，占1.63%，质押金额11500万元；中山市3件，占1.63%，质押金额7000万元；清远市1件，占0.54%，质押金额9500万元；肇庆市1件，占0.54%，质押金额5000万元；汕头市1件，占0.54%，质押金额4000万元；江门市1件，占0.54%，质押金额2600万元；湛江市1件，占0.54%，质押金额1000万元；惠州市1件，占0.54%，质押金额500万元。统计显示，全省的专利权质押登记数量与当地专利权的有效性拥有量大体成正比关系，有效专利拥有量较多的地方，专利权质押活动较活跃。

出质人以企业为主体。企业是专利实施和运用的主体。2014年，在广东省已办理专利权质押申请登记中，按专利权人类型分，企业176件，占总量95.65%。

质权人以股份制商业银行为主。近年来，为促进知识产权与金融资源融合，各地级以上市政府及其知识产权管理部门加强与银行合作，在开展科技企业融资培训、搭建银企互动交流平台、推动贷款贴息政策支持等方面发挥各自优势，共同促进知识产权质押融资业务开展。据统计，2014年，广东省专利权质权人分别有：担保机构109件，占59.24%；银行63件，占34.24%；个人5件，占2.72%；企业4件，占2.17%；其他23件，占1.63%。

统计数据显示，不同性质的银行开展专利权质押业务积极性差异较大，质权人以股份制商业银行为主，居第一位是全国股份制商业银行（交通、兴业、招商、广发等）有22件；第二位是国有商业银行（工、农、中、建行）有15件；第三位是农村商业银行（揭西农村商业银行、南海农村商业银行等）有14件；其余是城市股份制商业银行（广州银行、东莞银行等）7件；村镇商业银行（德庆华润村镇银行、深圳南山宝生村镇银行）2件；政策性银行（中国进出口发展银行等）2件；外资银行1件。

上亿元质押金额主要集中在制药、电子等行业。由于专利权价值难以评估，借款企业信用风险难以全面评审，专利质权难以及时变现等因素，银行对开展专利权质押融资业务持谨慎态度，除了对专利权技术进行初步评估外，通常还会对企业成长过程、运行状况、发展方向及贷款用途等进行综合评估后才决定是否放贷。2014年，广东省共办理专利权质押184件，总金额达46.8亿元。其中，获得质押金额100万以下的2件，100万至500万元有121件，501万至1000万元14件，1001万至5000万元36件，5001万至10000万元5件。质押金额在10000万元以上有6件，金额26.12亿元，占总金额55.9%。主要集中在广州和深圳地区，涉及制药、制造、电子等行业。

专利权质押集中在发明和实用新型专利。专利权作为无形资产，其价值评估存在不确定性，在实际操作中，银行和担保机构比较认同技术含量高的发明和实用新型专利。2014年，办理专利权质押登记的发明专利有336项，占总量的33.80%；实用新型专利有616项，占总量的61.97%；外观专利有41项，占总量的4.12%。可见，发明和实用新型获得的质押比例较高，两者合计高达95.77%。

质押专利集中在电学领域。按国际专利技术领域（IPC）类型分，涉及的专利遍布各个技术领域。广东省专利权质押主要集中在电学（H）、物理（G）、运输类（B）等领域。专利数量分别为H（电学）337件，接着依次为G（物理）141件，B（作业、运输类）133件，F（机械工程、照明、加热、武器、爆破类）132件，C（化学、冶金类）95件，A（人类生活必需）89件，E（固定构造类）41件，D（纺织、造纸类）3件。

专利权质押贷款模式呈现多样化。通过对广东省专利权质押登记的合同类型分析，目前，全省专利权质押贷款模式多样，有“纯专利权质押”模式，有“专利权质押+担保机构担保”模式，还有“专利权质押+有形资产抵押混合”等模式。2014年，全省的专利权质押合同登记中，双方签订债务合同139件，信用合同27件，其他合同18件。

（供稿人：牛晨蕾）

专利保险

专利保险

【专利保险试点】　2014年，广东省知识产权局继续支持广州、深圳、东莞、佛山市禅城区开展“全国专利保险试点”。四地依据全国专利保险试点工作总体要求，积极制订工作方案、服务手册及相关政策文件，建立综合服务平台，推动工作有效开展。据不完全统计，截至2014年底，四地共158家企业641项专利参与“专利执行险”等险种，总保额138.83万元，最高可获赔3765.62万元。其中，“全国专利保险试点首宗赔付案”诞生于佛山市禅城区，2014年1月，佛山市玉玄宫科技开发有限公司负责人从中国人民财产保险股份有限公司佛山分公司手中，接过了金额为82173.10元的支票。

广东省知识产权局承担国家知识产权局“专利保险试点工作”项目，开展专利保险政策宣讲、服务平台搭建，重点支持中山市开展专利保险工作；该市结合古镇灯饰行业实际，积极开展全国首例单一行业专利保险探索。2014年投保企业13家，105件专利，保费9.82万元，最高可获赔800万元。

【粤闽地区专利保险理赔工作研讨会】　广东省知识产权局承办国家知识产权局、中国人民财产保险股份有限公司“粤闽地区专利保险理赔工作研讨会”。政府知识产权职能部门、人保财险、企业、服务机构代表逾50人齐聚佛山市禅城区，就专利保险理赔工作进行研讨。

（供稿人：何社善）

转　化

知识产权交易

【知识产权交易中心】 2014年广东省知识产权局组织省产权交易集团牵头构建省级知识产权交易平台“广州知识产权交易中心”。该中心于2014年12月经省政府批准，由省知识产权局正式批复设立，注册资本金5000万元。同年12月省政府还批准珠海市设立“横琴国际知识产权交易中心”，注册资本金1亿元。目前两个中心各项准备进展顺利，预计2015年正式挂牌运营。

支持广州市工商联牵头组建由民营资本主导的广东（广州）汇桔知识产权交易中心，旨在活跃知识产权交易市场、加速知识产权转化运用。

支持广东金融高新区股权交易中心牵头建立“佛山华南知识产权交易服务中心”，重点建立“创课中心”“路演中心”“孵化中心”“培训中心”“交易中心”，积极构建知识产权生态价值链。其中，“创课中心”引入各类行业协会、投融资机构等创新资源，定期组织企业研发人员、相关技术专家、知识产权代理人、金融机构专业人员开展研讨交流，推动专利产业化，实现专利创富。

【活动和展会】 广东省知识产权局举办第八届专利周广东地区活动，营造专利交易环境。本届专利周以“聚焦企业需求，服务创新发展”为主题，以省知识产权局组织开展活动为中心，发动全省各地级以上市，集中统一开展全省专利周活动，努力发挥知识产权服务企业的作用。省知识产权局组织的活动包括举办中国（中山）光华国际科技节知识产权高峰论坛、举办美国知识产权制度巡回研讨活动等十余项。各地市也分别在本地区举办了系列活动，如广州市举办“海珠创业杯”专利创业评选，佛山市举办知识产权财富与创新投资论坛、专利特派员对接等、专利信息挖掘讲座等。

广东省知识产权局组织全省优秀专利项目参加深圳高交会、大连专交会、杨凌农交会等展会。

【国家专利技术展示交易中心】 广东省知识产权局支持广州、深圳、佛山、东莞4个国家专利技术展示交易中心建设。4个展示交易中心2014年专利技术交易金额1391万元，自成立以来已推动专利交易累计超过6亿元。

（供稿人：何社善）

专利实施许可合同备案

【概况】 2014年，国家知识产权局相关部门及广州代办处共办理专利权人为广东省内的专利实施许可合同备案1015件，涉及专利1809项。专利许可使用费合计人民币25051.4825万元。被许可方为广东省内的专利实施许可合同备案1061件，许可使用费人民币16607.0975万元，美元2237.5万元。

【专利实施许可合同备案特点】 专利独占许可继续领跑其他许可类型。2014年，专利权为广东省的专利许可备案合同备量中，以独占许可类为主，计857件，占总数的84.43%；其次是普通许可142件，占总量的13.99%；第三位是排他许可16件，占总量的1.52%。被许可方为广东省的专利许可备案合同备量中，以独占许可类为主，计886件，占总数的83.51%；其次是普通许可153件，占总量的14.42%；第三位是排他许可22件，占总量的2.07%。

*专利许可使用费以无偿许可略高于有偿许可。*2014年，专利权为广东省的有偿许可合同备案442件，占总量的43.55%，平均每笔合同许可费用56.68万元。被许可方为广东省的有偿许可合同备案511件，占总量的48.16%，平均每笔合同许可费用59.92万元。

*实用新型专利许可实施率最高。*在广东省的许可合同备案中，从许可专利类型来看，发明、实用新型、外观设计、PCT专利的转让分别为479、1141、185和4项，分别占总量的26.42%、62.93%、10.20%和0.22%，发明、实用新型、外观设计三种专利中以实用新型的专利实施率最高。

国家知识产权局采用国际专利分类对发明专利申请和实用新型专利申请的技术主题进行分类，并分别用字母A–H表示。从专利技术主题来看，涉及专利遍布各个技术领域。其中涉及最多的领域为H部（电学）344件，其次依次为B部（作业、运输）332件、F部（机械工程、照明、加热、武器、爆破）284件、G部（物理）251件、A部（人类生活需要）206件、C部（化学、冶金）126件、E部（固定构造类）74件、及最少为D部（纺织、造纸）7件。

*专利权人以自然人的专利许可量居多。*2014年，专利权人为广东省的专利许可合同备案中，自然人的专利许可量居首位，达579件，占总量的57.04%；其次是工矿企业382件，占总量的37.64 %，第三位是大专院校、科研、事业单位54件，占总量的5.32%。

*企业始终在专利的实施中占主导地位。*2014年，被许可方为广东省的专利许可备案合同备量中，被许可方绝大多数为企业，表明专利的实施以企业为主。被许可人类型为工矿企业的达1060件，占总量的99.91 %，其次为个人1件。

*专利许可方主要集中在珠江三角洲地区。*全省21个地级以上市均有专利权实施合同许可备案，主要集中在珠江三角洲地区。排在第一位的是深圳市385件，占总量的37.93%,涉及专利880项；第二位广州市189件，占比18.62%，涉及专利266项；第三位佛山市187项，占比18.42%，涉及专利190项；第四位中山市76件，占比7.49%，涉及专利111项；第五位珠海市34件，占比3.35%，涉及专利67项。其中排在第一位的深圳市，发明专利许可量也为第一位，计有192项，占全省发明专利许可总量的40.08%。

*专利被许可方主要集中在珠江三角洲地区。*在全省21个地级以上市中，除了汕尾市外均有专利权实施的被许可方，主要集中在珠江三角洲地区。排在第一位的是深圳市493件，占总量的46.47%；第二位广州市152件，占比14.33%；第三位佛山市117项，占比11.03%；第四位中山市88件，占比8.29%；第五位东莞市62件，占比5.84%。（供稿人：牛晨蕾）

知识产权运营

知识产权运营

【概况】 2014年12月财政部、国家知识产权局联合启动实施以市场化方式促进知识产权运营服务试点工作。工作内容包括：一是建设知识产权运营公共服务平台。支持在北京市建设全国知识产权运营公共服务平台，同时在珠海市、西安市建设两个特色试点平台。二是培育一批知识产权运营机构。支持在北京、广东、深圳等区域开展试点，扶持20家知识产权运营试点机构做大做强。三是优化知识产权运营服务发展政策环境。

【组织实施】 在珠海市建设全国知识产权运营公共服务横琴特色试点平台，中央财政支持5000万元。平台依托横琴自贸区的特色优势，在提供知识产权运营公共服务的同时，探索开展知识产权金融创新、跨境交易等特色服务。

中央财政以股权投资方式支持广州知识产权交易中心有限公司、深圳市中彩联科技有限公司2家试点机构各1000万元，推动知识产权运营机构向市场化、国际化、高水平发展。

（供稿人：何社善）

ZHI SHI CHAN QUAN BAOHU

知识产权保护

- 概述
- 行政保护
- 司法保护
- 执法协作
- 维权援助与涉外应对
- 委局合作
- 实例

概　　述

知识产权保护

【知识产权战略实施】 2014年，国家和省知识产权战略纲要深入实施，省政府部署年度工作任务，省政府知识产权办公会议制定并组织实施《2014年实施广东省知识产权战略纲要工作方案》。全省深入实施商标品牌战略，助推广货品牌创建。佛山、中山成为新一批具备国家知识产权示范城市资格的城市，茂名被评为国家知识产权试点城市，佛山市南海区被评为国家知识产权局强县工程示范县（区），广州市海珠区等6个县（区）被评为国家知识产权强县工程试点县区。在2014年9月发布的《2013年全国知识产权发展状况报告》中，广东省知识产权综合发展指数、保护指数和环境指数继续位居全国首位。

2014年，全省各级政府和各有关部门扎实推进知识产权强省建设。各部门积极制定强省建设配套政策，先后出台《关于促进我省知识产权服务业发展的若干意见》《广东省专利奖励办法》，完成“广东‘十三五’品牌发展战略研究”课题，提出“十三五”品牌发展目标任务和措施，研究制定《广东省重大经济和科技活动知识产权分析评议暂行办法》《广东省“知识产权强国建设先行地”行动纲要》等。截至年底，汕头、佛山、惠州等8个市出台强省建设实施方案，深圳、中山、茂名等11个市及顺德区出台商标品牌战略实施政策。广州制定实施国内首部专利行政执法政府规章《广州市专利行政执法办法》。

省部高层次战略合作机制持续完善。国家知识产权局与省政府进一步深化第二轮知识产权高层次战略合作。4月，省政府与国家知识产权局召开第二轮知识产权高层次战略合作2014年度工作会议，落实共建产业转型升级新路径、增强创新驱动发展能力新机制、培育促进开放型经济发展新优势的各项工作任务，着力推动专利申请高质化、知识产权成果市场化、知识产权服务高端化和企业知识产权海外护航制度化。

【打击侵犯知识产权和制售假冒伪劣商品工作】 2014年，全省贯彻落实国务院及全国打击侵犯知识产权和制售假冒伪劣商品（以下简称“打击侵权假冒”）工作领导小组的统一部署，积极推进制度建设，加大源头治理力度，加强市场监督管理，强化刑事司法打击，努力建设诚信体系和长效治理机制，成效显著。省打击侵权假冒工作领导小组召开电视电话会议，制定并推进年度工作要点实施，部署推进侵权假冒行政处罚案件信息公开、行政执法与刑事司法衔接工作，组织成员单位扎实开展互联网打击侵权假冒、农村和城乡结合部市场整治等专项工作，查处一批具有重大影响的大要案，针对央视曝光问题组织广州市开展皮具行业专项整治，顺利完成2013年度打击侵权假冒工作绩效现场考核工作，成绩位居全国前列。

全省各级打击侵权假冒行政执法部门将日常执法与专项行动紧密结合，围绕重点商品和突出问题，切实加大执法监管保护力度。据不完全统计，2014年全省共立案查处侵权假冒行政违法案件21072件，涉案金额4.74亿元；其中向司法机关移送案件1562件，涉案金额3.65亿元。广东省打击侵权假冒工作成果突出，得到各级领导一致肯定，并获得美国、英国、法国、日本等国家企业和社会组织的高度称赞。

【专利管理与保护工作】 截至2014年底，全省累计专利申请量和授权量分别为1878681件和1206810件，其中，累计发明专利申请量和授权量分别为446816件和127933件；有效发明专利量111878件，同比增长17.2%，占全国总量的16.8%，连续五年居全国第一，专利密度为1056.1件/百万人，是全国平均值（487.5件/百万人）的2.2倍。

2014年，全省专利申请量和授权量分别为278351件和179953件，同比增长5.3%和5.6%；其中，发明专利申请量和授权量分别为75148件和22276件，同比增长8.9%和10.9%；全省PCT国际专利申请量13332件，同比增长15.7%，占全国总量的55.5%，连续十三年位居全国首位。第十六届中国专利奖评选中，共获金奖6项，优秀奖77项，再创历史新高。2014年全省专利质押融资额达到46.8亿元。在2014年4月发布的《2013年全国专利实力状况报告》中，广东省专利综合实力和运用、保护、管理指数继续位居全国首位。各地市专利工作不断深化，广州出台《关于加强专利创造工作的意见》，深圳出台《专利联盟管理办法》。

2014年，全省共19767家企业申请专利149670件，同比增长9.5%，8851家企业申请发明专利53898件，企业专利申请和发明专利申请分别占全省总量53.8%和71.7%，企业创新主体地位进一步加强；华为技术有限公司和中兴通讯公司的PCT国际专利申请公布量分别位居全球企业第1位和第3位，腾讯科技（深圳）有限公司和深圳华星光电技术有限公司分列第17位和第23位。

2014年，全省各级知识产权局积极开展“护航”专项行动，进驻广交会等13个展会开展专利保护，严厉查处专利违法行为，共立案受理各类专利案件2555宗（含调解展会专利纠纷），结案2541宗。其中：查处假冒专利案件739宗；受理专利侵权纠纷案件1811宗，结案1796宗,调解其他专利纠纷案件5宗,受理专利纠纷案件数量居全国第二位。华南地区专利侵权判定中心正式提供服务。

（供稿人：陈燕、王强、王一）

行政保护

专利行政执法

【概况】 2014年，广东省各级知识产权局共受理各类专利案件2555件，结案2541件。其中：专利纠纷侵权纠纷案件1811件（含调解展会专利侵权纠纷案件），结案1796件；调解其他专利纠纷案件5件，结案6件；查处假冒专利案件立案739件，结案739件。广东省受理专利纠纷案件1816件，位列全国知识产权局系统第2名。

【专项行动】 2014年4月和5月，广东省知识产权局在全省先后分别开展知识产权执法维权“护航”专项行动和电子商务领域执法专项行动。2014年4月9日和21日，分别和汕头市政府和江门市政府联合主办“4·26”知识产权联合执法及宣传活动。2014年9月，配合省质监局联合开展儿童用品、通信器材打假专项行动。2014年12月，配合省工商局联合开展箱包打假专项行动。通过系列执法专项行动和联合行动扩大执法办案工作声势，增强执法维权快速反应能力，不断提高人民群众对专利行政执法的满意度。

【展会保护】 2014年，广东省知识产权局共进驻第115届广交会、116届广交会等13个展会开展专利保护工作，全省知识产权局共调解展会专利侵权纠纷超1000件。广东省人民政府陈云贤副省长对该局第115届广交会工作做了“有新思路、新举措、新成效；巩固提升，不断完善”的批示。2014年10月23日，国家知识产权局组织相关省市知识产权局在第116届广交会现场进行展会专利执法维权工作考察观摩活动，向全国推广广东的展会知识产权保护工作经验。

【粤桂琼三地联合执法行动】 2014年8月至9月，广东省知识产权局将广东在执法中发现的假冒专利“花洒”案件线索通报给广西、海南知识产权局，派人会同两地进行联合摸查。根据华南地区专利行政执法协作调中心的工作安排，广东、广西、海南三地在同一时间点启动，同一时期内联合开展查处“花洒”假冒专利的集中行动。在广东省的行动中，广东省知识产权局组织全省全部21个地市局及顺德区局参与行动，对各相关市场集中排查，全省12个地市局共查处假冒商家100余家，立案处罚137件。 （供稿人：毕赓）

商标行政执法

【概况】 2014年，全省工商行政管理系统共查处各类商标违法侵权案件6171件，同比下降3.46%；案值9763.76万元，同比上升5.28%；罚没金额7971.75万元，同比上升0.31%；移送司法机关涉嫌商标犯罪案件137件、嫌疑人61人，分别同比增长77.92%和24.49%。其中，涉外商标案件各项指标略有增长，共查处侵犯港澳台和外国商标注册人权益案3129件，同比增长2.02%；案值6123.89万元，同比增长37.80%；罚款金额5166.43万元，同比增长19.83%；移送司法机关涉嫌商标犯罪案件121件、嫌疑人60人。

【专项执法行动】 “双打”专项行动。2014年，广东省工商行政管理系统落实国家工商总局和广东省政府打击侵犯知识产权和制售假冒伪劣商品专项行动（下称“双打”专项行动）部署，全年共捣毁制假售假窝点205个，立案查处商标侵权、傍名牌及制售假冒伪劣商品行为案件7832宗，案值1.5亿元，移送涉嫌商标犯罪案件137宗，嫌疑人61人，各项指标均在全国工商系统中名列前茅。按照国家工商总局要求，指导各市工商行政管理局在门户网站公开“双打”案件信息。

青奥会标志保护。广东省工商行政管理局部署全省工商系统保护第二届夏季青年奥林匹克运动会标志，并应邀参加保护南京青奥会标志执法交流会，在会上做经验介绍。

【展会商标保护】 一是参加第11届中国国际中小企业博览会驻场执法。二是广州市工商行政管理局在第105届、第106届中国进出口商品交易会驻场执法期间，共受理商标侵权投诉326件，认定侵权251件。

【执法协作】 2014年，广东省工商行政管理局继续深化泛珠三角及粤港澳商标执法协作，协助香港海关核实侵权线索。

（供稿人：陈小冰）

“4·26”广东省知识产权联合执法及宣传活动

【汕头市】 2014年4月9日，由广东省知识产权局和汕头市人民政府联合主办的“4·26”世界知识产权日宣传活动启动仪式暨省市联合执法集中销毁违法物品活动在汕头市金平民营科技园举行。广东省知识产权局唐毅副局长和汕头市人大常委会副主任黄晖阳出席集中销毁违法物品活动并做讲话。

活动销毁专利侵权假冒产品、商标侵权假冒产品5万多件，非法出版物2万多册以及盗版音像制品9万多片、向社会展示加大知识产权保护力度、维护市场经济秩序的重大成果，同时也正式拉开汕头市“4·26”世界知识产权日宣传活动的序幕。

活动中，广东省和汕头市知识产权局执法人员还对澄海玩具批发市场进行专项执法检查，检查玩具产品近千个品种，立案查处涉嫌假冒专利产品3件。

【江门市】 2014年4月21日，江门市政府联合广东省知识产权局在汕头市东湖广场举行省市知识产权联合执法和集中销毁假冒伪劣产品活动暨江门市“4·26”知识产权宣传周启动仪式。本次活动由江门市科技局、知识产权局承办，江门海关、江门市中院、市公安局、市工商局、市文广新局、市质监局等部门协办。广东省知识产权局唐毅副局长、江门市人民政府吴国杰副市长以及江门市打击侵权假冒工作领导小组成员单位和各市区知识产权局负责人出席活动。江门市专利代理机构、省市知识产权优势示范企业等40多个单位参加活动。

活动现场举行销毁假冒专利和假冒商标产品、盗版光碟和非法出版物仪式，开展知识产权知识咨询、省市知识产权优势示范企业专利产品展示、有奖问答竞猜游戏等活动。

活动结束后，广东省、江门市两级知识产权执法人员对江门义乌小商品城进行专项执法检查，检查商品近千个品种，立案查处涉嫌假冒专利产品1件。（供稿人：毕赓）

司法保护

广东省检察机关知识产权保护

【概况】 2014年，广东省检察机关切实发挥检察职能，加大行政执法与刑事司法衔接力度，严厉打击侵犯知识产权的犯罪行为。

【打击侵犯知识产权犯罪】 充分发挥批捕、起诉等职能作用，做到重大案件提前介入、依法快捕快诉，不断加大侵犯知识产权违法犯罪活动的打击力度，突出打击侵犯注册商标权、商业秘密权和著作权等违法犯罪活动。全年批准逮捕侵犯知识产权罪案件1706件3092人，提起公诉1527件2674人。案件主要涉及高压开关控制器的研发生产、航空航天控制器的研发生产、配电管网箱零部件、品牌导航仪、品牌烟酒、皮具等多个知识产权的创造和运用领域。案件的办理，为进一步优化广东省自主创新环境、依法保护权利人合法权益提供强有力的法治保障。

【保护知识产权长效机制】 2014年，广东省检察机关推进"两法衔接"信息共享平台和机制建设，实现信息平台覆盖全、成员单位介入率高、三级平台通的目标，"两法衔接"工作上新台阶，在全国首开先河。

内联外合工作联动机制。一是建立健全联席会议、案件咨询、检查监督、统计分析、定期培训等五项衔接机制配套制度。推动省委组织召开"两法衔接"工作联席会议，加强工作推进力度。二是建立检察机关内部协作机制。起草《关于广东省检察机关"两法衔接"工作内部协调办法》，理顺检察机关内部各职能部门之间的联动机制形成监督合力。三是建立与监察监督衔接机制和考评机制。通过总结肇庆、佛山等地先行先试的经验，推动将"两法衔接"工作纳入省综治和"平安建设"考核体系，强化监督刚性。积极协调各有关单位完善"两法衔接"中提前介入和联合办案等相关配套制度，在深圳市成功试点基础上，重点加快建立广东省"两法衔接"工作中监察监督与检察监督衔接机制。四是开展专项联合检查深入推进。省检察院推动省委政法委于2014年4月在全省开展"两法衔接"工作专项检查活动，组织省直成员单位组成八个检查组，分赴省直和全省各地开展检查并形成《关于推动广东省行政执法与刑事司法衔接工作深入发展的报告》，力求推动广东省"两法衔接"工作取得新的飞跃。

信息平台建设和应用。通过积极争取党委政府主要领导重视支持、发挥"两法衔接"工作联席会议作用、制定并推动省委省政府高规格下发工作意见等举措，全力推进平台搭建，制定落实广东省《"两法衔接"工作信息共享平台工作办法》，不断统一和规范全省平台管理。至2014年一季度，省、市、县（区、市）三级信息共享平台已实现全面覆盖开通，成员单位接入率超过85%，全省3580家"两法衔接"工作成员单位百分百接入平台。各地不断深入完善平台运行模式，深圳加快平台转型步伐，有望率先全国实现"两法衔接"由信息共享向信息共享与办案监督双结合转型。2014年3月，该市"两法衔接"机制正式入选深圳市"十大政法创新"。各地将平台应用与年度专项监督活动紧密结合，在全面监督的基础上突出重点，针对行政执法的突出问题，开展对某一行政执法领域的专项立案监督活动，提升监督实效，平台应用取得初步成效。

"两法衔接"工作。各地采取有效措施积

极推动“两法衔接”工作法治化进程。江门、中山等地分别结合本地实际促进“两法衔接”本地化制度建设。珠海率先在全国推动“两法衔接”立法，由珠海市院起草的《珠海市行政执法与刑事司法衔接工作细则》已由该市人大常委会通过，成为全国首部“两法衔接”地方法规。佛山梳理完成《佛山市行政执法与刑事司法衔接工作刑事案件移送标准汇编》《证据参考标准汇编》《案例选编（一）》等三册书籍，列明全市35家行政执法单位在执法过程中常遇见的违法行为，并对每种违法行为的行政处罚相关规定、涉嫌罪名、移送标准、移送依据、相关案例、证据参考标准进行梳理。共罗列累计达600余种行政违法行为，涉及相关行政法规、规章、条例300余部，涉及刑事罪名130余条，内容丰富全面，专业性强。

（供稿人：刘月新）

执法协作

专利行政执法协作

【概况】 2014年，广东省各级知识产权局大力加强专利行政执法协作工作，积极强化省际、区域间、部门间的执法协作，严格履行现有协作机制的义务，通过执法协作不断提高执法的水平和效率，共开展各类执法协作172次。

【华南地区专利行政执法协作】 2014年8月至9月，广东省知识产权局将在执法中发现的假冒专利“花洒”案件线索通报给广西、海南知识产权局，派人会同两地知识产权局进行联合摸查，根据华南地区专利行政执法协作调中心的工作安排，三地在同一时间点启动，同一时期内联合开展查处“花洒”假冒专利的集中行动。在广东省内的行动中，广东省知识产权局组织全省全部21个地市局及顺德区局参与行动，对各相关市场集中排查，全省12个地市共查处假冒商家100余家，立案处罚137件。

【粤渝专利行政执法协作】 2014年11月14日，广东省知识产权局马宪民局长亲自带队赴重庆参加粤渝两省市专利行政执法协作第四次会议。双方交流专利行政保护方面的做法和经验，对开展两省市知识产权全方位、深层次合作进行探讨，为进一步拓宽渝粤两地知识产权工作的合作打下坚实基础。（供稿人：毕赓）

维权援助与涉外应对

知识产权维权援助

【概况】 2014年，广东省各知识产权维权援助中心共受理维权援助和举报投诉551件。广东省知识产权维权援助中心20件、深圳市知识产权维权援助中心25件、汕头市知识产权维权援助中心125件、佛山市知识产权维权援助中心22件、东莞市知识产权维权援助中心44件，中国东莞（家具）知识产权快速维权中心13件，中国中山（灯饰）知识产权快速维权中心302件。

2014年5月22日，全国首个家具知识产权快速维权中心——中国东莞（家具）知识产权快速维权援助中心在东莞厚街镇正式开展运行。 （供稿人：毕赓）

知识产权涉外应对工作

【概况】 2014年，广东省知识产权局支持广东陶瓷协会、广东省公共安全技术防范协会、广东省美容美发化妆品行业协会、广东省家具商会等10家有一定知识产权工作基础的行业协（商）会、展会主办方，开展行业海外维权信息收集分析工作，建立知识产权涉外应对机制，推动行业开展知识产权涉外应对维权援助工作。

2014年7月2—4日，广东省知识产权局在华南理工大学知识产权学院举办会展和行业协会知识产权保护实务培训班，对80余名行业协会和展会主办方的知识产权工作人员进行培训，推广知识产权自律保护工作经验，帮助提高知识产权自律保护工作的能力，这也是广东省知识产权局首次针对会展和行业协会工作人员进行知识产权保护专门培训。

（供稿人：毕赓）

委局合作

委局合作共建

【概况】 2014年，广东省知识产权局继续加强同国家知识产权局专利复审委员会的交流合作，推动提高地方专利行政执法工作。

2014年，国家知识产权局专利复审委员会共分6批43人次来粤对27件专利无效和专利复审案件进行巡回审理。广东省知识产权局在认真做好巡回审理的保障工作的同时，积极组织企业、代理机构及社会公众参加旁听，将复审委的巡回口审庭作为提高企业和社会公众知识产权意识的宣传阵地，作为提高代理机构服务水平的培训基地，扩大社会影响，起到较好的宣传效果。

在第115届、116届广交会，国家知识产权局专利复审委员会共派出12名专家分批参加广东省知识产权局的驻会专利保护工作，为专利侵权判定工作提供技术指导，大幅提高执法人员的案件处理能力和水平。（供稿人：毕赓）

实　　例

广东省文化厅知识产权保护主要案例

【案例一：广州市“3·24”向某某等9人发行非法出版物案】 根据群众举报线索，广州市文化市场综合行政执法总队在文化部文化市场司的精心指挥，广东、河南两省文化、公安等部门的密切配合下，成功办理广州“3·24”非法出版物重大案件（2014年3月4日广州发生的非法出版物案，简称“3·24”案），共破获7宗系列案件，打掉8家非法出版物仓库、4家物流公司、1家网络销售点，收缴盗版侵权出版物15万余册，折合成码洋700余万元，现场抓获犯罪嫌疑人9人，案件主犯向某某已进入移送审查起诉阶段。该案自3月24日发生，至6月17日串案破获并移交结束，历时三个半月，投入文化执法、公安警力380余人次，是集版权、非法印刷发行、网络销售等多环节，横跨河南、北京、山东、广东等多省市的出版物大案。

【案例二：广州市海珠区“6·17”非法出版物案】 2014年6月17日下午，广州市文化市场综合行政执法总队联合市公安局便衣侦查支队、海珠区文化执法队迅速出击，对海珠区建基路某仓库进行检查，发现违规经营行为，执法人员依法收缴《税法》《统计业务知识》等考试类图书13660册，市公安局便衣侦查支队抓捕犯罪嫌疑人叶某等3人。

【案例三：广州市天河区“6·17”非法出版物案】 2014年6月17日20时，广州市文化市场综合行政执法总队联合市公安局便衣侦查支队、天河区文化执法队检查天河区龙洞某街道居民楼，发现有5名工作人员正在打包、邮寄《公路工程管理与实务》等考试类图书，同时现场发现大量邮寄单据。执法人员依法收缴涉嫌非法出版物131个品种7483册，市公安局便衣侦查支队现场抓获犯罪嫌疑人林某等5人。

【案例四：广州市白云区广东某科技发展有限公司复制非法出版物案】 2014年7月10日，广州市文化市场综合行政执法总队接群众投诉，对白云区北太路1633号广州民营科技园科园路2号广东某科技发展有限公司进行检查，现场发现该公司正在复制非法音像制品189568张。该案已移交市公安局作进一步处理。

【案例五：广州市白云区太和镇园夏龙岗北路自编7号某数码科技有限公司复制非法出版物案】 2014年8月4日，广州市文化执法总队接群众投诉，对白云区太和镇园夏龙岗北路自编7号某数码科技有限公司进行检查，现场发现该公司正在复制非法音像制品165000张。该案已移交市公安局作进一步处理。

【案例六：广州市海珠区“9·12”非法出版物案】 2014年9月12日，广州市文化市场综合行政执法总队联合广州市公安局便衣侦查支队、海珠区文化执法队，对位于广州市海珠区桥东街的一处仓库进行检查。现场发现该仓库储存大量《心理学》等涉嫌非法出版物，共计20242册，公安机关现场抓获涉案人员刘某某。

【案例七：广州市白云区“8·11”某出租屋仓储非法出版物案】 2014年8月11日，广州市文化市场综合行政执法总队接群众投诉，到白云区白云大道北某出租屋仓库进行检查，现场发现该仓库内储存有涉嫌非法光盘共计1699种499819张，总队现场将该案移交白云区公安分局黄石派出所。经销毁场清点及白云区公安分局、鉴定委员会鉴定，共有淫秽色情光盘169204张、盗版音像制品330615张。该案目前由黄石派出所于2014年9月1日立案作进一步处理。

【案例八：肇庆市德庆县某商店侵犯著作权案】 2014年7月23日，肇庆市德庆县文化广电新闻出版局执法人员对德庆县德城镇朝阳路某商店进行检查时，发现当事人涉嫌擅自从事音像制品复制业务、经营非音像复制单位复制的音像制品，其行为涉嫌违反《音像制品管理条例》第五条、第三十六条的规定，对现场非法复制的557张音像制品及相关复制设备进行先行登记保存。经调查，该案件违法事实清楚，证据确凿，有其他严重情节，达到移送司法机关标准，根据《中华人民共和国行政处罚法》第三十八条第（四）项、《行政执法机关移送涉嫌犯罪案件的规定》，经集体讨论后，将该案件移送德庆县公安局处理。2014年9月16日，被告人谢某被德庆县人民法院刑事判决犯侵犯著作权罪，判处罚金人民币30000元，没收涉案光盘、电脑主机、显示器、打印机、宣传单张、销售账本和单据等。

【案例九：汕头市潮南区陈某某经营非法音像制品案】 2014年5月12日，根据举报线索，汕头市“扫黄打非”办牵头，会同汕头市文广新局、潮南区“扫黄打非”办和潮南区公安分局治安管理大队等8名执法人员依法对位于潮南区峡山街道恩波路中段某音像店进行检查。执法人员在店内电器货架下面发现涉嫌淫秽色情光盘44张，在店内仓库发现涉嫌非法音像制品3452张，根据《最高人民检察院、公安部关于公安机关管辖的刑事案件立案追诉标准的规定（二）》第七十九条第（五）、（六）项的规定，经执法人员现场初步识别，涉案非法音像制品数量已经达到追诉标准，经汕头市“扫黄打非”办协调，现场将案件移交给潮南区公安分局治安管理大队查处。

【案例十：深圳市罗湖区胡某未经批准擅自从事出版物发行业务案】 2014年7月10日，深圳市罗湖区新闻出版局收到12318举报投诉热线转来的关于“罗湖区红岭路某美术馆非法编辑出版出版物《亚洲新闻周刊》”的投诉，即组织执法人员开展摸底调查。7月29日，执法人员对该美术馆进行检查，现场发现当事人胡某办公室内有《亚洲新闻周刊》2014年4月份刊共计340本、1月份刊共计450本、2013年9月份刊共计120本、11月份刊共计90本及2台办公电脑，并在其中一台电脑上发现有2014年8月份刊《亚洲新闻周刊》内容修改编辑稿件，当事人胡某无法提供出版许可证。其行为涉嫌违反《出版管理条例》第十二条的规定。罗湖区新闻出版局依法进行立案调查，于2014年8月13日送达《行政处罚决定书》，给予当事人罚款人民币2万元整、没收非法出版物共计1083本、没收违法工具（电脑）2台的行政处罚。

【案例十一：中山市陈某未经批准擅自从事出版物的出版业务及散发非法出版物案】 2014年5月22日，中山市文化市场综合执法支队执法人员在日常巡查中发现中山市古镇镇有人散发非法出版物《幸福横栏》。6月4日，执法人员对出版、散发非法出版物的中山陈某门诊部进行检查，现场查获非法出版物《幸福横栏》一批，并在门诊部的办公电脑内发现大量用于编辑设计的《幸福横栏》电子文档。经查，该门诊部主要负责人陈某为宣传其门诊部的医疗服务，在未经出版行政主管部门批准的情况下，擅自从事出版物《幸福横栏》的出版业务，在印刷成成品后对公众进行散发。其行为违反《出版管理条例》第九条和《出版物市场管理规定》第三十条第一款的规定。7月24日，中山市文广新局依法给予陈某没收相关非法出版物和罚款30000元的行政处罚。

【案例十二：广州市某广告有限公司中山分公司擅自从事出版物的出版业务案】 中山市文化市场综合执法支队执法人员于2014年4月29日对广州市某广告有限公司中山分公司进行检查，现场查获《世界照明网》《世界LED》等非法出版物一批。5月15日，该公司又因同一违规行为再次被执法人员查处。经查，该公司于2013年1月1日与四川省人力资源报社签订一份授权书，获得《人力资源报——照明灯饰专刊》在广东地区的运营代理权。该公司以此份授权书为由，在未经出版行政主管部门批准的情况下，擅自使用《人力资源报》刊号（CN51-0066）出版《世界照明网》《世界LED》两份报刊，印刷成成品后派发或邮寄到灯饰企业和灯饰卖场。该公司未经批准，擅自从事出版物的出版业务的行为违反《出版管理条例》第九条第一款的规定。根据《出版管理条例》第六十一条，中山市文广新局依法给予该公司没收相关非法出版物和罚款45000元的行政处罚。

【案例十三：深圳市某印刷有限公司擅自兼营包装装潢印刷品案】 2014年5月19日，深圳市龙岗区文体旅游局执法人员对龙岗区布吉街道深惠路布吉段吉昌工业区的深圳市某印刷有限公司进行检查，该企业为印刷企业，印刷经营许可证证载经营范围其他印刷品印刷。检查时场所在印LED灯品包装盒等7类包装装潢类印刷品合计1886张，当事人上述行为擅自兼营包装装潢印刷经营活动，违反《印刷业管理条例》第十一条第一款的规定。2014年7月15日，龙岗区文体旅游局向当事人送达《行政处罚决定书》，责令当事人改正违法行为，给予吊销印刷经营许可证、没收非法印刷品1886张的行政处罚。 （供稿人：林旭东）

2014年广东省版权局知识产权保护执法典型案例

【案例一：珠海市香洲某卡拉OK娱乐中心、珠海市某文化传播有限公司未经著作权人许可复制、放映其作品案】 根据深圳市某网络科技有限公司向珠海市版权局提交的《投诉书》，2014年6月5日，珠海市版权局执法人员对珠海市香洲某卡拉OK娱乐中心、珠海市某文化传播有限公司经营场所进行检查发现，该场所点歌系统内存有投诉人所投诉的音乐电视作品供消费者点播使用。当事人无法提供音乐电视作品的授权许可使用合同，其行为涉嫌未经著作权人许可，复制、放映其作品。

2014年6月18日，珠海市版权局对两宗案件进行立案调查。经过珠海市文化市场综合执法支队机动一大队、机动二大队和审理监察科的通力协作，查实两当事人在其经营场所内将涉嫌侵权的音乐电视作品存储到当事人的服务器曲库内，供消费者娱乐消费。当事人对著作权人的作品进行复制、放映，未与著作权人签订许可使用合同，未向著作权人支付任何费用。其行为违反了《中华人民共和国著作权法》第二十四条的规定，已构成未经著作权人许可，复制、放映其作品的违法行为。

根据《中华人民共和国著作权法实施条例》第三十六条的规定，珠海市版权局给予两名当事人分别处以罚款人民币2万元的行政处罚。

【案例二：某电线电缆（东莞）有限公司未经许可复制软件案】 2014年1月7日，东莞市文化市场综合执法大队根据权利人举报，对某电线电缆（东莞）有限公司进行依法检查，检查发现该公司工程部有7台复制有PTC公司Pro.ENGINEER软件，该公司未能提供软件著作权人许可使用合同。经调查，某电线电缆（东莞）有限公司复制或者部分复制著作权人软件情况属实，东莞市文化市场综合执法大队依法销毁该公司侵权复制品四个，并对该公司处以33万元的罚款。

该公司不服处罚，提出听证。根据该公司的申请，东莞市文化广电新闻出版局于8月12日举行了听证会，经过案件陈述、申辩、讨论等环节，东莞市文化广电新闻出版局案审委员会一致通过维持对该公司原来的处理意见。

该公司又向广东省版权局提出行政复议，省版权局认为，被申请人作出的行政处罚决定事实清楚，证据充分，适用法律正确，程序合法，内容适当，根据《中华人民共和国行政复议法》第二十八条第一款第（一）项规定，决定维持被申请人对该案件作出的《行政处罚决定书》的行政处罚。

【案例三：张某侵犯著作权案】 2014年6月初，中山市公安局西区分局民警在进行走访摸排时，发现西区沙朗市场灯光夜市有多处销售盗版光碟的摊点。在摸清了盗版光碟的销售情况后，中山市公安局西区分局主动联系区城管部门，于7月1日展开联合行动，在该处查处盗版光碟销售摊点2个，抓获犯罪嫌疑人2名，缴获盗版光碟2178张。

破案后，中山市公安局西区分局把力量集中在破大案、摧网络上，继续对盗版进货上线进行追查。经过一个多月的时间的深入调查，成功于8月11日11时许捣毁位于中山市沙溪镇某出租屋的一个盗版光碟藏销仓库，当场抓获到场选购盗版光碟的嫌疑人7名，缴获盗版光碟19191张，并在中山市公安局相关部门的技术支持下，于9月10日16时许在西区烟洲市场一麻将馆内将主犯张某抓获归案，实现了“小案”到“大案”的突破。

【案例四：佛山顺德某工业设计有限公司未经著作权人许可复制其作品案】 2014年4月9日，佛山市顺德区市场安全监管局根据投诉，对佛山市顺德某工业设计有限公司涉嫌未经著作权人许可复制其作品案进行立案调查。经查，当事人未经著作权人许可，复制了7套Autodesk 3ds Max和5套AutoCAD计算机软件，用于专卖店办公室装修施工图和效果图的设计。佛山市顺德区市场安全监管局在检查时未发现当事人的经营记录，当事人也无法提供,非法经营额和违法所得均难以计算。2014年8月1日，佛山市顺德区市场安全监管局根据《中华人民共和国著作权法》第四十八条和《中华人民共和国著作权法实施条例》第三十六条的规定,责令当事人停止侵权行为，并对当事人作出罚款人民币贰万伍仟元整的行政处罚。

【案例五：陈某侵犯著作权案】 2014年1月14日，广州市海珠区文化市场综合行政执法队根据暗访线索，联合广州市公安局海珠区分局对海珠区瑞宝村三社聚源市场进行检查，现场发现当事人陈某经营的某综合市场档口涉嫌出售非法音像制品。执法人员对该档口内的6853张非法音像制品作证据先行登记保存，后经广州市出版物鉴定委员会鉴定，6853张非法音像制品均为非法出版物。

当事人陈某于2014年1月14日被羁押，同日被刑事拘留，2014年2月10日被逮捕。广州市海珠区人民检察院于2014年4月28日向海珠区人民法院提起公诉，指控当事人陈某侵犯著作权罪。

海珠区人民法院依据《中华人民共和国刑法》第二百一十七条第（一）项、第二十三条、第六十七条第三款、第六十四条及《最高人民法院、最高人民检察院关于办理侵犯知识产权刑事案件具体应用法律若干问题的解释（二）》第一条、第二条、第四条之规定，判决陈某侵犯著作权罪成立，判处有期徒刑六个月，并处罚金人民币5000元。

【案例六：甘肃某影视有限公司投诉某网侵犯《秦腔宝典》著作权案】 国家版权局于2014年7月11日向广东省版权局转来甘肃某影视发

展有限公司投诉材料一批，投诉材料称某网涉嫌未经许可传播其享有著作权的《秦腔宝典》系列节目，且提供了某网涉嫌侵权的共计1200余条视频链接的网址列表，并有视频截图、截图录像、版权登记证书等证据材料。广东省版权局及时成立案件调查组，对有关情况进行了初步调查。

7月25日及30日，调查组两次到某网广州总部进行现场调查询问及取证，制作了行政处罚案件询问（调查）笔录及现场取证材料。

经过两次调查询问和现场抽查及与双方当事人多次沟通后，调查组基本查清了某网涉嫌侵犯《秦腔宝典》系列节目版权的有关情况。从调查情况看，调查组认为：甘肃某影视发展有限公司拥有《秦腔宝典》系列节目的著作权。某网作为为服务对象提供信息存储空间和视频分享的网络服务提供者，在《秦腔宝典》系列节目的视频片头均有明显的版权声明标识，理应知道甘肃某公司为权利人的情况下，未与甘肃某公司主动联系并获得许可，擅自在其网络平台上使用《秦腔宝典》系列节目的视频，且在视频片头投放广告。某网的上述行为侵犯了百通公司拥有的《秦腔宝典》系列节目的著作权，违反了《著作权法》第四十二条和《信息网络传播权保护条例》（国务院令第468号）第二条的相关规定。

依据《著作权法》第四十八条第一款第一项、《信息网络传播权保护条例》第十八条第一款第一项的规定，广东省版权局对某网作出罚款15万元（大写壹拾伍万元）人民币的行政处罚。（供稿人：沈欣）

2014年广东省质量技术监督局知识产权保护案例

【案例一：广东省广州市质监局查处伪造产地的“LOUIS VUITTON”手袋案】 2014年5月16日，根据举报，广州市质监局执法人员依法对位于广州市白云区石井镇环窖村某楼的皮具生产加工厂及仓库进行执法检查，现场发现伪造产地的“LOUIS VUITTON”手袋成品及半成品。经调查，该场所生产加工的手袋存在伪造产地的违法行为，涉案货值为30余万元。执法人员现场依法将涉案物品进行扣押。

因该案货值巨大，情节严重，行政相对人涉嫌假冒注册商标的行为，已涉嫌构成假冒注册商标罪，按照《行政执法机关移送涉嫌犯罪案件的规定》，广州市质监局稽查分局依法于2014年5月16日将案件及涉案物品移送广州市公安局便衣侦查支队处理，追究当事人刑事责任。该案件于2014年10月11日由广州市白云区人民法院判决，判决该生产场所负责人李某犯假冒注册商标罪，判处有期徒刑4年，并处罚金人民币8万元；缴获作案工具予以没收、销毁。

【案例二：广东省佛山市南海区质监局查处假冒伪劣手机充电器案】 2014年3月21日，根据举报，佛山市南海区质监局执法人员依法对位于佛山市南海区大沥镇黄岐白沙南滘新村某电子厂进行执法检查，缴获该加工场生产的假冒“三星”“诺基亚”品牌伪劣手机充电器成品36700个，缴获的侵权产品价值89345元。执法人员现场对上述涉案物品实施扣押强制措施。

因该案货值巨大，情节严重，行政相对人涉嫌生产加工假冒他人注册商标的手机充电器的行为，已涉嫌构成假冒注册商标罪，按照《行政执法机关移送涉嫌犯罪案件的规定》，南海区质监局依法于3月21日将案件移送佛山市公安局南海分局处理，追究当事人刑事责任。该案件于2014年10月9日由佛山市南海区人民法院判决，判决该电子厂法人代表林某犯假冒注册商标罪，判处有期徒刑八个月，并处罚金5万元；判决该厂管理人员李某犯假冒注册商标罪，判处有期徒刑八个月，并处罚金1万元；现场对假冒注册商标的商品、作案工具予以没收、销毁。（供稿人：李铮）

2014年广东省专利行政执法案例

【案例一："扫地机"系列专利侵权纠纷案】

请求人佛山市A清洁设备有限公司就其与被请求人佛山市B清洁设备科技有限公司专利号为ZL201320124570.2、ZL201320123044.4、ZL201020557284.1、ZL201320096643.1、ZL201120449884.0、ZL201320096509.1的6项扫地机实用新型专利纠纷案向广东省知识产权局提出行政处理请求。广东省知识产权局于2014年6月12日受理立案后，依法对本案进行现场勘验检查，在现场勘验中，广东省知识产权局执法人员发现涉嫌侵权扫地机成品17台，半成品3台。经调查，被请求人公司共生产了34台，涉案货值达300万元。执法人员抽样取证大型扫地机1台。广东省知识产权局组织双方当事人进行口头审理，将被控侵权扫地机与涉案专利进行了详细比对，双方当事人对于是否侵权的事实有了更清晰的理解。

在本案的处理过程中，本案被请求人通过案外人获得专利号为ZL200820036383.8、ZL201120078405.9、ZL200920037632.X、ZL200920037631.5的四项扫地机实用新型专利的使用权，以请求人方自己生产的扫地机涉嫌侵犯以上四项专利权为由起诉至佛山市中级人民法院。

根据《中华人民共和国专利法》第60条，未经专利权人许可，实施其专利，即侵犯其专利权，引起纠纷的，由当事人协商解决；不愿协商或者协商不成的，专利权人或者利害关系人可以向人民法院起诉，也可以请求管理专利工作的部门处理。

2014年9月，双方当事人自愿达成和解，决定互相不追究侵权责任。广东省知识产权局和佛山市中级人民法院分别根据双方当事人和解协议和请求制作了调解书。

【案例二："榨油机"专利侵权纠纷案】

请求人佛山某科技有限公司就其与被请求人中山市某电器有限公司关于名称为："一种带加热装置的榨油料理机"，专利号为"ZL201120478488.0"的实用新型专利权纠纷，向广东省知识产权局请求处理。广东省知识产权局于2013年6月28日受理立案。

2013年7月8日，广东省知识产权局执法人员到被请求人中山市某电器有限公司现场勘验检查时，发现被控产品欧某榨油机26个，康某榨油机48个，北某榨油机16个，榨油机的半成品480个，均进行取样。

2013年7月30日，广东省知识产权局对本案进行口头审理，双方当事人均进行了充分的意见陈述。请求人方面，请求事项和理由均没有变更，但主张以权利要求4进行侵权比对。被请求人则认为，针对权利要求4，被控产品"传感器的位置不一样"，"温控器和金属罩没有接触"。

2013年9月25日，被请求人以对本案专利权向国家知识产权局专利复审委员会提出专利权无效宣告的请求并于2013年7月22日获受理为由，申请中止处理。经对被请求人所提出的中止请求和所附的证据进行审查，认为被请求人提出的中止理由明显不能成立，随即作出不予中止处理的决定。

广东省知识产权局将被控产品"榨油机"与ZL201120478488.0号实用新型专利的权利要求4的技术方案相比较，认为其具有后者的全部必要技术特征，落入了ZL201120478488.0号实用新型专利的保护范围。

2013年12月17日，依据《中华人民共和国专利法》第十一条第一款、第五十九条第一款、第六十条、《广东省专利条例》第三十七条第一款和《中华人民共和国行政强制法》第二十七条的规定，广东省知识产权局作出处理决定如下：被请求人立即停止侵权行为，即停止制造、许诺销售与ZL201120478488.0实用新型专利相同的榨油机产品。

请求人对上述处理决定不服，向广州市中

级人民法院提起行政诉讼，该院作出维持处理决定的判决。请求人不服一审判决，上诉至广东省高级人民法院，该院于2014年12月16日作出维持原判的终审判决。

（供稿人：毕赓、李鹏）

2014年广东省检察机关知识产权保护典型案例

【案例一：马某、孙某假冒注册商标案】

2012年3月6日，马某在未经韩国三星电子株式会社授权下，通过伪造授权证书和“SAMSUNG”防伪商标等手段，在广州与被害人周某签订《委托代理合同》，销售假冒“SAMSUNG”注册商标的车载导航仪共计20万元人民币。2013年4月26日，马某、孙某在珠海成立某电子科技公司，继续通过上述伪造手段，向全国多个省份的不特定客户销售假冒“SAMSUNG”注册商标的车载导航仪，经统计核实现场扣押物品及销售出仓单，其非法经营数额达1501452元。

马某、孙某假冒注册商标罪一案，由珠海市公安局高新分局于2013年8月14日立案侦查。2014年3月7日，该案被提起公诉，6月9日，香洲区人民法院以假冒注册商标罪判处马某有期徒刑三年六个月，并处罚金人民币50万元；判处孙某有期徒刑三年，并处罚金人民币35万元。同年10月20日，经珠海市中级人民法院二审开庭审理，对本案作出“驳回上诉，维持原判”的终审裁定。

评析意见：该案是国内较为罕见、影响十分恶劣的公开侵犯三星（SAMSUNG）注册商标的知识产权刑事案件。该案一发，即受到中国新闻网、中国日报网、中国知识产权资讯网、凤凰网、新浪网、搜狐网等多家知名网络媒体的关注和报道。由于该案侵权时间长、范围广、手段明目张胆，且属于跨地域犯罪，取证固定证据难度大。为保障案件侦办质量，珠海市人民检察院高新区知识产权检察室适时介入侦查，参与对案件的定性分析，引导公安机关有针对性地开展侦查；审查起诉阶段，为进一步查清案件事实，在发现广州公安机关同样对本案当事人予以立案的情况后，及时敦促珠海公安机关与广州公安机关协商，按照法律管辖规定予以并案侦查后再移送审查起诉。在法院审理阶段，一审、二审法院均完全采纳了检察机关的公诉意见和出庭意见，取得了良好的法律效果和社会效果。特别是珠海市检察机关专业化办理知识产权案件的机制优势和引用《商标注册用商品和服务国际分类》（尼斯协定）精准打击犯罪的做法，充分体现了中国司法机关依法平等保护域外注册商标的决心和水平。

【案例二：林某等人非法制造注册商标标识案】 被告人林某、汪某、黄某三人为谋取不当利益，于2012年9月，在清城区龙塘镇某村，出资建造皮革后段加工厂。三名被告人以分工合作形式：汪某联系购进机械设备及相关原材料、林某管理工厂、登记账目，黄某联系销售送货，在没有取得注册商标权利人授权和许可的情况下，擅自生产加工带“LV”“GUCCI”商标标识的皮革。至被查获时止，在上述三名被告人开办的皮革加工厂查获非法制造的“LV”注册商标共64卷，查获非法制造的“GUCCI”注册商标共4卷。皮革加工厂生产销售假冒“LV”商标皮革180442元、假冒“GUCCI”商标皮革47858元，合计共228300元。

该案由清远市公安局清城区分局侦查终结，以被告人林某、汪某、黄某涉嫌非法制造注册商标标识罪，于2014年4月30日向清远市清城区人民检察院移送审查起诉。2014年8月14日向清远市清城区人民法院提起公诉。清远市清城区人民法院于2014年10月20日开庭审判，该案被告人林某、汪某、黄某于2014年11月13日被判处有期徒刑一年。一审判决于2014

年12月2日生效。

评析意见：该案是公安部重点督办案件，侵犯的商标系国际知名商标，社会影响较大。办案中，检察机关积极引导侦查，提出的定性意见获法院判决支持，取得了良好的办案效果。

【案例三：刘某假冒注册商标案】 被告人刘某租下两套居民楼,其中一套作为生产窝点,一套作为仓库,进行生产的假冒“HP”“DELL”“苹果”“SAMSUNG”品牌鼠标。刘某先购买了带有这些品牌的手机壳以及相关芯片，再将手机壳和芯片进行组装成假冒手机成品。刘某还专门在阿里巴巴网站发表供应广告，对生产的假冒鼠标进行宣传并批发销售，每个假冒鼠标的批发价格为3.5元至5.4元不等。2014年4月公安机关查处了刘某的生产窝点和仓库，现场查获假冒“HP”鼠标4950个，包装盒2300个；三星“SAMSUNG”鼠标5185个，“DELL”鼠标1195个，“苹果”鼠标1740个，共计价值67809元人民币。刘某到案发时已在网上销售假冒产品1834545.60元。

刘某涉嫌假冒注册商标，2014年4月10日被深圳市公安局宝安分局刑事拘留。因涉嫌假冒注册商标罪，经宝安区院批准，于2014年4月29日由深圳市公安局宝安分局逮捕。宝安区检察院于2014年7月14日以假冒注册商标罪对刘某提起公诉，法院认定刘某购买假冒注册商标罪，判处其有期徒刑三年，并处罚金人民币30万元。

评析意见：该案属于假冒注册商标，自产自销的类型，行为人购买相关配件和商标包装进行组装生产假冒产品，再自己联系客户销售假冒产品。刘某对于生产的大量假冒鼠标通过阿里巴巴供应商网站，批发到各地销售，其行为实际上形成了一个国内假冒鼠标的货源地。该案中行为人刘某生产量巨大，一天就可生产1000—2000个鼠标，社会危害性较大。本案的成功起诉、判决，打击了假冒注册商标的犯罪行为，警示了生产商、销售商遵守国内的商标管理制度，守法经营，否则将承担相应的法律责任。（供稿人：刘月新）

ZHI SHI CHAN QUAN GUAN LI YU FU WU

知识产权管理与服务

- 《广东创建知识产权服务业发展示范省规划（2013—2020年）》
- 知识产权试点示范
- 企业知识产权管理规范
- 专利代理管理
- 百所千企知识产权服务对接工程
- 服务与支撑机构

《广东创建知识产权服务业发展示范省规划（2013—2020年）》

《广东创建知识产权服务业发展示范省规划（2013—2020年）》

【概况】 2014年，广东省知识产权局围绕创建知识产权服务业发展示范省，在扶持知识产权服务机构壮大的同时，推动基础服务对接企业需求。培育形成国家、省、市三级知识产权服务业集聚发展区，深圳市福田区和佛山市获批成为国家知识产权服务业集聚发展试验区。东莞松山湖新区、广州市越秀区设立省级知识产权服务业集聚发展试验区，顺德区试点建设“知识产权创新运用试验区”。广东省5家知识产权服务机构挂牌“全国知识产权服务品牌机构”，4家机构成为第二批“全国知识产权服务品牌机构培育单位”。组织开展2014年广东省知识产权评估推广项目及知识产权运营机构培育试点项目，同时，开展知识产权服务业统计调查工作，了解掌握广东省知识产权服务业发展基础。此外，面向地方政府、企事业单位及社会公众，举办县区专利信息利用培训班，创新开展“专利信息地市行活动”，特别面向特定产业、专业镇的小微企业开展专利信息推送服务，使专利基础的信息服务真正深入到市场细胞——企业中。（供稿人：阳屹琴）

知识产权试点示范

国家知识产权试点示范城市

【概况】 2014年，广东省知识产权局继续大力推进国家知识产权试点和示范城市工作，截至2014年底，全省共有国家知识产权示范城市5个（广州、深圳、东莞、佛山、中山），原国家知识产权工作示范城市1个（汕头）、示范城市培育市1个（惠州）、地级试点城市7个（肇庆、潮州、江门、珠海、湛江、茂名、顺德）、县级试点城市5个（广州增城、肇庆四会、江门台山、茂名化州、肇庆高要）。

【国家知识产权示范城市】 2014年，国家知识产权示范城市工作取得良好成效。经广东省知识产权局和佛山市、中山市知识产权局的精心准备和积极争取，佛山市、中山市顺利成为新一批国家知识产权示范城市，同时，广东省也是2014年全国唯一一个拥有两个地级市入选示范城市的省份。广州、深圳、东莞积极开展示范城市建设工作。广州市首次组织召开高规格全市性知识产权工作会议，陈建华市长全面总结近年来全市知识产权工作情况，并对下一步广州市知识产权发展定位和目标作出总体部署。在2013年度的国家知识产权示范城市工作考核中，广州名列副省级城市第一名。深圳市把握大部制改革构建统一市场监管体制的契机，以“深圳质量”“深圳标准”为标杆，强化知识产权工作体制机制改革创新，努力提升知识产权质量水平，推动深圳知识产权事业全面可持续发展。东莞市成立以袁宝成市长为组长，19个相关部门为成员的市建设国家知识产权示范城市工作领导小组，印发《东莞市建设国家知识产权示范城市工作方案》。

【国家知识产权试点城市】 2014年，广东省知识产权局大力推进国家知识产权试点城市工作，成功推荐茂名市成为新一批国家知识产权试点城市。各试点城市积极完善试点工作领导机构和协调机制，认真制定并大力实施知识产权试点城市工作方案，并取得积极成效。2014年年底，按照国家知识产权局有关要求，广东省知识产权局制定《2014年度国家知识产权试点（含示范创建）城市工作考核表（广东省）》，并开展年度试点（含具备第三批示范城市资格、示范培育）城市考核工作，中山、佛山、惠州、汕头、江门、珠海、湛江、肇庆、潮州、顺德、广州增城、肇庆四会、江门台山、茂名化州获得优秀等级，肇庆高要获得一般等级。（供稿人：陈燕）

国家知识产权强县工程试点示范

【概况】 2014年，国家知识产权局印发《关于做好2014年度国家知识产权强县工程工作的通知》，部署2014年度国家知识产权强县工程示范县（区）和试点县（区）评定工作。广东省知识产权局经认真研究和综合考虑，择优向国家知识产权局推荐佛山南海区为强县工程示范县（区）；在全面摸查和掌握县级知识产权工作发展情况的基础上，向国家知识产权局推荐广州海珠等6个县（区）为强县工程试点县（区）。经国家知识产权局评审，佛山南海成为广东省第二批国家知识产权强县工程示范县（区），广州海珠、番禺，汕头澄海，韶关武江，梅州梅县和惠州惠东6个县（区）成为国家知识产权强县工程试点县（区）。各县（区）认真制定并大力实施强县工程试点示范方案，积极推动各项工作切实有效开展。

（供稿人：陈燕）

知识产权示范企业

【概况】 2014年，广东省知识产权局继续开展“广东省知识产权示范企业”认定工作。

除正式发文外，省知识产权局还通过网络、电话、传真等和各地级以上市、顺德区知识产权局主动沟通，进行广泛、深入的组织发动工作。各市（区）局积极组织企业申报，并按照《广东省知识产权优势示范企业认定办法》（以下简称《认定办法》）规定的条件，对当地申报企业进行认真筛选。

截至申报结束日止，“省级专项资金管理平台”显示：共有44家企业申报2014年广东省知识产权示范企业。其中，37家企业获得地市局推荐，分别来自19个市（区），其中：广州7家，深圳7家，东莞3家，佛山、惠州、汕头、中山各2家，珠海、江门、潮州、揭阳、清远、茂名、梅州、汕尾、顺德、阳江、云浮、肇庆各1家。

根据《认定办法》规定的认定条件及2013年专家提出的意见，省知识产权局设计《2014度广东省知识产权示范企业评分标准》；认定深圳市华星光电技术有限公司等排名前20位的企业为省知识产权示范企业。

【认定企业情况】 认定的20家企业，分布在11个地市（区），其中：广州4家，深圳7家，潮州、东莞、佛山、惠州、揭阳、清远、汕头、中山、珠海各1家。（供稿人：吴瑛）

知识产权优势企业

【概况】 2014年，广东省知识产权局继续开展“广东省知识产权优势企业”的认定工作。共有119家企业申报2014年广东省知识产权优势企业。其中，92家企业经地市局审核后被推荐上来，27家企业未获得地市局的推荐。92家企业来自21个市（区），其中肇庆无企业申报。经地市局审查，92家企业以前均未获得“省知识产权优势企业”的称号。根据认定条件和原则，认定58家企业为广东省知识产权优势企业。

【认定企业情况】 根据认定条件和把握原则，省知识产权局认真审查。对于汕头、韶关、梅州、阳江、湛江、茂名、清远、潮州8个地区无进入前50名企业的情况，给予每市1个名额，由此认定广州奥翼电子科技有限公司等58家企业为省知识产权优势企业，将向被认定企业发放“广东省知识产权优势企业”铭牌。根据安排，2014年优势企业不安排支持经费。

认定的58家企业，东莞9家，广州、深圳各8家，惠州6家，中山、佛山各4家，珠海3家，江门、顺德各2家，河源、汕尾、揭阳、云浮、汕头、韶关、阳江、湛江、茂名、清远、潮州、梅州各1家。除肇庆无企业申报外，其余地市（区）皆有分布。

（供稿人：吴瑛）

高新区知识产权示范创建

【概况】 组织推荐广州开发区、深圳高新区成为省内首批“国家知识产权示范园区”，并按国家知识产权局部署，组织两个园区制定实施园区知识产权建设方案；组织推荐惠州仲恺高新区申报“国家知识产权示范园区”，目前已提交申报材料，进入国家知识产权局审核阶段。截至2014年底，广东省在建国家知识产权示范园区2个（广州开发区、深圳高新区）、国家知识产权试点园区1个（肇庆高新区）。

根据《国务院办公厅关于促进国家级经济技术开发区转型升级创新发展的若干意见》中“支持国家级经开区创建知识产权试点示范园区”的要求，将广东省6个国家级经开区纳入工作范围，努力推动符合条件的经开区尽早进入国家知识产权试点示范园区行列。

引导广州开发区开展国家“知识产权保护和服务综合改革试点”。广州开发区借鉴新加坡知识产权发展先进经验，在国家相关部委的指导支持下，率先走出一条知识产权产业化、商品化、资本化的知识经济发展之路，打造广东经济“升级版”。 （供稿人：吴瑛）

企业知识产权管理规范

企业知识产权管理规范

【人才培养】 2014年，全年共举办全省企业知识产权管理规范培训班5期，培训人员1000多人并组织结业考试。各地市局也积极开展“贯标”培训，东莞、佛山、揭阳等地都举办了不同规模的“贯标”培训班，其中东莞还举办一期国家知识产权局指导的“贯标”实战班，培训人员近200人次。组织广东省知识产权管理及服务机构人员9人次，参加国家知识产权局举办的“贯标”培训班；组织广东省知识产权服务机构29人次参加中知（北京）认证有限公司举办的“贯标”体系认证审核员培训班。

【“贯标”服务体系】 实施2014年度“广东省企业知识产权管理规范推进项目”，扶持10家服务质量高、运营情况好的“贯标”服务机构，按市场化运作原则发动并辅导企业“贯标”，项目任务要求10家机构辅导100家企业进行“贯标”。

【地市“贯标”工作】 积极发动全省市、县（区）级知识产权局结合实际，探索有效的“贯标”推行工作模式。2014年设立全省“企业知识产权管理规范推广试点区域”项目5个。部分地市包括中山、东莞、佛山、惠州等已出台“贯标”扶持配套政策。

【企业“贯标”】 不完全统计，广东省已有200家企业参与“贯标”辅导，首批有广州白云山制药总厂、朗科科技、国云科技、巨大音响、纽恩泰5家企业通过认证。国云科技成为广东省首家、目前全国同行业唯一一家国标认证企业。

【“贯标”指导和宣传】 组织编写了全国第一部“贯标”工作指导专著《GB/T 29490-2013〈企业知识产权管理规范〉理解及知识产权管理体系审核指南》，并于2014年9月在东莞举办了该专著的新书发布会。今后还将围绕“贯标”工作深入开展研究，形成一系列成果指导“贯标”工作推进。

（供稿人：吴瑛）

专利代理管理

专利代理管理工作

【概况】 截至2014年底，全省专利代理机构143家，占全国13%；专利代理人1171人，占全国11%；共有分支机构138家；专利代理机构从业人员近4000人；代理机构中，合伙制83家，公司制45家，律师事务所开办专利代理15家。

【代理机构的审核、分支机构的审批】 广东省知识产权局积极配合省政府行政审批制度改革工作，认真执行《关于同意广东省“十二五”时期深化行政审批制度改革先行先试的批复》文件精神，取消对本省机构在省内设立分支机构的审批事项。此外，省知识产权局严格按《专利代理条例》《专利代理管理》，一方面加强对代理机构设立的审核、跨省分支机构设立审批工作，另一方面加强对直接经工商部门注册的省内分支机构加强后续监管，督促其向国家局及省知识产权局及时备案。2014年，省知识产权局共审核上报专利代理机构材料17份，经国家局批准设立 19家；批准外省来广东省设立分支9家、撤销2家，批准本省机构向外省设立分支机构8家，直接经工商部门注册后报省知识产权局备案的本省机构在省内设立分支机构13家、撤销3家。

【专利代理能力建设】 2014年，省知识产权局切实加强专利代理能力建设。一是通过专题培训活动，提升代理机构服务能力。2014年，省知识产权局积极组织代理机构参加“专利申请文件撰写技能提高培训班”“专利复审与无效专题培训班”“商标法新修改解读及保护实务培训班”“PCT国际专利申请与PPH专利审查高速路培训班”“广东省战略性新兴产业专利分析及预警报告会”“企业知识产权管理规范培训班”“知识产权评估及运营工作培训班”“知识产权资产评估与质押融资培训班”“企业知识产权管理规范推进、专利预警、专利导航座谈会”“粤台知识产权运营合作洽谈活动”“澳大利亚知识产权实务研讨会”“欧洲知识产权制度巡回研讨活动”。二是通过深化“专利代理人实务技能培训”及“专利代理机构业务能力促进工程”，进一步加强代理机构能力建设。2014年5月至7月，省知识产权局分别在广州、深圳各举办专利代理人实务技能培训班、专利代理机构业务能力促进培训班，共有来自省内的112家专利代理机构的412名专利代理人参加实务技能培训，有80家代理机构238名专利代理人参加能力促进培训。该两项培训，三年累计共有1100多人参加，按国家局要求修满学分颁发结业证1004人。

【专利代理行业发展试点】 2014年3月，国家局印发《关于天津市等开展促进专利代理行业加快发展试点工作的通知》，广东省被国家局确定为促进专利代理行业发展试点工作地区。为切实做好试点工作，省知识产权局成立试点工作小组，制定试点工作方案，积极组织实施。一是充分利用试点优惠政策设立代理机构3家（合伙制1家，公司制2家）；落实首批（2013年考生）享受试点扶持政策考生信息核实，及时组织考生参加国家局组织的培训、考试，共发放本省执业资格证33人。二是全省专利代理人达到1155人，超额完成“2014年底前全省专利代理人达到1100人”的试点目标任务。

【专利代理工作调研】 为深入贯彻实施省委、省政府《关于加快建设知识产权强省的决定》及落实加快现代服务业发展的战略部署，加强专利代理服务体系和能力建设，2014年，省知识产权局深入地市、代理机构就如何在加快现代服务业发展中进一步加强专利代理服务体系和能力建设，全面推进专利代理行业又好又快发展开展调研。11月，组织召开广州专利代理机构负责人座谈会，会议总结分析当前国内外知识产权发展形势，通报2014年广东省知识产权工作特别是专利代理管理工作情况，并对当前专利代理行业存在的问题和下一步工作进行深入探讨。

【专利代理规范管理】 2014年，省知识产权局充分发挥广东专利代理协会的积极作用，开展专利代理行业规范管理等推广活动。指导广东专利代理协会印发《广东省专利代理机构管理和服务规范》《广东省专利代理服务指导价》，统一制作《广东省专利代理服务指导价》匾牌，发放给会员单位，实现指导价上墙。指导协会制定《广东专利代理机构管理规范达标单位评选实施办法》《优秀发明专利申请文件评选规则》，在行业内开展“广东代理机构管理规范达标单位评选活动”“第一届优秀发明专利申请文件评选活动”，推动专利代理机构规范管理，提升专利代理质量。

【专利代理市场秩序规范】 2014年，省知识产权局进一步加强监管规范专利代理市场秩序。一是举办面向已执业专利代理人的“专利代理职业道德建设”专题讲座，面向新入行专利代理人的“专利代理职业介绍及专利代理人职业道德和执业纪律规范”专题讲座。二是加强对打击非法从事专利代理行为工作适用法律法规、操作规程的研究，赴北京与国家知识产权局、全国专利代理人协会、北京市知识产权局开展专题调研，指导广州市知识产权局开展《打击非法从事专利代理行为配套执法文书和规程》制定工作。三是转发国家知识产权局《关于规范退休党政领导干部在专利代理机构执业等相关事宜的通知》（国知办函法字［2014］282号），在全省专利代理机构中对退休党政领导干部执业情况进行一次梳理、自查，督促相关人员按要求办理相关手续。四是积极认真开展专利代理信访和投诉的调处工作，全年共受理（或收到国家局转文）6起，其办结4起，正在办理2起。

【专利代理人资格考试】 2014年，省知识产权局申请在广州设立全国专利代理人资格考试考点。本次考试，网上总报名人数3117人，通过审核合格2950人，比2013年2562人增长15.1%，是全国第三大考点，实际参考2285人,参考率为77.4%，参考率居全国首位。通过考试获得资格证书646人，通过率28.27%，通过人数及通过率均继北京居全国第二，创广州考点历史最高纪录。2014年，省知识产权局进一步加大对专利人才队伍建设支持力度，拨专款，全额支持举办高质量考前培训班。培训班为期7天，由国家知识产权局资深审查员授课，有包括香港、台湾的学员在内的312人参加培训，其中考生有237人，企事业单位、代理服务机构人员从事业专利工作人员75人，在参加培训的237人中，通过考试84人，通率为35.44%。

【专利代理行业服务】 2014年，省知识产权局支持、指导广东专利代理协会开展各类针对提升专利代理人执业能力的执业培训10余次（场），召开“广东专利代理协会年会暨创新知识产权服务论坛”，其中“创新知识产权服务论坛”是广东专利协会成立以来首次举办的面向企业及各类知识产权服务机构高端论坛，旨在通过开展论坛，加强学术、产业和宏观政策等多层次的研讨与交流，启迪思想，为学者、企业界、知识产权服务业人士提供高层次、高水平的交流平台，有45家代理机构、32家企业及科研中心、4个地方协会，共 210多人参会。省知识产权局支持、指导代理协会开展对外交流与合作，承办省局“2014年澳大利亚知识产权实务研讨会”“2014年粤台专利服务高端人才培育专题研修班”，协助会员参加在香港举办的2014年世界商标年会及亚洲知识产权营商论坛。（供稿人：张淑芳）

百所千企知识产权服务对接工程

百所千企知识产权服务对接工程

【概况】 “百所千企知识产权服务对接工程”自2010年启动，广东先后在东莞、中山和佛山市南海区、顺德区、禅城区等五个地区进行试点，再逐步向全省各市推进。目前，绝大部分地市结合各自实际，开展形式多样的对接活动。

2014年4月14日至15日，广东省知识产权局牵头组织在湛江、茂名两地举行百所千企知识产权服务对接系列活动。活动共有9家专利代理机构、80多家企业以及多家高校、科研院所代表，市、区知识产权工作负责人160多人参加此次活动。系列活动，结合湛江、茂名的产业特点，分别举办“企业专利信息利用技能”“专利的本质、布局管理与运营”等专题讲座，召开座谈会就企业如何进一步加强知识产权保护进行深入的交流，组织代理机构实地走访两地企业。（供稿人：刘嵘）

服务与支撑机构

国家专利审查协作广东中心共建情况

【概况】 2014年8月，共建审协广东中心领导小组第二次会议在粤召开，国家知识产权局局长申长雨、广东省省长朱小丹出席会议并作重要讲话，会议由广东省副省长陈云贤主持。会议听取共建各方推进审协广东中心共建工作的情况汇报，对下一阶段共建工作进行研究和部署。 （供稿人：余洋）

广东省知识产权服务业集聚中心

【概况】 广东省知识产权服务业集聚中心项目是广东建设知识产权强省的支柱性工程，也是广东创建全国知识产权服务业示范省的重要内容。经多方努力，该项目于2014年12月获省发改委批复立项，由广东省财政全额投资2亿元，批复的建设起止年限为2015年至2016年，目前正加紧推进后续工作。（供稿人：余洋）

国家知识产权局专利局广州代办处

【概况】 2014年，国家知识产权局专利局广州代办处（以下简称广州代办处）共受理专利申请91119件，同比增长9.66%，其中，纸件受理2375件，电子申请人工受理88744件。收取专利费314035笔，金额2.66亿元，处理远程票据93275笔，金额6871万元，合计407310笔，金额3.35亿元，同比增长6.3%。

全年受理向外国申请专利保密审查请求3519件，同比增长22.4%；办理电子申请用户注册4622件；承担各类通知书对外发文及管理234735份，同比增长14.77%；扫描各类请求及相关文件9001件；开展新申请文件受理43件；开展远程票据递送试点的代理机构从2013年的19家发展到22家；共办理专利技术合同认定登记26件，合同涉及金额1.2亿元；办理专利实施许可合同备案548件，涉及专利735项，合同金额7526万元，办理备案注销36件；受理专利权质押登记申请22 件，同比增长100%，涉及162项专利，合同金额 18.79亿元，同比增长438.40%,办理质押注销登记5 件；办理专利登记簿副本出证2896件，批量法律状态证明112批次共6243件，合计出证9139件；为第115、116届广交会提供专利法律确权信息共477件。

【专利电子申请】 2014年，广东省月平均专利电子申请率达93.40%，与2013年同期相比上升6.51%，电子申请率全国排名从2013年的第12名上升到第6名。专利代理机构月平均专利电子申请率达到99.97%，位居全国前列。全省专利电子申请推广工作更加注重实际，全面分析本省专利电子申请率提升空间，以减少纸件专利申请文件为切入点，以规范专利代理市场为重点，促进全省专利电子申请率每月稳步提升，重点抓如下工作：一是开展系列宣传推广活动。根据全省电子申请推广工作发展不平衡的现状，2014年着力提升粤东西北地区的电子申请率，先后在韶关、汕尾、阳江等市举行电子申请宣传与使用培训班，普及专利电子申请知识和系统操作方法。二是及时通报电子申请推广信息。在广东省知识产权局网站和受理大厅，定期通报全省及各专利代理机构电子申请率，为各地市打击“黑代理”提供信息支持。全年共编印《广东省专利电子申请统计简报》8期。三是积极做好相关服务保障工作。共为4622名电子申请用户办理注册手续，编印《专利电子申请使用手册》免费提供给广大申请人，通过专线电话、QQ群、上门服务等方式指导申请人使用电子申请，重点跟踪纸件申请量大的个人和未达到100%电子申请率的代理机构，帮助申请人解决在电子申请中遇到的实际困难。四是积极配合国家知识产权局专利复审委员会做好复审与无效宣告电子请求系统使用推广工作。窗口接收复审、无效宣告专利文件大幅减少，对全省电子申请推广工作起到促进作用。

【专利数据统计分析】 针对全省专利申请授权形势和实际需求，共编发《广东省专利统计简报》12期，为各级领导、地市知识产权管理部门及省直相关单位提供专利统计信息服务。优化《广东专利申请统计分析系统》，提升服务效率和质量。完成了《广东省PCT国际专利申请情况分析简报》《广东省有效发明专利统计分析报告》等专题报告的撰写及广东省专利统计小册子的整理和编辑任务；接收和通报了1批次共151 件疑似不规范专利申请，编辑《广东省不规范专利申请情况简报》1 期。

【获奖荣誉】 2014年，广州代办处全年所有业务实现零差错，在国家知识产权局组织的代办处年检中，各项业务工作均评为优秀，12月，被国家知识产权局团委评为“2013—2014年度青年文明号”。 （供稿人：陈华波）

广东省知识产权研究与发展中心（广东省知识产权维权援助中心）

【概况】 2014年，广东省知识产权研究与发展中心（广东省知识产权维权援助中心）（以下简称“中心”）充分发挥国家局授予的“两个中心、两个基地、六大品牌”的作用，打造以专利信息传播和利用为核心的服务产品，提升公益性为核心的维权援助服务能力，形成信息软服务、信息硬服务、培训服务、维权服务四大服务产品线，开展面向政府、行业、创新主体和公众不同层次的服务。同时，中心围绕可信、好用为原则完善数据库和优化平台系统，通过联合开发商务平台推进专利大数据服务基地建设，按照规划完善培训和传播利用基地建设，根据广东特色强化维权援助中心建设，进一步夯实中心基础，提升全面开展服务支撑能力。

【信息软服务】 *服务政府决策*。中心首次将知识产权评议写入2014年省委组织部“珠江人才计划”引进创新创业团队项目申报指南，并由中心承担引进团队专利情况的分析评议工作。2014年承接佛山市机械装备业专利态势分析、佛山市区县专利实力分析等项目。首次承担地方科技项目评审业务，分别受佛山市南海区知识产权局和惠州市知识产权局委托，承接“2014年度佛山市南海区推进发明专利扶持项目委托评审”和“2014年度惠州市知识产权专项资金项目技术评审”项目。战略性新兴产业专利信息资源开发利用项目进展顺利，完成专利统计和发布系统开发，并通过系统发布《广东省战略性新兴产业知识产权工作动态》23期、《广东省战略性新兴产业专利统计简报》5期、研究报告13份、战略性新兴产业专题专利数据库12个、《中国专利公布统计》90期；2014年编辑和发放工作动态5期、统计简报2期，举办专题培训1次、交流会1次，组织或参与举办分析及预警报告会10多场。

服务产业发展。中心针对重点产业特别是战略性新兴产业深入开展专利分析及预警工作，引导产业创新发展。一是充分挖掘战略性新兴产业专利信息资源开发利用计划潜能，除完成计划设定的任务外，中心根据需求，为地

市和企业提供产业专利分析及预警服务、跟踪全球最新专利技术、培养信息开发人才、建立专题数据库，促进产业的科学发展。二是根据广东省产业特点，发布产业专利动态，如《数字家庭产业专利统计简报》《OLED产业专利统计简报》等多项产业专利信息统计报告。三是开展产业专利分析预警服务，如《广州开发区生物产业基因治疗专利预警分析》《佛山市机械装备产业专利分析报告》《广东省车用聚丙烯领域专利布局及竞争情报分析》《高性能高分子产业重点核心关键技术挖掘》等研究项目。

服务企业创新。首次开展专利信息服务地市行活动：2014年8—9月，中心在省局部署下在珠三角的惠州、深圳、东莞、珠海、江门、中山、顺德区以及广州八个地市开展“广东省专利信息服务地市行”活动，免费派送自主编制的《企业专利信息利用一本通》《生物产业基因治疗技术重点专利推介》《高性能高分子产业重点专利推介》《家电领域中国专利公知公用技术》光盘等专利信息服务产品。这种由省局组织的公益和商业机构共同参加的大规模专利信息推广活动是全国首次。创造性地开展企业信息推送工作：通过7—8月在粤东西两翼的潮州、梅州、湛江和茂名市开展的专题调研、9月开展的专利信息服务地市行以及利用同期进行的各类培训活动，初步建立省（中心）、市、镇、企业4级服务推送工作渠道，了解专利信息服务推送需求；9—12月，中心组织广州奥凯信息咨询有限公司、广州恒成智道信息科技有限公司、北京合享新创信息科技有限公司，根据需求开发和推送定制专利信息、产品预警分析、核心技术挖掘、公知公用技术挖掘等服务产品，并针对全部国外专利的题录文摘信息提供中文同族的替代或者给予中文翻译，对核心专利清单中的专利家族进行数据加工。其间，共向东莞、中山市6个专业镇30家企业分别推送定制的信息服务产品，覆盖教育机器人、LED材料等15个技术领域，合计推送超过7万件专利数据。此次推送服务，得到专业镇和企业高度评价，部分小微企业更联合镇街提出后续服务需求。开展日常专利信息检索服务。针对企业不同需求，开展普通检索、定题检索、法律状态检索、专利检索分析服务，全年为单位和个人出具检索报告20余份，完成交易会投诉案件专利检索360多起，一般企业项目专利检索100多件。

【信息硬服务】 中心承担各类知识产权信息平台的开发、建设和维护、产业和企业专利数据库建设。一是推进重点产业专利信息专题库建设。完成战略性新兴生物医药、LED等10个专题数据库建设任务。二是拓展地方专题数据库建设服务。完成江门市摩托车地方行业数据库建设项目，新签湛江市海洋及小家电产业专题库建设合同，同时佛山、汕头、揭阳、潮州等市分平台整合或专题数据库建设项目正在洽谈中。三是开拓商务机构服务业务。通过整合和完善基础数据库、开发开放式数据接口等技术改造，开放专利信息数据检索接口，实现为第三方商业专利服务系统提供数据服务，目前已与广州奥凯信息咨询有限公司开发的专利服务系统完成数据对接工作，正在进行数据优化和完善等工作。

【培训服务】 2014年，全年共举办或协办培训班32期，累计参加人员近3800人次，公益讲座网络课堂22期。

培训工作亮点：一是加强与地市合作。充分发挥中心资源优势，解决地方师资和部分经费不足等问题，根据当地产业特点开展培训，更具有实效性。二是以需求定方式。满足各行业不同层次知识产权从业人员需求，如中小与部分专业镇协议，深入专业镇举办培训，或邀请相关专业镇企业参加培训，培训服务方式有所延伸。三是以实用定内容。大幅度增加面向创新主体技术人员的专利信息利用、维权等技能培训，与中心的专利信息开发利用、知识产权研究与维权援助等工作结合更加紧密，增强培训效果；同时通过增加案例、邀请知名企业高管和专家授课，提高学员解决实际问题能力。四是充分利用国家资源。2014年多数培训以国家知识产权培训基地名义联合开展，同时利用国家知识产权远程教育平台、公益讲座网络课堂开展培训，并指导省级知识产权培训基地利用远程教育分站开展本地培训，提高培训工作的影响力和号召力。五是不断扩大影响力。培训工作的经验丰富及公众满意度高引起省内外其他部门关注，2014年除举办省局计划内的培训外，同时也承接外单位及其他部门委托的培训。如：福建省德化市中小学知识产权师资培训班、肇庆市开发区企业知识产权管理培训班、顺德区企业专利工作者培训班、德国冠科（Grunecker）律师事务所欧洲知识产权制度巡回研讨活动等。

2014年，中心一人被评为全国知识产权培训先进个人。

【维权服务】 为企业海外知识产权保护提供指引。研究制定《企业应对337调查策略方案及操作指引》《海外会展知识产权维权与风险防范指引》《海外知识产权诉讼应对策略及指引》《海外投资和对外合作知识产权风险防范及操作指引》，并在此基础上研究起草《关于提高我省企业“走出去”知识产权保护能力的若干意见》，目前已经完成初稿，完成后将通过成果发布会或研讨会向企业推送。

企业海外风险应对帮扶服务。配合广东省专业镇知识产权保护，在专业镇内选择若干中小微企业，提供包括对其出口或参加海外展览会的产品进行目的地专利态势分析和预警援助、协助开展知识产权尽职调查、涉及知识产权的文件核查、后续开发与维护指导、侵权监控、提供应诉准备等帮扶措施，帮助企业顺利“走出去”发展。2014年已成功帮助江门市华源工业品开发有限公司等5家企业，使其在海外知识产权纠纷中胜诉和减少损失。

专利侵权判定咨询服务。中心承担国家局委托的华南地区专利侵权判定咨询工作以来，除加强宣传，还采取一系列的措施，强化和监督咨询意见质量，各地市专利行政执法部门纷纷反映案件咨询意见判断准确度高、可信度强，对专利行政执法部门办案发挥重要作用，2014年完成十余件专利侵权判定咨询委托案件。

日常维权援助服务。共受理维权案件申请20件，成功办结16件。

司法鉴定服务。新增案件36件，完成鉴定32件，目前仍然保持鉴定意见100%被采信的记录。

【专利调查】 全国专利实施调查。由于专利调查对象有重大改变，且时间紧、任务重、难度大，但调查工作基本顺利，总抽样量为2471份，回收问卷为1720份，回收率为69.6%。

知识产权服务业统计调查。2014年通过吸取往年经验，采取创新工作模式，该项调查总抽样量1789份，回收678份，回收率为38%，回收率比2013年提高20%。

【专利代理人资格考试考务】 首次免费举办专代考前培训班并获得显著效果，广州考点通过人数646人，占参考考生的26.58%，比2013年合格人数增长22.82%，比2012年合格人数增长68.67%，合格人数达历年最高。

【《广东知识产权年鉴（2014）》和《广东省知识产权局年报（2013年）》】 《广东知识产权年鉴（2014）》于2014年9月出版，比往年提前4个月付梓发行，内容精炼、装帧大方、材质轻盈便于翻阅携带，发行范围和社会影响力进一步提高，共发行169个单位，比2013年增加65个单位。《广东省知识产权局年报（2013年）》提高质量和效率，完成编撰目标。

【平台基地建设】 综合平台升级改造。2014年综合平台专利检索系统的国内外专利数据总量达到5681万条，中国法律状态数据约2273万条，其中，2014年国内外专利数据更新的数量约为417万条，年增长量约7.3%，随着数据量的不断增加，原来的单机检索系统已无法满足用户的检索需求，为改善综合平台的检索性能，2014年启动检索系统改造项目，将检索平台的专利数据从单台服务器迁移到广东区域中心的8台集群服务器上，达到负载均衡的目的，力求保证TRS检索的稳定性，迁移后检索性能将提升4倍以上。同时为满足用户提出的检索需求，中心对综合服务平台上的检索界面和功能进行全面优化和整合。优化后的检索界面及功能更符合用户的检索习惯，大大提升系统平台的友好性和易用性。

区域中心基础建设。2014年区域中心数据加载主要完成2013年及2014年的专利数据加工和加载工作，数据总量约9600万条，争取在12月31日前对专利著录项目数据与国家知识产权局提供的数据进行同步更新。为满足数据更新对存储的需求，对原有的专利数据存储系统进行扩容升级，提升40TB的可用存储空间（裸容量为72TB），并对检索引擎群集系统进行升级，增加2个群集节点的软件和硬件设备。同时为满足专利数据传输量不断增大的需求，2014年对中心机房的光纤宽带进行升级，从原来的50M升级到80M电信核心层接入。

专业镇中小微企业维权援助服务平台建设。为2013年省科技项目，针对专业镇中小微企业的特色，主要为专业镇中小微企业提供包括知识产权相关宣传、咨询、法律援助、举报投诉、行业预警分析报告发布、会员平台等服务。

传播基地建设。一是通过实施“广东基地专利信息利用促进项目”、开展“专利信息服务地市行活动”，有力地促进企事业单位专利信息运用；二是通过制定 “广东省中小微企业专利信息推送服务工作方案”和开展专利信息大数据基地服务平台建设，探索出公益化服务和商用化服务融合发展的新路径；三是通过开展重点产业专题研究项目，为行业持续健康创新发展提供专利信息利用支撑；四是开通公益讲座网络课堂，建立国家与地方人才共育新平台。

培训基地建设。一是开展“知识产权培训服务规范研究”。通过对培训工作的服务流程和内容，组织实施、培训实施主体等各方面进行标准化研究，目前已完成《知识产权培训服务规范》初稿，拟于2015年报相关部门批准形成地方标准。二是推进广东知识产权远程教育平台建设。组织并指导省级知识产权培训基地开展知识产权远程教育分站申报及建设工作，目前设立汕头大学、广东海洋大学、东莞理工学院、顺德职业技术学院远程教育分站，制定《广东知识产权远程教育平台分站管理办法》《广东知识产权远程教育分站评估办法》。三是实施知识产权管理人才信息化工程项目。中心于2013年向省知识产权局成功申报《知识产权人才信息化工程项目》，目前已确定系统建设目标及方案。

维权援助中心建设。一是工作体系不断加强。服务网点延伸到县（区）一级，目前已成功建设茂名、惠州、潮州、江门4个分中心和广州能源研究所、华南理工大学、广东省日化商会、广州博士创新发展促进会4个服务工作站以及中山大学、华南理工大学、暨南大学等5支保护知识产权志愿服务队，为不同地方、不同领域的各个创新主体的发展保驾护航。二是不断提升中心影响力。利用“4·26”知识产权日、刊登报刊广告、派发宣传册等形式，着力打造维权公益形象。三是探索建立电商维权新机制。中心与阿里巴巴、唯品会等电子商务公司进行研究，并通过年内受理的淘宝卖家知识产权侵权案件，探索建立电子商务领域专利维权工作机制。

专利大数据服务基地建设。一是经过反复修订和论证，基本明确建设思路和方案，采用大数据及云计算应用技术，通过“打造一个平台，创新一种模式，培育一个市场”，构建公益性与商务性两翼齐飞的专利信息服务新模式和新机制。二是通过深入地市调研和论证，探索出“集中托管与分散利用”的公益服务新模式，即由中心机房集中托管地市分平台和专题数据库系统、保留地市各自平台名称和开放二次开发权限，这样不但可以共享中心平台拥有的所有数据资源和所有的检索和工具系统，解决各市设备维护、数据更新、缺乏技术支撑等老大难问题，又可以为地市争取地方信息利用资源、二次开发提供便利。目前正在实施的湛江海产品和小家电产业专题数据库系统正式按照这个模式展开。三是探索商务服务新模式，即打造开放式专利大数据网上商城，营造生态环境吸引社会服务机构进驻。目前采取这种模式与广州奥凯公司联合开发的专利大数据商用平台和移动APP已经上线试运行。

专利信息协会成立。中心联合省内13家、特邀省外6家机构共同发起成立“广东省专利信息协会”，会员将覆盖专利信息资源支持、产品开发、传播和运用信息传播利用全过程的公益性和商业性服务机构，目前已通过省民政厅的审核。（供稿人：麦雪华）

广东省知识产权研究会

【概况】 2014年，广东省知识产权研究会新增加团体会员3个。目前共有会员177个，其中团体会员69个，个人会员108个。

【学会基础建设】 是年，广东省知识产权研究会动员广州市南方科能信息产业有限公司等3家企业加入广东省知识产权研究会。补充制定《软课题项目经费管理补充办法》。完善广东省知识产权研究会网站（www.gdips.org）。网站板块设置“学术研究”“新闻资讯”“会员之家”“活动专辑”“知识产权论坛”“《广东知识产权研究会简报》”等栏目。

【知识产权学术交流】 广东省知识产权研究会先后组织会员300多人次，分别参加“2014年中日企业合作知识产权研讨会”、国家知识产权局“知识产权走基层、服务经济万里行”深圳站活动、“第四届亚洲知识产权营商论坛”等活动。

2月26日，研究会联合日本知识产权协会举办第3届中日企业合作知识产权研讨会。会议由日本夏普、索尼、松下、欧姆龙等全球知名企业代表与中方中兴通讯、比亚迪、美的集团、丽珠医药等优秀企业代表围绕“专利申请战略与战略执行的对策”和“针对其他企业权利的对策”这两大主题展开研讨，70多家会员代表共130多人参加研讨会。会议得到参会人的好评和充分肯定，日本知识产权协会理事长竹本一志和常务理事长花本忠幸专门写了感谢信，高度评价这次研讨会。

11月3日，组织会员单位和邀请有关部门、行业协会等共49家64人参与“知识产权走基层、服务经济万里行”深圳站活动。其间，组织企业、代理机构提交发明专利巡回审查需求材料，使企业专利申请人能够与赴粤调研审查员进行面对面的沟通。与此同时，还组织会员参加本次活动的“外观设计主题研讨”培训班。

12月3日，广东省知识产权会应香港贸易发展局的邀请，组团（一行共16人）参加“第四届亚洲知识产权营商论坛” 活动。我会副理事长单位中兴通讯股份有限公司代表在研讨会上就“新兴技术的全球专利策略”议题作了发言。

【知识产权课题研究】 《智能制造装备产业专利分析及预警》项目。广东省知识产权研究会与国家知识产权局专利局机械发明审查部，共同承担广东省知识产权局的《智能制造装备产业专利分析及预警》项目，该项目起止时间是2014年4月至2017年4月，项目主要成果是“智能制造装备产业专利信息数据库”及其报告，同时分别形成2014年版、2015年版、2016年版《智能制造装备产业专利分析及预警报告》。项目于2014年4月正式开题，目前课题组已经形成2014年版20万字的文稿，并进入专家审核阶段。

《战略性新兴产业涉外知识产权应对策略》课题调研。为研究广东省战略性新兴产业发展进程中面临的涉外知识产权问题及对策，研究会与省政协教科卫体委员会组成联合课题组，开展“战略性新兴产业涉外知识产权应对策略”课题进行调研。调研组与省直相关部门进行了座谈，并走访了广州、深圳、东莞等地的相关企业，在2013年调研的基础上，于2014年1月形成专题报告。广东省政协选取该调研报告中“我省战略性新兴产业之一的LED照明产业的知识产权情况”相关内容，在《广东政协信息》（2014年2月第27期）刊登题为《建议省部合作支持“LED标准光组件计划”》文章，广东省委副书记、省长朱小丹等领导做了批示，其中副省长陈云贤批示：“我很赞成和支持此建议，相关技术事宜转科技厅阅处。工信部合作事宜请转志庚同志审示。”

“广东省专利申请资助政策实施调查”。6—8月，开展广东省专利申请资助政策实施情况调查工作。经半年的调查、分析后，撰写出《广东省专利申请资助政策实施调查报告》，该报告反映广东省实施省、市、县三级资助政策以来的成效及存在问题，为全省下一步修改完善资助政策体系提供有效参考。

【承接政府项目】 2014年，承担“2014年度广东省专利技术实施计划项目申报”（申请73项）、“2014年度广东省知识产权优势、示范企业申报”（119家企业申报优势企业、50家企业申报示范企业）、“广东省重点出口产品专利预警分析计划项目申报”（20项申报）中的申报咨询、材料收集、初步审查、确定及联系专家、组织评审、统计分数和准备上会材料等各环节的工作。

承担2014年广东省专利奖申报与评审系统各项调试测试工作，有效解决本届专利奖因申报方式和内容的更新、推荐方式的更新、发明人奖的首次推出等，在实际操作中出现各种问题，确保2014年广东省专利奖的申报、推荐、评审工作如期进行。

6月，承担更新粤港超链接工作。解决知识产权信息网站因定期更新，导致原链接不能使用的问题，在原来的资料库上共更新粤港超链接36个（网页），使粤港知识产权信息超链接能够按常规搜索，实现所有链接点击立即进入的效果。

承担“2014年广东省知识产权宣传周活动方案暨2013年广东省知识产权保护状况”新闻发布会的人员落实工作。共组织省政府知识产权办公会议成员单位代表，各国驻广州领事馆代表，境外及港澳驻穗新闻媒体代表，中央驻粤和广东各新闻单位代表等共约100人参加新闻发布会。

承担6月18日在江门市召开“知识产权产业促进工作座谈会”的人员落实和收集会议交流材料工作。会议人员180余人，分别来自国家知识产权局、广东省各级知识产权局、“战略性新兴产业专利信息资源开发利用”课题组成员和全省企业、服务机构代表等。

承担第十五届专利奖励大会暨全省知识产权工作会议会务工作（联系落实参会代表并收集会议材料）。

承担组织企业参加“专利审查工作社会需求暨‘十三五’规划制定调研工作座谈会”工作。

6—12月，先后3次配合省知识产权局协调国家知识产权局审查员来粤开展巡审，并组织会员代表100多人次参加巡回审查活动。

（供稿人：钟永欣）

广东知识产权保护协会

【创新交流活动】 2014年4月，广东知识产权保护协会（下简称“保护协会”）和省商标协会、省版权保护联合会共同举办“2013年度广东省知识产权十大事件和十大案件”评选活动。这是首届“广东省知识产权十大事件和案件”评选活动。

2014年7月18日，保护协会和广东省律师协会知识产权法律专业委员会、美中知识产权协会、华南理工大学等单位在广州市举办“中美知识产权商业化运营实务研讨会”。

2014年11月6日，保护协会在广州举行第1期“智汇珠江——知识产权实务谈”，本期主题为“地方知识产权政策介绍”。

2014年12月12日，保护协会和中国知识产权报社等单位共同主办的“2014年知识产权服务（广州）论坛暨首届知识产权服务（广州）对接洽谈会”在广州市举行。

【传统交流活动】 2014年3月31日，保护协会组织会员单位参加国家专利复审委员会在广州举行的对两起涉及发明专利的专利无效请求案件的口头审理旁听。4月21日，协会组织会员单位参加海珠区法院商标侵权纠纷案件审理旁听。

2014年4月24日，保护协会和广州市中级法院知识产权庭合作举行“2014年广州知识产权司法保护论坛”，进行“知识产权损害赔偿”“驰名商标司法认定”等专题研讨。这是协会和该院连续第5年举行这一论坛。

2014年7月11日，保护协会在广州举行“2014年广东地区知识产权经典案例报告会”。这是协会自2005年以来，连续第九次举行年度知识产权典型案例报告会。

2014年11月7日，应副会长单位广东溢达纺织有限公司的邀请，协会组织会员单位赴该公司考察交流。

【合办社会活动】 2014年7月3日，广东知识产权保护协会作为支持单位，组织会员参加在广州由中国欧洲商会举行的“珠三角知识产权峰会”，峰会主题是为“向专家学习——专利权的保护”。

2014年7月15日，广东知识产权保护协会与南方文交所专利与商标交易中心在广州举行“知识产权运营研讨会”。

2014年8月7日，广东知识产权保护协会作为支持单位，见证“广州地区行业协会知识产权边境保护联盟”的成立。

2014年8月23日，广东知识产权保护协会与国家专利技术（深圳）展示交易中心联合在广州举行“2014穗深知识产权运营沙龙”。

2014年11月14日，广东知识产权保护协会作为支持单位，组织会员单位参加在广州举行的“聚焦知识产权货币化——第四届年度专利实务培训”活动。

2014年12月上旬，广东知识产权保护协会受香港贸易发展局委托，组织会员单位参加在香港举行的“亚洲知识产权营商论坛”。

【会员服务活动】 2014年3月，广东知识产权保护协会应美的集团的要求，邀请省高级人民法院知识产权庭副庭长张学军博士为该公司做“修改后的《商标法》司法解读及企业商标保护建议”专题讲座。

2014年10月，广东知识产权保护协会作为支持单位，支持由珠海天威飞马打印耗材有限公司主办的“天威杯”打印耗材创新设计与专利大赛。

2014年11月20日，广东知识产权保护协会作为支持单位，支持会员单位举办“丹麦蓝罐曲奇知识产权案件研讨暨新闻发布会”。

2014年12月30日，协会作为支持单位，支持了由会员单位“设计原创网”在广州举行的“2014优秀毕业作品网络人气颁奖典礼”。

【承接政府工作】 宣传工作。协会接受省知识产权局的委托，开展省部知识产权会商、发明专利突破十万件、第十五届中国专利金奖、广东省专利奖励办法出台等一系列知识产权宣传工作，取得很好的社会效果。

承办会议。2014年12月18日至19日，协会承办由广东省知识产权局主办的“专利执法案例与实务研讨班”。

档案整理。协会接受省局委托，组织相关单位为第115、116届广交会专利行政执法案件进行纸质档案电子化处理和归档。

【宣传工作】 2014年，广东知识产权保护协会继续举办《广东知识产权》的编辑出版工作。由于杂志原来的编辑辞职，协会在相关单位的支持下，努力完成杂志的编辑出版和发行工作。2014年编辑出版《广东知识产权》杂志6期，为宣传国家和省的知识产权相关政策法规，推介知识产权工作经验，报道知识产权建设成效等方面做出贡献。

2014年8月起，广东知识产权保护协会得到了相关单位的大力支持，向会员单位和相关企事业单位免费赠阅《中国知识产权报》5个月，共计600份，深入宣传知识产权制度，同时也进一步扩大保护协会的知名度和影响力。

【协会管理】 2014年1月17日，广东知识产权保护协会在江门组织召开第二届理事会第五次全体会议，审议2013年工作报告，决定2014年工作计划，并就评选全省知识产权重大案件和事件等重要事项作出决议。

2014年以来，广东知识产权保护协会吸纳了英国睿阁律师事务所广州代表处、广东风华高新科技股份有限公司、东莞市鸿宝锂电科技有限公司、设计原创网、广东新展化工新材料有限公司、深圳市理邦精密仪器股份有限公司、广东法制盛邦律师事务所等7家单位加入会员队伍，协会得到发展壮大。

（供稿人：顾奇志）

广东专利代理协会

【行业自律建设】 为提高广东省专利代理机构管理水平和服务质量，促进行业的健康、快速发展，提升行业的诚信水平和社会公信力，鼓励专利代理机构做优做强，在广东省知识产权局的支持下，广东专利代理协会制定《广东省专利代理机构管理和服务规范》《广东省专利申请代理服务指导价》。

【行业服务】 培训交流活动。2014年，协会主办或承办的培训交流活动共计14场次，培训时间共16天，计120个以上课时，参加培训的人员超过1600多人次。

建立沟通交流平台。协会通过网络、年会、论坛、座谈等形式，促进会员交流与合作，倡导和谐和诚信的行业风气。秘书处充分利用协会网站系统的建设，并积极利用会员QQ、微信群及电子邮箱，为全省专利代理机构提供一个新的、专门的交流沟通和展示风貌的统一平台。上传会员意见和建议，下达国家局、省局的最新精神及通知，协助及解决会员遇到的问题，充分发挥行业沟通交流平台的作用。

【行业自评工作】 2014年，协会在全省范围内开展“广东专利代理机构管理规范达标单位”评选活动。申报达标单位有24家，其中广州11家，深圳9家，东莞、珠海、中山、汕头各1家，最终评选出21家符合条件达标单位。

协会开展第一届优秀发明专利申请文件评选活动，由国家知识产权局专利局专利审查协作广东中心资深专家评选出10篇广东专利代理协会“第一届优秀发明专利申请文件”。

【配合省局工作】 配合省局开展对专利代理机构的设立、变更等日常工作的咨询、资料的初审。2014年1—12月，协会配合省局共受理、初核17家专利代理机构设立申请资料，国家局批准19家代理机构设立申请（含跨年度）；截至2014年12月，全省共有 143家专利代理机构，138家分支机构，执业专利代理人1171 名。

【协会建设和发展】 发展会员队伍。截至2014年12月，协会会员单位为154家，比2013年140家会员增加了14家，占全省代理机构及分支机构总数55%，会员单位执业代理人总数占全省执业代理人总数的61%。

组织建设。协会2014年设立三个工作委员会：行业自律委员会、教育培训委员会、交流发展委员会。委员面向全体会员招募，充分调动广大会员参与协会活动的积极性，提高协会的办事效能。（供稿人：陈一忠）

广东商标协会

【商标宣传培训交流活动】 在广东省工商行政管理局的大力支持下，2010—2014年，协会分别在佛山、广州、汕头、深圳、中山等地组织了商标业务知识培训、商标意识宣传及高端论坛等活动，共12场次，参加人数达3000人次。

广东商标协会先后派员参加香港特别行政区政府与香港贸易发展局及香港设计中心合办的“第二届、第三届及第四届亚洲知识产权营商论坛”活动，拓宽了会员的视野，增强了粤港澳台商标保护交流合作。

为更好地服务全省著名商标企业群体，搭建著名商标企业之间的交流平台，积极维护著名商标企业的合法权益，秘书处通过会员QQ群、电子邮箱、网站、走访等形式，进一步密切企业、协会、政府之间的关系，促进我省品牌建设。

【广东省著名商标工作】 广东商标协会于2013年3月依法承接了广东省著名商标认定职能。2013年共收到广东省著名商标申请材料1508件，其中认定申请828件，延续申请680件，最终通过认定475件，通过延续631件。2014年广东省著名商标评审工作于2014年6月3日正式启动，共收到广东省著名商标认定申请603件，延续申请721件，合计1324件。经过材料审查、现场抽查核实、征求相关行政执法部门和行业协会的意见等程序，召开了2014年度广东省著名商标预备会议、评审会议及异议裁决会议，最终认定“CHNV”等358件商标、延续“久策”等680件商标为广东省著名商标，2015年1月29日予以公告。截至2014年12月全省广东省著名商标有效件已达3019件。

【商标代理行业自律建设】 为了健全完善商标代理行业自律和行业管理机制，引导和监督商标代理行业健康发展，在广东省工商行政管理局的支持下，编制了《商标代理服务规范》（DB44/T 1579-2015）地方标准，于2015年4月16日发布公告，自2015年7月16日起正式实施。

【会员发展】 截至2014年12月，广东商标协会会员单位为377家，比2013年同期增加了69家。（供稿人：胡红琳）

广东省知识产权研究与发展中心司法鉴定所

【业务情况】 2014年度，广东省知识产权研究与发展中心司法鉴定所（以下简称“鉴定所”）接收司法鉴定委托案件共46件，累计已完成案件共37件。在完成的案件中，按鉴定业务类别分类，技术秘密案件20件，专利案件4件，计算机软件案件13件；按委托主体分类，公检法等部门委托的案件17件，企事业单位委托的案件20件。

鉴定所本年度接到投诉案件共4件，投诉内容主要是对鉴定受理流程、鉴定内容的质疑。接到投诉后，鉴定所即刻组织鉴定人对投诉案件进行回顾、自查自纠，并积极配合上级主管领导对投诉案件的调查，经查明，均确认为无效投诉。

【宣传工作】 2014年4月14日，鉴定所长冯健宁应广州市质量技术监督局邀请，担任《广州市专利标准化规划对提升TBT应对体系效能的研究》项目验收会议评审组组长，在会议过程中，为大家讲解知识产权司法鉴定的工作情况、受理流程等。

2014年6月11—13日，所长冯健宁随同中心领导前往粤西调研，调研过程中宣传了鉴定工作的基本情况、受理流程等，提高鉴定所的知名度。

2014年12月3日，由上海市司法鉴定协会副秘书长罗晓冰带队组成的上海市司法鉴定协会考察组一行9人到广东省知识产权研究与发展中心就知识产权司法鉴定工作开展专题调研。在座谈会上，鉴定所详细介绍相关情况。

2014年12月12日，鉴定所派出相关人员到“2014年知识产权服务（广州）论坛暨首届知识产权服务（广州）对接洽谈会”会议现场开展服务工作，为热衷了解知识产权司法鉴定的群众解答疑问。

【内部管理】 根据《刑事诉讼法》第一百八十七条第三款规定：“经人民法院通知，司法鉴定人拒不出庭作证的，鉴定意见不得作为定案的根据。”和《民事诉讼法》第七十八条规定“经人民法院通知，司法鉴定人拒不出庭作证的，鉴定意见不得作为认定事实的根据”。该两法的实施对司法鉴定人出庭的要求大幅提高，鉴定人出庭质证的频率增加。2014年，鉴定所收到出庭质证通知共3件。在法庭上，要求鉴定人有深厚知识和强抗压能力。对此，鉴定所加强对鉴定人庭前培训，提高鉴定人出庭质证的技巧和应对能力。

【鉴定培训】 根据《司法部关于印发〈司法鉴定教育培训规定〉的通知（司发通［2007］72号）》文件规定，“鉴定人继续教育学时不少于40学时”。为提高鉴定队伍的政治素质、业务素质和职业道德素质，加强鉴定人的鉴定水平，保证鉴定质量，鉴定所着重对鉴定人的培训工作，积极组织鉴定人参加省市司法管理部门举办的各类培训。

【充实鉴定人】 针对鉴定业务情况，鉴定所致力于挖掘各技术领域有技术专长的技术人员，为鉴定工作发展补充新鲜的血液，以保障鉴定所业务质量和效率。经过筛选和观察，有两位符合发展鉴定人条件，鉴定所向市司法局提交资料并获批。另外还有几位专家基本符合条件，鉴定所继续准备相关报备资料。

【鉴定人执业证】 根据《司法鉴定人登记管理办法》规定，“司法鉴定人执业证”自颁证起五年内有效。鉴定所为即将到期的鉴定人执业证办理了延续手续，拟定《司法鉴定人延续执业证申请》《司法鉴定人延续执业证证明》《司法鉴定人历年执业情况汇报》等相关资料，协助鉴定人完成执业证的延续工作，以保障鉴定人顺畅开展鉴定工作。

（供稿人：唐硕穗）

广东省律师协会知识产权法律专业委员会

【概况】 2014年，广东省律师协会知识产权法律专业委员会（下简称“省律协知产委”）在学术研讨与交流、业务拓展、参与省知识产权战略实施工作、立法修法等方面开展多种形式的工作，圆满完成2014年工作计划，取得较好的社会效果。

【专业活动】 2014年，广东省律师协会知识产权法律专业委员会征集评选上一年度（2013年）广东省律师知识产权典型案例，并在全省举办5场巡回报告会，参加人数达1000余人次。

提议成立广东省律师协会（知识产权）讲师团，也是省律协首个专业讲师团。该活动得到广东省司法厅、广东省知识产权局的肯定和支持，被纳入广东省人民政府知识产权办公会议《2014年实施广东省知识产战略纲要工作方案》。

成立课题研究小组，积极研究当前经济形势下知识产权法律服务工作的新问题，探索新的知识产权服务领域。

在深圳举办“第二届广东知识产权法律服务论坛”，引起全国知识产权律师界和企业界的广泛关注。

【学术交流活动】 7月18日，广东省律师协会知识产权法律专业委员会与广东知识产权保护协会、美中知识产权协会（US-China Intellectual Property Institute）、华南理工大学法学院知识产权学院联合举办“中美知识产权商业化运营实务研讨会”。

10月22日，广东省律师协会知识产权法律专业委员会与华南理工大学法学院知识产权学院共同主办第24期华南知识产权月谈。月谈主题为“欧洲商标外观设计制度最新发展与实务研讨”。

6月16—17日，成都市版权局、成都市版权协会代表团一行5人来粤有关机构交流参观。其间，广东省律师协会知识产权法律专业委员会主任邓尧，副主任肖才元、江知芸等律师与成都版权界代表在深圳进行座谈。

2014年，广东省律师协会知识产权法律专业委员会邓尧主任继续担任广东司法警官职业学院律师学院、华南师范大学律师学院的两期实习律师岗前培训授课任务，为实习律师讲授《知识产权律师业务及技巧》。广东省律师协会知识产权法律专业委员会还与广东司法警官职业学院律师学院联合举办知识产权典型案例报告会，选派8名（次）资深律师亲临实习律师培训大讲堂，讲解典型案例的法律问题及办案技巧。

5月18—31日，省律协在广东举办“百千千工程”2014广西、云南律师培训交流活动。

（供稿人：邓尧）

ZHI SHI CHAN QUAN JIAO LIU YU HE ZUO

知识产权交流与合作

- 对外交流与合作
- 区域交流与合作

对外交流与合作

知识产权对外交流与合作

【概况】 2014年，广东省知识产权局本着平等、务实、互利的原则，进一步拓展对外交流合作渠道，持续完善全省知识产权系统外事工作管理，加强与相关部门的沟通协作，积极举办、参与知识产权外事活动，大力提升全省知识产权外事工作水平，全面推进知识产权对外交流合作，为广东经济社会发展作出新的贡献。

【知识产权合作新格局】 2014年初，广东省委、省政府审议通过《关于进一步提高对外开放水平的意见》，提出加快构建对外开放新格局、增创港澳台侨合作交流新优势、加快转变对外贸易发展方式、加快转变对外贸易发展方式、推动“引进来”和“走出去”协调发展、建设高质量对外开放平台等9个方面44条措施。推动外事工作管理，加强与相关部门的沟通协作，积极举办、参与多个大型国际知识产权研讨活动。2014年，广东省先后出台关于进一步加强与欧洲、北美、东盟国家交流合作的实施方案，知识产权合作无一例外成为其中的重要内容。制定《提高广东知识产权对外开放水平　促进构建开放新格局实施意见》，围绕广东知识产权事业发展的核心，结合第二轮高层次战略合作主要任务，创新一批知识产权对外合作项目，全力构建知识产权合作新格局。包括:建设知识产权多元国际合作试验区；探索以国际合作园区和出口企业为主体的知识产权对外交流合作新路径；提升广东知识产权服务业国际化水平，创建知识产权服务业发展示范省；建设与国际接轨的知识产权运用平台；与国家知识产权局知识产权发展研究中心共建国（境）外知识产权信息情报渠道，促进知识产权舆情研判；与广东知识产权外事工作有效结合；发挥各方力量，全面提升广东知识产权对外开放能力和水平，将广东建设成我国知识产权多元国际合作试验区。

【知识产权大外事】 4月知识产权宣传周期间，广东省知识产权局组织省政府知识产权办公会议26个成员单位及6个特邀单位，编写《2013年广东省知识产权保护状况》白皮书（中英文版），并联合省政府新闻办召开新闻发布会。广东省知识产权局党组书记、局长马宪民向各国驻穗领事机构及境内外媒体发布了白皮书，相关部门代表出席发布会并回答相关提问。自2003年至今，发布会已连续12年举办，成为广东对外宣传知识产权工作的品牌活动。2014年，广东省知识产权局先后协调邀请省公安厅、省工商局、省版权局、省高院等知识产权相关部门共同接待“日本经济产业省及国际知识产权论坛官民实务代表团”、法国驻华知识产权专员等代表来访。2014年，广东省知识产权局多次协调广东省知识产权相关部门组织材料，为省委、省政府领导会见外国领事团提供参阅材料，提升广东知识产权工作的国际知名度和影响力，大大推动知识产权大外事概念。

【知识产权多元国际合作实验区】 2013年，国家知识产权局与广东省政府签署《关于建立第二轮知识产权高层次战略合作关系的议定书》，其中明确提出建设知识产权多元国际合作试验区。广东省知识产权局结合相关要求，调动各方力量，多层次开展打造知识产权国际合作试验区。积极贯彻落实《国家知识产权局和广东省人民政府第二轮知识产权高层次战略合作协议》，在全省启动“重大国际知识产权合作平台建设工程”“国际知识产权制度运用能力提升工程”“国际知识产权高端研讨品牌打造工程”“粤台知识产权对接计划”四大合作项目。通过省贸促会、省台办、知识产权行政管理部门等机构多位专家集中讨论和评审，分别选定由广东省内知识产权相关协会、代理机构、广东省内知识产权快速维权援助中心以及重点国际产业园区所在地知识产权局承担项目实施工作。充分发挥知识产权行政主管部门、行业协会、服务机构等各方力量，搭建知识产权国际交流平台，培育开放型经济发展新优势，加强知识产权涉外管理与服务有极其重要的意义。

【知识产权合作体系】 2014年，广东省知识产权局紧密围绕构建对外合作新格局的精神，深入推进与欧洲、美国等发达国家知识产权部门的交流，切实增强与新加坡等新兴东盟国家在知识产权领域的合作，力争构建重点突出多元发展的对外知识产权交流合作体系。深入推动与欧美日韩等发达国家和地区在知识产权领域的交流合作。2014年，先后组织有关人员赴英国、法国、德国等知识产权较为发达国家和地区访问培训，与知识产权管理保护部门、高校、科研院所、创新型企业、知识产权服务机构等相关机构开展会谈，签署合作备忘录，推进在知识产权宣传、培训、知识产权服务业等领域的合作，大大拓展了广东知识产权合作渠道。围绕“21世纪海上丝绸之路”建设，加强与新加坡等东盟国家在知识产权领域的合作。推动中新知识城知识产权保护和服务综合改革试点工作，与新加坡知识产权局开展高层互访，支持中新（广州）知识城管委会与新加坡知识产权学院签署合作备忘录，支持举办“2014年中新知识论坛”，邀请国际知名知识产权专家出席，打造高层次知识产权国际合作论坛品牌。进一步巩固与日本、韩国等亚洲知识产权强国建立起良好的知识产权合作基础。举办中日企业知识产权研讨会、参与中韩知识产权行政管理交流活动等系列活动。由广东省知识产权局组织翻译的《知识产权密集型产业对欧盟经济及就业的贡献》（中文版）一书，正式出版并在全国发行。逐步构建重点突出、辐射面广的知识产权交流合作平台。

【国际知识产权交流合作】 广东省知识产权局积极拓展与国外知识产权相关机构的交流合作，在协助企业走出去的同时，引进国际知识产权研讨培训资源，主办、协办、承办一批具有极高影响力的国际知识产权研讨活动，与国家知识产权局、顺德区知识产权局携手打造“外观设计与专利国际研讨会”品牌项目。先后联合美国专利商标局、美国全国商会与香港城市大学、WIPO知识产权仲裁院、世界知识产权组织中国办事处、日本贸易振兴机构等机构共同举办知识产权国际交流研讨活动，为企业“走出去”提供智力支持。2014年，广东省知识产权局联合欧洲AIPEX知识产权事务所联盟，美国飞翰知识产权律师事务所，澳大利亚骁盾知识产权事务所，英国睿格知识产权律师事务所，德国Grünecker律师事务所在广东广州、中山、珠海、江门、佛山、清远、肇庆等地市举办国家知识产权制度巡回演讲系列活动。致力于打造开放的国际知识产权研讨培训平台，加深广东企事业单位对国际知识产权制度发展的认识，全面提升广东知识产权国际化水平。（供稿人：郭亚青）

区域交流与合作

2014年粤港知识产权合作

【概况】 2014年，粤港两地知识产权相关部门围绕粤港保护知识产权合作专责小组第十二次会议确定的合作计划，推动完成合作项目16个。

【粤港合作机制】 粤港保护知识产权合作专责小组首创两地跨境保护知识产权合作机制，确立定期会议和项目合作制度，以及联络员、定期会议、项目合作等合作机制，形成了完善高效的合作体系。2014年，粤港保护知识产权合作专责小组第十三次会议在广州举办，会议总结了上一阶段粤港知识产权合作的情况，研究确定了下一阶段粤港知识产权合作的计划项目。

【知识产权研讨】 *粤港知识产权与中小企业发展（汕尾）研讨会*。2014年6月5日，粤港双方在广东省汕尾市联合举办以“应用知识产权以提升竞争力”为主题的“粤港知识产权与中小企业发展（汕尾）研讨会”。来自国家知识产权局专利局专利审查协作广东中心的代表和粤港两地的专家、企业和中介机构代表等在会上分享内地与香港知识产权制度的最新进展，并就知识产权保护及管理等问题进行研讨。粤港保护知识产权合作专责小组成员单位代表，来自汕尾市及粤港的企业、中介机构、协会和研究所共约200人参加研讨会。

【知识产权交流活动】 2014年3月24日至26日，广东省版权局副局长钟庆才率领广东省出版、电影及动漫等业界代表赴港访问，与电视广播有限公司及香港版权业界代表开展交流，并访问香港海关和香港电影资料馆。广东省版权局和香港海关、香港知识产权署继续共同举办“粤港中学生版权知识和版权保护交流活动”。2014年4月10日及11日，广东省版权局代表、广东省广州市绿翠现代实验学校和广州市第五中学师生一行22人赴港进行交流。交流团参观了香港海关，系统了解香港海关知识产权执法工作，并到访了香港少年领袖团的营地。此外，交流团还访问了香港知识产权署，进一步了解香港知识产权的保护制度，提升了同学们保护知识产权的意识。加强商标品牌建设交流合作。广东省工商局巡视员姜海平率领广东省的企业、代理组织与工商部门等代表共16人出席“设计营商周——品牌亚洲论坛”和“亚洲知识产权营商论坛”，加强了两地商标品牌创建方面的合作，同时为粤港两地的民间机构搭建了有效的交流平台。深入开展品牌国际化建设交流与合作。2014年3月19日，广东省商务厅与香港知识产权署联合举办“2014年品牌国际化知识产权保护培训班”，广东省知识产权局、广东省工商局、广东省版权局和两地海关、专家围绕品牌国际化和知识产权保护作专题演讲和交流，大大提升了广东企业运用知识产权参与国际竞争的能力。

【知识产权跨境保护】 海关跨境知识产权保护合作进一步加强。自2013年8月至2014年6月中旬，两地海关共交换各类情报信息45件，并开展了两次海关保护知识产权同步联合执法行动，严厉打击两地走私侵权物品的行为。2013年7月至2014年6月，广东海关共查获以香港为贸易地的涉嫌侵权案件422宗，查扣涉嫌侵权货物579万件。涉案货物价值超7000万元。针对打击粤港两地利用邮递快件管道进出口侵权物品的违法活动，粤港两地海关于2014年3月24日至28日期间举行了针对邮递管道走私侵权物品的同步联合行动，取得丰硕的成果。香港海关在同步联合行动中，查获9宗案件，共1301件侵权货品，包括手袋、钱包、鞋、首饰、手机壳及电池等，总值约港币13.8万元。广东海关在联合行动中，查获案件5宗，货物253件，案值3万元。2014年5月双方知识产权专项联络员举行2014年5月双方知识产权专项联络员货物253件，总结同步联合行动的成果及商讨下一阶段的合作重点。广东省公安厅与香港海关知识产权跨境侵权案件合作不断深化。广东省公安厅经济犯罪侦查局访问香港海关版权及商标调查科，双方交流了跨境侵权趋势，探讨涉及两地侵权案件的合作。过去一年双方通过即时的情报交流及案件协查，交换情报信息24件。广东省工商局与香港海关交换跨境侵权案件信息。自2013年8月至2014年6月中旬，香港海关共提供给广东省工商局情报信息共13份，广东省工商局对香港海关通报的涉嫌广东企业的侵权线索，逐一核查，并向香港海关反馈了核查情况。

【知识产权宣传教育合作】 进一步推广“正版正货承诺”活动。粤港双方携手制作“正版正货承诺”活动。中旬，香港海关共提供给广东东省21个地级以上市以及顺德区播放。2014年4月22日，广东省知识产权局、香港知识产权署联同广东省版权局、广东省工商局在南方网举行“正版正货承诺”活动网络访谈暨公益宣传片开播仪式。公益广告宣传片于4月22日起在粤港两地同步联合播放，大大提升，香港海关共提供给广东东省21个地级以上市以及顺德区播放。2014年4月至2014年7月，广东省共有近1000家商家企业3000多间门店被授予“正版正货”牌匾。

持续更新“粤港澳知识产权资料库”与“粤港知识产权合作专栏”。香港知识产权署与广东省知识产权局牵头，联同广东省公安厅、广东省商务厅、广东省工商局、广东省版权局、海关总署广东分署及香港海关持续更新“粤港澳知识产权资料库”与“粤港知识产权合作专栏”，更新内容包括三地专利、商标、版权及知识产权边境和刑事保护法律法规，知识产权行政管理及执法部门联系方式等各类信息，及时提供三地专利、商标、版权方面政策法规的最新动态，便利三地公众和企业查询使用。

积极协助香港知识产权署官员参加国家知识产权局专利局专利审查协作广东中心新任审查员培训。广东省知识产权局积极与国家知识产权局专利局专利审查协作广东中心沟通，向香港知识产权署通报第十期的新任审查员培训的安排情况和课程资料，协助做好香港知识产权署官员参加协作广东中心新任审查员培训工作。

【知识产权引导服务】 支持在粤港资企业申请认定广东省著名商标。香港知识产权署继续把在粤港资企业获许申报广东省著名商标的有关信息向香港知识产权业界通报宣传，并在香港贸易发展局中小企服务中心、“开拓知识产权产业研讨会: 应用商标、专利与版权——实践知识产权贸易”及“粤港知权产权与中小企业发展（汕尾）研讨会”中宣传有关信息，鼓励企业申请“广东省著名商标”。截至2014年5月，在粤港资企业拥有广东省著名商标473件，占有效广东省著名商标总量的15.67%。

协助香港考生在粤参加2013年全国专利代理人资格考试。2014年全国专利代理人资格考试于11月1日至2日在全国23个城市同时举行。粤港双方积极组织香港考生报名参加考试，及时通报考点报名、考试要求及考前培训等相关信息，共同做好2014年香港考生在粤参加全国专利代理人资格考试工作。2014年，共有42名香港考生在粤报名参加全国专利代理人资格考试，其中7人在粤通过考试。自2004年以来，香港共有38人通过全国专利代理人资格考试，目前有13人在内地执业。（供稿人：郭亚青）

2014年粤澳知识产权合作

【概况】 2014年，粤澳知识产权合作有效推进，粤澳知识产权工作小组第二次会议在广州举行，粤澳双方在加强知识产权保护、宣传、培训等领域开展系列合作，取得良好成效。

【粤澳合作机制】 2012年5月，《粤澳知识产权合作备忘录》签署仪式暨粤澳知识产权工作小组第一次会议在广州成功举行，双方签署了《粤澳知识产权合作备忘录》，确立了粤澳知识产权工作机制。2014年6月，举行了粤澳知识产权第二次工作小组会议，并讨论通过了《粤澳知识产权合作计划（2014—2016年）》。

【粤澳知识产权案件协助处理机制】 根据澳门侦办侵犯知识产权犯罪的职责由澳门海关履行，广东省公安厅以贯彻落实《粤澳合作框架协议》要求为契机，结合公安部部署的“打假行动”，积极推动与澳门海关在情报等方面的交流，深化粤澳知识产权案件的执法协作。在打假专项行动中，以珠海市公安局经侦部门为依托，在原有与澳门司法警察局协作的基础上，不断探索与澳门海关的跨境打假协作。案件侦办期间，邀请澳门海关相关部门领导到珠海研究案情，共商协作机制建设，随后双方通过互通情报、线索协查及个案联合打击，初步建立一套沟通顺畅、信息共享、打击联动的协作机制。收网行动后，双方又按照部署同时在珠海和澳门开展宣传，两地主流媒体均详细报道了案件情况，取得良好的社会效果。双方先后联合展开3起公安部督办案件的收网行动，开创了粤澳两地共同打击跨境侵犯知识产权犯罪新局面。

【粤澳海关知识产权案件协助处理机制】 在粤澳知识产权工作小组机制的推动下，海关总署广东分署正式设立粤澳海关保护知识产权专项联络员。两地海关举行各层次会晤，加强沟通联系，通报合作情况。积极开展情报交流与情况通报，粤澳海关坚持定期通报相互查获的涉澳、涉粤侵权案件信息，对突发的重大边境侵权事宜及时通报，促进两地海关对进出境侵权情势的分析判断。粤澳海关在闸口和横琴口岸举行多次联合执法行动，将假冒药品、食品、汽车配件、酒类产品、手机、平板计算机等商品列为重点监控商品，并对水客携带侵权物品进出境的违法行为加大打击力度。

【澳门考生在粤参加全国专利代理人资格考试】 广东省知识产权局协助澳门知识产权厅开展澳门考生在粤参加全国专利代理人资格考试工作。加大力度在澳门宣传推广全国专利代理人资格考试相关信息，鼓励澳门考生在粤参加全国专利人资格考试。

【粤澳知识产权交流研讨】 广东省知识产权局联合澳门经济局知识产权厅举办粤澳知识产权中介服务机构交流活动，粤澳两地知识产权中介服务机构和管理部门代表近百人参加。交流活动中，来自粤澳两地的知识产权中介服务机构代表，围绕粤澳知识产权制度及中介服务机构的异同进行了探讨与交流。会谈后，澳门知识产权中介服务机构代表一行参观了广东省内几家代理机构，并进行座谈。粤澳双方合作举办粤澳创意产业交流活动，来自粤澳双方创意产业界的代表围绕知识产权与创意产业发展的主题开展了交流研讨。（供稿人：郭亚青）

2014年粤台知识产权合作

【概况】 2014年，广东省继续提升与台湾的知识产权工作，大力促进粤台双方在知识产权信息运用和培训领域的交流合作，为“知识产权强国建设先行地”的建设做出贡献。2010

年至2014年，共组织5批43人次赴台访问、2批34人次赴台培训；接待台湾来访座谈7场30人次；在粤与台湾相关机构联合举办培训班4个409人次、研讨会2场320人次；签署合作意向书1份、合作谅解备忘录1份。

【粤台知识产权交流合作】 2014年10月11—18日，广东省知识产权局局长马宪民率知识产权代表团一行10人赴台湾开展知识产权交流合作。代表团一行拜会台湾智慧财产法院、台湾工业总会、博拓智权集团、富士康（鸿海）跨国科技集团成员塞恩贝吉、麦克思公司、雷虎科技有限公司、逢甲大学技术转移处等相关单位，围绕企业知识产权战略、知识产权保护、知识产权服务业、知识产权管理及运用等主题开展交流，并就下一阶段加强合作进行商议，初步达成在知识产权领域开展合作的意向。

【第七届两岸专利论坛】 2014年10月13—14日，广东省知识产权局局长马宪民率知识产权代表团参加由中华全国专利代理人协会与台湾工业总会联合主办的第七届两岸专利论坛，来自两岸的专利领域专家及中介服务机构代表参会，围绕两岸知识产权发展动态、设计专利申请实务、专利审查合作等主题进行研讨。

【广东省高新企业CEO知识产权系列研习班】 2014年8月24—30日，广东省知识产权局副局长谢红率知识产权代表团一行15人赴台湾开展粤台企业高级管理人员知识产权对接活动，举办第一届广东省高新企业CEO知识产权系列研习班。该活动是上年粤台联合签署《广东省知识产权研究会与台湾工业总会关于开展知识产权（智慧财产权）交流合作谅解备忘录》当中具有里程碑意义的项目，更是粤台双方共同促进知识产权事业发展的重要实践。围绕知识产权战略、专利布局、专利检索与分析、知识产权管理及运用、知识产权资本市场及风险防范、知识产权诉讼应对、创新商业模式等议题开展对接。研讨台湾专利制度、技术运用、两岸知识产权制度交流与合作；专利实务、专利法务、知识产权经营；粤台两地热点知识产权问题、中小企业共同关注的知识产权问题等。代表团还先后参访信息工业策进会前瞻科技研究所、台湾创意设计中心、神达电脑股份有限公司、工业技术研究院、创智智权管理顾问公司、亚太知识产权发展基金会等机构，就大数据应用、创意产业发展、企业知识产权战略制定与管理实务、专利布局、专利技术转移与交易、粤台两地知识产权交流机制、促进两地知识产权合作等议题进行座谈和专题交流。

【粤台知识产权服务机构交流活动】 2014年8月18—19日，广东省知识产权局与台湾博拓国际智权集团（PIIP）在广州联合举办“粤台专利服务高端人才培育”专题研修班，由广东专利代理协会承办。此次研修班主题为“专利布局及运营”，是加快广东省知识产权服务人才队伍建设的重要举措，对进一步完善广东省知识产权服务体系、提升服务能力和水平，努力形成适应市场需求的知识产权代理、法律、信息、咨询、商用化及培训六大重点领域队伍有积极的作用。来自全省知识产权行政管理部门、司法部门，专利代理机构、科研院所、企业共约170名代表参加了研修班。

【粤台知识产权运用和管理】 2014年8月8日，由广东省知识产权局主办，广州粤高专利商标代理有限公司及台湾鼎智管理顾问有限公司协办的粤台知识产权运营合作洽谈活动在广州成功举行。此次活动旨在落实国家知识产权局与广东省人民政府签订的第二轮知识产权高层次战略合作协议，学习境外先进的知识产权运营管理经验，提升广东省知识产权运营及管理水平。活动内容主要涉及技术转让、专利许可合同要点介绍及专利许可谈判实务操作与案例分享。通过集中培训及洽谈交流，了解台湾先进、实用的知识产权经营管理经验，提升企事业单位知识产权运营能力，为建立良好的知识产权运营机制打下良好的基础。省内科研院所及企业知识产权管理人员、技术研发人员有80余人参加活动。

【粤台知识产权对接计划项目】 贯彻落实《国家知识产权局和广东省人民政府第二轮知识产权高层次战略合作协议》，搭建知识产权对外交流平台，加强粤台知识产权合作，圆满完成粤台知识产权对接计划项目，包括粤台专利服务高端人才培育专题研修班、粤台知识产权运营合作洽谈活动、粤台企业高级管理人员知识产权对接活动。探索与台湾工业总会合作举办粤台知识产权高端论坛。进一步加强知识产权高端人才的培养，对加快知识产权服务业发展示范省建设，促进粤台知识产权的交流合作起到积极的助推作用。

【粤台校企合作】 广东省知识产权局、中山大学与台湾博拓国际智权集团（PIIP）从知识产权创造运用、保护、管理、涉外合作等方面分析了粤台相关机构的特点和优势，对于在高校EMBA教育中引入台湾知识产权经典课程等设想进行了充分的探讨。对“专利云”、知识产权信息管理平台建设、知识产权多元国际合作试验区，以及在中新（广州）知识城等重大国际合作平台试点建设知识产权保护与服务试验区，建立多方参与的公益性综合保护和服务体系进行充分的研讨。 （供稿人：尹怡然）

2014年泛珠三角区域知识产权合作

【概况】 2014年，在各省（区、特区）知识产权职能部门的积极推动下，泛珠三角区域知识产权合作环境不断优化，合作领域不断拓展，合作力度不断加强，合作成果不断扩大。

【泛珠三角区域知识产权合作联席会议暨专题交流活动】 2014年10月22—24日，第十届泛珠三角区域知识产权合作联席会议暨专题交流活动在广东省中山市、香港、澳门举办。10月22日，第十届泛珠三角区域知识产权合作联席会议在广东省中山市召开。会议由广东省知识产权局承办，泛珠三角区域“9+2”各方知识产权代表团40余人参加了会议。会议对进一步推进发展珠三角区域知识产权合作的相关重大事项进行讨论，达成共识。10月23—24日，泛珠三角区域各省（区）代表赴香港、澳门参加泛珠三角区域知识产权专题交流活动。在香港期间，泛珠三角区域各省（区）代表围绕知识产权宣传推广的主题开展交流，香港知识产权署和广东省知识产权局代表分别介绍“正版正货承诺”活动在香港和广东的推广情况。在澳门期间，泛珠三角区域各省（区）代表围绕知识产权保护主题开展交流，澳门海关知识产权厅代表介绍澳门知识产权保护相关情况。

【泛珠三角区域内地九省（区）专利行政执法协作】 2014年9月24—26日，闽粤两省沿海十二城市知识产权保护工作第十一次联席会议在福建省宁德市举办，会上交流了知识产权行政执法经验，探讨建立打击电商领域专利侵权行为执法工作机制。2014年，泛珠三角九省（区）深入贯彻《泛珠三角区域内地九省（区）专利行政执法协作协议》，不断完善专利行政执法协作机制，推进区域专利行政保护协作，泛珠三角区域各省（区）知识产权局移送案件达逾百件。2014年，贯彻《粤渝两省市专利行政执法协作协议》《〈华南地区专利行政执法协作调度中心工作方案〉确认书》。《粤桂两省区专利行政执法协作协议》，跨省专利行政执法协作迈上新台阶。泛珠三角区域知识产权局联合开展华南地区专利侵权判定专家库专家遴选工作。2014年8月至9月，广东省知识产权局联合广西、海南知识产权局在三地联合开展打击假冒专利集中行动。

【泛珠三角区域商标合作】 在《泛珠三角区域知识产权合作协议》的框架下，泛珠三角区域九省（区）工商局落实《泛珠三角区域工商行政管理合作协议》和《关于商标行政保护合作的工作方案》，不断加强跨区域商标行政执法合作，有效提高泛珠三角区域商标行政保护的成效。2014年，泛珠各省区工商部门以《泛珠三角区域工商行政管理部门推进职能转变深化区域合作服务科学发展合作协议》为指导，跨区域商标行政执法合作得到进一步加强。省（区）间成功协调组织了多次打击商标侵权行为。其中，贵州省工商局组织开展了保护广东省轻工工贸集团所属的“双桥”味精执法行动，广东省工商局配合贵州省在广东地区开展了保护贵州茅台酒厂（集团）有限责任公司“王茅”商标专用权行动。广东省工商局积极支持泛珠三角区域各省（区）在粤投资企业申报驰名商标、著名商标，已有近百件泛珠三角区域其他省区在粤投资企业的商标被予以认定。

【泛珠三角区域内地九省（区）专利信息运用合作】 依据《全国专利信息公共服务体系区域专利信息服务中心建设标准（草案）》，泛珠三角区域九省（区）知识产权职能部门全力推进国家知识产权局区域专利信息服务（广州）中心建设。2014年，泛珠区域专利信息服务工作深入贯彻《区域专利信息服务（广州）中心发展规划（2013—2017）》，明确了区域中心未来发展的指导思想、任务，成为广州区域中心建设的重要里程碑。泛珠三角区域各省区积极配合做好《泛珠三角地区专利信息服务需求调查问卷》，及时反馈《规划》修改意见和建议等工作。截至2014年9月，区域中心基本完成区域中心数据资源配置，平台数据进入常规更新阶段；在完善区域中心数据平台的同时，开展数据接口开发工作，为进一步优化数据资源配置提供条件。在广东省内试行重点领域专利信息追踪研究工程、高端服务示范工程等各项高端服务，并总结成熟经验，形成《区域高端专利信息服务指南（试行）》，为未来推广到区域内其他省（区）打下基础。

（供稿人：郭亚青）

2014年粤喀知识产权合作

【概况】 2014年，广东省知识产权局与喀什地区继续在知识产权人才交流与培训、加强专利技术转移与产业化、中小学知识产权教育交流与合作、专利行政执法工作交流等领域开展对口协作。

【人才交流与培训】 广东省知识产权局与相关单位先后互派十余人次挂职工作或培训学习，通过各种方式交流工作经验。广东省知识产权局与喀什知识产权局互派人员参加中国进出口商品交易会及新疆喀什·中亚南亚商品交易会，举行展会执法工作座谈会，交流展会执法经验。

【知识产权宣传教育】 广东省知识产权局支持喀什地区知识产权局充分利用“3·15”“4·26”“科技周”“法制周”等节点开展广场知识产权宣传咨询活动，支持喀什知识产权局举办培训班、讲座9期，培训人员650余人。

【知识产权执法能力提升】 广东省知识产权局大力支持喀什地区知识产权局提升知识产权执法能力，资助喀什知识产权局改善执法条件、配置执法交通工具、统一配备执法服装，更新和配置执法及办公自动化设备、宣传教育设备和网站建设设备。在全疆知识产权执法工作绩效考核中，喀什地区知识产权局获得总分87.5的好成绩。除乌鲁木齐市，在全疆15个地州市排名第一，连续三年被自治区评为执法先进集体。（供稿人：郭亚青）

宣传　教育培训

XUAN CHUAN JIAO YU PEI

● 宣传

● 教育培训

宣 传

广东省知识产权宣传工作

【营造知识产权氛围】 2014年，广东省知识产权局紧紧抓住“3·15消费者权益保护日”“4·26世界知识产权日”“第八届中国专利周”等时间节点，精心设计新闻发布、论坛讲座、广场咨询、执法检查、法律维权等各种知识产权宣传活动，营造了浓厚的知识产权文化氛围。2014年知识产权宣传周期间，省知识产权局围绕“建设知识产权强省、支撑创新驱动发展”主题，对34个成员单位60余项工作进行统一协调汇总，并召开了2014年广东省知识产权宣传周活动方案暨2013年广东省知识产权保护状况新闻发布会，及时向社会公众、驻穗领馆及国内外媒体发布全省知识产权保护状况白皮书。

【强化重大活动宣传】 2014年，广东省知识产权局通过各类新闻媒体，广泛宣传省委书记胡春华、省长朱小丹会见国家知识产权局局长申长雨，以及申长雨来广东省调研视察、第二轮省部知识产权高层次战略合作2014年度工作会议召开、全省知识产权工作座谈会暨广东省专利奖励大会、粤港保护知识产权合作专责小组第十三次会议、全省打击侵权假冒工作电视电话会议等知识产权重大活动，《科技日报》、《法制日报》、人民网、新华网、中国打击侵权假冒工作网等中央级媒体和广东电视台、《南方日报》、《羊城晚报》、《广州日报》、南方网等省内媒体，先后在主要版面刊登“加快推进知识产权战略的实施”“知识产权要成为转型升级实在管用的抓手”等一系列重量级报道，取得良好效果。据不完全统计，2014年，累计在各类媒体发表文字报道300余篇，图片报道近百幅。

【提升知识产权社会影响力】 广东省知识产权局抓住广东省有效发明专利总量在全国率先突破10万件（截至2014年4月），并且连续四年居全国第一这一新闻点，开展“广东有效发明专利量在全国率先突破10万件”系列宣传活动，通过召开新闻通气会、组织对广东省有效发明专利数较多的单位和个人进行集中采访、在南方网及局网站开辟宣传专栏等方式，大力宣传广东省在知识产权“两建”工作方面取得的显著成就，取得较好的社会影响力，中央人民政府网站转发相关报道，《南方日报》在头版用较大篇幅报道这一新闻。

2014年，省知识产权局还结合国家专利奖的评选策划“专利金奖耀南粤”系列报道，结合国家知识产权局知识产权发展研究中心发布《2013年全国专利实力状况报告》，策划“广东蝉联全国专利综合实力三连冠”系列报道，均取得了较好的社会影响力。

【办好《中国知识产权报广东专刊》】 2014年，专刊共计出版24期，先后推出《广东：励精图治谱写强省建设新篇章》《省部知识产权高层次战略合作十大进展》《争当广东省创新驱动的顶梁柱》等一系列重量级报道，并深入广东省一些知识产权工作成效显著的地市和县区进行重点报道，极大地扩大了广东省知识产权“两建”工作的影响力。（供稿人：吴勇）

广东省工商行政管理系统商标宣传培训工作

【商标宣传】 2014年，为提升全社会的商标知识产权意识，广东省工商行政管理局在"4·26"全国知识产权宣传周活动期间，结合新《商标法》颁布实施，以"贯彻落实新商标法，营造公平有序的市场环境"为主题，组织开展系列宣传活动，传播以"尊重知识，崇尚创新，诚信守法"为核心理念的知识产权文化，努力营造尊重和保护知识产权的氛围。

解读新《商标法》。一是通过报刊宣传。广东省工商局召集广东电视台、《南方日报》《羊城晚报》等20家新闻媒体召开新闻发布会，现场详细解读新《商标法》的要点，宣传2013年度广东工商系统商标工作情况。据不完全统计，新闻发布会后有240多篇新闻和报道对相关内容进行宣传，同时《南方日报》也以专版形式刊登题为"贯彻落实新商标法，营造公平有序的市场环境"的宣传。二是通过网站专栏和专题网页宣传。在广东省工商局门户网站及广东省工商系统企业信用信息网制作新《商标法》宣传专栏，在腾讯大粤网推出新《商标法》政策解读专题网页宣传。三是通过微博宣传。在省工商局官方微博对新《商标法》及2013年度广东工商系统商标工作情况进行宣传，受到广泛关注及转发。

发起新《商标法》宣传倡议。联合广东商标协会，与广州华进联合专利商标代理有限公司等18家商标代理机构共同发起，向全省从事商标法律服务的组织发出宣传贯彻新《商标法》的倡议。动员社会力量参与新《商标法》的宣传，以促进提升行业组织和企业的商标保护意识，促进广东省商标品牌建设、服务创新驱动发展。

专题座谈会。邀请省经信委、省商务厅、中山大学专家学者代表以及企业、行业协会、商标代理机构代表，就宣传贯彻新商标法、营造公平有序的市场环境进行座谈，听取各界对广东商标品牌建设和保护的意见和建议，共同探讨促进广东品牌建设的良策。

公益宣传。编印《新〈商标法〉亮点解读》宣传册，以图文并茂形式对新《商标法》的三大方面15个要点进行解读，向社会公众免费派发。同时与广东电视台合作，制作"贯彻落实新商标法，营造公平有序的市场环境"公益宣传短片，在广东新闻联播节目前播放。

商标执法专项行动。宣传周期间，部署全省工商系统结合"双打"专项行动，组织开展一次保护商标专用权执法行动，并邀请新闻媒体参与报道，营造舆论氛围，增强宣传实效。

其他活动。参加省政府知识产权办公会议办公室组织的"2014年广东省知识产权宣传周活动方案暨2013年广东省保护知识产权状况"新闻发布会，以及广东省知识产权局、香港知识产权署、广东省版权局和省工商局联合开展的"正版正货承诺"活动网络访谈暨公益宣传开播仪式。

【商标培训】 一是结合新《商标法》实施，广东省工商行政管理局首次开展全省工商系统的新《商标法》省、市、县三级培训，把新法贯彻落实到基层，将培训范围延伸到县区一级。二是与广东商标协会、深圳商标协会在深圳联合举办面向会员、代理机构和企业的培训，邀请工商总局商标局、广东省人民法院的专家解读新商标法，并派人演讲。三是联合广东省服装行业协会、广东慧道知识产权事务所有限公司举办培训班。 （供稿人：陈小冰）

教育培训

国家知识产权培训（广东）基地（华南理工大学）

【人才培养体系与师资】 2014年，广东基地招收全日制法学硕士（知识产权方向）9人，全日制法律硕士（知识产权方向）20人；招收全日制法学博士（知识产权方向）1人；招收民商法专业（知识产权方向）法学硕士（周末班）24人，民商法学专业（知识产权方向）同等学力课程进修班学员32人。广东基地拥有知识产权专职教师11人，其中教授4人、副教授6人，讲师2人，具有博士学位的10人；具有理工科背景的3人；配备专职秘书1人。广东基地聘请知识产权知名学者专家担任兼职教授，如陶凯元、田力普、王景川、吴汉东、刘春田、李明德、杨建成、张玉敏、Peter K. Yu、厉宁等专家学者；聘请张家祥律师为客座教授。

已形成完整的知识产权人才培养体系，包括法学博士（民商法专业知识产权方向），法学硕士及法律硕士（知识产权方向），知识产权本科专业，知识产权双学位、双专业及专业辅修。2014年，广东基地招收32名民商法学专业（知识产权）同等学力课程进修班学员。学员来自广东省和江西省各地市企业、知识产权服务机构，长期从事知识产权管理工作。广东基地以全日制学术型硕士研究生教学体系为基础，增加知识产权管理与实务等方面的课程，邀请了政府、企业的一线专家与基地教师共同开发核心课程，外聘专家至少要讲授三分之一课时的课程。广东基地邀请广东省高级人民法院张学军法官、广州市知识产权学院郑志柱法官为学员授课。学员修完全部27个学分，通过全国同等学力统考后，可以申请硕士学位。

【科学研究】 2014年，广东基地共获得省部级课题1项，厅局级课题9项，横向课题4项，其他课题5项，合同总经费256万元。其中谢惠加教授申报的“网络版权许可协议研究”获广东省委宣传部立项，关永红教授申报的“广东国有企事业单位职务创新成果转化与产业化中的国有资产处置改革研究”、黄娟副教授申报的“广东科技型企业知识产权金融证券化和科技服务机构的互动机制研究”、刘汉霞副教授申报的“专利集中经营趋势下广东科技融资方法的创新——以专利证券化为中心的研究”获广东省科技厅立项。广东基地教师在《知识产权》等CSSCI学术刊物上发表论文13篇。

【学术活动】 2014年1月，基地主办广东省法学会知识产权法学研究会2013年年会。2014年，杨雄文教授赴英国牛津大学进行为期一年的访学。2014年，广东基地邀请德雷克大学法学院Peter K. Yu教授主讲“国际版权立法的最新进展”；邀请澳大利亚联邦大律师张家祥讲授“知识产权证券化，法律金融相交融”；邀请罗思国际合伙人、著名专利诉讼律师Diana Sternfeld女士主讲“欧洲专利诉讼的现状与未来”。新加坡知识产权局副局长、知识产权学院执行总监詹露玲，知识产权学院高级助理处长郑猷超博士等一行到基地交流调研，双方探讨整合优势资源，共同建立起合作平台。郑猷超博士讲授“知识产权情报布局策略——建立专利组合并从法庭诉讼与技术功效矩阵找出公司的竞争优势”；广东基地孟祥娟副教授应邀参加“亚洲知识产权营商论坛”。

广东基地联合广东省法学会知识产权法学研究会、广州仲裁委员会、广东南粤法学研究中心共同举办“知识产权保护与国家竞争力”高峰论坛暨广东省法学会知识产权法学研究会2014年会，特别邀请国内知识产权权威专家、原中南财经政法大学校长吴汉东教授就“知识产权保护战略与经济发展、知识产权保护的国际化发展趋势”等问题作主题演讲，邀请广州仲裁委员会主任陈忠谦就“互联网时代背景下的知识产权保护策略”问题作主题发言。

广东基地与广东省律师协会知识产权法律专业委员会联合举办2013年度广东律师十大知识产权典型案例发布会暨报告会。报告会邀请入选案例的承办律师，结合实际案件，讲解热点法律问题，介绍办案经验。

建立以基地牵头的、企业与知识产权服务机构等各方参与的、系统化的“华南知识产权论坛”“知识产权人才素质需求与职业发展”“欧洲商标外观设计制度最新发展与实务研讨会”“决战移动互联网之巅：设计与专利”等学术交流活动。2014年，举行5期学术交流活动。

在华工知识产权学院迎来法学专业创办20周年之际，广东基地创办“珠水围谷知识产权阅读共享沙龙”。

【社会服务】 2014年，广东基地共承办6期培训班，学员达400多人，培训时间达25天。2014年，广东省版权保护联合会广州大学城版权服务工作站设在广东基地。

2014年，广州市知识产权局邀请关永宏教授在南沙区为广州市知识产权工作领导小组成员单位代表、部分广州知识产权优势示范企业的代表讲授以“知识产权文化建设与广州创新驱动发展”为主题的讲座。

在中国知识产权法学研究会年会（2014）上，黄保勇副教授当选中国法学会知识产权研究会理事，广东基地关永红教授、孟祥娟副教授、杨雄文教授、黄保勇副教授等四名老师成为中国法学会知识产权研究会理事。

（供稿人：李良成　俞涛）

国家知识产权培训（广东）基地（广东省知识产权研究与发展中心）

【概况】

2014年国家知识产权培训（广东）基地（广东省知识产权研究与发展中心）充分发挥基地培训资源丰富、培训工作经验充足的优势，形成培训对象覆盖面广、内容全面实效、层次高低互补、师资内外等特点。基地全年共举办各级各类知识产权培训（研讨）班32期，培训各类人员达3800多人次。

【获得奖励】

2014年5月22—23日，国家知识产权培训基地研讨班在江苏举行，国家知识产权局人事司司长徐治江在开班仪式上宣读国家知识产权局2013年度培训基地考核和综合评比的最终结果，这是国家知识产权培训（广东）基地首次参加考核评比，并获得优秀称号。

【知识产权人才培训】

2014年国家知识产权培训（广东）基地培训内容主要是根据最新知识产权政策、形势要求，以广东企业、知识产权从业人员需求着手，围绕广东省知识产权局的中心工作，有的放矢、有针对性地开设培训课程。培训内容包括有：

（一）为提高广东省企事业单位和其他相关人员处理知识产权纠纷案件的水平和能力，保护企业和当事人的合法权益，基地举办“商标法律法规动态及保护实务培训班”“专利复审与无效专题培训班”等一系列专题培训。

（二）为解决地方知识产权管理部门师资和部分经费不足等问题，帮助地方培养企事业单位知识产权人才和宣传普及知识产权知识，基地举办“肇庆市企业知识产权管理规范培训班”“佛山市顺德区企业专利工作者培训班”。

（三）基地在总结历年广东省知识产权研究与发展中心举办考前培训班经验的基础上，连续举办为期7天的“2014年全国专利代理人资格考试广州考点考前培训班”及“考前冲刺班”。据统计，培训班共培训学员237人，并有84人成功取得专利代理人资格证书，培训通过率高达38.44%。

（四）根据国家知识产权局的要求和部署，受省知识产权局委托，基地分别在2014年4月、9月举办三期“企业知识产权管理规范培训班”，共培训人员500多人，颁发证书419份。同时，基地经省知识产权局批准公布，连续两年成为全省唯一一家贯标培训机构，成功打响广东省知识产权培训服务品牌。

（五）为有效提升专利信息服务从业人员的服务能力和水平，使其能够运用专利信息分析的理论及手段解决实际问题，以及帮助广东省知识产权信息服务机构及人员提高专利竞争情报分析及利用能力，受国家知识产权局及省知识产权局委托，基地承办“国家知识产权局（广东）专利信息传播利用基地示范及优势企业专利信息利用能力培训班”“全省县（区）专利信息利用高级培训班”等。12月，基地举办“2014年战略性新兴产业专利分析研究团队专利信息应用培训班”。

【国际会议和交流】

2014年6月24—25日，国家知识产权培训（广东）基地与德国冠科（Grunecker）知识产权事务所联合举办“欧洲知识产权制度巡回研讨活动”。10月30日至11月5日，基地派员参加由省知识产权局组织的赴英法知识产权交流合作活动。

【知识产权研究】

2014年，基地开展项目研究、验收、申报共计16项。其中，年度内申报项目4项、开展研究项目9项、验收结题项目3项。

（供稿人：梅颖娟）

广东省知识产权培训基地（暨南大学）

【概况】 暨南大学法学院/知识产权学院系全国首批卓越法律人才教育培养基地、全国大学生校外实践基地，拥有广东省优势重点学科、广东省普通高校人文社会科学重点研究基地“知识产权与法治研究中心”、广东省地方立法研究评估与咨询服务基地及广东省知识产权培训基地。学院下设法律学系、知识产权系及知识产权与法治研究中心、港澳基本法研究中心、网络与电子商务法律研究室等科研机构。学院已建成本—硕—博一体化的知识产权人才培养体系。现有知识产权管理博士生招生方向、知识产权法学硕士二级学科硕士授权点及知识产权本科专业。学院现有专任教师48人，其中，教授13人，副教授24人，讲师11人。知识产权系现有教师10人，其中教授1人、副教授4人、讲师5人，具有博士学位者8人。

【人才培养】

2014年5月11日，在暨南大学2013—2014学年先进班集体及优秀学生表彰大会上，学院2011级知识产权班荣获“首届5A卓越班集体”称号。

12月24—28日，学院承办第七期政府知识产权行政管理人员研修班，邀请众多国内知名的知识产权专家进行授课，授课内容包括“全面系统运行智慧产权的体制和机制”、“资本运作背景下的中小创新型企业的专利申请战略”等课程。在课程培训之余还组织广东省知识产权局领导与学员座谈，充分了解知识产权工作在现实中遇到的问题及学员对知识产权知识的切实需求。

2014年，学院共招收知识产权本科生33人（外招生3人）、知识产权法学硕士专业4人、博士生2人。

2014年，学院共有22名知识产权本科生毕业并获得学士学位。

【领导调研】

2014年12月24日，广东省副省长陈云贤、广州市市长陈建华、省知识产权局局长马宪民、省教育厅副厅长王斌伟、市知识产权局局长邓佑满一行到暨南大学调研共建广州知识产权人才基地工作。暨南大学党委书记蒋述卓，副校长饶敏参加调研座谈。蒋述卓介绍学校推进广州知识产权人才基地的总体情况，学院院长朱义坤作了关于共建知识产权人才基地工作专题汇报。省长陈云贤表示，将把广州知识产权人才基地的建设作为议题列入2015年省部联席会议，拟将其建成全球高端知识产权人才集聚地。市长陈建华2014年先后四次来暨大调研广州知识产权人才基地建设工作，表示市政府决定投资5000万元用于建设暨南大学广州知识产权人才基地大楼。

【科学研究】

2014年，学院知识产权系教师共发表A1论文1篇：费兰芳，*Battle in the Name of Privacy: A Comment of Tencent vs. Qihuoo, Computer Law & Security Review*（SSCI收录）。B1类论文2篇；出版专著2部；学院兼职导师厉宁、讲师周笑足的关于《知识产权保护长效机制研究》的报告获国家知识产权局采用。

【学术活动】

2014年4月1日，北京大学法学院访问教授、美国马里兰大学法学院博士孙远钊教授来院作题为“以知识产权为核心的新坚船利炮——当前的危机与对应”的讲座。4月8—9日，孙远钊教授还为学院本科生和研究生作了为期两天的关于“知识产权管理”和“知识产权概论”的专题讲堂。

4月2日，北京大学知识产权学院常务副院长张平教授做客“暨南法学论坛·名师讲坛”第四十五期，作题为“知识产权研究领域前沿问题——互联网/大数据时代下的个人信息保护”专题讲座。

5月7日，学院与广州市律师协会合作举办“知识产权沙龙——医药实际研发过程中所遇到的有关专利的疑难问题与困惑”。

5月23日，学院举办“创新体系——知识产权法与创新政策”国际研讨会，来自荷兰、巴西的5名国外知识产权教授、法官和律师，与学院教师就知识产权法与创新问题进行为期一天的研讨。荷兰的学者介绍欧盟的专利创新机制，巴西学者则从公共政策、创新和公共利益的关系等角度，介绍与中国同为发展中国家的巴西的创新体系。来自北京航空航天大学经管学院的教授陈向东、暨南大学珠海学院的副教授钟瑞栋、胡波以及广州三环专利事务所律师郝传鑫、广东省高院审判长岳利浩、广州市知识产权局处长厉宁、天河区法院庭长苏国生参加会议。

2014年10月24日，学院与巴西圣卡塔琳娜联邦大学法学院（Graduate Law School, Federal University of Santa Catarina）共同举办“中巴知识产权与国际商法研讨会”，圣卡塔琳娜联邦大学法学院院长皮蒙托教授（Prof. Luiz Otavio Pimentel）以及其他5名巴方法律学者、6名法律专业博士生与学院师生就知识产权法与经济分析方法、财产法与知识产权法、国际法和投资等三个专业方向进行交流。

【服务社会】

2014年4月21—27日，学院开展“知识产权宣传周”系列宣传活动，广泛宣传实施知识产权战略、加强知识产权保护对于创新驱动发展的支撑作用，重点宣传在网络发展突飞猛进的今天关于网络侵权的保护问题。先后在暨南大学建阳篮球场、暨南大学社区居委会和暨南大学珠海校区小罗马广场以“知识产权风暴”校园摊位互动形式，通过图片展览、知识产权游戏提升师生群众对于知识产权的认识，提高对网络侵权的认识，加强网络维权意识。

2014年12月4日是中国第一个宪法宣传日，在广东省知识产权维权援助中心和学院的支持下，暨南大学知识产权维权援助志愿者服务队成立，旨在为进一步完善知识产权法律制度、加强弘扬知识产权保护意识，广东省知识产权维权援助中心相关代表、学院部分领导以及近百名志愿者参加成立大会。

（供稿人：陈慧瑛）

广东知识产权培训基地（深圳大学）

【知识产权学术、科研成果】 2014年，广东省知识产权培训基地（深圳大学）共发表论文有13篇，包括李扬教授的论文《有效保护知识产权助力创新》《知识产权金钱责任的冲突与协调》《知识产权人停止侵害请求权的限制》等12篇，仲春老师的论文《标准必要专利禁令滥用的规则——安全港原则及其他》。

李扬教授的“加快深圳智库建设研究”项目，获深圳市政府发展研究中心2013年第二批重大研究课题立项，项目研究于2014年3月开始，11月结项。

【知识产权学术与对外交流】 2014年2月19日，朱谢群教授应邀出席深圳市知识产权保护战略研讨会，并做相关发言。3月6日李扬教授应华南理工大学法学院、知识产权学院的邀请，发表题为“知识产权请求权的限制”的学术演讲。2014年，深圳大学与日本北海道大学建立学术联系。同年3月28日北海道大学的田村善之教授来访并举办学术讲座。11月5日，黄亚英教授与浙江工业大学法学院院长于世忠等就基地工作进行座谈交流。11月24日，李扬教授应邀出席最高人民法院民三庭在重庆召开的商标确权授权司法解释研讨会。12月9日，李扬教授应邀到湖南大学法学院做题为《商标侵权诉讼中的懈怠抗辩——以美国法为中心》的学术讲座。

【知识产权学术活动】 从2014年1月始，定期举办中国知识产权深圳讲坛，邀请国内知识产权学科、领域知名专家学者和行业精英授课，以知识产权领域的热点资讯、难点问题为焦点，解析和探讨最前沿的知识产权理论政策、法规和实务案例，为广大知识产权学者专家和各界工作者提供交流平台。

5月18日，在深圳大学中国知识产权司法保护理论研究基地支持下，与深圳市标准技术研究院、深圳市公标知识产权鉴定评估中心签署战略合作协议并联合举办首届“知识产权鉴定评估深圳高峰论坛”。论坛举办相关的专题演讲，包括中国知识产权法研究会会长刘春田的《专利侵权判定》，最高人民法院知识产权庭副庭长金克胜的《知识产权诉讼仲裁中的鉴定评估》等。

【知识产权人才培养】 按照深圳市知识产权局指示和经理事单位同意，招收知识产权研究生课程进修班，2013年第一期共招收学员31名，课程内容包括知识产权基本法律及相关知识产权实务课程；邀请全国知识产权司法、行政、企业、中介机构中最知名的理论和实务专家担任老师。2014年的课程正在按计划进行中。

（供稿人：戢荔）

广东省知识产权培训基地（汕头大学）

【概况】 2014年，广东省知识产权培训（汕头大学）基地共主办或联合举办知识产权培训班5场，培训高校师生及企事业单位人员631人次；开展知识产权知识宣传普及大型活动多场，受益者逾2000人次。同年，汕头大学被认定为广东省知识产权远程教育平台分站。

【知识产权宣传】 2014年4月26日及11月19日，培训基地分别围绕"世界知识产权日"和第八届"中国专利周"举办大型校园活动，通过多种形式宣传和普及知识产权知识。2014年4月20—23日，第16届中国澄海国际玩具礼品博览会在汕头市举行。培训基地积极组织汕头大学保护知识产权志愿者进驻"玩博会"知识产权咨询投诉服务站，开展知识产权维权援助与举报投诉工作。展会期间，志愿者们共接受咨询80多人次，派发《广东省展会专利保护办法》《专利纠纷案例选评》和《中国（汕头）知识产权维权援助中心服务指南》等宣传资料600多份。

【知识产权培训】 培训基地在面向高校师生开展培训的同时，积极拓展与地方政府、行业协会（商会）的合作，采取以点带面的方式，畅通为地方产业提供知识产权培训服务的渠道。2014年，分别举办仲裁、知识产权维权法律知识培训班，汕头市知识产权专家高级培训班，专利申请实务培训班，知识产权基础知识培训班，展会知识产权保护与维权专题讲座等。（供稿人：罗英光）

广东省知识产权培训基地（东莞理工学院）

【学科建设】

人才培养。基地面向理工科学生新开设"专利制度与技术创新、知识产权实务和国际知识产权法"等知识产权公选课程，选修人数超过450人。基地设立法学（知识产权方向）辅修专业，并于2014年9月正式开课，辅修学生超过300人。

知识产权宣传。2014年"4·26"期间，基地举办模拟法庭一改往年仅由政法学院学生来参加的做法，通过在全校海选演员，并全部由学生自编、自导、自演。基地还举办知识产权讲座活动3场。

【知识产权管理】

工作机制。2014年6月，举行校长办公会议，会议决定由政法学院院长、博士生导师强昌文教授兼任基地主任，并为基地配备精干办公人员3人，同时赋予基地建设的多项优惠政策。将政法学院知识产权教师同时纳入基地知识产权教师，并把基地办公、财务、休假、项目及学术管理等纳入学校、政法学院管理体系。

项目研究。2014年，基地共承担省市知识产权相关课题项目5项，其中广东省知识产权软科学课题1项、广东省知识产权人才培养项目1项、广东省高等教育教改项目1项、东莞市科技局科技计划项目1项、东莞市知识产权局委托项目2项，完成研究论文4篇。

交流合作。2014年，基地积极走出去，开展知识产权领域的国际学术交流活动。龚红兵博士2014年6月被聘为意大利博洛尼亚大学法学院客座教授，并与意大利博洛尼亚大学签署合作研究课题——《中国知识产权立法最新进展研究》，7月和10月又分别赴该校讲授中国知识产权法；郑玉敏、汪辉勇教授以及龚红兵副教授等3人于7月前往台北科技大学智慧财产权研究所，就知识产权教育、人才培训等和台湾同行进行交流。

知识产权培训。2014年5月、10月、11月，根据国家知识产权局、东莞市知识产权局"高标准建设国家知识产权示范城市"工作部署，基地承办2期专利布局初级实战班、2期专利分析初级实战班，培训初步能够进行专利挖掘、专利布局和专利分析人才450人。2014年9月和12月，基地分别承接广东省第四期企业知识产权管理规范培训班和东莞市企业知识产权管理规范贯标实战班，累计培训企业贯标人才达400人。

另外，基地还承担中国知识产权远程教育东莞分平台的建设工作。（供稿人：李文伟）

广东省知识产权培训（顺德）基地

【概况】 2014年，广东省知识产权培训（顺德）基地面向顺德职业技术学院在校学生开展知识产权基础知识教学工作，同时联合顺德区知识产权协会面向广大企业人员开展知识产权培训，包括企业专利工作者培训、专利特派员培训。

【培训基地硬件建设】 2014年，基地投入经费8.2万元，新增设2个知识产权培训专用多媒体室以及1个电教室，并配备相应的教学设施。其中，知识产权培训室均配备投影仪、音响以及电脑等设施，可同时容纳60人培训，为企业专利工作人员参与培训、基地开展培训学习等工作提供良好的教学条件；电教室内配备60台先进电脑，均可连接互联网，为学员在线学习知识产权课程创造优良的硬件环境。

【知识产权基础知识普及培训】 2014年7月至11月，基地参与组织举办顺德区2014年创业培训班，培训对象包括顺德区10个镇街的在校学生、应届毕业生以及社会人员共1625人。创业培训课程内容包括商标法、专利法等与企业经营有关的知识产权法律知识，帮助学员了解知识产权的基本知识，并为其往后开办企业打下良好的知识基础。

【企业专利工作者知识产权专题培训】 基地协同区知识产权协会，分别于2014年9月19日以及9月26日举办两期企业专利工作者培训班，聘请广东省知识产权研究与发展中心与华南理工大学知识产权专家授课。共有138名学员参加专利工作者培训班课程，课程内容主要涉及专利信息传播、检索、分析、创新运用，国内外专利信息资源、数据库介绍和应用等，并通过详细的案例分享与解读，实操与考试，使学员进一步掌握知识产权保护的核心知识和技能。

【知识产权特派员培养工作】 基地配合顺德区政府经济与科技促进局及顺德知识产权协会开展知识产权特派员培训。2014年11月24日，基地首次举办“顺德知识产权特派员培训班”，培训对象为顺德区企业选送的知识产权工作人员，共125人。培训课程主要涉及专利挖掘、专利群组以及知识产权商用化运营。

【“知识产权远程教育顺德分站”建设】 基地依托“中国知识产权远程教育广东省子平台”，设立“顺德职业技术学院知识产权远程教育顺德分站”，已具备上线运营的条件，并向顺德技术学院的学生开展了教学工作。

（供稿人：陈续朗）

广东金融学院知识产权研究所

【人才培养】 2014年，广东金融学院知识产权专业毕业生103人，招收知识产权专业新生100人。向教育部申报本科知识产权专业，加大对知识产权人才的培养力度。

【学科建设】 根据《广东金融学院重点学科建设与管理办法》规定，校级重点学科经济法学于2014年1月被正式批准为校级重点学科。建设周期为三年。根据建设规划，经济发展与知识产权制度被定位为该重点学科的一大方向。

【知识产权论著】 2014年，知识产权团队在权威刊物上发表学术论文1篇，在《知识产权》等重要法学专业核心期刊上发表学术论文多篇。2014年1月29日，《光明日报 》理论周刊发表了吴国平教授撰写的《知识产权：经济创新驱动的关键》一文。之后该文被人民网、光明网和国家社科基金网等国内多家权威网站全文收录转载。向凌、唐君和吴雨辉等分别在《知识产权》《政治与法律》等重要法学专业核心期刊上发表学术论文5篇。

【知识产权会议】 2014年5月28日，国家知识产权投融资（南海）综合试验区创建及服务（顺德）试点工作验收会在佛山市召开。广东金融学院吴国平教授应邀担任评审验收专家组组长，主持上述两个国家知识产权投融资试点项目的评审验收。

2014年第十四个“世界知识产权日”到来前夕，广东知识产权保护协会、广东商标协会和广东省版权保护联合会联合举办广东2013年十大知识产权事件及案件评选活动。广东省法学会知识产权研究会副会长、广东金融学院知识产权研究所所长吴国平教授应邀担任评委，参与广东2013年十大知识产权事件及案件的评审。

2014年4月，吴国平教授应邀担任2014年广东省知识产权优势企业评审专家，对参与申报的全省98家企业进行评审。

2014年11月4日，国家知识产权局专利审查部在广州市召开“一三五”业务发展规划制定调研座谈会。会议主题是中国专利审查和复审中存在的问题及“一三五”期间的改革与发展对策。吴国平教授作为高校代表应邀出席座谈会。

【项目立项】 2014年12月，广东金融学院知识产权研究所安雪梅教授主持申报的广州市知识产权局招标项目——“广州市知识产权行政诉讼、复议预警机制研究”获准立项。

（供稿人：吴国平）

华南师范大学

【知识产权宣传培训】 2014年，举办“我国知识产权法律的修订与建议”和“著作权法修订的最新进展与前瞻”学术讲座；制作知识产权宣传展板，并在校内各理科单位进行展示宣传；编印《专利管理及申请指南（2014版）》《知识产权宣传手册》等资料，并向全校师生派发。

【知识产权创造与运用】 2014年华南师范大学申请专利239项，其中PCT国际专利4项，国内发明199项，实用新型36项；获得授权专利102项，其中美国专利授权1项，国内发明专利授权72项，实用新型授权29项。专利申请量继续保持20%左右的增速，其中发明专利所占比例也不断提高，2014年度超过80%，专利技术创新含量不断提高，并首次获得美国专利授权。2014年实施及转让专利合同金额为155万元，比2013年度增长47%。另外，计算机软件著作权登记也取得可喜的成绩（共49项），比2013年增长81.5%。 （供稿人：张雯）

地市知识产权工作

● 地市知识产权工作

DI SHI ZHI SHI CHAN QUAN GONG Z

地市知识产权工作

广州市

【知识产权创造】

专利。2014年全市专利申请量46330件，同比增长16.6%，在全国19个副省级以上城市中增速最快，其中发明申请14589件，同比增长20.0%；专利授权量28137件，同比增长7.6%，其中发明授权4590件，同比增长13.2%；PCT国际申请554件，同比增长19.7%。截至12月底，全市有效发明专利拥有量18993件，同比增长22.1%，万人发明专利拥有量（14.7件）和百万人口发明专利申请量（1128件）双双超额完成《珠三角规划纲要》考核指标。获得第十六届中国专利奖1项金奖和15项优秀奖；获得2014年广东省专利奖5项金奖和11项优秀奖，金奖数量占全省1/3。

商标。全市注册商标30.9万件，同比增长16%，占全省总量的26%，居全国副省级城市首位；驰名商标104件，首次突破百件大关，广东省著名商标427件，广州市著名商标817件，本土知名品牌稳步发展。

著作权及科技成果。完成作品著作权登记8042件，完成科技成果登记312项。

标准。完成产品采标286个，全市企事业单位参与国际、国家、行业和省地方标准制修订377项，完成产品标准数据库建设30个。

植物新品种。1个水稻品种、8个蔬菜品种、3个花卉品种通过省农作物品种审定，2个番木瓜新品种通过全国热带作物品种审定委员会审定。

【知识产权运用】

知识产权交易。深入推进专利质押融资工作，充分发挥政策引导作用以及调动银行与评估机构的积极性，全市共有20家企业利用专利权质押获得7.23亿元贷款。全年登记技术合同7902项，合同成交总金额246.87亿元，同比增长10.8%，技术交易额238.98亿元，同比增长11.8%。成立全省首家科技支行——中国银行番禺天安科技支行，相继成立招商银行广州开发区科技支行和平安银行科学城科技支行，为广州科技企业提供“减低贷款门槛、提高信用额度、简化贷款流程”的专业融资服务。

知识产权保险。建立专利保险合作服务机制，5家中介代理机构与保险公司签约合作，全市新增投保专利60件，完成首单广州地区专利保险理赔工作。广州开发区作为创新试点，启动5大类15种试点险种，近两年来，累计近100家科技企业购保500万元。

专利产业化及信息化。改革专利产业化项目立项办法，按照市场认可和后补助原则遴选项目，提高资金使用绩效。实施企业专利信息分析能力提升计划，举办专利信息分析利用实战培训班和专利挖掘实战班，推出《新能源汽车用电池专利统计分析报告》，广州市进出口专利预警平台上线运行。制定和实施《2014年广州市贯彻实施〈广东创建知识产权服务业发展示范省规划（2013—2020年）〉工作方案》，涵盖知识产权代理、信息、商用化、法律、咨询、培训等六大类服务领域。

【知识产权保护】 打击侵权假冒。制定印发《广州市关于依法公开侵犯知识产权和制售假冒伪劣商品行政处罚案件信息的监督管理办法》，规范行政处罚行为，强化社会诚信体系建设。组织开展整治售卖假冒国际知名品牌皮具专项行动，全市制、储、售假冒皮具违法行为在一定程度上得到遏制。2014年全市行政执法部门总计立案查处侵权假冒案件4872宗，其中重大案件69宗；移送司法机关案件127宗；捣毁制假售假窝点244个。

刑事司法保护。全市公安机关全年共立制假售假案件2048宗，破案1845宗，刑拘犯罪嫌疑人2871人，逮捕1614人，捣毁制假售假窝点1463个。检察机关批准逮捕知识产权犯罪案件657件1271人，已提起公诉656件1214人。市、区两级法院全年审结知识产权案件9490件，约占全国1/12，审理了“广州王老吉大健康产业有限公司诉王老吉有限公司确认不侵害商标权纠纷案”等一批在国内外有重大影响的新类型案件和重大疑难案件。

边境保护。广州海关全年共查获涉嫌侵权案件352宗，涉及货物共192.0万件，保护了来自18个国家和地区的128个权利人的合法权益。黄埔海关牵头组织参与了“绿茵行动”“中美海关联合执法行动”“粤港海关保护知识产权联合执法行动”等五个全国性或区域性反侵权联合专项行动，全年采取知识产权保护措施356次，截获涉嫌侵权货物290万件，实际扣留货物311批次，扣留涉嫌侵权货物173万件，查获的涉嫌侵权货物批次连续三年保持15%以上增长。

仲裁保护。2014年共受理知识产权纠纷157件，包含著作权转让合同纠纷、计算机软件开发合同纠纷、商标使用许可合同纠纷、技术秘密许可使用合同纠纷、技术合作开发合同纠纷等，涉及行业或专业领域包括影视传媒、计算机软件、网络技术、图书出版、动漫动画等。

展会知识产权保护。在广交会、国际家具博览会、广告标识展等25个展会中快速处理专利侵权纠纷438件，受理商标投诉351宗，调解第115、116届广交会版权投诉案件共91件。就展会知识产权保护工作机制进行了积极探索和逐步完善，联合行业协会等建立起一支100人的知识产权维权志愿者队伍。

广州知识产权法院成立。经全国人大常委会批准，广州知识产权法院于2014年12月正式挂牌成立，其对广东省内（除深圳市外）下列案件享有一审管辖权，具体包括专利、植物新品种、集成电路布图设计、技术秘密、计算机软件民事和行政案件，以及涉及驰名商标认定的民事案件。当事人对广州市内基层人民法院作出的第一审著作权、商标、技术合同、不正当竞争等知识产权民事和行政判决、裁定，可向广州知识产权法院提起上诉。

长效监管机制建设。制定实施国内地方政府第一部规范专利行政执法的政府规章——《广州市专利行政执法办法》，明确了市、区两级知识产权局专利行政执法的职权及责任，积极推动专利行政执法规范化。支持和指导广东省公共安全技术防范协会等10家行业协会成立了广州地区行业协会知识产权边境保护联盟，形成联盟、行业协会、知识产权局、海关知识产权边境保护的“10+3”协作机制。在全市300多个主要商品批发市场推行建立商标监管长效机制。印发了《广州市食品药品监督管理局关于进一步规范药品化妆品医疗器械应急检验工作流程的通知》。

【知识产权管理】

政策制度。出台《广州市人民政府关于加强专利创造工作的意见》，明确下一阶段深入实施知识产权战略的总体框架和要求；制定《广州市知识产权局全面深化知识产权体制改革工作方案》，启动知识产权体制改革工作；会同市财政局研究起草《广州市专利工作专项资金管理办法》，大幅提高资金额度，全面扶持专利创造、运用、保护、管理和公共服务；制定出台《广州市2014年行业协会和展会知识产权工作意见》，引导市场主体提高知识产权应用和管理能力。出台《广州市作品著作权登记政府资助办法》，制定《广州市版权保护中心作品著作权登记政府资助操作细则》《广州市科技计划项目管理办法（试行）》和《广州市科技成果登记实施办法》等制度。

机构建设。成立全国首个专业版权纠纷人民调解委员会——广州版权纠纷人民调解委员

会，并已开始运作。建立起全市两法衔接信息共享平台，强化对打击侵犯知识产权犯罪的监督，整合执法资源，提高办案效率，加大打击知识产权犯罪的力度。国家知识产权局专利审协（广东）中心创建了国内首个知识产权普法基地，为常态化开展普法工作开拓新渠道。

国家知识产权示范城市建设。全市知识产权工作会议召开，广州市委副书记、市长陈建华和广东省知识产权局局长马宪民出席会议并作重要讲话，对广州市下一步知识产权发展定位和目标作出总体部署，提出建设“知识产权枢纽城市”的工作目标。国家知识产权局专利审协（广东）中心建设步伐加快，广州知识产权交易中心获批成立，广州知识产权法院挂牌运作，广州知识产权仲裁院入驻科学城，广东中策知识产权研究院落户科学城，广州知识产权学院（人才基地）启动建设。在国家知识产权局组织的2013年度“国家知识产权示范城市”工作考核中，广州市名列副省级城市第一名。

国家商标战略实施示范城市建设。在花都、番禺、增城等区试点建立商标品牌指导站，建立工作联络机制和相关扶持指导制度，对园区和行业企业提供全方位的商标服务。继续扎实推进自主品牌阶梯式培育制度，2014年3月公布了2013年度107件新认定广州市著名商标；91件商标获广东省著名商标，居全省第一；“奥园”“苹果”等5件商标获驰名商标认定保护。

全国版权示范城市建设。经国家版权局批准，建立广州市越秀区国家版权贸易基地，制定《广州市越秀区建设国家版权贸易基地方案（征求意见稿）》，规划版权交易综合服务平台建设。及时向公众发布版权服务资讯，做好“广州市版权综合信息服务平台”建设、管理及版权宣传服务工作，加入“全国版权示范城市联盟”。

标准化战略。全面推动《广州市标准化战略实施纲要（2013—2020年）》、各区（县级市）政府出台标准化战略实施政策或配套文件的贯彻实施，全面落实标准化战略资金。2014年全市资助项目900个，创建“标准化良好行为企业”36家，成立各级专利标准化技术委员会、分委员会、工作组（TC/SC/WG）累计超过100个，新增3个省级TC。

企业试点示范工作。广州开发区获“国家知识产权示范园区”称号；海珠区、番禺区成为国家第三批知识产权强县工程试点区，越秀区获批设立省知识产权服务业集聚发展试验区。推动企业贯彻知识产权管理规范，3家企业通过国家首批达标认证，4家服务机构获得省“企业知识产权管理规范推进项目”立项支持。积极开展知识产权示范学校和试点学校创建工作，全市获评省知识产权示范学校4所、试点学校16所。启动开展知识产权专业技术资格评审试点工作，设置知识产权高、中级专业技术资格评审委员会，加强广州市知识产权专业技术人才队伍建设。

知识产权宣传培训。专题宣传：围绕“保护、运用、发展”主题，组织开展了广场宣传、论坛、讲座、展览、培训班等内容丰富、形式多样的知识产权宣传周系列活动，社会公众参与宣传活动的人数达到7.5万人次，发放各种宣传资料约3万份（册）。组织开展广州地区第八届中国专利周、《广州市专利行政执法办法》宣讲会、“2014文化艺术与版权保护研讨会”、“文化艺术品‘基业长青’研讨会”、“知识产权保护与国家竞争力”高峰论坛、“知识产权保护与国家竞争力”高峰论坛、“广州知识产权司法保护论坛”、《广州知识产权保护状况白皮书》新闻发布会、无害化公开销毁罚没货物仪式等多个专题宣讲活动。

社会宣传：围绕全市知识产权工作会议、世界知识产权日、首个国家宪法日等重大工作和重要时间节点，在《中国知识产权报》《广州日报》等多家媒体推出知识产权工作宣传专版；制作知识产权工作宣传片，在电视台、公交、出租车等媒体上播放，在执法过程中派发保护知识产权宣传单；利用国家、省、市相关部门及市知识产权局相关刊物、网站、微博、微信等载体，开展知识产权宣传工作。

2014年1—12月份广州市各辖区专利申请量和授权量统计表

			专利申请						
			发明	实用新型	外观设计	合计	去年同期	同比增长	发明比例
区县	1	荔湾	840	929	1611	3380	2296	47.2%	24.9%
	2	黄埔	303	393	647	1343	1023	31.3%	22.6%
	3	花都	615	1875	1752	4242	3263	30.0%	14.5%
	4	越秀	1362	1474	3188	6024	5007	20.3%	22.6%
	5	白云	775	1633	2333	4741	3982	19.1%	16.3%
	6	增城	166	559	257	982	829	18.5%	16.9%
	7	番禺	1528	2095	1900	5523	4985	10.8%	27.7%
	8	天河	4444	2777	2035	9256	8373	10.5%	48.0%
	9	萝岗	2578	2174	736	5488	4988	10.0%	47.0%
	10	南沙	716	661	148	1525	1433	6.4%	47.0%
	11	海珠	1185	1030	1083	3298	3104	6.3%	35.9%
	12	从化	67	168	244	479	452	6.0%	14.0%
		其他	10	23	16	49	16	——	——
全市	合计		14589	15791	15950	46330	39751	16.6%	31.5%
	上年同期		12156	14575	13020	39751	——	——	30.6%
	同比增长		20.0%	8.3%	22.5%	16.6%	——	——	——

			专利授权						
			发明	实用新型	外观设计	本期合计	去年同期	同比增长	发明比例
区县	1	天河	1559	2495	1467	5521	5240	5.4%	28.2%
	2	萝岗	989	2101	670	3760	3150	19.4%	26.3%
	3	海珠	472	916	816	2204	1929	14.3%	21.4%
	4	越秀	432	1371	1110	2913	3066	−5.0%	14.8%
	5	番禺	403	1799	1465	3667	3743	−2.0%	11.0%
	6	白云	241	1438	1680	3359	2921	15.0%	7.2%
	7	荔湾	173	521	965	1659	1164	42.5%	10.4%
	8	南沙	92	663	143	898	829	8.3%	10.2%
	9	花都	79	1354	1066	2499	2467	1.3%	3.2%
	10	黄埔	76	274	259	609	528	15.3%	12.5%
	11	增城	43	443	246	732	697	5.0%	5.9%
	12	从化	29	131	143	303	414	−26.8%	9.6%
		其他	2	6	5	13	8	——	——
全市	合计		4590	13512	10035	28137	26156	7.6%	16.3%
	上年同期		4055	12098	10003	26156	——	——	15.5%
	同比增长		13.2%	11.7%	0.3%	7.6%	——	——	——

制表单位：广州市知识产权信息中心　　数据来源：国家知识产权局规划发展司

注：1. 以上数据以专利申请人及授权时专利权人地址为统计口径。
2. 专利申请数据为按各区专利申请同比增长率排序。
3. 专利授权数据为按各区发明专利授权量排名。

知识产权培训。将知识产权保护相关政策规定和基础知识编辑成章，纳入市专业技术人员继续教育公需课，供全市专业技术人员学习运用；全年举办了系列免费知识产权培训讲座34场，培训3200余人次。围绕新《商标法》，先后组织了皮具等多个行业商标专题培训，加大新法宣传教育覆盖面。举办广州市2014年企业首席质量官任职培训，合计149人通过考核。

青少年教育。积极推动在法学本科专业设置知识产权法方向（四年制），在非法学专业二年级学生中增设法学专业（知识产权法方向）第二学位班，实施知识产权人才协同培训与社会服务计划，进行不同层次的知识产权人才培训；开展2014年广州市中小学生“知识产权在我身边”教育征文活动、广州市学生知识产权保护教育竞赛、第30届广州市青少年科技创新大赛等活动，培养青少年知识产权品牌意识。

【知识产权对外交流与合作】 赴香港参加第四届“亚洲知识产权营商论坛”，组织“广州市知识产权发展定位”调研。举办第二届“中新知识论坛”，邀请国际著名专家来穗为企业开展知识产权会诊。市公安机关与美国执法机构召开中美执法合作联合联络小组知识产权工作组会议，就构建中美知识产权执法合作最佳工作模式达成共识。黄埔海关通过中欧海关合作机制、粤港海关合作机制，与欧盟成员海关和香港海关交换查获案件信息。

（供稿人：陈文浩）

深圳市

【知识产权创造】 2014年，深圳国内专利申请量为82254件，其中发明专利申请31077件；国内专利授权53687件，其中发明专利授权12040件。2014年，深圳PCT国际专利申请量11646件，约占全省申请总量的九成，约占全国申请总量的一半。截至2014年年底，深圳有效发明专利达到70870件，居全国各大中城市的第二位。第十六届中国专利奖评选中，深圳共夺得4项金奖，其中3项发明专利金奖（全国共20项），1项外观设计金奖（全国共5项）。2014年评选出深圳市专利奖25项。2014年，深圳全市高新技术产业增加值达5173.49亿元，增长11.2%，全年全社会研发投入占GDP比重超过4%。在裸眼3D、无人机、超材料、基因测序、4G等技术前沿方面，深圳均有企业跻身世界前列，如深圳大疆创新科技有限公司拥有自主知识产权的消费级航拍无人机，占据全球民用小型无人机约70%的市场份额，深圳光启创新技术有限公司占全世界超材料领域近十年申请总量的86%，华为在4G领域中布局的专利占全球的25%以上等等。

【知识产权运用】

专利联盟。加强专利联盟管理，鼓励专利联盟向标准联盟发展。鼓励专利联盟积极探索专利标准化、标准国际化，推动专利联盟向标准联盟发展。目前深圳已有在新能源、超材料、生物医药、LED、彩电、车联网、3D显示、工业机器人等战略性新兴产业领域成立8家产业专利联盟，为深圳知识产权与标准体系的融合进行了有益的探索和实践，取得了良好的成效。例如新能源专利联盟按照技术专利化、专利标准化的路径组建联盟专利池，并积极参与标准化活动。目前该联盟在锂离子电池专利数据库建设、电动汽车创新服务平台建设、国内外标准制订等方面取得了重要成绩，已在电动汽车、太阳能等领域制定发布12项联盟标准，参与9项国际标准、行业标准的制定，成功提出了2项国际标准提案并立项，并参与了1项国际标准提案的研究。

专利信息分析与利用。开展知识产权分析预警项目，围绕深圳市政府产业政策导向，2014年共安排300万元开展知识产权分析预警，涉及工业机器人、移动支付、可穿戴设备、未来产业之海洋产业、航空航天产业、生命健康产业等涉及重点产业领域，促进专利信息分析与技术、产业发展紧密结合，引导深圳企业加大对技术发展路径的分析力度，加强专利战略层面的思考与谋划。以工业机器人、医疗器械产业为重点，结合产业需求和发展方向，开展专利信息分析，促进专利导航产业发展，其中由深圳医疗器械龙头企业迈瑞牵头开展的医疗器械专利导航试点工程还得到省知识产权局的大力支持。不断提升专利信息服务能力，进一步完善深圳市专利信息服务平台功能，进行升级改造，拓展专利服务平台检索功能增加新颖性/侵权性检索，增加数据存储空间，从12.6T增加到近17T。

知识产权质押融资。深圳市出台《关于深圳市自主创新信用再担保体系知识产权质押融资再担保项目的若干规定》，深圳各区也纷纷出台相应的配套激励措施，其中福田区安排了500万元的专项资金对企业知识产权质押融资进行补贴，南山区对申请贷款并偿还本息的企业予以贷款金额3%的利息补贴以及担保费评估费50%的费用补贴，有力推动深圳知识产权质押融资工作。根据统计，2014年仅南山、福田两区知识产权质押融资贷款额度就已达到2.575亿元。

知识产权运营机构。深圳市知识产权运营机构不断涌现，中彩联、中科院知识产权投资有限公司、联创、科发、中创未来、智汇远见等运营机构在知识产权信托运营、合作开发、许可收购方面进行积极探索，其中前三家单位已成功入选为国家专利运营试点企业。

知识产权交易。截至2014年底，深圳市专利展示交易平台可交易专利项目达7956项，覆盖了电子机械、农林牧渔等近30个技术领域。2014年，深圳市专利展示交易平台共完成知识产权交易232件，交易额达553.32万元；交易平台自开始运行至今已完成549件专利的交易，交易额累计达到4400多万元。

【知识产权保护】

知识产权执法体系。一是依托市局、分局、监管所的架构优势构建三级联动的大知识产权执法体系。不断强化执法业务培训打造专业化执法力量，积极开展知识产权执法维权“护航”“剑网”“电子商务领域专利执法维权”等专项行动，有力净化了市场环境。2014年分局及以下机构办理专利案件占全系统办理案件的90%以上，成为深圳专利行政执法的重要力量。二是加强知识产权保护跨区域跨部门合作。进一步建立健全“两法衔接”机制，完善信息通报、相互协作监督、案件处理备案机制等，强化闽粤沿海十二城市共同打击假冒专利合作备忘录等跨区域专利执法协作机制。三是创新保护机制，提升保护效能。积极推进知识产权保护行业自律机制建设，组织深圳4家单位申报省级知识产权专项资金，承担包括知识产权维权援助、涉外应对与维权援助等服务；在南山试点设立知识产权纠纷人民调解委员会，已受理5宗知识产权纠纷案件；在专业市场知识产权授权经营试点基础上，进一步总结推广知识产权授权经营制度。

知识产权专项执法。2014年，深圳市知识产权局办理专利案件299件（其中2014年立案265件、跨年度办理34件），结案242件，中止1件，行政处罚金额200375.93元，调解赔偿金额19.9万元；办理商标类行政违法案件1105宗，罚款334.6万元，移送司法机关60宗，立案数同比2013年提升16.5%，位居全省前列；办理版权案件91宗，立案61宗，调解30宗，罚款超过2.6亿元，和解金额300余万元。此外，还查办了深圳市快播科技有限公司侵权案等重大版权侵权案件，做出2.6亿元的行政处罚，受到社会广泛关注，有力震慑了知识产权违法犯罪行为。

【知识产权管理】

知识产权标准体系。2014年制定发布《企业专利运营指南》《专利交易价值评估指南》《企业知识产权行为规范指引》和《企业海外知识产权协作指引》等4个地方标准，正在制定《专利信息分析与利用指南》《专利代理机

构品牌创建指引》和《专利许可指南》等标准，逐步完善深圳知识产权管理工作的标准化、规范化。

《企业知识产权管理规范》贯标。2014年深圳共组织贯标培训4场，参训企业超过200家，贯标辅导机构40家，企业贯标积极性大幅提升。2014年，深圳共有30家企业完成贯标工作流程，其中朗科公司通过标准认证，长城、金溢两家公司正排队等候认证。此外，深圳还加强了《专利代理机构服务规范》地方标准的贯标力度，对17家专利代理机构的贯标情况进行了检查，其中有12家获得认证通过。

【知识产权宣传培训交流】 知识产权宣传。举办了主题为“发展知识产权，支撑创新转型”的知识产权文化宣传月活动，开展多场关于企业知识产权维权、诉讼及运营的高端论坛与专题培训活动，组织各区及相关部门积极开展知识产权宣传活动。宣传月期间召开2014年深圳市推进知识产权战略实施座谈会，国家知识产权局局长申长雨，广东省知识产权局局长马宪民，深圳市市长许勤等领导出席座谈会，共同探讨国家、省、市间的知识产权合作与部署。在《深圳特区报》专版发布“深圳知识产权的八项‘第一’系列报道”。承办国家知识产权局“知识产权走基层，服务经济万里行”深圳站大型知识产权公益服务活动，时间持续3天，参会领导和企业代表多达400人。

知识产权培训。深圳市每年拿出300万元知识产权专项资金用于知识产权专题培训，主要面向企业知识产权管理人员、知识产权服务机构人员等群体，按照企业和受训群体的不同，专题培训分成初、中、高三个层次，全年开展专题培训50多场，受训人数近万人。引进国家知识产权师资力量举办专利分析实战培训班两期（初级班和中级班各一期），来自50家企业的84人参加实战培训。

知识产权对外合作交流。2014年，认真履行闽粤沿海十二城市共同打击假冒专利合作备忘录等跨区域专利执法协作职责，接收处理了厦门、莆田等协作城市移交的跨区域专利案件或线索3件，并作及时反馈。与世界知识产权组织、国家知识产权局合作在深圳开展多场专利实务培训。

【知识产权服务】

知识产权服务体系。制定知识产权分类服务计划，对大型、中型、小微企业采取差异化服务措施，如对大型企业实施上门服务，对中型企业实施定制式和个性化服务，对小微企业则组织服务机构实施对接服务，为企业排忧解难。为深圳重点龙头企业提供知识产权与标准化方面的定制式服务，多年来坚持主动深入到华为、中兴、腾讯、光启理工、超多维等重点企业，根据企业个性化需求提供知识产权与标准化“定制式”服务，指导企业建立专利与标准同步机制，帮助企业解决实际问题。积极引进国内外优质资源服务深圳企业，2014年成功承办了国家知识产权局“知识产权走基层，服务经济万里行”深圳站大型知识产权公益服务活动。利用审查员实践基地落户深圳高新区的机会，实现了国家专利审查员与深圳市高新技术企业直接对接交流，2014年有30多家深圳企业从中受益。全面支持深圳的国家知识产权服务业集聚发展试验区建设，工信部电子知识产权中心、深圳市国新南方知识产权研究院、中美企业创新中心、牛津大学技术转移中心（ISIS）等国内外优质知识产权研究机构相继落户该试验区。积极做好知识产权公共服务，2014年共计发放知识产权专项资金2.7亿元，知识产权专项资金的引导和杠杆作用进一步凸显。

（供稿人：黄远辉）

珠 海 市

【知识产权创造】 2014年珠海市专利申请8998件，同比增长12.24%，其中发明专利申请3172件，同比增长16.23%，实用新型申请4162

件，外观设计申请1664件。专利授权6258件，其中发明专利授权608件，实用新型授权4230件，外观设计授权1420件。截至2014年12月底，有效发明专利2445件。2014年全市每百万人均发明专利申请量预计为1975件，同比增长15.67%，排名全省第2位，仅次于深圳。截至2014年12月底，全市每万人口所拥有的有效发明专利量预计为15.2件，同比增长26.79%，排名全省第2位，仅次于深圳。

2014年，全市新申请商标注册7239件，新核准注册商标3440多件，全市累计有效注册商标28563件,截至2014年12月，全市拥有中国驰名商标10件。

2014年度，珠海市版权服务中心共接待受理各类著作权登记147宗，其中新登记作品119件，著作权变更登记28件，在新登记作品中包括美术作品51件，类似电影方式制作作品18件，文字小说作品10件，其他作品4件，工程设计图1件，计算机软件作品35件。

【知识产权运用】 2014年12月，经广东省政府同意，广东省知识产权局正式批复同意设立横琴国际知识产权交易中心，同时，财政部和国家知识产权局发文明确支持在珠海市建设全国知识产权运营特色试点平台。

【知识产权保护】 行政保护。珠海市知识产权局制定并印发《2014年知识产权执法维权“护航”专项行动实施方案》，以快速、高效、专业、规范的执法，护航珠海市经济转型升级。2014年，共受理专利纠纷和涉嫌假冒专利案件8件，结案8件，结案率100%。一是开展联合执法检查，加强打击假冒专利行为。珠海市知识产权局联合市工商局、市药监局、香洲区、金湾区等部门，开展多次打击假冒专利执法行动、专项行动累计出动执法人员106人次，检查大型商场及药店等经营场所100家次，检查箱包皮具、食品、药品和日化用品等商品约2000件。参与全省查处重大假冒专利案件统一行动和儿童用品专项行动，对销售专利产品的“花洒”，以及销售儿童玩具、儿童家具、教辅用具和童装童鞋进行重点检查。二是选派市、区知识产权局执法人员参与115届广交会知识产权执法，两期共10天，通过省市联合执法，积累工作经验，增强业务能力。三是建立信息公开平台，在珠海市科工信局网站公开历年来做出的专利行政处罚决定书，包括主要违法事实和处罚种类、依据、结果等，已累计公开专利行政处罚信息6件。加入“两法衔接”信息共享平台，累计录入假冒专利案件共18件。四是加强案卷规范管理，及时报送信息。及时将案卷情况报送国家和省知识产权局，其中报送国家知识产权局执法案件平台的案件共计10件，报送省知识产权局相关信息14条。同时，每月向市打假办及市检察院报送打假工作情况。

2014年珠海市工商局深入推进“双打”，努力遏制制假售假现象。全年共查处侵犯知识产权和制售假冒伪劣商品违法行为案件312宗。其中，查处商标侵权案件238宗，罚没金额196.8万元，移送司法机关处理1宗；查处假冒伪劣商品案件74宗，罚没金额42.2万元。措施包括：一是加强节日市场的监管，维护节日市场秩序。二是加强对湾仔沙电脑城、吉大电子城等专业市场的监管。三是加强拱北口岸地区侵犯知识产权和制售假冒伪劣违法行为的专项整治，制定并印发《珠海市工商局拱北口岸地区新一轮打假打私专项行动方案》，采取专项整治与日常监管相结合、宣传教育与行政指导相结合、主动出击与部门联动相结合等举措开展专项整治，截至12月，共立案查处侵权假冒案件158宗，查获各类涉案商品3253件。四是组织开展打击制售假酒专项行动。五是组织开展打击互联网领域侵犯知识产权和制售假冒伪劣商品专项行动。

2014年拱北海关全年共采取知识产权边境保护措施376批次，查获侵权案件177宗，涉案侵权货物、物品24.45万余件；向地方公安机关通报案件5宗。

司法保护。2014年全市两级法院新收各类知识产权一审民事案件1003件，其中专利案件

18件，商标权属47件，著作权924件，商业秘密2件，技术合同3件，不正当竞争6件，其他纠纷3宗，涉外案件6宗。审结案件1042件，结案率达到96.6%，其中以调解、撤诉方式结案337件，调撤率为32%。民事二审案件1件，结案1件，调撤1件。受理知识产权刑事一审案件29件。结案27件，判处刑事处罚51人，其中生产、销售伪劣产品罪2案1人，销售假冒注册商标的商品罪18案29 人，假冒注册商标罪5 件18人，侵犯商业秘密罪 2件3人。二审受理案件5件，结案4件，判处刑事处罚4人。

2014年全市两级检察院共受理知识产权审查批准逮捕案件22件45人，批准逮捕14件24人；受理移送审查起诉案件30件65人，提起公诉案件28件52人，出席二审法庭履行职责案件2件4人。审查办理的案件主要涉及高压开关控制器、航空航天控制器的研发生产、配电管网箱零部件、品牌导航仪、知名皮具等多个知识产权的创造和运用领域。2014年4月，珠海赛纳公司被侵犯商业秘密案被最高人民检察院评为“中国检察机关保护知识产权十大典型案例”之首。

企业软件正版化工作。珠海市版权局将8家重点企业列为2014年度珠海市推进企业使用正版软件督办企业。对该企业正在使用的所有办公计算机进行一次全面的调查摸底工作，督促企业建立起计算机软件管理台账，完善软件资产管理规章制度，确立经费预算及软件购置计划，对于企业存在的实际予以适当的指导帮助，努力推进软件正版化工作。

地理标志保护示范区建设。珠海市质监局制定《推广使用白蕉海鲈“国家地理标志保护产品”定点销售牌工作方案》《白蕉海鲈“国家地理标志保护产品”定点销售牌管理办法》，引导更多专业合作社申办使用专用标志、做好标准养殖视频化配合服务以及发动申报使用白蕉海鲈定点销售牌。

【知识产权管理】

2014年2月，珠海市知识产权联席会议扩大会议召开，联席会议成员及各行政区、功能区等19个部门相关负责人参加会议，会议全面总结全市知识产权工作情况，对全市创建国家知识产权试点城市进行部署。根据会议精神，珠海市知识产权局经市政府同意印发《珠海市创建国家知识产权试点城市工作方案》。同时为推动实现《珠海市创建国家知识产权试点城市工作方案》各项目标，明确2014年战略实施重点任务和工作措施，珠海市知识产权局制定并印发《2014年珠海市知识产权战略实施推进计划》。

知识产权优势企业。2014年珠海市知识产权局开展市知识产权优势企业培育和认定工作。共受理23家企业申报市知识产权优势企业认定，受理24家企业申报市知识产权优势企业考核，经组织专家评审等程序，共有10家企业通过认定，24家企业全部通过考核。全市共有市知识产权优势企业70家。通过大力推动企业建立健全知识产权管理制度，制定知识产权专项规划，提高珠海市企业的自主知识产权创造、运用、保护、管理能力。市知识产权优势企业已成为珠海市专利申请量的主力军。

专利申请工作。根据《珠海市进一步加强专利工作的若干措施》（珠知〔2012〕32号），珠海市知识产权局开展对2013年度全市专利申请工作先进单位进行奖励的有关工作。经初步筛选、通知申报、审核确认及上网公示四个环节，对珠海格力电器股份有限公司等年发明专利授权前5名单位、广州嘉权专利商标事务所珠海分公司等代理专利授权前3名的代理机构给予奖励，奖励资金共75万元。该项举措有效促进企业的专利申请，提升全市专利申请数量，提高专利质量。2014年底，珠海市知识产权局修订《珠海市进一步加强专利工作的若干措施》对部分条款进行明确、强化和调整，增加对企业开展知识产权贯标工作的资助。

专利申请资助政策。为鼓励珠海市单位及个人发明创造的积极性，增强知识产权意识，提高技术创新能力，促进全市的科技进步和经济发展，珠海市于2002年开始实施专利申请资助政策。2014年珠海市知识产权局共资助发明专利456件，包括国内发明专利428件，国外发明专利28件。

中国专利奖配套奖励。珠海市对获中国专利奖单位进行配套奖励，依据《珠海市专利奖励办法》（珠知〔2009〕7号）对珠海格力电器股份有限公司“电机转子位置估算方法及电机驱动控制方法”等4项获中国专利优秀奖和中国外观设计优秀奖的专利，按省政府奖金的60%下达配套奖励资金，共计120万元。

区域品牌创建。珠海市工商局积极推动优势产业集群或特色传统产业创建区域品牌，提升珠海市城市竞争力。积极引导优势产业、特色传统产业等创建和培育公共品牌，积极推进珠海市打印耗材等行业创建国际区域品牌；另外挖掘和培育珠海市特色或传统产业品牌。重点指导、帮助官塘社区、永丰村、珠海保税区进口酒类协会申报集体商标注册，引导珠海特产打造手信品牌。

【知识产权宣传培训】

2013年珠海市知识产权局联合各区知识产权局围绕“保护、运用、发展”的主题，结合“打击侵权假冒”“两建”“4·26世界知识产权日宣传周”“中国专利周”等工作，创新宣传活动形式，在全市范围内组织开展系列专利宣传与培训活动12场，培训1000人次，派发资料8000份；同时通过特区报等媒体进行宣传，大力营造尊重和保护知识产权的浓厚氛围。

市工商局开展多种形式的宣传教育和行政指导工作，提高企业和社会公众商标法律意识。与市广播电视台联合制作并发布有关“驰名商标”“商标侵权”“制售假冒商品”等四个宣传主题的公益广告。在《珠江晚报》开设新《商标法》宣传连载专栏。“3·15”“4·26”期间，市工商局各分局分别在辖区开设现场宣传（咨询）点，面对面向公众宣传商标法律法规知识。活动中共发放《商标法》《新商标法亮点解读》等宣传材料2000余份。

珠海市版权局和市普法办、文化市场综合执法支队、市知识产权局、市中级人民法院知识产权科、市版权服务中心于4月26日“世界知识产权日”在柠溪文化广场举办有关保护知识产权的普法宣传活动，通过流动车LED大屏幕播放宣传演示片、布设展板、派发宣传资料、现场接受群众咨询等形式向广大市民宣传普及知识产权和著作权保护及维权知识，当天累计接待市民参观和询答100多人次。

【统计资料】

（一）2014年珠海市专利申请趋势图

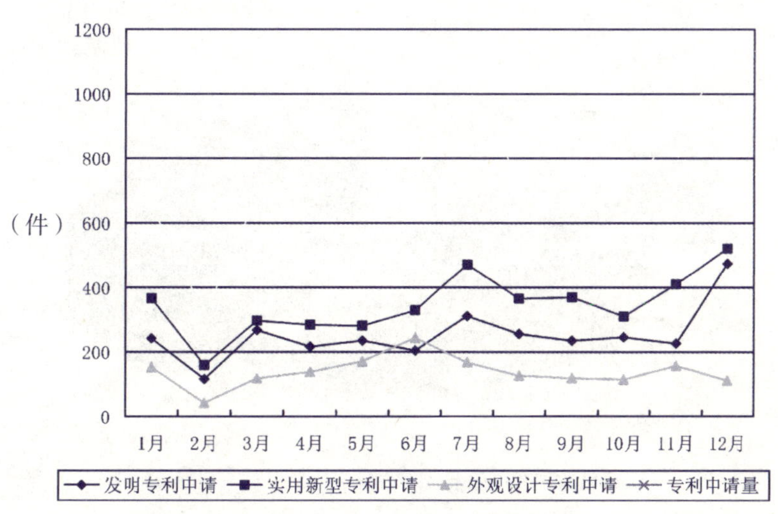

2014年珠海市专利申请趋势图

（二）2014年珠海市专利授权趋势图

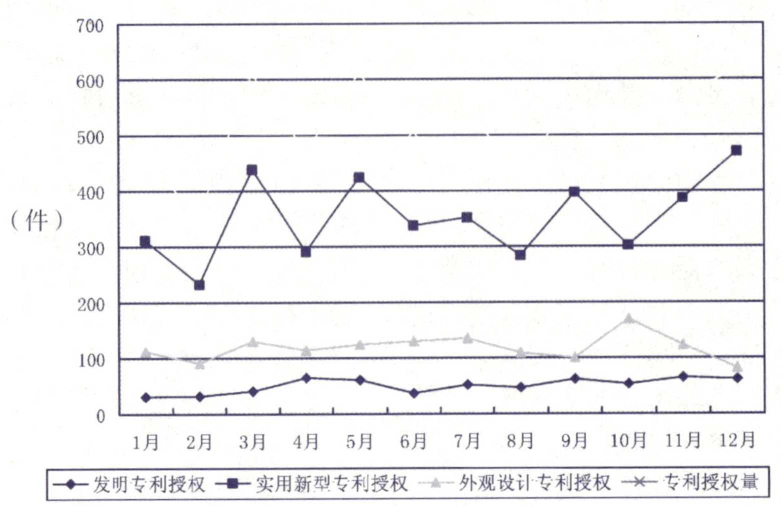

2014年珠海市专利授权趋势图

（三）2014年珠海市三种专利申请比例图示

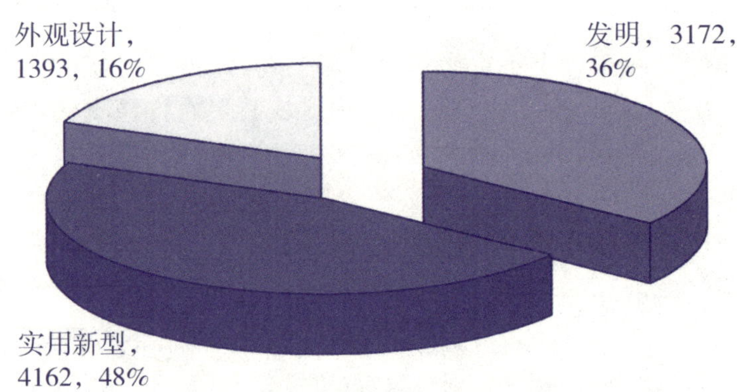

2014年珠海市三种专利申请比例图示

（四）2014年珠海市三种专利授权比例图示

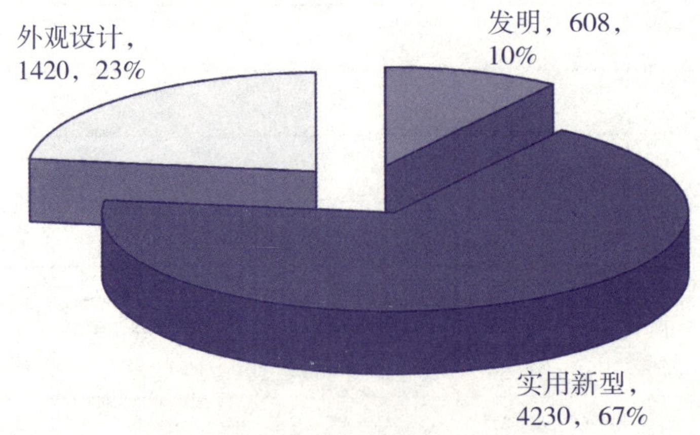

2014年珠海市三种专利授权比例图示

汕头市

【概况】 2014年，汕头市新增专利申请9097件、专利授权6470件、有效注册商标17755件、作品版权登记1339件；新增市知识产权优势培育企业10家，市专利技术实施计划项目8个，省知识产权示范企业1家，省知识产权优势企业4家，省专利技术实施计划项目1个。

2014年，在第十六届中国专利奖评选中，汕头市获中国专利优秀奖5项，中国外观设计优秀奖1项。汕头市政府组织开展第六届汕头市专利奖评选活动，评出市专利金奖4项、优秀奖8项，外观设计金奖2项、优秀奖4项，优秀发明人9名。

【知识产权政策体系建设】 2014年4月3日，汕头市政府印发《关于印发汕头市专利扶持资金管理办法的通知》（汕府〔2014〕38号），对《汕头市专利扶持资金管理办法》进行修订，新办法自2014年5月15日起施行；7月21日，市政府办公室印发《汕头市质量强市2014—2015年行动计划》，将加强知识产权工作作为推进质量建设一项重要措施列入行动计划；12月1日，汕头市知识产权局、财政局联合印发《汕头市知识产权局 财政局专利申请（授权）资助专项资金管理办法》（汕知发〔2014〕43号），进一步规范专项资金的使用管理，强化资助政策的质量导向等，将市级经费按因素法分配到保税区、高新区和各区县，与当地专利资助资金合并使用，办法自2014年12月15日起施行。11月6日，汕头市政府召开全市知识产权工作会议暨市专利奖励大会，传达贯彻全省知识产权工作会议暨广东省专利奖励大会精神，总结两年来全市知识产权工作，表彰汕头获得第十五届中国专利奖和2013年度广东专利奖的单位和个人，研究部署下一步工作，省知识产权局局长马宪民应邀出席会议。

【知识产权创造】 2014年，汕头市专利申请9097件，其中发明884件、实用新型1670件、外观设计6543件；专利授权6470件，其中发明230件、实用新型1414件、外观设计4826件；新增有效注册商标17755件，“宝克”文具、“铍宝”药品、“潮宏基”珠宝、“handry”“亨得利”箱包、全宇工艺玩具、“雅格YAGE及图”照明手电筒、“天际”电器等7件商标被认定为中国驰名商标；市版权局办理作品版权登记189件。截至年底，汕头市累计专利申请量89408件、专利授权量54179件，有效发明专利997件，有效注册商标119464件，中国驰名商标26件、广东省著名商标242件。

【专利奖获奖成果】 2014年，汕头市在第十六届中国专利奖评选中，广东夏野日用电器有限公司“01114752.0一种用于电磁炉具上的带电磁耦合线圈的烹调器具”、广东邦宝益智玩具股份有限公司的“201120213848.4玩具公仔”、广东绍河珍珠有限公司的“00117190.9用淡水河蚌养殖珍珠的插核方法”、广东奥飞动漫文化股份有限公司的“201110110488.X一种陀螺积分系统及其数据信息读取方法”、广东金明精机股份设备有限公司的“201110327527.1多层共挤吹膜设备的挤出机和模头的清机方法”五个项目获得中国专利优秀奖；汕头市华莎驰家具家饰有限公司的“201230276811.6餐台（84700）”项目获中国外观设计优秀奖。截至年底，汕头市累计获得中国专利金奖1项，中国专利优秀奖23项，中国外观设计优秀奖5项。

【专利技术实施】 2014年，汕头市超声仪器研究所有限公司的“基于相控阵的C扫描图像或D扫描图像处理方法”、广东名臣有限公司的“一种含有阳离子聚合物的美发组合物”、广东金玉兰包装机械有限公司的“精准定位形成局部镭射图案工艺”、汕头三辉无纺机械厂有限公司的“宽幅高频起绒针刺机关键技术研发及产业化”、汕头可逸塑胶有限公司的“定位多次热转移聚酯薄膜及其关键技术研究”、广东三凌塑料管材有限公司的“改性聚丙烯电缆导管”、广东良得光电科技有限公司的“芯片自动填充装置的研制及其延伸生产”、汕头市金兴机械有限公司的“全自动连续式吸塑成型冲切一体设备关键技术研发及产业化”等8个项目被汕头市知识产权局确定为市专利技术实施孵化项目。广东奥飞动漫文化股份有限公司的“一种陀螺积分系统及其数据信息读取方法”被广东省知识产权局确定为省专利技术实施计划重点项目。

【知识产权优势企业培育】 2014年，西陇化工股份有限公司、广东龙湖科技股份有限公司、汕头市南光摄影器材有限公司、汕头市炜星工艺实业有限公司、广东三椒口腔用品有限公司、汕头市大洋地毯机械设备厂有限公司、汕头市高新区奥星光通信设备有限公司、汕头市澄海区南源玩具有限公司、广东乐普升文具有限公司、汕头市快畅计算机有限公司等10家企业被汕头市知识产权局确定为市知识产权优势培育企业，汕头市超声仪器研究所有限公司被广东省知识产权局确定为省知识产权优势企业，汕头市华莎驰家具家饰有限公司被广东省知识产权局确定为省知识产权示范企业。

【质量建设及知识产权标准活动】 2014年，汕头市新增省级农业标准化示范区4个、农业地方标准9项，确定市级农业标准化示范区4个、标准化项目22项；全市企事业单位主导或参与制修订国家标准13项、行业标准3项、地方标准4项，修订汕头市联盟标准1项； 5家单位申报国家标准2项，省地方标准12项；市重点工业产品174项采用国际标准或国外先进标准进行生产，备案企业产品标准179家964项；有2家企业被确认为4A、3A级“标准化良好行为企业”；12家企事业单位24个标准化项目获省实施技术标准战略专项资金资助，21家企事业单位35个标准化项目获得汕头市实施技术标准战略专项资金资助。全市31个产品获省名牌产品（工业类）称号。截至年底，汕头市有国家级农业标准化示范区4个、省级农业标准化示范区 40个、市级农业标准化示范区40个；有67家企业92个产品被评为广东省工业类名牌产品。5月8日下午，汕头市政府召开全市质量工作会议暨首届市政府质量奖表彰大会，广东猛狮电源科技股份有限公司、凯撒（中国）股份有限公司、拉芳家化股份有限公司3家企业获得首届“市政府质量奖”。11月8日，广东省文具标准化技术委员会在汕头成立， 3月12日，汕头成立首家企业标准联盟——汕头市电子商务企业标准联盟。

【知识产权行政保护】 2014年，汕头市知识产权局立案处理专利侵权纠纷案件14宗，查结假冒专利案件120宗，处理市投诉中心12345转办举报网店涉嫌侵权投诉案件1宗。汕头市工商行政管理系统开展打击互联网商标侵权行为、保护第二届夏季青年奥林匹克运动会标志等系列专项行动，共查处侵权假冒案件196宗，罚没金额235.8万元。汕头市文化市场综合执法部门开展“剑网”等专项整治行动，收缴盗版图书752本、音像制品4456张、软件548张，取缔非法出版物地摊72个，立案查处出版物及侵权盗版案件5宗，向公安机关移交涉嫌犯罪案件1宗。汕头海关采取知识产权海关保护措施36批次，查获侵权案件10宗，查获货物约38万件，案件值约99.6万元。

【知识产权司法保护】 2014年，汕头市检察院机关批准逮捕各类侵犯知识产权的刑事犯罪案件36件67人，其中，假冒注册商标案件11件16人，销售假冒注册商标的商品案件3件5人，非法制造、销售非法制造的注册商标标识案件19件43人，侵犯著作权案件3件3人；依法向人民法院提请公诉侵犯各类知识产权刑事犯罪案件共48件95人。汕头市中级法院开展“探索完善司法证据制度破解知识产权侵权损害赔偿难” 试点工作，成为全省六个试点中院之一。全年，汕头市两级法院共受理侵权假冒、制假售假刑事案件87件，审结85件、判决151人；知识产权民事一、二审案件185件。5月23日，汕头市中级法院与汕头市知产权局联合在中国（汕头）知识产权维权援助中心潮南工作站内设立首个“潮南片区保护知识产权法律工作室”，日常管理由潮南区工商联负责，汕头市中级法院知识产权庭与中国（汕头）知识产权维权援助中心共同承担公益性知识产权法律服务工作。

【知识产权维权援助服务】 2014年4月20—23日，中国（汕头）知识产权维权援助中心首次邀请汕头大学保护知识产权志愿者共同进驻第16届中国澄海国际玩具礼品博览会知识产权咨询投诉服务站开展知识产权维权援助公益服务。10月13日，中心联合汕头市中级法院知识产权庭组织中国（汕头）知识产权维权援助潮南工作站及潮南片区保护知识产权法律工作室在潮南区美莱（国际）内衣城举办“展会知识产权法律咨询服务日”活动，现场派送《广东省展会专利保护办法》《专利法》《专利纠纷案例评选》1000册。全年，中心共受理维权援助与举报投诉服务141宗，其中，提供维权援助服务25宗，举报假冒案件116宗，移送116宗，查证属实89宗。

【打击侵权假冒工作】 2014年，汕头市按照全国和省打击侵权假冒工作领导小组的统一部署，围绕涉及民生安全的农资、食品、药品、家用电器、玩具等重点领域、重点商品，在生产、流通、进出口及网络交易等环节开展专项整治，汕头市知识产权、工商、文广新（版权）、质监、药监、农业局等主要行政执法部门共立案查处侵权假冒案件645件，办结案件586件、移送司法机关54件。汕头市公安机关发起全国“集群战役”9起、全省“集群战役”12起，共破获涉假冒侵权案件439宗，刑事拘留465名，逮捕164名，捣毁窝点214个，团伙35个，缴获制假机械242台套，其中广东汕头黄某如等制售假冒伪劣儿童玩具案、林某亮等制售假冒伪劣儿童玩具案集群战役分别入选2014年公安部打假办第一批、第二批打假经典“集群战”，获得省公安厅贺电。12月10日，省打击侵权假冒工作领导小组办公室副主任、省知识产权局副局长唐毅率省督查组一行6人到汕头督查工作，对汕头澄海区玩具市场进行实地检查、查阅汕头打击侵权假冒工作有关资料、听取汕头市打击侵权假冒工作领导小组办公室、检察院、工商局、质监局和知识产权局工作汇报，并对汕头下来的工作提出意见和建议。

【知识产权宣传】 2014年4月9日—5月9日，汕头市政府知识产权办公会议在全市组织开展以“保护知识产权，促进创新发展”为主题的知识产权宣传月活动。4月9日，汕头市政府与广东省知识产权局联合在汕头市金平民营科技园举行“4·26”世界知识产权日宣传活动启动仪式暨省市联合执法集中销毁违法物品活动，现场销毁“护康胶囊”等专利侵权假冒产品和“舒肤佳香皂”、化妆品、牛奶饼干食品等商标侵权假冒产品5万多件、非法出版物2万多册以及盗版音像制品9万多片。4月25日，汕头市政府知识产权办公会议办公室在汕头市政府门户网站和市知识产权局网站同时发布2013年汕头市知识产权保护状况和知识产权典型案例。

【知识产权培训与教育】 2014年，汕头市知识产权局承办广东省知识产权局“粤东西北地区知识产权中高层次专业人才培训班”项目，先后举办“知识产权法律保护论坛”“企业知识产权管理规范培训班”“知识产权保护专题研讨会”和“专利申请实务培训班”，培训知识产权专业人员400人次；针对玩具、针织、电子、印刷、包装机械等行业企业及协会举办知识产权培训班近20场次，培训企业负责人、科研人员及知识管理人员上千人。4月23日，举办“汕头市企业知识产权管理规范培训班”，邀请《企业知识产权管理规范》（国家标准GB/T 29490-2013）的起草人之一韩奎国主讲，市知识产权优势企业、专利保护协会团体会员企业、知识产权行政管理部门和服务机构业务骨干、行业协会代表200人参加培训；8月28日，举办“涉美知识产权保护实务专题讲座”，邀请到美国3M公司技术产权顾问、专利律师、潮籍博士黄晓主讲，汕头市专利保护协会、进出口商会、塑胶商会的会员企业、知识产权管理和服务机构人员共90多人参加培训；9月25日，举办“汕头市知识产权专家高级培训班”，邀请国家知识产权局专利复审委外观诉讼处副处长樊晓东就专利侵权判定（外观专利无效审查）等内容进行专题授课，汕头市知识产权专家库专家、专利保护协会会员、知识产权维权援助服务合作单位、知识产权维权援助工作站等有关专业人员100人参加培训。经汕头市知识产权局、市教育局、团市委、少工委联合推荐申请，汕头市第三批市级中小学知识产权教育试点学校汕头市长厦小学被省知识产权局、教育厅、团省委、少工委确定为2014年省中小学知识产权教育示范学校。

【知识产权交流合作】 2014年11月27—28日，粤东知识产权局长第三轮第一次联席会议在汕头花园宾馆举行，来自汕头、汕尾、潮州、揭阳、梅州、惠州、河源七市的知识产权局局长围绕“发挥专利行政执法优势，强化专利保护”主题，就专利信息的交流与沟通、宣传培训、专利侵权纠纷案件以及假冒专利案件的查处协作进行交流研讨。广东省知识产权局副局长袁有楼、汕头市人民政府副市长林依民应邀请出席会议并做讲话。

【统计资料】

（一）2014年汕头市专利奖获奖项目

第六届汕头市专利奖金奖项目（4项）

专利号	项目名称	申报单位
201010299936.0	一种一体化防伪防窜标识制备工艺	广东正迪科技股份有限公司
201010538725.8	一种陶瓷电容器的电介质及其制备方法	汕头高新区松田实业有限公司
200920050852.6	一种电容式触控板	汕头超声显示器（二厂）有限公司
201120429400.6	一种可清除冰雪的PVT组件	广东金刚玻璃科技股份有限公司

第六届汕头市专利奖优秀奖项目（8项）

专利号	项目名称	申报单位
201110327527.1	多层共挤吹膜设备的挤出机和模头的清机方法	广东金明精机股份有限公司
201310152073.8	苯乙烯聚合回收液的净化处理方法	广东星辉合成材料有限公司
201010278517.9	一种配管加强结构的铜冷却壁	汕头华兴冶金设备股份有限公司
201110141128.6	热成型机	广东达诚机械有限公司
200910193404.6	一种电子级高纯氧化铜超细粉体的制备方法	广东光华科技股份有限公司
201110024625.8	一种智能手持设备实时接收控制仪器图像的方法	汕头市超声仪器研究所有限公司
200910131181.0	增韧氧化铝结构陶瓷材料及其制备方法	广东东方锆业科技股份有限公司
200910040124.1	一种单张纸印刷机的传接机构	广东金玉兰包装机械有限公司

第六届汕头市外观设计金奖项目（2项）

专利号	项目名称	申报单位
201230613827.1	超声成像检测仪	汕头市超声仪器研究所有限公司
201130368671.0	日夜两用窗帘（上下结构）	汕头市荣达新材料有限公司

第六届汕头市外观设计优秀奖项目（4项）

专利号	项目名称	申报单位
201330362281.1	方向盘遥控器（808）	星辉互动娱乐股份有限公司
201330291814.1	成套卧室家具	汕头市华莎驰家具家饰有限公司
201330537639.X	吊坠（熊猫系列2）	广东潮宏基实业股份有限公司
201230369983.8	玩具合体机器人（1）	广东奥飞动漫文化股份有限公司

第六届汕头市专利奖优秀发明人奖（9人）

姓　名	申报单位
叶镇波	广东达诚机械有限公司
许汉光	汕头市东和机械有限公司
段华伟	广东壮丽彩印股份有限公司
黄瑞南	汕头高新区松田实业有限公司
刘炯斌	汕头市超声仪器研究所有限公司
蔡少扬	广东飞轮科技股份有限公司
陈俊波	汕头市星河电器有限公司
陈贤鹰	拉芳家化股份有限公司
杨祺铖	汕头市炜星工艺实业有限公司

（二）2014年度汕头市三种专利申请比例

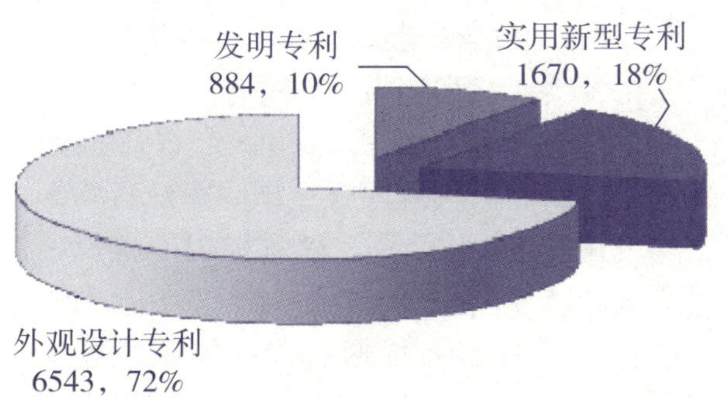

2014年汕头市三种专利申请统计图

（三）2014年度汕头市三种专利授权比例

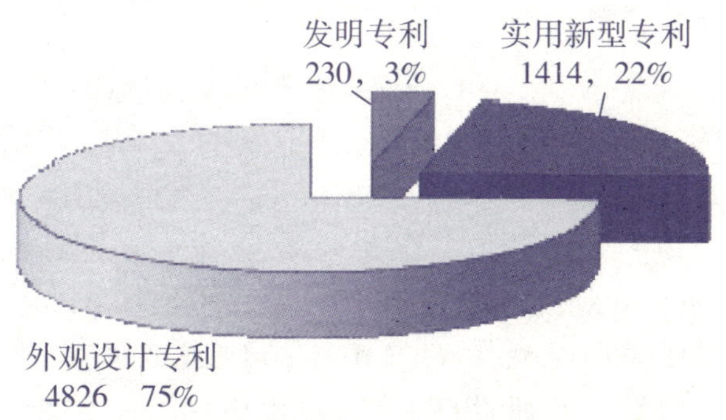

2014年汕头市三种专利授权统计图

（四）2014年度汕头市各区县专利申请统计

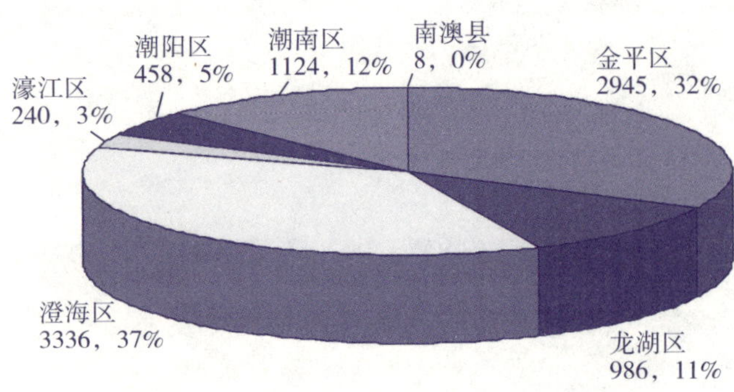

2014年汕头市各区县专利申请统计图

（五）2014年度汕头市各区县专利授权统计

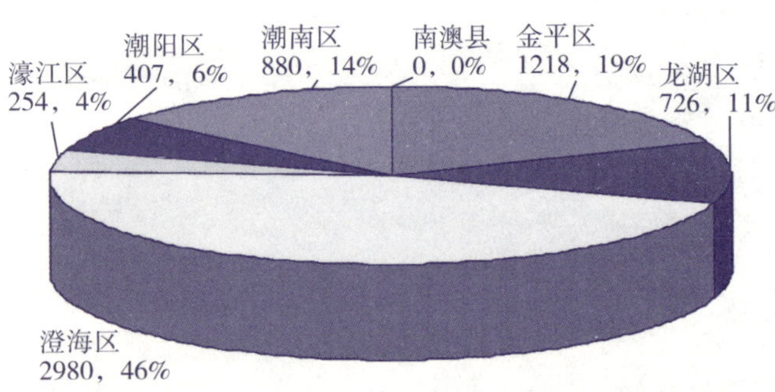

2014年汕头市各区县专利授权统计图

（供稿人：柯宁）

佛 山 市

【知识产权创造】

专利。2014年佛山市专利申请量29701件，同比增长9.22%，其中发明专利申请量7259件，增长率高达55.31%，发明专利申请量占专利申请量总比为24.44%,比上年提高约7%。专利授权量21707件，同比增长10.61%，其中发明专利授权量1109件,同比增长9.58%，有效发明专利5297件。专利申请总量和发明专利申请量据全省第三位，百万人口发明专利申请量和万人有效专利申请量均居全省前列，佛山市整个专利结构得到进一步优化，数量和质量实现双提升。

2014年佛山市在第十六届中国专利奖评选中，共有8个获奖项目，其中包括中国外观设计金奖1项，中国专利优秀奖3项，中国外观设计优秀奖4项。此外，共有11个专利项目获得2014年广东专利奖，其中金奖1个，优秀奖10个。

商标。佛山市拥有有效注册商标135077件，位列全国大中城市第十一位；拥有“美的”“海天”“志高”等中国驰名商标124件，位居广东省第二位；拥有广东省著名商标443件，位居广东第一位；拥有“张槎针织”“平洲玉器”等集体商标21件，位居广东省第一位；拥有“三水黑皮冬瓜”“石湾公仔”等证明商标5件，位居广东省第二位。

版权。2014年佛山市版权服务登记中心办理作品著作权登记2239件，居全省第三，同比增长148%。

【知识产权运用】

专利交易。选址佛山火炬国家创新创业园建设知识产权交易平台，由广东金融高新区股权交易中心牵头在佛山市民政局注册“佛山华南知识产权交易服务中心”，该知识产权交易平台服务于交易环节，为交易的达成创造有利条件，推动知识产权的产业化。2014年9月成立佛山市创课俱乐部，引入各类行业协会、投融资机构等创新资源，定期组织企业研发人员、相关技术专家、知识产权代理人、金融机构专业人员开展研讨交流活动，推动技术专利产业化，实现专利创富。

目前，佛山市南海区知识产权质押融资的运作模式和融资规模在全国同类地区均处于领先地位。2014年5月，国家知识产权投融资综合试验区（南海）和国家知识产权投融资服务试点区（顺德）均通过国家知识产权局专家组验收。2014年南海区新增9个知识产权质押融资项目，共74件知识产权获得1.07亿元的贷款，顺德区共7家企业获得知识产权质押融资，评估额4.05亿元，融资总额1.42亿元。

专利保险。2014年佛山市禅城区专利投保

470件，同比增长24.01%，保费32.59万元，总保额达967.8万元。借助国家局2014年初召开的“专利保险理赔工作研讨会”，禅城区积极与其他试点地区就如何推进专利保险试点工作进行研讨，通过媒体向社会广泛宣传专利保险的意义、作用，以试点启动仪式、赔付仪式为契机，通过组织企业、知识产权服务机构开展专项培训，引导和鼓励企业积极参保。

知识产权交易平台。为促进专利成果转化，佛山市选址佛山火炬国家创新创业园建设知识产权交易平台，由广东金融高新区股权交易中心牵头在佛山市民政局注册“佛山华南知识产权交易服务中心”，将打造开放的知识产权交易市场，包括专利交易、商标交易、版权交易等。佛山华南知识产权交易服务中心由五个核心部分组成，分别是创课中心、路演中心、孵化中心、培训中心和交易中心。2014年9月佛山市创课俱乐部在佛山市知识产权局的支持下成立，是华南知识产权交易服务中心的重要组成部分。创课俱乐部引入各类行业协会、投融资机构等创新资源，定期组织企业研发人员、相关技术专家、知识产权代理人、金融机构专业人员开展研讨交流活动，推动技术专利产业化，实现专利创富。

【知识产权保护】

专利保护。2014年佛山市知识产权局共受理专利侵权纠纷案件12件，结案11件；受理假冒专利案件43件，全部结案。在处理专利纠纷案件过程中，严格办案程序，主动告知当事人相关的权利和义务，保证执法过程公平、公正、公开；同时十分注重案件的调解和教育，认真化解双方矛盾，案件调解率达到80%以上，也得到当事人的认可，显示佛山市知识产权局处理专利纠纷案件质量和效率的不断提高。

同时开展16次市、区、镇街联动的专利执法行动,出动执法人员110余人次，检查四个区的商品共1700多件。开展大规模的专利执法检查工作和加强执法力度，有力地推动佛山形成尊重知识、崇尚创新、诚信守法的知识产权文化氛围。

商标保护。通过走访公共资源权属单位，与媒体合作举办“公共资源商标保护之旅”活动和体验民间艺术活动，定期发布《佛山地区商标报告》，将公共资源抢注案例通报各大媒体，引起媒体的高度关注和社会舆论热议，提升全社会对公共资源商标的保护意识。注册和保护一批具有价值的公共资源名称，目前全市已经成功保护52个公共资源名称，共注册成功107件商标，指导各区局出台方案加强保护和推广。通过商标预警系统监测佛山市公共资源被抢注状况，及时将“行通济”等公共资源被商标抢注的情况及建议报告佛山市政府，得到市委主要领导的高度重视和肯定。并由市政府召开全市协调会，部署加强公共资源商标保护工作，形成多部门齐抓共管的工作局面，目前相关管理单位已对“行通济”抢注行为提出异议。

版权。开展侵权盗版及非法出版物集中销毁和“绿书签行动”，2014年全市共销毁盗版及非法出版物12万余件，向群众派发绿书签和宣传资料1万多份。针对本地电商网站设计被剽窃、图片被盗用、产品被假冒销售，利用“广货网上行”“佛山电商嘉联华”等活动契机，为参展电商提供版权咨询及快速投诉处理。

软件正版化。国家政府机关软件正版化检查组于2014年4月初对佛山市进行正版软件使用检查，对佛山市机关软件正版化工作作充分肯定。佛山市版权局联合经信、知识产权等部门，先后举办“佛山推进企业软件正版化专题培训”“版权知识暨企业版权战略讲座”等，向全市200多家大中企业、高新企业和设计行业、家纺行业讲授推进软件正版化的意义。

“正版正货”承诺活动。在瓷海国际2014第九届中国艺术瓷砖节上，佛山市知识产权局为第二批16家自愿参加“正版正货承诺”活动的商家颁发“正版正货”牌匾。同年，佛山市版权协会的6家会员单位被确认为参加“正版

正货活动”企业，亦颁发牌匾。佛山市泛家居联盟推荐的23家成员单位完成培训工作，被确认为参加“正版正货活动”企业。

【知识产权管理】

知识产权政策。2014年，佛山市政府印发《佛山市专利资助的补充规定》（以下简称《补充规定》）。《补充规定》拓展专利资助的范围和领域，增设更多事后资助的项目，通过资助经费的引导作用，激发企事业单位和个人科技创新的积极性和主动性，强化企业创新的主体地位。

修订《佛山市文化广电新闻出版局作品著作权登记资助办法》，延长申请资助时间，提高资助作品数量，扩大适用全额资助的范围，以适应佛山市日益增长的作品登记数量和种类。通过执行落实《佛山市人民政府关于加快文化产业发展的若干意见》等一系列政策文件，从鼓励创新、多元投入、市场培育、扶持社会组织等多方面提供政策优惠、扶持。

示范培育。2014年佛山市成功申报国家知识产权示范城市和国家知识产权服务业集聚发展试验区，积极组织和推荐优势知识产权企业申报国家和省级项目，获认定省知识产权示范企业1家，省知识产权优势企业6家。

知识产权协会联盟成立。2014年4月，佛山市知识产权协会牵头组建知识产权协会服务联盟，成为国内首个由多个知识产权协会组成的服务联盟。通过资源共享和人才交流，服务范围和服务能力得到全面提升，并与广东省标准研究院共同合作，规范协会服务，提升协会影响力，为佛山市知识产权事业发展提供优质服务。

专利代理人协会设立。佛山市知识产权维权中心牵头成立专利代理人协会，发布专利人自律公约，进一步整合专利代理服务资源，不断提高佛山市专利质量和专利代理服务水平。同时建立佛山市专利代理人特派员制度，有计划、分步骤地选派一批专利代理人特派员，深入企业和园区创新一线，为企业提供“一对一”专业化、全流程服务。截至2014年底，全市共有8家专利代理机构，17家外地的专利代理机构在佛山设立分公司或办事处。

知识产权培训基地。以国家中小微企业知识产权培训（南海）基地（以下简称“南海基地”）为基础，建立覆盖全市五区的佛山市知识产权培训基地，实现师资、教材、证书资源共享，发展全市知识产权人才队伍。2014年5月，南海区和禅城区的佛山市知识产权培训基地授牌并正式启动，形成“1+5”市区联动、资源整合、教材规范、师资规范、证书规范的良好的工作体系。2014年全市举办专利相关培训超过40场，参与人数达4000多人。培训内容实现知识产权创造、运用、管理、服务和保护的全覆盖，专利资助、企业知识产权贯标、知识产权信息化、涉外专利保护等课程与市场实际实时接轨，受到企业的热烈追捧。

商标预警监测。通过商标预警监测系统对佛山市近400多家驰名、著名商标企业及1000多个公共资源名称进行监测，佛山市工商局针对中小微企业开展商标注册公告提示服务，已经向企业发出《商标初审公告提示书》1289份，提示企业及时关注商标注册进度和防止受骗。以商标统计分析与预警系统为依托，每季度编写和发布《佛山地区商标报告》，深入分析各行各业的商标发展状况，及时解读商标战略最新法律法规及政策，为企业决策提供参考。

【知识产权宣传】 2014年佛山市知识产权局多次接受省内多家知名媒体的采访，《中国知识产权报》《南方日报》《佛山日报》等多份报刊出现佛山市知识产权工作的整版报道，还连线佛山市工商局、佛山市版权局、相关的协会和企业参与采访，全面展现佛山市知识产权令人欣喜的发展态势。

佛山市工商局与佛山电视台合作拍摄《商标引领佛山未来》纪实片，全面反映佛山市实施商标战略以来取得的成就；与佛山电台、《佛山日报》、《珠江时报》、广佛都市网等媒体合作开辟合作栏目，全方位宣传商标知识；完善佛山市商标战略微信平台，坚持每周一、三、五编发微信，形成公共资源保护、佛山企业品牌故事、新商标法知识等系列信息，不断吸引企业和群众关注。

主题为“聚焦企业需要 服务创新发展”的2014第八届中国专利周佛山分会场于2014年11月17日正式开幕。作为国家专利技术（佛山）展示交易中心的建设单位，佛山市生产力促进中心积极配合该届专利周活动，与博鳌纵横网络科技有限公司（汇桔网）一起，共建新的面向佛山地区的专利技术展示交易网络平台，并与专利周开幕前夕正式上线运行。目前网络平台上展示的技术已超过5000项。

佛山市专利代理人协会举办的佛山市专利特派员与百企对接活动（第二批）是第八届中国专利周佛山分会场的活动之一，活动中有5名专利代理人作为佛山市的第二批专利特派员与企业进行服务对接，签订对接服务意向书。专利特派员作为佛山市知识产权局的派出代表，向企业宣传及推广知识产权专业知识和各级政府知识产权扶持政策，帮助企业解决知识产权的实际问题，开展专利标准化等实务。

【统计资料】

表1　2014年佛山市专利申请情况表

单位：件

各区	发明	实用新型	外观设计	合计	2013年	增长
禅城	1357	1166	1359	3882	3675	5.63%
南海	1644	3132	2462	7238	6793	6.55%
顺德	3042	6216	6304	15562	14019	11.01%
高明	530	771	210	1511	1647	−8.26%
三水	686	557	265	1508	1060	42.26%
合计	7259	11842	10600	29701	27194	9.22%
2013年	4674	11537	10983	27194		
增长	55.31%	2.64%	−3.49%	9.22%		

表2　2014年佛山市专利授权情况表

单位：件

各区	发明	实用新型	外观设计	合计	2013年	增长
禅城	229	1091	1203	2523	2358	7.00%
南海	264	2825	2104	5193	5061	2.61%
顺德	478	6141	5686	12305	10560	16.52%
高明	71	656	190	917	934	−1.82%
三水	67	495	207	769	711	8.16%
合计	1109	11208	9390	21707	19624	10.61%
2013年	1012	9716	8896	19624		
增长	9.58%	15.36%	5.55%	10.61%		

表3 2013年度佛山市专利奖金奖项目

申报单位	项目名称
佛山市海天调味食品股份有限公司	一种压榨连续生产线
佛山市金银河智能装备股份有限公司	硅酮胶的生产方法及生产线
广东天安新材料股份有限公司	一种高光泽度的硬质聚氯乙烯制品的制作方法
佛山金葵子植物营养有限公司	一种微生物、用该微生物制造的微生物磷肥及其制造方法
广东新明珠陶瓷集团有限公司	一种用污水压榨泥制造的环保瓷质砖
广东吉熙安电缆附件有限公司	一种变压器用插座套管
广东伊之密精密机械股份有限公司	伺服控制半固态镁合金高速注射成型机
佛山市三水新明珠建陶工业有限公司	幻彩青花瓷砖的生产方法
广东雪莱特光电科技股份有限公司	一种无汞或低汞的高强度放电灯
广东好帮手电子科技股份有限公司	基于空间地理信息的车辆监控系统及方法
佛山市日丰企业有限公司	一种热熔连接承插管件
佛山石湾鹰牌陶瓷有限公司	一次烧微晶玻璃陶瓷砖的生产方法
广东兴发铝业有限公司	纳米粉末材料的射频辉光放电感应耦合等离子体制备方法
广东美涂士建材股份有限公司	一种水性木器漆及其制备方法
广东华声电器股份有限公司	CPE/POE/LDPE组分型绝缘橡胶及制备方法
佛山柯维光电股份有限公司	一种优化的铋锡铟汞合金
广东海纳川药业股份有限公司	恩诺沙星微囊制剂及制备方法
广东溢达纺织有限公司	一种常规二级处理后纺织污水的再处理装置及方法
广东凯西欧照明有限公司	灯具配件

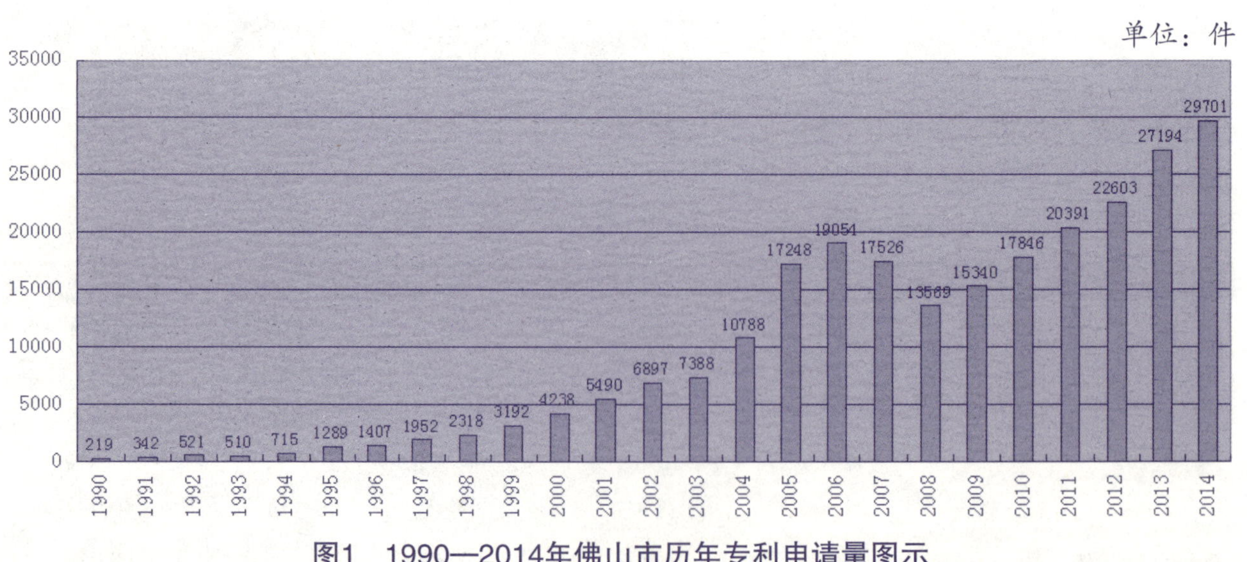

图1 1990—2014年佛山市历年专利申请量图示

单位：件

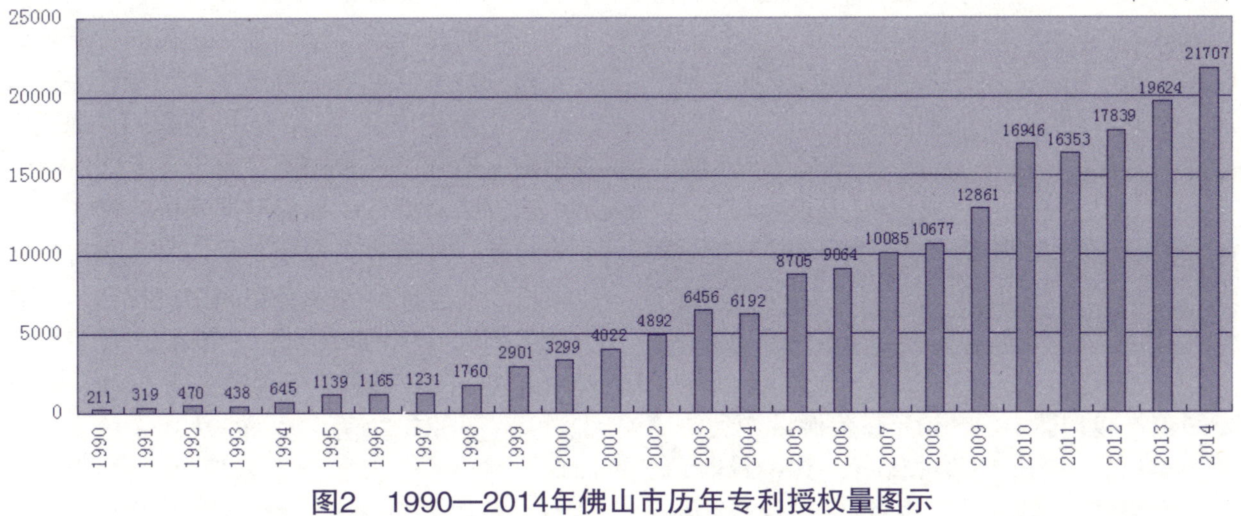

图2　1990—2014年佛山市历年专利授权量图示

（供稿人：郭晓欣）

韶 关 市

【知识产权创造】　2014年，韶关市专利申请量2354件，其中发明和实用新型专利申请1294件，发明和实用新型专利申请量占专利申请总量55% ,专利授权量1584件。全市新增注册商标1060件，新增广东省著名商标2件。

【知识产权运用】　专利技术产业化。乳源东阳光金箔有限公司的“一种电解电容器高压阳极用铝箔的制造方法”项目获得省专利技术实施计划重点项目，韶关金苹果饲料有限公司的“具有提高免疫力和除臭效果的饲料添加剂在仔猪料中的应用”项目、金悦通电子（翁源）有限公司的“万能塞孔底板的研究与应用”项目、新丰杰力电工材料有限公司的“热剥离丙烯酸酯压敏胶粘带产业化”项目获得市专利技术实施计划重点项目。

【知识产权保护】　推进专利执法维权“护航”专项行动，配合全省查处“花洒”假冒专利的统一执法行动，有效维护市场经济秩序。

为进一步营造尊重和保护知识产权、自觉抵制制售假冒伪劣商品的良好氛围，市知识产权局、市版权局和市工商局联合在全市开展了“正版正货承诺”活动。

【知识产权管理】　知识产权试点示范。2014年，武江区被列为“国家知识产权强县工程试点区”，韶关市金悦通电子（翁源）有限公司被列为广东省知识产权优势企业，乳源东阳光公司专利获第十六届中国专利优秀奖。目前，全市拥有国家级知识产权试点县（区）2个、省级知识产权试点县（区）4个、省级知识产权优势企业11家、省级知识产权试点事业单位2个、省级中小学知识产权教育试点（示范）学校10所、省知识产权战略试点企业1家、广东省知识产权示范企业1家、全国企事业知识产权试点单位1家。

【知识产权宣传培训】　4月26日，开展“4·26”知识产权联合宣传行动，市知识产权局联合工商局、文广新局等部门组成10多人的宣传组在市区休闲广场开展宣传活动，现场展示专利标识不规范、假冒商标等实物，并对公众进行知识产权法律法规问答。2014年，韶关市举办3期知识产权管理及实务等内容的培训班。培训对象为全市企事业单位代表、各县

（市、区）知识产权管理部门等有关人员，培训人数230多人。培训班邀请省有关知识产权专家授课，结合生动的案例为大家讲解专利申请、企业专利运用、企业应对知识产权纠纷等方面的知识。（供稿人：冯瑞麟）

河源市

【知识产权创造】 2014年，河源市专利申请量为846件，同比下降22.95%，其中发明145件，实用新型384件，外观设计317件；专利授权量为569件，同比增长9.21%，其中发明24件，实用新型304件，外观设计241件;新增驰名商标1件，著名商标1件；办理著作权登记4项，实现河源市著作权自愿登记业务零突破。

【知识产权运用】 2014年，认定省级专利技术实施计划项目1项，省级知识产权优势企业1家。全市累计有省级知识产权优势企业10家，市级知识产权优势企业15家。

【知识产权保护】 知识产权行政执法巡查。“4·26”期间，市知识产权局联合市工商、版权、工商、公安、海关等部门深入市区大型超市进行执法巡查活动，提高商家知识产权保护意识。

专利。为配合全省查处“带有过滤功能的花洒”假冒专利统一行动，根据省知识产权局统一部署，8月18—21日河源市知识产权局联合公安等部门开展专利行政执法。8月22日下午15点整，河源市知识产权局联合县区局执法人员，在市区义乌商品城、卫浴洁具市场开展执法巡查，未发现有涉案产品“带有过滤功能的花洒”。

9月3日，河源市知识产权局联合源城区知识产权局在源城区兴源路广晟百货超市查获假冒专利产品“225#鞋”。市知识产权局依据《中华人民共和国专利法实施细则》第八十四条规定，给予立案处理。同日下午，前往河源市义乌小商品超市二楼巡查，在该商行发现标有专利号的木拖鞋，经检索该专利号已经权力终止。巡查组依据《中华人民共和国专利法实施细则》第八十四条规定，给予立案处理。

商标。河源市工商局开展青奥会标志保护专项行动、“双打”专项行动、打击制售假酒专项行动和互联网领域侵犯知识产权和制售假冒伪劣商品专项治理行动，严厉打击侵犯商标侵权违法行为，维护公平有序竞争环境。全市工商系统共出动执法人员2864人次，检查大型商场、超市、商店等各类经营主体1723户，查处商标侵权假冒案件27宗，罚没金额68.57万元；一般商标案件5宗，罚没金额1.42万元；制售假酒案件3宗，罚没金额1.8万元，查获假洋酒61瓶。

版权。河源市版权局加大对非法网络的取缔力度，依法查处通过互联网非法传播音乐、电影、软件、图书等作品的网络侵权盗版行为，突出重点、加强监管、部门联动、齐抓共管，取得较好的成效。全市共出动执法人员2000多人次，检查网吧600多家次，互联网单位45家，给予行政处罚的网吧12家，责令改正17家，警告13家，通过专项治理行动，进一步净化了网络版权保护环境，收到了较好的效果。

加大对出版物市场日常监管力度，对电脑城、繁华街区、旅游景点、车站周边等重点地区和部位进行了重点监控，严厉查处各类非法出版物、盗版音像制品和非法书报刊。开展印刷企业大清查，以“印刷企业五项制度”为抓手，对印刷企业集中地区、有出版物印刷资质的企业和有违规记录的企业进行了重点清查，从源头上查处非法印刷侵权盗版出版物等违法违规经营行为，从严打击违法违规印刷活动。

开展打击盗版教材教辅读物专项行动，认真排查各中小学校订购、使用教材教辅的情况，坚决打击非法出版、印刷、发行、采购盗版教材教辅读物行为，进一步规范教材、教辅读物经营秩序，营造健康、稳定、规范的出版物市场环境。

正版软件。河源市版权局制发《河源市推进印刷企业使用正版软件工作实施方案》，全面部署2014年企业使用正版软件工作。确定了5家印刷企业为2014年河源市推进企业使用正版软件重点督办名录，并在此基础上抓好其他国有企业的推广。积极开展企业使用正版软件培训，举办全市印刷企业使用正版软件软件工作培训班，并对全市印刷企业使用正版软件工作实行督查。目前，河源市被列入省推进企业使用正版软件工作督办名录的5家企业计算机软件正版化工作基本完成。5家重点企业中，威利（河源）印刷有限公司、荣华（河源）印刷有限公司、八达彩印有限公司等3家企业圆满完成软件正版化工作任务；河源市理想彩印有限公司、河源市天才印务有限公司基本完成正版化工作。

【知识产权管理】 全市五县一区知识产权局全面挂牌。

知识产权优势企业。河源市知识产权局继续开展市级知识产权优势企业培育工作，采取多种措施，特别是把知识产权工作与科技工作有机结合起来，大力推进企业知识产权工作，河源市知识产权局通过县区局推荐，组织专家对申报市级知识产权优势企业材料进行认真评审，河源新凌嘉电音有限公司等5家企业被认定为河源市知识产权优势企业。

知识产权教育试点示范。2014年，河源市继续开展学校知识产权教育。通过组织申报，县区知识产权局推荐，市知识产权局、教育局、财政局组织专家评审确定河源职业技术学院、东源县东江中学2所学校为2014年度河源市学校知识产权教育示范学校，确定源城区公园西小学、源城区太阳升小学等8所学校为2014年河源市中小学知识产权试点学校。

河源市第二小学被省知识产权局认定为省知识产权教育示范学校。全市共有省级知识产权教育示范学校3家，市级知识产权教育示范学校4家。

河源市第三小学经过三年学校知识产权教育示范工作，以优秀成绩通过省知识产权局验收。

河源职业技术学院经过三年省级知识产权事业单位试点工作，通过省知识产权局验收。

商标。河源市工商局把握品牌示范效应，指导企业正确实施商标战略，帮助企业完善其内部的商标管理机制，指导其通过争创品牌，提高自主创新能力。对申请认定驰名、著名商标企业实行全程指导、跟踪和上门服务，帮助企业解决可能遇到或已经出现的各种困难和问题。2014年，河源市新增驰名商标1件，著名商标1件。

版权。2014年，经广东省版权局批复，河源市第一家著作权自愿登记机构——河源市文道传媒有限公司成立，2014年，该机构共收到著作权自愿登记咨询175人次。

【宣传培训】 “4·26”知识产权宣传。2014年“4·26”期间，一是由河源市知识产权局牵头，专利、工商、版权、海关等有关部门共同组稿，在《河源日报》专版介绍河源市知识产权现状、政策；二是河源市知识产权局通过移动、电信、联通平台向全市手机终端用户统发知识产权公益广告30多万条；三是各县区知识产权局组织商标、版权等部门走上街头宣传知识产权法律法规，开展现场宣传咨询活动。在“4·26”知识产权宣传周期间，市知识产权局在河源电视台每天4次随新闻滚动播出10天知识产权公益广告；源城区知识产权局在河源广播电台播出知识产权小知识一个月；全市各级知识产权管理相关部门在闹市区悬挂标语一百多条。通过多层次宣传，社会各界知识产权保护意识进一步提高。

河源市各级知识产权管理部门结合科技下乡、文明城市建设等活动，联合多部门深入乡镇、社区举行现场咨询活动。在现场活动中向社区群众发放知识产权宣传手册等资料，大力宣传科学生活观念，普及知识产权知识，引导社区居民提高知识产权意识。

河源市各级工商部门利用“3·15”

"4·26"以及"贯彻落实新商标法，营造公平有序的市场环境"主题宣传周等活动，通过现场咨询、悬挂横幅标语、开设宣传专版专栏和公益宣传、商标企业走访宣传、驰名商标座谈等形式多样的方式，全方位开展《新商标法》社会宣传。据统计，全市工商系统共开展现场咨询活动12次，现场接受群众咨询2000多人次，走访企业112家，派发商标相关宣传资料20000多份，设立商标法知识宣传专栏8个，红盾网络宣传1次，相关媒体报道3条次，专题节目1个，发布公益广告228条次。

河源市各级版权执法部门举行保护知识产权户外宣传和咨询活动，派发著作权保护宣传资料5000多份。在市区及各县城繁华地段悬挂保护版权宣传标语20多幅，在市内各新闻媒体刊播保护版权公益广告和反盗版举报电话60多条（版）次。举行销毁侵权盗版产品大行动。2014年，销毁非法电子出版物1977张，盗版光盘盗版电脑软件281张，盗版书报刊5432份（册）。

知识产权培训。为了提高企业知识产权保护意识和专利申请实务操作水平，2014年8月，市知识产权局邀请知识产权代理机构专家深入市高新区和五县一区工业园开展了7期企业知识产权管理培训班。为了提高中小学生参赛作品水平和知识产权意识，减少同类、抄集别人作品的行为发生，9月，在市区举办1期全市青少年科技创新大赛辅导员知识产权培训班。

为了提高监管执法水平，4月，河源市工商局组织县区局商标监管、执法和法规人员进行了一期新《商标法》业务培训学习，对新《商标法》的条款进行逐一解读，深刻领会法条要义，全面提高监管水平和履职能力。

（供稿人：陈伟东）

梅 州 市

【知识产权创造】 2014年，梅州市专利申请量2271件（其中发明174件，实用新型1316件，外观设计781件），同比增长34.7%；专利授权量1609件（其中发明81件，实用新型1074件，外观设计454件），同比增长28%。2014年，梅州市在《商标公告》上被核准公告的商标共469件。"岩中玉兔""培英""富大图形"等3件商标被认定为广东省著名商标。至2014年12月底，梅州市注册商标累计数8536件，其中中国驰名商标2件，广东省著名商标59件。广东富远稀土新材料股份有限公司的"一种轻稀土萃取分离的方法"、广东富农生物科技股份有限公司的"鸡骨白汤及其制备方法"等2项发明专利技术分别获得2014年梅州市科学技术二等奖和三等奖。

【知识产权运用】 广东嘉元科技股份有限公司的"新能源汽车动力电池用高精度电子铜箔生产关键技术"列入2014年广东省专利技术实施计划项目。

知识产权质押融资。2014年梅县客家村镇银行梅县科技支行发放首批知识产权质押贷款620万元。

【知识产权保护】

专利保护。2014年，全市知识产权系统共出动执法人员130多人次，检查生产经营场所200多家，查处假冒专利案件10宗，调处专利侵权案件1宗。

商标保护。2014年，全市工商系统共出动执法人员1728人次，检查各类经营主体3560户，检查批发市场和集贸市场54个次，重点整治区域19处，查处商标侵权假冒案件188宗，罚款83.14万元，为权利人挽回经济损失4万多元。

版权保护。2014年8月，经广东省版权局批复，梅州市作品登记代办机构正式成立——梅州客家梦工厂文创投资有限公司获得广东省新闻出版局信息中心授权，成为梅州首家作品著作权登记代办机构。2014年，代办作品著作权登记22件。

15家企业参与第二批“正版正货”承诺活动。

【知识产权管理】

强县工程试点。2014年梅州市梅县区被认定为“国家知识产权强县工程试点区”，成为梅州市首个国家知识产权强县工程试点县。

企事业知识产权工作。广东固特超声股份有限公司被认定为2014年广东省知识产权优势企业；到2014年底，梅州市共有广东省知识产权优势企业12家，广东省知识产权示范企业1家，广东省中小学知识产权教育试点学校9所，广东省中小学知识产权教育示范学校1所。

专利资助。2014年，全市知识产权系统共办理专利资助（奖励）479件。其中，梅州市局办理授权专利资助277件；梅县区共办理授权的专利补助91件；丰顺县办理申请费和授权专利资助36件；大埔县发放专利奖励75件。

专利代理机构。2014年，梅州市引进广州市越秀区海心联合专利代理事务所梅州分所、佛山科亿专利代理事务所梅州办事处2家专利代理服务机构。

知识产权培训。2014年，全市共组织开展各类知识产权培训班7场次，参加培训人员达到700多人次。其中，梅县区举办2场次培训班，平远县、蕉岭县、大埔县、丰顺县、五华县各举办1场次培训班。4月23日，梅州嘉应学院举办“话说专利管理”主题讲座，嘉应学院师生100多人参加讲座。12月5日，由梅州市知识产权局、嘉应学院科研处、政法学院主办的学习党的十八届四中全会精神暨“12·4”法制宣传日暨法律知识竞赛决赛在嘉应学院国际会议中心举行，嘉应学院师生200多人观看比赛，竞赛最终评出一、二、三等奖和优秀奖获奖小组。

（供稿人：饶火东、陈军忠、涂志军）

惠州市

【知识产权创造】

2014年，惠州市专利申请量18359件，同比增长21.04%，增幅连续六年位居珠三角第一。其中发明申请3347件，同比增长35.73%；专利授权7396件，同比增长25.02%，其中发明专利授权522件；有效发明专利达1608件，专利密度（万人有效发明专利量）为3.42件，PCT专利申请272件，同比增长77.27%；电子申请率97.69%，连续两年排名全省首位。全市新增注册商标4829件，新增中国驰名商标4件，累计有效注册商标29865件、中国驰名商标19件、广东省著名商标99件、集体商标4件；著作权登记400件；全年新认定广东省知识产权示范企业1家，广东省知识产权优势企业6家，惠州市知识产权优势企业5家。

在第十六届中国专利奖的评审中，TCL集团股份有限公司的“一种电视遥控方法及用该方法遥控操作电视机的系统”项目获得第十六届中国专利优秀奖。

2014年，惠州企业已向国家商标局提交驰名商标申报材料10件，向广东省著名商标评审委员会提交著名商标申报材料30件；延续申报材料16件。

2014年，惠州市文化广电新闻出版局扎实推进“版权兴业”工作，逐步加强惠州市作品版权登记代办点工作，成功举办2014惠州市版权服务下基层活动，全年共完成版权登记400项，版权登记服务方面取得突破。

【知识产权运用】

专利技术产业化。2014年，惠州市知识产权局推进本地专利技术产业化进程，扶持了惠州市德赛西威汽车电子有限公司专利技术“坡度检测方法”等7个项目产业化，扶持资金100万元。惠州市蓝微电子有限公司的“多节动力锂电池管理系统产品测试设备技术”专利技术被列入“广东省专利技术实施计划重点项目”。

【知识产权保护】

打击侵权假冒工作。2014年，惠州市主要行政执法机关共立案查处案件1489宗，其中重大案件10宗，移送司法机关案件115件，捣毁窝点10个。

2014年，惠州市打击侵犯知识产权和假冒伪劣商品工作领导小组办公室印发了《惠州市依法公开制售假冒伪劣商品和侵犯知识产权行政处罚案件信息实施意见》并推动工作落实。惠州市知识产权部门开展知识产权“护航”行动，加大对专利侵权假冒行为源头的打击力度，加强对商贸流通行业执法检查，全年出动执法人员220人次，检查生产经营单位500多家，查处假冒案件100件，调处侵权案件8宗，办结97件，并已全部按《制售假冒伪劣商品和侵犯知识产权行政处罚案件信息公开办法》公开，其中处罚生产企业3家，有效打击侵犯知识产权的违法行为。在2013年度全国专利执法维权工作绩效考核评价工作，惠州市专利执法工作在全国115个副省级城市及地级市知识产权局中排名第21位、广东省地级市第1名。

惠州市食品药品监管部门开展食品安全“三打两整治”、医疗器械“五整治”和打击生产经营假劣药品专项整治行动，全市共查处各类案件共505宗，涉案货值58.6万元，罚没款共计172.24万元，取缔无证经营56个，移送公安机关案件78宗，货值共计77万元，刑拘人数53名，斩断非法生产加工、物流及销售“止咳水”利益链1条；捣毁无证生产经营“止咳水”“义齿”、食品非法加工等地下窝点7个。

惠州市农业部门共出动执法人员4100多人次，检查生产、销售、仓储等单位3300多间次，查获各类假劣农资共700余吨，立案查处221宗，罚没金额约40万元，为农业生产和农产品质量安全保驾护航。

惠州市工商行政管理部门以保护注册商标专用权为核心，以商品批发零售市场为重点，加大对驰名商标、地理标志等的保护力度，大力查处各类商标侵权案件，全市工商系统共出动执法人员6317人次，检查经营主体7212户次，检查批发零售市场、集贸市场等各类市场812个次，共立案查处商标侵权和制售假冒伪劣商品等案件288宗，罚没260.3万元，移送司法机关8宗。惠州市质量技术监督局组织开展了农资、强制性认证产品、建材产品专项执法行动及重点整治惠阳区涂料类产品，共出动执法人员1561人次，检查各类企业434家次，立案71宗，涉案产品货值70余万元。

惠州市文化广电新闻出版局会同公安部门、公安网监、治安大队，开展联合执法行动，立案18宗，查处了8家违规经营的印刷企业，查缴各类侵权盗版出版物4万多张，破获一宗非法复制并利用网络销售盗版教材案，现场共查获涉嫌盗版教材6274本（册），配套光碟12572张（盘）。

惠州市公安机关在打假专项行动中共侦破制假售假案件575宗，逮捕204人，完成“集群战役”14起（省内“集群战役”12起、省外“集群战役”2起），查处林某琴涉嫌生产、销售假冒品牌的洗发水案和弋某华涉嫌假冒注册商标案两宗重大案件。

惠州市检察机关通过“两法衔接”工作机制监督行政执法机关移送涉嫌侵权假冒犯罪案件线索11条；监督公安机关立案侦查犯罪案件5件；已批捕侵权假冒犯罪案件115件176人，其中侵犯知识产权案件39件58人、制售假冒伪劣商品案件76件118人；起诉61件100人，其中侵犯知识产权案件24件35人，制售假冒伪劣商品案件37件65人。

惠州市两级法院已立案打击侵权假冒案件75宗，涉及14个公司、122人，涵盖了生产销售伪劣产品、生产销售有毒有害食品、假冒注册商标、非法经营、销售假药、伪造公司印章罪等6个罪名。审结并宣判63宗，其中价值超过千万元的大案、要案有6宗。

会展知识产权保护。2014年11月1—3日，在惠州市举行的“2014中国惠州物联网·云计

算技术应用博览会”上，大会组委会设立了知识产权服务咨询点，惠州市知识产权相关部门安排执法人员进行执法检查，行动中共检查参展设备近300余件，对有专利和注册商标标识的展位与产品共50余项进行登记备案，对专利标识不规范的企业进行了纠正，向参展商与参观人员进行知识产权知识的普及和宣传。展会中共接待知识产权服务咨询200余人次，向咨询人员发放《专利法》《商标法》《专利标识标注办法》等有关资料、宣传册近2000余份。

销毁非法出版物。2014年4月23日，惠州市举行2014年“扫黄打非”与保护知识产权宣传周系列活动——非法出版物（城区现场）集中销毁活动，活动现场集中销毁5万多册（盘）非法出版物。

【知识产权管理】

政策法规。 2014年，惠州市知识产权局完善《惠州市知识产权系统业务考核办法》，联合财政局出台了《惠州市知识产权局 惠州市财政局专利权质押融资贴息项目操作规程》《惠州市知识产权局、财政局关于推进惠州市专利工作实施意见的操作规程补充规定》，增加专利权质押融资贴息、专利信息分析与导航资助和服务机构代理质量考核，调整优化对党政领导的考核指标，专利申请授权专项资助和专利事务所的扶持奖励政策，突出专利申请的质量和水平，引导政府、企业、服务机构合理分工，形成合力，提高政策的实施效率和引导作用。

国家知识产权示范城市申报工作。惠州市知识产权局根据关于印发《国家知识产权试点、示范城市（城区）评定和管理办法》的通知精神，启动开展国家知识产权示范城市的申报工作。在知识产权示范城市客观实力评价中获得61.9分，超过了60分得标准线，表明惠州市客观上已基本具备了国家知识产权示范城市的条件。

国家知识产权示范园区培育申报和试点强县工作。惠州仲恺高新技术产业区作为国家级高新区，2013年4月25日通过验收后，随即开展国家知识产权示范园区培育工作，经过一年培育工作，已满足申报示范园区的条件。2014年仲恺高新区向国家知识产权局提出申报国家知识产权示范园区。

2014年，根据《国家知识产权强县工程试点、示范县（区）评定管理办法》的要求，惠东县申报“国家知识产权强县工程试点县（区）”。9月，国家知识产权局正式下文批准，惠东县入选。惠东县人民政府相继成立了知识产权强县工作领导小组，印发《知识产权强县示点县创建工作方案》，有序推进各项工作。

知识产权试点、示范、优势企业。惠州市知识产权局根据企业的不同需求，探索开展知识产权分类指导服务，着力提升企业知识产权工作能力，加大专利示范试点企业培育力度，培育一批省、市知识产权示范试点企业。同时在知识产权优势、示范企业的基础上，组织企业参与到“企业知识产权管理规范”的贯标工作，更好地助推企业创新发展。2014年，惠州市华阳通用电子有限公司被确定为2014年广东省知识产权示范企业；惠州市华阳集团股份有限公司、中潜股份有限公司、澳宝化妆品（惠州）有限公司、胜宏科技（惠州）股份有限公司、惠州中京电子科技股份有限公司和惠州市昌亿科技股份有限公司被确定为2014年广东省知识产权优势企业。惠州市知识产权局认定了5家惠州市知识产权优势企业。

企业知识产权贯标。2014年惠州市知识产权局积极推广《企业知识产权管理规范》（GB/T 29490-2013），企业知识产权管理水平得以提升。联合惠州市财政局发布《企业知识产权管理规范试点项目申报指南》，全市共有18家企业申报，经专家评审和现场考评，确定13家企业为贯标试点单位，安排专项经费支持。2014年4月16日，惠州市知识产权局承办“广东省企业知识产权管理规范专题培训班”，全市124人获得贯标内审员或贯标辅导员资格，截至2014年底，全市23家企业启动了

贯标工作，其中9家进入试运行，2家提出认证申请。

驰名著名商标申报工作。2014年，惠州市工商行政管理局通过开展调查摸底，建立健全全市重点培育商标的企业基础档案，按照中国驰名商标、广东省著名商标2个层级，确定重点培育扶持对象，形成比较完整的商标培育体系。在对企业开展全面调查、摸排、走访的基础上，把创牌意识强、产业基础好、发展前景广的企业作为重点培育对象，建立驰名、著名商标重点培育、推荐储备库，在条件成熟时积极引导申报，坚持成熟一家，申报一家。2014年全市新申报中国驰名申报10件，广东省著名商标30件。

专利电子申请推广工作。2014年，惠州市知识产权局加大专利电子申请推广工作力度，通过宣传和培训，重点对省市知识产权试点示范企业、高新技术企业、民营科技企业和高校等单位的电子申请的普及工作；同时把电子申请率作为市专利实施项目、市专利奖、市知识产权优势示范企业评选、专利资助经费等工作开展的一个重要指标参数。

【宣传培训】 知识产权宣传。2014年，惠州市知识产权局继续向400名骨干企业负责人、研发机构负责人、企事业单位领导、双打成员单位、各级党政班子领导成员赠送《中国知识产权报》；在“4·26”知识产权宣传周、中国专利周等重大活动期间，在《惠州日报》、惠州市政府门户网站、惠州电视台开辟知识产权专栏，在《中国知识产权报》专版宣传惠州市知识产权工作；通过知识产权服务机构与学校联合创建知识产权示范学校，在中小学校举办知识产权讲座，在公共场所举办知识产权专题展览，针对特定人群举办专题培训，集中销毁侵权盗版产品等多渠道、多层次宣传普及知识产权知识，增强知识产权意识。各县区也结合自身实际，开展广场咨询、专场培训等贴近实际、内容丰富的宣传活动，增强社会的知识产权保护意识。据统计，全年共向各报社媒体供稿40多篇，发表新闻信息100多条次。惠州市工商行政管理局深入贯彻学习新《商标法》及其实施细则，推动各县（区）局、分局开展商标法规的培训与宣传，6月份由商标广告科带队、各县（区）工商行政管理局、分局业务科（股）室人员组成的15人团队赴广州参加省局组织的集体学习培训，促使商标执法人员进一步熟悉运用商标法律法规。新《商标法》于2014年5月1日正式实施，结合“4·26”知识产权周活动大力开展新《商标法》的学习宣传，举办商标企业培训班，利用广播、报纸、电视、宣传车等形式宣传新《商标法》，印制10000余份宣传手册，在“4·26”宣传活动中向前来咨询的企业和群众免费发放。

知识产权培训。2014年，惠州市知识产权局承办广东省“企业知识产权管理规范培训班”“国家知识产权城市试点示范和强县工程试点示范工作广东培训班”；与国家知识产权局专利局专利审查协作广东中心、广州三环知识产权代理有限公司、广州奥凯信息咨询有限公司等机构合作举办“高新技术产业知识产权保护与运用能力培训”“国际专利诉讼应对策略培训”“新商标法施行与企业品牌经营战略培训”“专利挖掘能力和专利申请质量提升”和“专利信息应用培训及亚太区域专利信息运用交流会”等10多场专题培训班，邀请著名专家学者授课培训知识产权工作者1500多人次。惠州市工商行政管理局与惠州市商标协会联合举办培育驰名、著名商标重点企业调研座谈会5次，与会企业达两百余人（次）。通过座谈会听取培育企业在争创驰名商标过程中遇到的问题、困难、需求和建议，帮助企业一一分析原因，寻找对策，鼓励企业积极争创品牌商标。按照培育商标企业一户一档的要求，逐步建立商标培育企业档案，掌握企业基本资料，及时了解申报工作进度情况。

知识产权人才供需见面会。2014年，惠州市知识产权局联合惠州学院举办了惠州市知识产权人才供需见面会，现场招聘知识产权专业人才40多名，惠州学院首届知识产权双学位班学生顺利毕业，75%以上的毕业生第一次就业进入知识产权系统。

【统计资料】

2014年惠州市各县区专利申请统计表

单位：件

县区	发明	实用新型	外观设计	合计	2013年合计	同比增长
惠城区	744	950	2515	4209	3623	16.17%
惠阳区	312	517	1705	2534	2140	18.41%
博罗县	257	504	2017	2778	1864	49.03%
惠东县	74	188	1251	1513	1184	27.79%
龙门县	69	123	129	321	238	34.87%
大亚湾区	234	624	261	1119	825	35.64%
仲恺高新区	1656	1945	2281	5882	5288	11.23%
校正值	1	2	0	3	6	
合计	3347	4853	10159	18359	15168	21.04%

2014年惠州市各县区专利授权统计表

单位：件

县区	发明	实用新型	外观设计	合计	2013年合计	同比增长
惠城区	153	632	762	1547	1322	17.02%
惠阳区	40	308	658	1006	759	32.54%
博罗县	18	235	274	527	599	-12.02%
惠东县	7	78	474	559	469	19.19%
龙门县	3	41	59	103	168	-38.69%
大亚湾区	28	414	188	630	267	135.96%
仲恺高新区	273	1854	896	3023	2334	29.52%
校正值	0	1	0	1	0	
合计	522	3563	3311	7396	5916	25.02%

（供稿人：纪智敏）

汕尾市

【知识产权创造】 2014年，汕尾市专利申请量595件，比2013年同期减少49%，其中发明专利81件，实用新型127件，外观设计387件；专利授权量458件，比2013年同期减少44%，其中发明专利16件，实用新型189件，外观设计253件。商标注册新增600多件，现汕尾市累计注册商标近15000件。

【知识产权运用】 2014年，汕尾市获广东省知识产权局专利实施计划项目1项。

【知识产权保护】 汕尾市知识产权局加强与市打假办、市公安局、市工商局、市文化局、市质监局等有关部门的合作，积极开展

"4·26"知识产权宣传和联合执法等多渠道、多形式的专项行动，打击侵犯知识产权的违法行为。2014年，汕尾市知识产权局牵头组织有关部门联合执法和局系统市县联合执法活动8次，出动执法车辆10多车次，执法人员60多人次，在海丰县、陆丰市和陆河县等重点领域，开展以皮具、服装、珠宝、食品、药品和家具五金配件为重点产品的"双打"专项行动，抽查了相关产品600件；同时检查了大型商场、超市16家，药店17家，抽查有专利标识的食品150件，药品80件。

汕尾市工商行政管理局落实属地管理职责，积极组织各县（市、区）工商商标管理部门对一些重点企业开展突出性的检查，截至2014年11月15日，查处商标违法案件24宗,罚款38.02万元，查处侵犯港澳和外国商标注册人权益案件20宗，罚款16.51万元。

汕尾市文化广电新闻出版局加大文化市场的监管力度，2014年两次会同市扫黄办前往鲘门高速公路生活区、白云仔高速公路生活区以及陆丰内湖高速公路生活区检查书报刊经营场所，查处非法书报刊230多册。

【知识产权管理和服务】 汕尾市知识产权局完成广东省区域知识产权发展计划（2013年度）执行情况总结和汕尾市省级知识产权专项资金支出项目绩效自评工作报告，组织上报了2014年度省区域发展计划，推荐上报省知识产权示范学校1所、专利实施计划项目1项、省知识产权优势企业1家、省知识产权试点企业1家。获企业知识产权管理规范试点项目1项。

8月，汕尾市知识产权局与深圳鼎合诚知识产权代理有限公司合作，在汕尾建立了分公司，加强知识产权服务，填补汕尾市知识产权服务机构的空白，推进知识产权工作的开展。

【知识产权交流与合作】 2014年6月5日，汕尾市知识产权局承办"粤港知识产权与中小企业发展（汕尾）研讨会"。香港知识产权署、贸易发展局、省知识产权局、工商局、商务厅、公安厅和汕尾市人民政府等主办及支持单位的部分领导出席会议，近200名中小企业代表参加。

【知识产权宣传培训】 为加大专利电子申请宣传推广力度，提高汕尾市专利电子申请率，2014年9月23日，在汕尾职业技术学院林伟华科学楼，汕尾市知识产权局与广东专利代理协会联合举办"2014年专利电子申请宣讲与使用培训班"。参加培训的有各县（市、区）知识产权局相关工作人员，专利代理机构、企业、高等院校、科研院所相关工作人员，市知识产权专家库专家成员，市知识产权工作助理员及其他知识产权服务从业人员等近100人。

2014年汕尾市工商行政管理局张贴标语横幅共计35条，车辆出外开展宣传活动65车次。开展知识产权咨询活动接受群众咨询260多人次，发放宣传资料1100份。1月在城区组织商标监管人员和经检部门、工商所主管商标工作的所长及商标专管员进行培训参加培训人员110多人，为新《商标法》实施打下坚实基础。

（供稿人：袁劭翊）

东 莞 市

【概况】 2014年，东莞市高标准建设国家知识产权示范城市被广东省版权局评为"广东省版权兴业示范基地"，被广东省知识产权局批准为企业知识产权管理规范试点区域；中国东莞（家具）知识产权快速维权援助中心正式启动运行；松山湖高新技术产业开发区被国家版权局评为全国版权示范园区（基地），成为东莞市首个国家级版权产业示范园区，并获得广东省知识产权局批准建设广东省知识产权服务业集聚发展试验区；东莞市工业机器人产业转型升级专利导航工程获得广东省知识产权局立项。

【知识产权创造】 2014年，东莞市专利申请量28431件，专利授权量20336件，均位居全省第四；发明专利申请量6913件，同比增长7.11%，占专利申请量的比例达24.32%，位居全省第四；发明专利授权量1624件，同比增长8.63%，位居全省第三；PCT专利申请量299件，位居全省第三；有效发明专利量5426件，比2013年底新增1198件，新增有效发明专利量排名全省第三位。全市新增注册商标19016件、中国驰名商标10件、广东省著名商标39件，截至2014年12月，全市累计实有注册商标102851件。开展国家专利奖推荐和市专利奖评选工作，共有5个项目获得第十六届中国专利奖，获奖数量为历年之最，评选出2013年度东莞市专利奖30项，其中专利金奖5项，专利优秀奖25项。

【知识产权运用】

专利质押融资及保险。东莞市稳步推进知识产权投融资工作，成功引入农业银行和广发银行，开展专利质押融资业务的银行增加至7家。2014年，专利质押融资共发放7笔贷款，贷款额1990万元；共有35家企业投保（其中5家续保），参保专利55项（其中6项续保），总保费15.12万元（其中续保费2.24万元），总保费856.8万元（其中续保额134.4万元）。

专利导航。东莞市以第三代半导体产业专利导航发展项目为试点，启动实施专利导航试点工程，成为全省首个开展专利导航产业发展项目的城市。东莞市工业机器人产业转型升级专利导航工程获得广东省知识产权局立项。

知识产权预警。东莞市国云科技股份有限公司牵头实施云计算产业专利分析预警项目。东莞市工商行政管理局积极开展商标预警保护，对“虎门”“常平”等公共商标资源分别被山东、山西企业抢注及时提出预警，保护公共商标资源。

【知识产权保护】

行政保护。2014年，东莞市知识产权局共受理专利侵权纠纷案件10宗，结案9宗，查处假冒专利案件5宗；全市工商系统查处商标违法案件675宗；市版权局查处翻版盗版音像制品141726张，非法书籍10768本，非法报刊2874份，非法博彩类报纸10114份，查处网络非法下载违法案件149宗，立案120宗，版权案件行政罚款人民币49.2万元；全市公安机关侦办侵犯知识产权和制售假冒伪劣商品犯罪案件196宗，破案166宗，收缴假冒伪劣产品的成品、半成品和制假原料、工具等一大批；成功侦破公安部督办案件3宗，省公安厅督办案件9宗；东莞海关查获涉嫌侵犯知识产权案件29宗，涉嫌侵权货物76547件；市质监局立案查处打假案件16宗；农业局立案查处案件41宗。

司法保护。东莞中院坚持庭前释法，调解优先，当庭宣判，提高案件处理效率和质量，提升司法公信力。设立厚街家具知识产权巡回审判庭和松山湖知识产权巡回审判庭。发布2013年度知识产权司法保护白皮书。首次发布知识产权刑事案件报告并评选十大知识产权刑事案件。2014年，东莞两级法院知识产权案件总收案2226宗，总结案1985宗。西门子案入选2013年度全省十大知识产权司法保护案例。

展会保护。2014年，东莞市知识产权局进驻4家展会驻会维权，处理专利纠纷案件36宗，派出知识产权专家54人次，接收各类咨询632次；市版权局与省版权局组织成立版权服务工作站，负责在漫博会期间版权维权、版权执法、版权法规知识宣传，实现连续六届漫博会版权纠纷有效投诉“零投诉”；东莞海关在加博会、漫博会、台博会、海博会期间积极宣传海关知识产权保护的政策法规；市商务局配合省商务厅做好第116届广交会、第三届加博会、首届海博会等大型涉外展会的知识产权法规宣传工作，指导企业开展海外维权工作。

维权援助。2014年，东莞市知识产权维权援助中心通过“12330”知识产权维权援助平台受理各类咨询共计62宗，其中，电话咨询43宗、来访咨询19宗；通过微信平台回复各类咨询63宗，微信平台关注人数已达1146人。中国东莞（家具）知识产权快速维权援助中心完成筹建工作，于2014年3月举行授牌仪式及新闻发布会，于5月举行启动仪式、正式上线运行。累计处理电话咨询200多次，受理调解侵权纠纷19宗，其中17宗调解结案，2宗移交市知识产权局处理；成功受理企业提交预审案件121宗，预审合格并提交国知局案件111宗，已获得授权102宗，使专利审批授权时限均由原来4—6个月缩减至10天。

【知识产权管理】

示范城市建设。2014年，东莞市成立以袁宝成市长为组长，19个相关部门主要领导为成员的市建设国家知识产权示范城市工作领导小组，并以市政府名义印发《东莞市建设国家知识产权示范城市工作方案》，该方案从知识产权综合实力、文化氛围、支撑体系三方面高标准确定至2016年全市知识产权工作的目标和工作重点。

政策体系建设。东莞市工商行政管理局制定《东莞市商标专用权质押融资资助暂行办法》，对商标专用权质押融资给予全方位的资助，这在广东省乃至全国都是首创；市版权局为提升版权产业自主创新能力，先后拟定《东莞市版权示范单位和示范园区（基地）评定扶持办法（试行）》（征求意见稿）、《东莞市优秀版权产品评选资助办法（试行）》（征求意见稿）和《东莞市著作权登记资助管理暂行办法（试行）》（征求意见稿）等扶持办法。

实施专利战略。东莞市知识产权局先后下发《关于进一步提升专利申请质量的实施意见》《关于加大资助力度 进一步促进发明专利申请的通知》，东莞市政府下发《关于进一步促进我市发明专利申请增量提质的通知》，这些文件从优化专利政策、强化企业创新主体地位、提升机构专利服务水平、加强创新环境建设等各方面，对全市进一步提升专利申请质量提出新的工作要求。东莞市知识产权局在全市开展“百所千企知识产权服务对接工程”，促成33个镇街（园区）与专利代理机构结对，组成专业服务团队，广泛举办宣传培训活动，深入企业开展“一对一”发明专利申请辅导服务；组织召开发明专利申请增量提质工作座谈会，鼓励各专利代理机构、行业协会、公共科技创新平台等发挥自身优势，促进发明专利申请；召开市属单位科技计划项目知识产权管理培训会，提高东莞市企事业单位科技计划项目的管理水平和专利挖掘水平。

实施商标（品牌）战略。东莞市工商行政管理局大力实施商标（品牌）战略，全面开展新《商标法》宣传和培训，在企业中普及对新《商标法》的认识，提高全社会的商标保护意识和能力。市质量技术监督管理局大力实施名牌带动战略，向广东卓越质量品牌研究院推荐73家企业的76个产品申报省名牌，获评63个，申报成功率为83%。截至2014年12月底全市有168家企业获得广东省名牌产品（工业类）193个，名牌产品数量位居全省第三；市农业局以发展现代农业为方向，举办“荔枝节”等活动，打造一批广东省名牌产品及“三品”认证产品，2014年新增广东省名牌产品（农业类）9个。全市有效期内的省级农业类名牌产品共有47个。

版权兴业工程。东莞市版权局积极创建“全国版权示范城市”，打造“版权兴业”品牌，培育版权优势企业和知名版权产品，指导松山湖创建全国版权示范园区（基地），提升东莞市版权服务水平。2014年，东莞市和丰文化传播有限公司被省版权局评为“广东省版权兴业示范基地”，“马可波罗东游记”和“功夫龙”系列作品被省版权局评为“广东省最具价值版权产品”，全市版权优势企业和知名版权产品不断涌现；全年东莞市企业类作品和计算机软件著作权登记数量达1779件，数量居于全省地级市前列，与2013年同比增长了56.9%。

专题会议。2014年6月16日，广东省知识产权局和东莞市政府在市行政办事中心举行2014年度知识产权合作会商工作会议，确定当年省知识产权局与东莞市共同推进的九项重点工作。这是东莞市自2012年在全省率先建立市局知识产权会商制度后首次就年度知识产权工作安排召开磋商会议。

企业知识产权工作。积极组织和推荐优秀知识产权企业申报国家和省级知识产权项目。2014年，东莞市共有9家企业被认定为广东省知识产权优势企业，2家企业获省知识产权管理规范推进项目立项。积极开展东莞市专利优势企业认定工作，28家企业被认定为2013年度东莞市专利优势企业，13家企业被认定为2014年东莞市专利优势企业。

企业贯标工作。20家企业达到《创新知识企业知识产权管理通用规范》（DB44/T797-2010）标准，东莞市对达标企业每家给予资助。举办企业贯标工作座谈会、贯标宣讲会、广东省企业知识产权管理规范培训班和全国首个企业知识产权管理规范贯标实战培训班，共培训企业人员727人次，其中培养出外审员2人，内审员220人。向国家知识产权局报送4家重点培养贯标辅导机构和20名贯标辅导骨干人才。2014年，东莞市有48家企业正在参与贯彻国标，19家企业在标准体系试运行阶段，8家企业向中知认证公司提出评审申请。东莞市国云科技股份有限公司成为广东省首家、目前全国同行业唯一一家国标认证企业。

【知识产权服务】

搭建服务平台。东莞市知识产权局推动松山湖建设广东省知识产权服务业集聚发展试验区，从建设知识产权运营服务区、知识产权保护服务区、粤台知识产权合作实验区、版权服务示范园区、省知识产权培训基地等方面全面促进园区的知识产权运营、保护、合作交流、人才培养等工作，整体提升知识产权服务水平；组建东莞佰腾智通专利运营中心，为东莞市企事业单位提供专利方面的信息分析、咨询服务、代理诉讼、收购托管、价值评估、质押融资、人才培训等知识产权一条龙服务；积极筹建东莞市知识产权交易服务平台，提供一个技术项目融合、服务渠道畅通、集成创新的途径，带动科技成果转化与知识产权交易服务业发展。

发展服务机构。东莞市知识产权局新引进6家专利代理机构，全市专利代理机构总数达到41家。

知识产权宣传。东莞市建设国家知识产权示范城市工作领导小组成员单位以“4·26世界知识产权日”为重点，以专题报道、举行论坛、播放宣传广告、制作户外广告、创办专栏等形式，广泛开展知识产权宣传活动，全市知识产权氛围日益浓厚。东莞市知识产权局举办企业知识产权管理标准贯彻宣讲会、专利无效程序及实务讲座、专利导航与企业发展讲座、知识产权模拟法庭、欧洲知识产权制度巡回研讨会等宣传活动10场，活动参与人员超过1000人次；市工商局制作新《商标法》电视宣传片，并在东莞广播电视台、各镇街电视站、LED电子显示屏、专业市场等滚动播放新《商标法》宣传片；东莞中院评选出“东莞2013年最受媒体关注十大知识产权刑事案例”和“2013年度东莞市最受媒体关注十大民事知识产权司法案例”；市版权局举办“版权保护大家谈”“东莞市版权保护成果展”等活动；市教育局充分发挥学校宣传教育阵地的作用,将产权知识教育列入学校教育活动的内容。

知识产权培训。东莞市知识产权局举办企业知识产权管理规范贯标实战培训班、广东省第四期企业知识产权管理规范培训班、2期专利布局初级实战班、2期专利分析初级实战班、专利行政执法能力培训班等7个培训班，累计培训企业和知识产权服务机构人员近1000人次；市司法局先后组织6次新型业务的培训，有效提升律师知识产权专业技能；市工商行政管理局举办商标监管执法业务培训班、商标品牌行政及司法保护论坛等，全面解读新《商标法》，培训执法人员和重点企业负责人470多人次。

【统计资料】

2014年东莞市专利申请及授权情况表

表1　2014年东莞市三种专利同比2013年同期增长情况表

单位：件

年　份		2013年	2014年	增长率
申请	发明	6454	6913	7.11%
	实用新型	12746	11980	−6.01%
	外观设计	9813	9540	−2.78%
	总计	29013	28432	−2.00%
授权	发明	1495	1624	8.63%
	实用新型	12080	10585	−12.38%
	外观设计	9020	8131	−9.86%
	总计	22595	20340	−9.98%

表2　2014年东莞市五类申请人国内专利申请授权情况表

单位：件

年　份		2013年	2014年	增长率
申请	大专院校	108	174	61.11%
	个人	11689	9818	−16.01%
	工矿企业	16828	18168	7.96%
	机关团体	144	90	−37.50%
	科研单位	244	182	−25.41%
	总计	29013	28432	−2.00%
授权	大专院校	89	102	14.61%
	个人	8969	7574	−15.55%
	工矿企业	13390	12522	−6.48%
	机关团体	37	34	−8.11%
	科研单位	110	108	−1.82%
	总计	22595	20340	−9.98%
	科研单位	52	110	111.54%

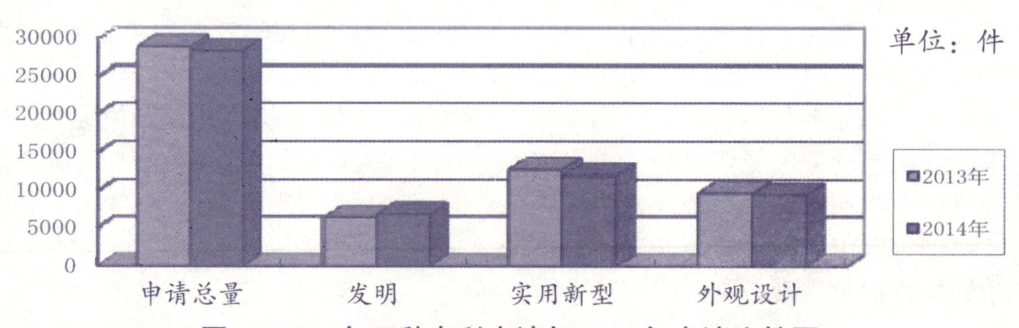

图1　2014年三种专利申请与2013年申请比较图

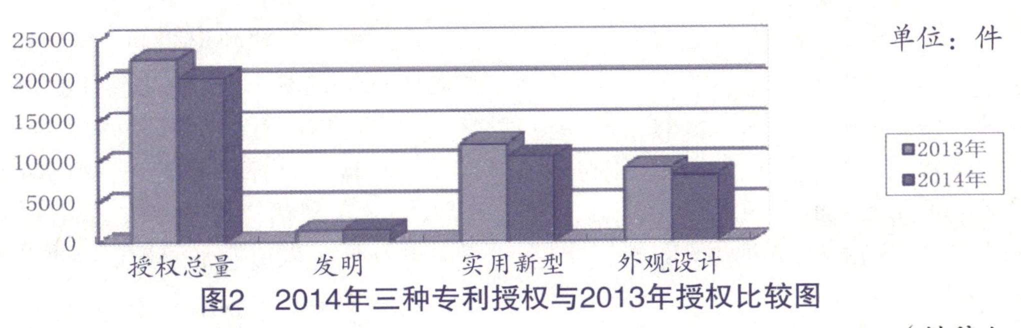

图2　2014年三种专利授权与2013年授权比较图

（供稿人：唐静）

中　山　市

【知识产权创造】　2014年，中山市专利申请总量24618件，同比增长12.85%，其中发明专利3350件，同比增长37.75%；专利授权量15048件，同比增长5.84%，其中发明专利505件，同比增长8.84%；专利电子申请率达96.45%，位于全省第三名。中山集体商标实现零突破，“中山美居”集体商标被核准注册。目前，全市共有有效省著名商标244件，市行政认定驰名商标总量达57件，位居全省第五，品牌效应突出，行业带头作用显著增强。

【知识产权运用】　*成立首个广东（灯饰照明）知识产权运营中心*。2014年在中山古镇成立首个“广东（灯饰照明）知识产权运营中心”，该中心聚集知识产权战略咨询、托管孵化、检索分析、代理代办、维权投诉、评估交易等服务，鼓励并推动高等院校、国内外灯饰创新设计团体向中山市照明中小微企业授权许可使用其专利等知识产权，提高中小微企业知识产权运用能力。

专利保险试点。“2014年广东省专利保险专题培训班”在中山市召开，全省各个地级市知识产权管理部门、人保财险分公司、专利代理机构和企业代表业共130余人参加，研讨交流专利保险试点工作深入推进的经验成果。为深入推进专利保险试点业务，中山市知识产权局借助“4·26”知识产权宣传周、第13届春季灯博会、全市专业镇金融服务中心建设工作现场会等宣传推广专利保险，全年共13家企业105件专利购买专利执行险，保费金额达9.82万元。

【知识产权保护】　*“双打”工作*。2014年，中山市“双打”工作领导小组加强部门联动，明确重点，开展专项行动，加大侵权打击力度，全市行政执法案件立案共2035宗，出动执法人员34066人次，检查企业、单位10924家。其中，专利行政执法出动执法人员922次，检查各类门市、工厂280家次，专利侵权纠纷立案259宗，已办结204宗，涉及专利侵权调解金额43万元，协助专利权人开展电子商务领域专利侵权投诉共90宗。市工商局立案查处商标侵权、不正当竞争和制售假冒伪劣商品等案件742件，查处各类商标违法案520件，罚款639.20万元。移送涉嫌商标犯罪案件34件，包括涉外案件25件，查处互联网侵权假冒案件10件，没收侵权物品一批，涉及商标包括“PAUL FRANK”“史密斯”等。市文广新局出动执法人员6900多人次，检查印刷复制企业及出版物、音像制品经营单位1842家次，查处侵犯知识产权和假冒伪劣商品行政处罚案件2宗，没收侵权复制灯饰配件4642片、盗版电脑软件8张，调解未经许可商业使用计算机软件版权纠纷40宗。通过系列行政执法行动，有力打击了涉假犯罪嚣张气焰，保障市场经济秩序健康发展。

电子商务领域专利保护工作。中山市知识产权局制定《中山市电子商务领域专利执法维

权专项行动工作方案》，积极参与国家知识产权局开展针对电子商务领域知识产权侵权纠纷的快速处理研讨，加强对灯饰电子商务领域专利侵权纠纷的处理，2014年在中山市范围协助权利人开展电子商务领域专利侵权投诉90宗，提交国家知识产权局协助处理电子商务领域专利侵权案件3宗。

在2014年春、秋两季“中国·古镇国际灯饰博览会”设置工作站开展知识产权执法维权工作，展会期间处理4宗涉嫌侵犯外观设计专利权利的10件产品投诉。开展版权登记和维权工作，2014年度共为36件作品进行版权登记。

【知识产权管理和服务】 2014年中山市申报国家知识产权示范城市，获得第三批国家知识产权示范城市资格。

中国中山（灯饰）知识产权快速维权中心工作。引入知识产权侵权纠纷仲裁机制，设立广州仲裁委员会中山商事调解中心，结合知识产权行政调处和仲裁优势，以一裁终局的仲裁方式快速解决灯饰专利纠纷，进一步提高纠纷解决效率，为灯饰行业市场经营环境完善发挥作用。举办2014国际灯饰知识产权保护研讨会，邀请世界知识产权组织、欧洲知识产权事务所联盟AIPEX的专家、律师、外向型灯饰企业共同探讨灯饰知识产权保护。

商标品牌战略。2014年，中山市工商局积极发挥职能作用，鼓励和指导有条件的企业申请以及延续申请著名商标。其中，2014年度全市共14件商标通过新申请认定，62件商标通过延续申请认定，著名商标培育工作不断提升。同时，组织全市54家驰名商标企业召开座谈会，向企业解读新《商标法》亮点，指导企业做好驰名商标工作；支持指导中山市商标协会和中山广播电视台举办“中山商标30年”商标战略研讨会，研讨如何发挥商标品牌战略在中山经济、企业发展中的重要作用。

新闻出版审批工作。2014年中山市版权局开展日常审批（协助）工作297宗，对409家出版物经营单位、4家驻中山记者站开展年检审核，连续性内部资料出版物审核50余家，全年审读图书、内刊（报）、光盘总数500余份，推进8家省督办企业软件正版化工作。

专利信息分析利用服务。2014年中山市利用汤姆森专利信息平台为全市战略新兴产业提供专利信息深度服务，编制11期行业专利简报，开展12期专利检索服务。运用“中国外观设计专利智能检索系统”和世界灯具专利数据库，为企业提供检索服务，使知识产权信息服务贯穿于产品的整个生命周期，全年共为130家企业提供807次检索服务。

知识产权服务机构发展。2014年中山市新成立3家独立法人的专利代理机构，按照《中山市专利专项资金使用办法》规定，支持每家专利代理机构一次性资助5万元。为规范知识产权服务市场秩序，中山市知识产权局开展专利代理业务资质检查，全年共查处无资质从事专利代理业务案件1件。沟通协调15家专利代理机构与320家开展百所千企知识产权对接工程，实现专利申请3314件。

知识产权宣传培训“4·26系列宣传活动”。2014年“4·26”世界知识产权保护宣传周期间，中山市知识产权局、市工商局等多部门联合举办系列宣传活动，协调文化市场综合执法支队、公安、司法所等部门利用宣传周活动设点咨询，现场解答企业和群众关于知识产权保护等方面的问题；发放版权、“12330”宣传小册子，利用电视、报纸、横幅、户外LED屏幕、灯饰卖场橱窗等形式进行宣传，播放公益广告50多次，在全市范围营造尊重知识产权的良好氛围。

人才培养。2014年中山市以培养企业知识产权实用型人才为重点，围绕企业的专题需求，精心准备，开展面向企事业单位的培训学习，内容涉及专利信息分析综合运用、欧洲知识产权制度研讨、知识产权贯标、灯饰知识产权保护研讨、企业软件正版化培训以及指导镇区版权基层工作站举办行业版权培训等，邀请专家与培训人员面对面深入交流，把知识产权专业知识送进企业、送进基层，以提升知识产权工作者的能力和水平。积极开展知识产权进校园工作，2014年中山市培育认定4所市级知识产权试点学校，支持学校开展知识产权教学宣传工作，印制12000本《版权知识笔记本》赠送到各镇区主要中小学，努力营造良好的知识产权校园文化和科技创新环境。

（供稿：李盈盈）

江 门 市

【概况】 2014年，江门市知识产权局制定印发《江门市贯彻〈2014年全国专利事业发展战略推进计划〉组织实施方案》《江门市创建国家知识产权试点城市工作方案》《江门市创建国家知识产权试点城市2014年推进计划》和《2014年江门市实施知识战略纲要工作方案》等文件，统筹协调全市建设试点城市各项工作的有序展开。

【知识产权创造】

专利申请授权。2014年江门市完成国内发明专利申请量1935件，同比增长18.42%；发明专利授权量304件，同比增长11.76%；有效发明专利拥有量1282件，同比增长20.83%；百万人发明专利申请量425件，万人发明专利拥有量2.8件。PCT申请30件。

驰名著名商标。2014年，江门市新认定3个驰名商标，11件省著名商标，19件商标被延续认定为省著名商标。截至2014年12月底，江门市共有驰（著）名商标122件，其中驰名商标21件（行政认定）、广东省著名商标101件。

设立版权登记站。江门市印刷业商会设为江门市作品著作权自愿登记代办机构，由商会负责具体登记工作。截至2014年底，代办机构共受理登记作品22件。

【知识产权运用】

专利技术实施计划项目。组织推荐江门市企业申报省专利技术实施计划项目，其中新会中集的“轻质重载折叠式特种货物运输装备的研究开发”项目获得省知识产权局立项。

标准培育。2014年共计有2家培育企业（科恒、永坚）专利及科技成果转化为3项国标、1项行标，3家培育企业（科恒、永坚、新农）主导制修订2项国标及4项行标。

实现知识产权质押融资。江门市实现知识产权质押融资零的突破，两家企业以11项专利获得质押融资贷款1200万元。

开展专利导航工作。江门市电声专利联盟与粤高专利代理公司合作申报的“重点出口产品专利预警分析项目”得到省知识产权局的立项，有关工作正按计划展开。

【知识产权保护】

行政保护：专利。2014年，立案查处假冒专利案件6宗，立案调处专利侵权纠纷案件20宗。举行省市知识产权联合执法和集中销毁假冒伪劣产品活动暨江门市“4·26”知识产权宣传周启动仪式，现场销毁假冒专利、商标产品、盗版光碟和非法出版物等一批违法物品，开展省市两级知识产权执法人员联合专项检查，向市民充分展示严厉打击知识产权违法行为的坚定决心，大大地提高知识产权保护工作在社会上的影响力。

行政保护：商标。2014年全市工商系统共立案查处侵权和假冒伪劣商品案件362件，结案362件，移交司法机关的案件3件。

地理标志工作。依托新会区建成国家地理标志产品保护示范区，打造产业集群。围绕新会区特色产品，制定DB 44/ 601-2009“地理标志产品新会柑”和DB 44/T 604-2009“地理标志产品新会陈皮”两项广东省地方标准，制定印发《新会柑、新会陈皮地理标志产品保护管理办法》。

司法保护。江门市积极推动全市知识产权民事、刑事、行政“三合一”审判工作，共受理知识产权行政案件1件，刑事案件4件，并全部办结。依法加强对假冒伪劣产品和假冒注册商标的打击力度，依法追究4人的刑事责任，共处罚金55万元。2014年共受理知识产权案件260件，其中新收案件212件，旧存案件48件。新收案件中，一审案件126件（专利案件124件，商标案件2件），二审案件86件，知识产权案件结案数为168件（一审案件90件，二审案件78件）。

海关保护。江门海关全年共采取知识产权海关保护措施58批次，货值1102.1万元，货物数量479.6万件，同比分别上升70.6%、34%和36.3%；立案调查24宗，涉案货物405.9万件，同比分别上升2倍、2倍和47.6%。协助法院对2批涉嫌侵权货物采取扣留措施。依法将总值58万元的273万件侵权货物移交广东省红十字会用于社会公益事业。

【知识产权管理】

企业优势示范。新增江门市大长江集团有限公司、鹤山市世逸电子科技有限公司2家企业为省知识产权优势企业，新增天地壹号饮料股份有限公司、广东大冶摩托车技术有限公司、江门市长优实业有限公司等10家龙头、骨干企业为江门市知识产权示范企业。

企业贯标试点工作。以实施"江门市贯彻企业知识产权管理规范试点工作"和举办"企业知识产权管理规范培训沙龙"为标志，启动江门市的企业知识产权"贯标"工作，江门市地尔汉宇电器股份有限公司和鹤山市广明源照明电器有限公司2家企业为江门市第一批企业知识产权管理规范试点项目单位，已开展贯标辅导工作。

外观设计产业发展。安排江门市级财政资金150万元支持广东工业设计城（江门基地）、江门民隆工业设计中心建设，完善江门市工业设计和外观设计产业链，为企业提供服务。

知识产权教育试点。一是对江门市中小学开展知识产权教育试点学校认定工作，经各市（区）知识产权局、教育局等部门推荐，市知识产权局、教育局等部门审核同意，认定2014年市中小学知识产权教育试点学校2所，分别是江门市范罗岗小学和开平市世界谭氏中学，支持有关学校开展知识产权教育的各项工作。二是继上年第29届江门市青少年科技创新大赛，在2014年第30届江门市青少年科技创新大赛中继续设立 "青少年创新作品专利资助"活动项目，评选出前5名学生作品，并全额资助其申请发明专利和实用新型专利，累计已有4项作品获得实用新型专利授权，分别有5项和2项作品获得实用新型专利和发明专利申请受理，充分发挥专利制度激励和保护青少年学生创意的作用。 （供稿人：郭晓燕）

阳 江 市

【概况】

2014年7月28日，阳江市政府进行机构改革，设立阳江市科学技术局，加挂阳江市知识产权局牌子。阳江市全面实施知识产权战略，加快建设知识产权强市。

【知识产权创造】

2014年全市专利申请量1373项。其中发明专利69项、实用新型专利308项、外观设计专利996项；专利授权量1135项。全市注册商标累计有8584件。著名商标59件，驰名商标3件。

【知识产权运用】

阳江市知识产权局加强对20个省级专利技术实施项目的跟踪落实和指导，组织广东永力泵业有限公司、阳江八果圣食品有限公司2家企业申报广东省专利技术实施项目。

【知识产权保护】

知识产权纠纷调解。2014年共受理专利侵权案件26宗，涉案件金额近300万元。其中市知识产权局受理18宗，有9宗为涉外案件，阳东区知识产权局自2014年5月起开始受理专利侵权案件，至年底止共受理案件8宗，其中涉外案件1宗。全市共调解结案14宗，其余正在调解之中。

“双打”专项行动。认真贯彻落实《2014年广东省打击侵犯知识权和制售假冒伪劣商品工作要点》（粤双打领〔2014〕15号）文件精神，市“双打”办牵头组织公安、检察、法院、工商、文广新、质监、药监、卫生、农林、商务、物价、海关、烟草联合执法，出动执法人员10603人次，检查各类经营场所6359家次，查处各类违法案件854宗，接待咨询人员77人次，派发宣传资料7500份。

“4·26”联合执法专项行动。“4·26世界知识产权日”，阳江市知识产权局联合市工商局、市文广新局、阳东县知识产权局开展联合执法，检查商品2000多件，现场查处5种食品包装外观专利标注、标记不规范行为，要求商家停止销售做下架处理。阳西县知识产权局也联合县工商、文广新、质监局在县辖区内开展联合执法专项行动。

知识产权执法试点。根据《广东省专利条例》第五条第1款“县级以上人民政府专利行政部门负责本行政区域内的专利保护和管理工作”的规定，阳江市知识产权局将阳东区知识产权局列为首批专利行政执法试点单位，自2014年5月起负责阳东区区域内的专利行政执法工作。

展会知识产权保护。2014年10月19日至22日，第12届中国（阳江）国际五金刀剪博览会在阳江国际五金刀剪商贸城举办。阳江市知识产权局联合阳东、江城知识产权局，组织10多名执法人员进驻会场，设立知识产权投诉摊位，开展巡查、宣传和接受投诉处理等知识产权保护工作。发放《专利法》《广东省专利条例》《广东省展会专利保护条例》等宣传资料近2000份，接受参展商及群众咨询200多人次。此届没有收到客商专利侵权案件的投诉。

商标保护。2014年，阳江市工商局在全系统深入开展“双打”专项行动，严厉打击侵犯商标侵权违法行为。另外还切实抓好保护第二届夏季青年奥林匹克运动会标志和开展打击制售假酒专项行动等以保护有关商标专用权的专项执法工作。全系统共查处商标违法案件49宗，罚款48.13万元，没收、销毁侵权商品标识987件。

版权保护。2014年，阳江市文化广播新闻出版局（阳江市版权局）开展常规执法检查，共出动人员1.1万人次，检查经营单位2700多家次，开展5次集中执法行动，受理举报8件，责令经营场所限期改正9家，收缴非法出版物4600多册，集中销毁非法出版物43098册（张）、电子游戏机36台，取缔无证照摊档13家。

【知识产权管理】

企业工作。阳江市知识产权局加强对20个省级专利技术实施项目的跟踪落实和指导，组织广东永力泵业有限公司、阳江八果圣食品有限公司2家企业申报广东省专利技术实施项目，阳江市万丰实业有限公司被认定为“广东省知识产权优势企业”。

专利快速维权服务平台。针对阳江市五金刀剪产业的特点，阳江市知识产权局在省知识产权局的支持下筹建设立“中国阳江（五金刀剪）快速维权中心”。中心为正科级公益二类事业单位，受理涉及专利及其他知识产权的侵权举报投诉，开展知识产权维权公共服务工作，建设一个适合地方产业特色的知识产权多功能一站式服务平台。

培育自主商标品牌。阳江市工商局以实施商标品牌战略为契机，深入企业调查研究，指导企业培育自主商标品牌。2014年，由局领导带队，先后走访了东腾汽配、银鹰厨业等多家企业指导商标培育工作，引导4家企业成功申报省著名商标。5月30日，邀请省工商局商标处深入阳帆食品、羽威集团等企业指导商标工作。

知识产权宣传。阳江市知识产权局以“4·26”世界知识产权日为契机，开展知识产权专题宣传活动。一是在4月24日，联合了市科协、广州粤高专利代理有限公司阳江分公司、广州新诺专利商标事务所有限公司阳江分公司等单位在阳江市第一职业技术学校、阳江市技工学校举办“4·26世界知识产权日宣传咨询暨现场资助专利申请活动”，派发知识产权宣传资料200份，现场受理专利申请529项，现场资助申请发明专利的企业或个人部分代理费（含申请费）1800元，资助申请实用新型、外观设计专利的企业或个人部分代理费（含申请费）300元。二是“4·26”期间在《阳江日报》头版刊登了《力争明年建成知识产权强市》专题报道，宣传阳江市近年知识产权工作成效，并在第二版以《知识产权宣传活动进校园》对“4·26世界知识产权日宣传咨询暨现场资助专利申请活动”进行专题报道，同时联合阳江电视台制作并播放知识产权专题电视宣传节目。

阳江市工商局采取多种形式开展商标宣传活动。一是依托“3·15”“4·26”等宣传日，出动宣传车、悬挂宣传标语、现场发放资料等方式，广泛宣传商标专用权保护和识假辨假知识，营造自觉抵制侵权假冒的市场环境。二是以实施商标品牌战略为切入点，深入走访企业，着力宣传商标知识，提升企业商标意识。三是利用媒体开展宣传，结合新《商标法》及其《实施条例》，于“4·26”知识产权宣传周期间在阳江电视台、阳江日报等媒体开辟宣传专栏，刊登新《商标法》法律条文及其相关解读和工商部门推进商标品牌战略情况等，营造普及社会群众商标知识的良好氛围。

5月15日，阳江市公安局牵头组织以“打击防范经济犯罪，护航改革 保障民生”为主题的2014年“5·15”打击和防范经济犯罪宣传日活动。加大对侵犯知识产权和制售假冒伪劣商品犯罪、传销犯罪、银行卡犯罪以及假币、假发票、合同诈骗等常见多发经济犯罪的防范宣传力度，调动全社会参与打击和防范经济犯罪工作的积极性。

知识产权培训。阳江市知识产权局分别与国家知识产权局专利局广州代办处、广东专利代理协会、广州粤高专利商标代理有限公司、广州新诺专利商标事务所有限公司阳江分公司等知识产权代理机构，在市区、阳春、阳东、阳西联合举办了5期知识产权培训班，共培训400多人次。

阳江市工商局组织相关人员参加商标管理知识的学习培训。一是在4月份组织全系统商标管理和基层一线执法人员共150多人参加市局视频商标业务培训班，提高执法人员业务素质和执法水平。二是在5月份配合开展全省商标业务分片培训班，组织部分基层执法人员参加分片培训，学习新《商标法》有关内容以及商标管理实务等，促使学习人员更好掌握商标执法知识，提升商标管理水平。三是组织外出学习。由市工商局分管领导带队到珠海、惠州和河源等地学习商标管理工作经验，借鉴兄弟单位好做法，推动阳江市更好开展商标管理工作。 （供稿人：梁耀辉）

湛 江 市

【知识产权创造】 2014年湛江市专利申请量2095件，同比增长40.79%，其中发明专利申请量343件，同比增长18.69%，专利授权量1294件，同比增长18.93%。PCT申请总量2件。获广东省专利金奖1项，专利优秀奖1项。首次设立“湛江市专利奖”，2014年评出金奖5名，优秀奖18名，同时对获奖的专利产业化后税利达到500万和1000万的再另外奖励10万至20万元，奖金总额达101万元。

【知识产权运用】 市级区域知识产权发展计划项目2项，实施市级专利技术与科技成果产业化示范项目8项。

【知识产权保护】 湛江市知识产权局积极履行打击侵权假冒领导小组办公室职责，召开联席会议，加强与公安、工商、版权、质监、食药监、农业、林业、湛江海关、检验检疫等相关部门的协作，共同推进打击侵权假冒工作。4月25日，湛江市知识产权局和湛江市普法办联合牵头，邀请市公安局、市工商局、市中级人民法院、市农业局、市林业局、市文广新局、市质监局、市司法局、湛江海关、湛江出入境检验检疫局等10多个单位，共同巡查海田国际建材交易中心内的瓷砖、地板、灯具等关系民生的产品1万多件。2014年，湛江市知识产权局先后出动联合执法车辆60多辆次，出动执法人员200多人次，先后对国际建材交易中心、世贸、国贸、广百等各大超市进行巡查，对300多家商铺进行了检查，立案7宗，结案7宗。

【知识产权管理】

管理机制。制定《湛江市科学技术局（知识产权局）专利资助办法》，提高专利资助额度，扩大专利资助范围。湛江市每年划出专项经费，对全市专利申请、实审、登记费用实行资助。2014年共资助专利申请735件。年度财政资金科技专项竞争性分配项目中设立8个专利技术产业化示范项目，扶持经费96万元。

企业工作。2014年认定广东省知识产权优势企业1家，认定湛江市知识产权优势企业3家。新增市级专利信息应用平台建设项目1项、专利信息应用平台建设专题2个。

区域合作交流。12月30日，湛江市参加在云浮市召开的第七届粤西四市专利合作联席会议。9月24—26日，参与在宁德市召开的闽粤沿海12城市保护知识产权工作第11次联席会议，就打击网络（电商领域）专利侵权行为执法工作机制进行深入探讨。

宣传和培训。湛江市利用“3·15”保护消费者权益日、“4·26”世界知识产权日、5月15日全国打击和防范经济犯罪宣传日、“12·4”全国法制宣传日，联合宣传、工商、版权、公安、技监、海关等部门，通过悬挂横额、出版墙报、组织知识产权活动一条街、派发知识产权宣传资料、开展行政执法，以及在《湛江日报》《湛江晚报》《湛江科技报》碧海银沙网站开辟专版专等形式，广泛开展知识产权宣传活动。

联合高校举办外观专利设计大赛。9月和11月，湛江市知识产权局分别联合岭南师范学院和广东海洋大学举办大学生外观专利设计大赛。岭南师范学院举办的“2014年大学生‘新思维’创意产品设计专利大赛”评选出124件获奖作品并进行颁奖；广东海洋大学举办的“立足地方，助推经济——2014年创新海大外观设计大赛”评选出81件获奖作品并进行颁奖。10月14日，承办省、市“百所千企”专利对接活动。

2014年4月28日，承办广东省企业知识产权管理规范培训班；举办数次全市专利及知识产权专题讲座；指导廉江市知识产权局、廉江市工商行政管理局及湛江海关廉江办事处联合举办企业知识产权培训会；指导霞山区、雷州市、吴川市、遂溪县、广东海洋大学和岭南师范大学等开展培训。各类培训活动共有企业负责人、科研人员、管理人员、老师、学生等5000多人参加。设立1个市级知识产权培训基地。

【统计资料】

2014年湛江市三种类型专利申请同比增长情况表

单位：件

	2014年	2013年	增长率
发明	343	289	18.69%
实用新型	721	593	21.59%
外观设计	1031	606	70.13%
合计	2095	1488	40.79%

2014年湛江市三种类型授权申请同比增长情况表

单位：件

	2014年	2013年	增长率
发明	115	117	-1.71%
实用新型	547	473	15.64%
外观设计	632	498	26.91%
合计	1294	1088	18.93%

2014年湛江市五种专利申请人申请专利同比增长情况表

单位：件

	2014年	2013年	增长率
个人	1240	816	51.96%
大专院校	325	183	77.60%
科研单位	123	120	2.50%
工矿企业	386	346	11.56%
机关团体	21	23	-8.70%
合计	2095	1488	40.79%

（供稿人：戴辰）

茂名市

【知识产权创造】 知识产权拥有量。2014年，茂名市专利申请2669件，同比增长5.49%，增幅列全省第9位，其中发明专利378件、实用新型627件、外观设计1664件，专利申请总量粤西第一。全市专利授权量1179件，同比增长8.26%，增幅列全省第8位，其中发明专利授权53件、实用新型授权465件、外观设计授权661件。

【知识产权保护】 专利保护。一是加强行政执法机制建设，制定专利行政执法流程，完善专利责任制和专利行政执法信息公开制度，设立了投诉举报电话和邮箱;二是深入开展专利执法行动，结合“护航”和“双打”专项行动，印发《茂名市专利行政执法专项行动实施方案》。2014年，全市开展专利行政联合执法40余次，立案调查专利案件21件，专利行政案件比上一年度增长了2.5倍。

商标保护。全市各级工商部门根据工作安排，重点加强对农村与城乡结合部集市的监督检查，以家电、燃气具、笔记本电脑等为重点，加强对流通领域商品质量的抽查检验。结合本地实际，加强对农资、建筑材料、汽车配件、家具等商品仿冒行为的执法检查。同时，加强对涉外商标、驰名商标的侵权假冒行为，仿冒知名商品特有名称、包装、装潢等不正当竞争行为的执法力度。行动以来，全市共立案查处商标侵权、不正当竞争和制售假冒伪劣商品各类案件36件，罚款11.24万元。

版权保护。全市共出动12136人次，检查文化经营单位7565家次；收缴非法出版物17539册，非法出版音像制品3067张，“六合彩”资料11200多份；没收电子游戏机5台、电路板6块；没收非法印刷物328件；发出安全隐患限期整改通知24份；责令停止涉嫌非法演出2场，立案查处违规演出团体4 个；取缔无证经营单位45家，打掉非法印刷窝点1个；行政处罚70家，责令整改85家，“黑网吧”函告工商部门1宗。

【知识产权管理和服务】

知识产权政策。2014年，茂名市出台《茂名市知识产权专项资金管理使用办法》和《茂名市知识产权优势示范企业认定办法》指引性政策文件，重新修订《茂名市专利申请资助管理暂行办法》，为更好地促进茂名市专利申请持续快速增长，印发《2014年关于激励专利申请的通知》等一系列政策措施，把知识产权工作作为各级政府的一项重点工作，不断加大领导和政策引导力度。茂名市知识产权局共资助专利申请2162件。

知识产权管理体系。全市5个区（市）完成大部制改革，加挂知识产权局牌子，成立知识产权股，各区（市）知识产权管理工作逐步走向正规化。茂名市专利奖作为市政府的奖励，2014年度加大奖励力度，评出专利金奖项目1项、优秀奖项目16项、优秀发明者10人。制定《茂名市知识产权优势、示范企业认定办法（试行）》，指导和推动21家高新技术企业、40多家工程研发中心和100多家企事业单位成立知识产权机构、完善知识产权管理制度、落实工作经费及配备知识产权工作人员。

企业知识产权工作。制定《茂名市知识产权优势、示范企业认定管理办法（试行）》，指导和推动30多家企事业单位知识产权机构、人员、制度和经费落实，广东信翼新材料股份有限公司等10家企业被认定为市知识产权示范企业，广东粮丰园食品有限公司等14家企业被认定为市知识产权优势企业。

知识产权教育试点。2014年认定10家中小学校为知识产权教育试点学校，全市已有知识产权教育试点学校15家。通过试点促进推广，整体推进全市中小学知识产权教育工作。

知识产权服务能力建设。茂名市以服务为宗旨，注重提高企业创造和运用专利的能力和水平，针对不同类型、不同规模的企业，主动上门服务，进行分类指导。成立广东省知识产权维权援助中心茂名分中心，把专利保护工作纳入群众路线教育活动中，广泛听取企业对知识产权保护工作的意见，协调解决企业专利申请、运用和保护过程中存在的突出问题；推动石化类企业应用“广东石化产业知识产权公共信息平台（茂名）”的数据信息，推动石化产业发展，通过举办专利信息应用培训等方式，引导企业在技术创新和新产品研发中少走弯路；加强与企业沟通联系，扎实推进“百所千企”对接工程，组织多家省内知名专利代理机构与全市80多家企业代表开展座谈活动。促进行业协会知识产权工作，加强对石化、机械制造、矿产资源深加工等行业协会在知识产权方面的指导和服务，鼓励会员企业以申请专利、注册商标等方式保护自有知识产权。

商标管理。制定商标服务“五书两台账”制度，以行政指导为主线，以“一所一标”为载体，规范商标监管服务行为，提高企业商标注册、使用和管理能力；组织召开农产品地理标志培育工作会议，总结申报“化州化橘红”“水东芥菜”地理标志证明商标的做法和经验，进行业务指导和培训。加强对基层工商所监管执法业务指导，开展跟踪指导；通过举办商标广告业务培训班，组织全系统商广口业务人员和各工商所业务骨干共111人参加业务培训，提高队伍履职能力。

地方特色商标培育。推广“化州化橘红”申请地理标志的工作模式及做法，鼓励信宜“凼仔鱼”“三华李”“南药”“山楂”“竹编工艺品”，电白“水东芥菜”等具有地方特色的农产品申请注册地理标志集体商标和证明商标；由市工商局领导带队深入基层调研指导，形成《具地方特色的农产品在各县（市、区）的分布情况》和《如何申请注册地理标志、证明商标或集体商标》等调研报告提交市政府，为政府推动商标富农工作提供参考依据；做好部门联动工作和培育后续工作。

“百所千企”对接工程。茂名市于2014年10月举办了“茂名市百所千企知识产权服务对接系列活动”，共有9家省内知名专利代理机构资深专家，80多家企业以及高校、科研院所代表，市、区知识产权工作负责人90多人参加活动，为服务机构与企事业单位搭建联系桥梁。

知识产权宣传培训。以“3·15消费者权益日”“4·26保护知识产权宣传周”“科技进步活动月”等大型活动为重点，举办形式多样的专题讲座、研讨会和培训班等活动，参加培训达1000多人次，有效提高全社会的知识产权意识。（供稿人：吕崇君）

肇庆市

【知识产权创造】 2014年，肇庆市专利申请1781件，其中发明专利申请402件，实用新型专利申请864件，外观设计专利申请515件。获得专利授权1449件，其中发明专利授权146件，实用新型专利授权889件，外观设计专利授权414件。申请PCT国际专利6件。发明专利申请量和授权量分别增长36.27%和25.86%。全市有效发明专利522件，万人发明专利拥有量1.29件，百万人发明专利申请量99件，超额完成九年大跨越考核指标。评出“肇庆专利奖”17个；资助发明专利申请308项。全市共有有效注册商标10592件，比上年增加1291件；驰名商标由2013年的4件大幅增加到14件，同比增长250%。2014年新认定广东省著名商标10件，延续认定广东省著名商标18件，全市有效广东省著名商标总数增至77件。作品著作权登记数量有较大突破，达到400件，同比增长242%，居珠江三角洲地区第5名。

肇庆市“一种高频高Q值的片式多层陶瓷电容器”等17项发明或实用新型专利获得2014年度“肇庆专利奖”。肇庆市中级人民法院刑事审判第二庭、肇庆市端州区人民法院刑事审判庭被国家版权局授予“2013年度查处侵权盗版案件有功集体一等奖”。肇庆市中级人民法院刑事审判第二庭方仲伟、肇庆市端州区人民法院刑事审判庭黄敏琼被国家版权局授予“2013年度查处侵权盗版案件有功个人一等奖”。肇庆市版权局王如彬被国家版权局授予“2013年度查处侵权盗版案件有功个人三等奖”。

【知识产权运用】 实施专利信息运用计划。支持企业开展专利检索，建立市级专利信息服务、专利信息分析平台建设，支持企业、院校与知识产权服务机构联合申报或共同承担专利分析导航和专利预警项目。

“微创新+微创业”计划。根据《肇庆市国家知识产权试点城市建设工作方案》的具体要求“在华南智慧城、肇庆学院大学科技园、长春理工大学国家大学科技园肇庆分园、中巴软件园等创新孵化平台中，选择一批有一定创新能力的团队，开展小发明、小革新、小创意等微创新活动，支持团队利用获得的知识产权，开展微创业活动，以创新带动创业，以激发公众参与创新创业的热情”，肇庆市知识产权局从2014年开始，首次组织实施“‘微创新+微创业’计划”，组织大学科技园、企业孵化器等创新创业团队利用获得的智慧成果申报“‘微创新+微创业’计划”，有3个研发手段有效、设施配套到位的项目获得财政资金支持。

【知识产权保护】

专利执法。一是专利执法队伍逐步壮大。2014年，全市新增10名通过国家知识产权局专利行政执法考试的执法人员，进一步壮大了专利行政执法队伍。二是执法能力逐步提升。肇庆市派出执法人员先后参加由广东省知识产权局组织的粤、桂、琼三省联合查处“带有过滤功能的花洒”假冒专利行动，第115、116届“广交会”驻会知识产权执法维权工作，中秋国庆应节商品联合执法检查，通信器材专项打假，儿童用品专项检查等专项行动，执法能力得到有效提升。三是平台建设取得成效。2014年，肇庆市知识产权局成为“12345”全市统一举报投诉平台首批上线单位；肇庆市首个知识产权维权援助服务工作站在高要市正式挂牌成立，举报投诉平台建设、维权援助渠道得到进一步完善。四是执法成效明显。全年共办理专利侵权、假冒专利案件32件，其中，调处专利侵权纠纷1件，查处假冒专利案件2件，办理“广交会”专利投诉案件29件。

商标执法。在打击侵犯知识产权和假冒伪劣商品专项行动中，肇庆市工商行政管理部门共查办双打案件140宗。在2014年3月开展的全市“红盾护农”专项行动中，肇庆市工商行政管理系统共立案调查涉嫌农资违法经营案件16宗，现场查封涉嫌擅自更换包装化肥35吨、过期农药一批。同时，查办注册商标侵权、“傍名牌”及采取不正当竞争手段恶意攀附知名商品商誉行为。依法公开制售假冒伪劣商品和侵犯知识产权行政处罚案件信息，按照“谁制作、谁公开、谁负责”原则，在肇庆市工商局红盾外网建立“双打”案件信息目录，公开双打案件信息。

版权执法。肇庆市版权管理部门先后出动执法人员13161人次，检查文化经营企业单位5511家次，收缴侵权盗版音像制品、电子出版物、图书以及“六合彩”非法报刊1万多份，立案13宗，其中违规销售行政处罚案件5宗，违规印刷行政处罚案件7宗，移交公安部门案件1宗。成功调解版权侵权纠纷案件5宗。确定35家企业为年度重点督导企业并完成软件正版化任务。共采购300万元正版软件。超额完成省下达的8家企业软件正版化任务。

【知识产权管理和服务】 国家知识产权试点城市建设。2014年是肇庆市开展国家知识产权试点城市建设的第2年。肇庆市按照国家知识产权试点城市建设的要求，扎实推进试点城市建设，取得明显成效。一是完成了《肇庆市国家知识产权试点城市建设工作方案》的编制。2014年5月，市政府正式印发国家知识产权试点城市建设工作方案，坚持把做得到、能操作、有创新的工作事项纳入到试点城市建设工作方案当中。二是完成责任分工和任务分解，建立工作督办机制。建立《肇庆市国家知识产权试点城市建设工作台账》，把工作目标、重点任务、保障措施等进行逐条梳理，全部列入工作台账，及时跟踪、督查。三是按照“开展特色探索，提高运用能力”的要求，选择了3个微创新团队实施“‘微创新+微创业’计划”，特色探索工作取得实质性进展。四是圆满完成国家知识产权试点城市年度进度考核，肇庆市、四会市在年度考核中获得优秀等次，受到国家知识产权局行文表彰。

知识产权专项。肇庆市设立“知识产权专项”，支持实施知识产权战略和国家知识产权试点城市建设。“知识产权专项”共分知识产权创造、知识产权运用、知识产权保护和知识产权管理四个专题，每个专题下面由若干项计划组成。知识产权创造专题包括“专利申请资助”“肇庆专利奖”2项；知识产权运用专题包括“专利技术产业化计划”“专利信息运用计划”“‘微创新+微创业’计划”3项；知识产权保护专题包括“专利行政执法能力提升计划”“维权援助工作站建设”2项；知识产权管理专题包括“知识产权培训基地建设”“知识产权试点培育”2项。

承担广东省专利技术实施计划1项，组织实施肇庆市专利技术产业化计划4项。

驰名商标。2014年，肇庆市创驰名商标工作成效显著，驰名商标从4件增加至14件，比2013年翻两番多。对辖区内市场主体，特别是驰名商标企业开展新商标法行政指导，规范“驰名商标”字样。开展地理标志商标与区域经济发展专题调研，了解全市地理标志产品使用、许可、富民效应、产业结构、市场销售等情况，引导商标注册人充分发挥地理标志证明商标的作用，推进商标富农工程。2014年全市端砚销售8000万元，封开油栗销售1.53亿元，杏花鸡销售3000万元，鼎湖肇实销售165万元。

版权社会服务平台建设。建立广东省作品自愿登记代办机构1家，广东省版权基层工作站1家，广东省版权兴业示范基地5个。

宣传与培训。市知识产权局成功主办“2014年肇庆市‘科技进步活动月’启动仪式暨大型科普集市活动”“‘正版正货承诺’公益宣传活动”“专利知识巡回咨询服务活动”“肇庆市2014年度企业知识产权培训班”“2014年美国知识产权制度巡回研讨会（肇庆站）”等活动。全年参与大型活动的人数超过5000人次，参加培训达2000多人次。2014年10月29日，在《中国知识产权报》（广东专版）刊登《肇庆：让知识产权成为经济发展的助推器》的专版报道。

市工商行政管理部门组织该系统商标、经检口人员参加广东省工商局组织的新《商标法》集中培训和《商标法实施条例》分片培训。在肇庆市工商局红盾外网设置“推进商标战略，服务经济发展”专栏，重点宣传肇庆市推进商标发展战略取得的经验和成果。

全国知识产权宣传周期间，市版权局到肇庆市奥威斯实验小学，向小学生讲授版权知识，引导学生尊重创造、尊重版权从小做起。组织人员参加香港海关和香港知识产权署联合组织的版权知识培训。组织版权法规培训班4次，140人参加了培训。

（供稿人：廖强、杜丛、王如彬）

清　远　市

【知识产权创造】

专利。2014年，清远市专利申请受理量为882件，同比增长5.25%，其中，发明专利160件，实用新型371件，外观设计351件；专利授权量为630件，同比增长3.45%，其中，发明专利52件，实用新型292件，外观设计286件；PCT国际专利申请量为2件，截至12月底，全市拥有有效发明专利196件。获得十六届中国专利优秀奖1项，2014年广东省专利奖金奖2项。

商标。截至2014年底，清远市共有中国驰名商标9件，广东省著名商标46件，累计有效商标注册量6409件。其中，广东博华陶瓷有限公司的“BOHUA”商标和广东宏威陶瓷实业有限公司的“卡米亚KMY”商标被认定为中国驰名商标；广东东鹏控股股份有限公司的“东鹏”等6件商标被认定为广东省著名商标，广东新亚光电缆实业有限公司的“新亚”等11件商标被延续为广东省著名商标；“英德红茶”入选第一批中欧地理标志保护对象备选名单。

地理标志。2014年，清远新增两个国家地理标志保护产品，分别是“连山大米”和“阳山淮山”。至此，清远市的地理标志保护产品已全面覆盖七个县（市）区。全市获批的地理标志保护产品达到15个，位列全省首位。

名牌产品。2014年，清远市共有19个产品获得广东省名牌产品，数量为历年清远之最。19个产品中，5个为复评，14个为新增名牌，涵盖电线电缆、陶瓷砖、铝合金建筑材料、精梳棉纱、冷轧取向硅钢、复印纸等多个产业。至2014年底，清远市有效期内名牌产品共有31个。

【知识产权保护】

专利保护。一是日常专利执法检查。2014年，清远市知识产权局以流通环节的大型商场和商品集散地为重点目标，对清远义乌商贸城、华润超市、益华百货等商品集散地进行执法检查，共出动执法人员63人次，检查涉及专利的商品2936件，立案查处涉嫌假冒专利案件11件,已全部结案。二是查处假冒专利统一执法行动。2014年8月22日，清远市知识产权局、广州市知识产权局、清远市工商行政管理局、清远市公安局及清远市清新区知识产权局等单位联合对清远市义乌商贸城及清远市小市镇南街市场进行知识产权行政联合执法检查，共检查商店（铺）20多家，检查相关商品236件，查处“花洒”涉嫌假冒专利商品一批。

商标执法。2014年，市工商局根据新《商标法》有针对性地开展商标执法保护。全年共开展“双打”执法专项行动11次，共出动执法人员8800人次，检查经营主体54323户，检查专业市场52个次，立案查处“双打”案件

607宗，结案532宗，同比分别增长20.43%和15.65%，移送司法机关2宗。

公安执法。2014年，市公安机关对全市侵犯知识产权犯罪开展专项行动，共立侵犯知识产权犯罪案件90起，破案81起，刑事拘留86人，逮捕59人，移送起诉51人。发起“集群战役”3起，其中全国“集群战役”1起，省内“集群战役”2起；侦破省厅督办案件3起。

知识产权审判工作。2014年，全市法院共受理一、二审知识产权案件49件，审结47件，结案标的金额536万元。

【知识产权管理】

知识产权管理体系建设。制定印发《2014年清远市贯彻实施广东省知识产权战略纲要工作方案》，确定全市知识产权工作的指导思想，对全市知识产权工作进行具体部署。草拟《清远市推进专利工作实施办法》（讨论稿），拟进一步优化清远市创新环境，加快推进专利工作。加强地理标志产品标准化工作。2014年3月20日，新制定的广东省地方标准《地理标志产品·清远鸡》正式实施。针对英德红茶产业的发展和品种的改进，启动广东省地方标准《地理标志产品·英德红茶》的修订，2014年底已完成该标准的初稿。

专利申请费用资助。根据《清远市专利申请费用资助暂行办法》和省有关专利申请费用资助的有关规定，做好清远市专利申请费用的资助工作，2014年至今共资助专利申请431件。

专利技术实施计划。2014年清远市知识产权局积极推进本地专利技术产业化进程，扶持清远市普塞呋磷化学有限公司的“无卤素膨胀阻燃剂的制备及应用”等4个项目产业化，扶持资金56万元。组织申报2014年度广东省专利技术实施计划项目2项，其中，广东豪美铝业股份有限公司发明专利技术项目“一种铝材着金色的方法”获得省知识产权局支持立项。

知识产权优势、示范企业。清远市知识产权局着力提升企业知识产权工作能力，培育一批省、市知识产权优势、示范企业。同时在知识产权优势、示范企业的基础上，组织企业参与到“企业知识产权管理规范”的贯标工作，更好地助推企业创新发展。2014年，广东豪美铝业股份有限公司被认定为广东省知识产权示范企业，广东聚石化学股份有限公司被认定为广东省知识产权优势企业，清远市浩宇化工科技有限公司、广东嘉博制药有限公司等2家企业被认定为清远市知识产权优势企业。

知识产权宣传。专利知识宣传：2014年清远市知识产权局开展多种形式的宣传活动，制定《2014年清远市“知识产权宣传周”活动方案》《第八届中国专利周清远地区活动工作方案》，在《清远日报》开设知识产权宣传周专栏3期，举办知识产权宣传培训班6期，召开关键行业专利数据服务平台建设座谈会2期，发放知识产权宣传资料2800多份，通过以上方式，市知识产权局组织开展多样的知识产权宣传工作，营造尊重和保护知识产权的良好社会环境。

商标知识宣传：市工商局加强新《商标法》和《商标法实施条例》的宣传和培训工作。围绕商标法律法规开展一系列的宣传活动。通过在电视台播放节目、在报纸及网站开设专栏、举办培训班、向广大群众和经营者派发宣传资料等多种渠道开展宣传。全市共发放宣传资料9120份，悬挂新《商标法》宣传横幅40多条，共组织4期商标相关知识培训班，宣传新《商标法》、商标业务、企业工商登记管理实务等知识，参加人员达622人。

版权宣传：2014年5月和6月，市文化广电新闻出版局开展著作权宣传周活动，举办正版软件业务培训班2期，参加培训人员超过250人。4月23日，市“扫黄打非”办在市体育馆北门举行2014年侵权盗版及非法出版物集中销毁活动，共销毁非法出版物21685件。此外，市“扫黄打非办”还在市区主要学校、影剧院、音像店、书店开展为期半个月的“绿书签行动”系列宣传活动。（供稿人：林成辉）

潮　州　市

【知识产权创造】　专利。2014年潮州市专利申请量为3474项，授权量2842项，均居全省第10位；“每万人口发明专利拥有量”居全省第10位。2014年潮州市获评第16届中国专利优秀奖项目2个，其中一项是实用新型专利，这是潮州市第一个获国家专利优秀奖的实用新型专利。获评广东省专利优秀奖1个，获评广东发明人奖1人。

商标。目前全市拥有驰名商标11件、著名商标115件、集体商标10件、证明商标1件；地理标志2件。其中2014年新增“华业”“无穷”“雄英”等3件驰名商标。全市经国家工商行政管理总局认定的11件驰名商标涵盖了日用陶瓷、卫生陶瓷、不锈钢、电子产品、食品、包装等传统支柱产业，实现驰名商标“大满贯”。潮州市还开展“地理标志与区域经济发展”的专题调研工作，该市地理标志“凤凰单丛”在中国与欧盟地理标志相互保护双边谈判协议中进入“中欧地理标志保护清单”第一批备选名单，是广东省此次进入该名单中的两件之一，为潮州市的产品出口保护和可持续发展做出创造良好环境。

【知识产权运用】　专利技术实施计划项目。潮州市把提升企业拥有自主知识产权的产品竞争力当作推动经济发展的重要推手，择优开展专利技术知识产权示范实施计划，对经过培育成熟的项目积极推荐列入国家和省的扶持项目或参与评先评优，促进产品形成新的市场竞争优势。被列入省专利技术实施计划项目1项，同时组织实施市知识产权示范实施计划项目9项。这些项目围绕地方产业转型升级需求，以“提高孵化水平、提高企业产出”为核心，帮助所依托企业运用知识产权形成新的市场竞争优势。

【行政执法保护】

知识产权协作机制。潮州市知识产权局依托执法联络室，畅通专利行政执法与公安机关的犯罪线索移送渠道，健全知识产权产权行政执法和刑事司法相衔接工作机制，并逐步建立并推动行政执法部门横向之间、市县镇行政管理部门纵向之间的信息共享和协作机制，形成部门纵横联动、快速反应、运转高效的行政执法体系。

专利执法。潮州市知识产权局坚持打、防、治、扶、建多措施并举，严厉打击专利侵权和假冒专利行为，全年开展执法80人次，查处假冒专利案件2宗，均已处理结案。2014年专利侵权纠纷案件立案36宗，上年结转2宗，现结案21宗，未结17宗（其中中止2宗，待审结15宗）。在案件的调处过程中，注重以调解为主，依据有关法律法规为当事双方分析案情的利弊，并积极促使当事双方达成和解，快速化解纠纷。2014年8月22日下午，潮州市知识产权局在市区集中开展查处“带有过滤功能的花洒”假冒专利统一行动，在检查过程中，执法人员除了检查是否有销售假冒专利的花洒产品之外，还对销售商家进行了假冒专利知识的宣传教育，以提高销售商家的专利意识，学会识别假冒专利，了解假冒专利的违法性，避免出现违法行为。

知识产权维权服务机构建设。2014年6月30日，“广东省知识产权维权援助中心潮州（陶瓷）分中心”经有关部门批复，正式挂牌运作，中心的成立有利于进一步推进维权援助工作，建立和完善潮州市陶瓷知识产权维权服务工作平台，为陶瓷行业的自主创新提供知识产权的查询、分析服务、维权援助，并在陶瓷集群产业中先行试点侵权纠纷快速调解。潮州市还充分发挥该市现有协会的自我协调、管理功能，鼓励和支持协会开展知识产权的自我管理和自我保护，帮助和指导行业协会制定行业内的知识产权自律规则，建立会员单位之间的知识产权纠纷解决机制，在行业内形成鼓励创新和尊重知识产权的良好氛围。2014年潮州市陶协、市食协、市鞋协等协会调处内部专利纠纷25宗。

商标行政执法。潮州市工商局以保护注册商标专用权、打击制售假冒伪劣商品为重点内容，将大型消费品市场和大商场、超市、步行街、旅游景区等为重点整治场所，将大宗出口商品、汽车配件、手机、药品、种子、服装、鞋类、箱包、家用电器等为重点查处产品，重点查处侵犯驰名商标、著名商标、地理标志、涉外注册商标专用权和“傍名牌”等不正当竞争行为，加大行政执法力度，严厉打击商标侵权假冒和不正当竞争行为。如潮州市工商局查处侵犯“马可波罗”案件，罚款50000元；湘桥区分局查处销售假冒“ZENGZHI”增致牛仔案件，罚款30000元。

潮州市工商局针对辖区内的重点整治领域、重点整治区域及重点商品等方面现状，落实各级工商部门制订详细的监管巡查工作计划，特别是要求重点商品批发零售市场所在地工商所，明确各监管区域的监管责任单位，层层划分监管区域，责任落实到人。明确市场开办者、经营者及经营管理者的责任，在市场加强监督和检查，严把进货关，确保商品质量安全，防止侵犯注册商标专用权商品流入市场。2014年潮州市工商局共出动执法人员1532人次，检查经营户1797户次、市场137个次。

潮州市工商局积极加强对辖区商标印制企业的监管和检查力度，重点检查各商标印制企业前置许可手续是否齐全，是否超出经营范围经营，商标注册证是否过期，是否存在印制假冒注册商标违法行为等。同时，要求各商标印制企业要加强商标印制生产管理，规范商标印制行为，对生产废弃品要加强管理，防止商标标识外泄，努力从源头上防范商标侵权违法行为的发生。

联合执法和宣传。潮州市制定《潮州市出版物市场专项整治行动方案》。2月20日，潮州市委领导带领文广新、公安、工商等部门开展出版物市场专项整治联合执法行动，检查部分网吧、书店、网站和部分路段的流动商贩。5月，潮州市文广新局制订出版物市场专项检查行动方案，组织开展为期1个月的出版物市场专项检查行动。5月29日，潮州市市委领导带领潮州市文广新局、市公安局、市工商局执法人员参加的队伍，对该市网吧、出版物经营单位等开展出版物市场联合执法和法律法规宣传活动。2014年，潮州市各级文化市场综合执法队伍共出动人员5769人次，检查各类经营单位1583家次，其中音像经营单位114家次，书报刊经营单位202家次，印刷企业324家次，网吧568家次，娱乐场所137家次，其他238家次。取缔无证照出版物经营店、档133处。收缴非法图书1119册，非法音像制品14786盒，非法报刊1132份，行政处罚案件28宗。

正版软件自查自纠。2014年，潮州市文广新局印发《关于开展市县政府机关软件正版化自查工作的通知》，组织部署各县区使用正版软件工作领导小组及市直各单位对软件正版化工作进行全面高标准的自查工作，逐条逐项地抓好相关规定落实，及时发现并纠正存在的问题。

【知识产权管理】

《潮州市国家知识产权试点城市工作方案》。根据《国家知识产权试点和示范城市（城区）评定办法》等文件要求，结合该市实际，潮州市于2014年4月24日印发《潮州市国家知识产权试点城市工作方案》。该方案将“大力实施知识产权战略，提升城市自主创新能力和企业核心竞争力，提高本市知识产权创造、运用、保护、管理的能力和水平”写入指导思想中，将“知识产权拥有量逐步增长。全市发明专利有效拥有量明显增加，全市每万人发明专利拥有量达到1.1个以上”写入工作目标，以市政府文件的形式规定近期市专利申请工作的发展目标，为推动知识产权发展确定了指导方针。

版权保护登记。版权保护登记机构加强与潮州市中天知识产权代理有限公司、潮州市开天知识产权咨询服务有限公司、广东粤高商标代理有限公司潮州分公司等代理公司合作，建立共同开展版权保护的合作伙伴关系，引导版权保护登记机构改变工作方式，变被动服务为主动服务，免费上门整理、指导、准备登记资料，引导企业注重版权创新和保护，进一步提高潮州市版权登记数量。

企业知识产权优势示范。有计划、有重点地对一批知识产权基础较好的单位进行分类指导、跟踪服务和重点培育，推动技术专利化、专利标准化，形成一批拥有自主知识产权优势的行业代表。2014年，潮州市获评省知识产权优势企业1家，获评省知识产权示范企业1家。被认定为市知识产权优势企业共6家。通过对企业的培育、试点和示范，涌现了新一批专利申请大户，新增专利申请150件，相应带动企业产品的市场占有率，大幅提升经济附加值，知识产权优势向经济优势转化成效明显。

知识产权教育试点示范。2014年，潮州市新增省中小学知识产权教育示范学校1所，认定市级中小学知识产权教育试点学校2所。累计认定省级中小学知识产权教育示范学校3所，省级试点学校10所；累计认定市级中小学知识产权教育试点学校12所。潮州市各试点学校积极探索中小学知识产权教育的有效模式，形成推有方案、培有对象、教有师资、学有课时的知识产权教育试点体系，2014年各试点学校组织开展教师培训150人次，累计受教育学生达15000人次，开设知识产权教育课程200班次，开设各种知识产权实践活动78次数，学生作品申请专利10项，培养学生的尊重知识、保护知识产权的意识。

宣传培训。会展宣传：2014年4月21日，潮州市举行第二届中国瓷都·潮州国际陶瓷交易会，潮州市知识产权局设立了专利管理工作组，受理会展期间的专利侵权纠纷，维护陶交会的知识产权秩序，同时利用陶交会这个平台，对参展企业进行专利申请宣传。陶交会期间恰值“4·26”世界知识产权日，潮州市知识产权局联合潮州市工商局、市版权局、市公安局、市法院、市质监局、潮州海关、市科协等8个部门的相关人员，在陶交会举办“4·26”世界知识产权日宣传咨询活动，向参展企业发放各种知识产权宣传资料，并就专利申请的相关问题接受咨询，大力营造专利申请的良好氛围，进一步扩大专利的影响力。另外，2014年还通过户外LED投放知识产权专题广告达6个月，受众达10万人，取得明显效果。

商标宣传：潮州市工商局加大对新《商标法》的宣传力度，提高广大经营者对规范使用注册商标、自觉使用注册商标意识，提高广大消费者识别假冒伪劣商品能力，积极营造良好的社会氛围。同时，引导企业申请注册商标，申请著名商标乃至驰名商标，逐步建立起自己品牌，走名牌战略道路。2014年潮州市工商局共开展商标法律宣传8场次，发放宣传资料3500份。

文化出版宣传：2014年，潮州市文广新局举办法制知识培训班，培训文化新闻出版经营单位，通过培训班、座谈会等多种形式，对文化、新闻出版市场从业人员进行相关法律法规的教育，增强从业人员社会责任感和守法经营意识。组织出版物经营单位向张贴宣传海报，向群众派发“拒绝盗版”绿书签，赠送保护著作权知识笔记本。文化市场综合执法人员采取主动上门宣传的工作方式，将上门宣传工作有机结合到日常巡查中去。潮州市湘桥区“扫黄打非”办通过“韩江潮讯”网站开设“法治湘桥”“文化市场管理政策法规”专栏、建设宣传橱窗等形式，开展文化新闻出版法律、法规和政策的宣传工作。

知识产权培训：根据《潮州市2014年知识产权培训工作方案》，潮州市知识产权局在全市持续开展知识产权人才战略培训系列活动，分别在潮安区、饶平县和湘桥区举办知识产权培训班，对基层知识产权管理工作人员、知识产权优势企业及培育对象、高新技术企业、民营科技企业进行培训。　（供稿人：陈灿伟）

揭阳市

【知识产权创造】 2014年，揭阳市专利申请量3099件，授权2072件。其中发明申请123件，PCT专利申请1件。全市新增注册商标9802件，注册商标总量达66786件，驰名商标达15件，广东省著名商标93件。受理版权作品登记268件，揭阳市百分玉器珠宝有限公司被省版权局授予“广东省版权兴业示范基地”荣誉称号，至此，全市广东省版权兴业示范基地达到3家。广东利泰股份有限公司“氨基酸注射液及其制备方法”获2014年广东专利优秀奖。

【知识产权保护】 专利执法。2014年揭阳市知识产局受理专利侵权纠纷2件，假冒专利1件；接受电话及来访专利纠纷咨询8次。派员参加第115、116届广交会知识产权保护工作共四期。在“军埔村”微信公众号设立“电商维权”专栏，宣传知识产权保护相关内容。

商标执法。工商系统以食品、儿童用品、家用电器等商品的质量检测和驰名商标、涉外商标、地理标志商标、著名商标保护为重点，打击仿冒他人知名商品特有名称包装装潢等不正当竞争、加强网络商品交易行为监管等重点工作。组织开展卷烟打假、皮具产品打假、酒类打假等专项行动，严厉查处违法印制、出售商标标识及包装、装潢和社会、企业反映突出的代理机构违法行为。共立案查处侵权和假冒伪劣商品案件118宗，结案118宗，其中侵犯商标权案件90宗，制售假冒伪劣商品案件20宗。

版权执法。市版权系统组织开展文化市场检查共组织执法人员出动70车次，出动执法人员600人次，检查印刷经营单位65家次，音像店近8家次、游商地摊近72家次，收缴非法音像制品900多张，非法出版物500册。组织开展了打击网络侵权盗版“剑网2014”专项行动，出动文化执法人员250多人次，删除各类违法有害信息176条，报删异地相关违法信息102条，责令网站自行整改5家。

【知识产权管理】 政策体系。揭阳市印发《关于贯彻落实〈中共广东省委广东省人民政府关于加快建设知识产权强省的决定〉工作方案》和《揭阳市骨干企业知识产权提升工程工作方案》，印发《揭阳市创建知识产权保护示范区实施方案》《揭阳市电子商务领域专利执法维权专项行动工作方案》和《揭阳市2014年知识产权执法维权“护航”专项行动实施方案》。

管理机制。普宁市和揭东区科技局先后加挂知识产权局牌子，各建制县（市、区）科技局全部完成加挂知识产权局牌子，知识产权管理体制进一步完善。揭阳市知识产权维权援助中心成立。设立中德金属生态城知识产权保护与管理办公室，于11月21日签署合作协议并举行揭牌仪式。

企业知识产权工作。揭阳市知识产权局通过开展培育试点示范企业，大力推动企业建立健全知识产权管理制度，提高企业知识产权创造、运用、保护和管理能力，使知识产权优势、示范企业成为揭阳专利申请的主力军。2014年，广东海兴塑胶有限公司被广东省知识产权局认定为广东省知识产权示范企业，广东中宝炊具制品有限公司被认定为广东省知识产权优势企业，广东达华节水科技股份有限公司、广东利泰制药股份有限公司2家企业被认定为2014年揭阳市知识产权试点企业。

2014年，揭阳市广福电子实业有限公司的“高分子PVC/石墨电磁屏蔽音视频信号线”被广东省知识产权局确定为省专利技术实施计划项目。

知识产权服务。根据中德金属生态城企业入园情况，推动金属企业联合会与广州粤高专利商标代理有限公司合作建设知识产权公共服务平台，切实服务和管理园区内知识产权事务。以推广《企业知识产权管理规范》国家标准、引导企业标准化管理知识产权为突破口，支持粤高专利商标代理有限公司普宁分公司开展企业“贯标”工作，2014年全市共有2家企业参与“贯标”工作。

知识产权宣传、教育培训。大力开展“4·26”宣传周活动，联合市文广新局、工商局等8家单位在揭阳市区、各县（市）区内开展了内容丰富、形式多样的“知识产权宣传周”活动。活动期间，通过现场咨询、发放宣传资料、展板等形式，向公众宣传知识产权法律法规知识、知识产权保护取得的成果和典型案例。活动期间接受咨询100多人次，发放宣传资料3000多份，版权知识笔记本2000册，制作展板38张。组织市区2家大型图书商店张贴“绿书签行动2014”宣传海报，并向读者派发绿书签。市电视台、揭阳日报社、揭阳新闻网全方位多角度进行宣传报道。多层次开展知识产权培训，2—3月在各县（市、区）举办专利申请与保护系列培训，9月在军埔电商村举办电商知识产权专题讲座、版权知识培训班，10月举办企业知识产权管理规范培训，11月举办欧洲知识产权制度研讨会。提高全市知识产权管理干部、企业对国家和省知识产权法律、制度、政策的运用能力，促进全市知识产权创造、运用、保护和管理工作机制的完善和落实。全年共培训900多人次。

（供稿：吴伟锋）

云 浮 市

【知识产权创造】

专利。2014年，全市专利申请673件，同比增长18.3%，其中发明专利申请71件；专利授权480件，同比增长4.1%，其中发明专利授权26件。PCT（国际专利）申请3件。专利申请资助方面，全年共计资助专利298件。

商标。2014年成功新申报认定广东省著名商标数量为6件，创历年新高，成效明显。目前，全市拥有中国驰名商标2件，广东省著名商标33件，集体商标2件，地理标志证明商标2件。

【知识产权保护】

全市各级行政机关开展专项行动23场次，出动执法人员6万余人次，共查处案件598宗。市公安机关刑事侦查立案制假售假案件96件，抓获犯罪嫌疑人105人。市检察机关受理52宗侵权假冒案件批准逮捕44人。市人民法院审理侵权假冒案件27件。

专利行政执法。开展“护航”专项执法行动和省局关于查处“带有过滤功能的花晒”假冒专利案件统一行动，同时加强云浮市国际石材展会、云浮市博览中心、云浮石材网等执法维权工作，进一步发挥专利行政执法在整顿和规范市场经济秩序中的作用，努力营造良好的社会市场环境。共计组织开展知识产权保护宣传活动2场，出动执法人员58人次，检查专利商品890余件，未发生侵权投诉案件。

商标行政执法。2014年，立案查处案件108宗，罚没款104.15万元（其中商标侵权案件33宗，罚没金额27.45万元），没收、销毁侵权商品45750件，没收、销毁侵权商标标识1832件。

“两法衔接”信息平台。推进两法衔接平台建设、侵权假冒行政处罚案件信息公开、互联网侵权假冒专项整治、加强诚信体系建设、开展宣传教育等方面工作。全市“两法衔接”信息平台全部实现网上互联互通，共计接入单位153家，录入案件1700余件。各行政执法职能单位逐步建立和完善网上行政处罚案件信息公开栏目，目前达到公开条件公开的假冒伪劣和侵犯知识产权行政处罚案件信息共计114条。

软件正版化。在推进机关事业单位使用正版软件的基础上，积极推动企业使用正版软件，通过辅导培训，及时指导解决相关企业在软件正版化整改当中遇到的问题，使11家企业全面完成软件正版化整改工作，超额完成省下达推进企业使用正版软件5家以上的任务。

【知识产权管理】

专利申请资助。落实专利申请资助政策，对符合条件的专利申请进行审核资助，激励社会创造热情，2014年共计资助专利298件。

项目管理。加强对项目的监督管理，认真开展对项目资金使用的检查和绩效自评工作。组织2013年度的5个项目承担单位开展专项资金自查自纠工作，完成该地区的专项资金检查工作；组织了2012年度的10个项目承担单位开展绩效评价工作，对使用的省专项资金进行自我分析和评价，并按时按质完成各类项目的汇总工作和总体绩效评价工作。

企业工作。推动企业转型升级、带动专利技术产业化，通过组织企业参加省级项目和试点示范评选，提升企业知识产权创造和运用能力。其中，新兴县大华农动物保健有限公司被评定为省知识产权优势企业。

知识产权服务。通过组织发动，出台相关优惠政策，推动省内专利代理服务机构进驻云浮市。广州科粤专利商标代理有限公司正式派驻人员到该市设立办事机构并开始日常运作，为该市企业和个人提供便捷、高效的知识产权服务。据统计，该机构已为云浮市代理申请专利共计113件。

宣传与教育培训。“4·26”知识产权宣传周：联合工商局、版权局、普法办通过邮政手机网信服务，制作手机网页，开辟专利、商标、版权专栏，宣传和普及知识产权法律知识；开展送书进基层、进企业活动，进一步提高企业、商家和消费者保护知识产权的意识，营造全社会鼓励创新和保护创造的良好氛围。

科技进步月活动。结合群众路线教育实践活动的开展，举办了2014年科技（知识产权、地震）下乡活动。邀请省有关专家教授开展培训讲座，向农村、农企传授农业科技知识技术、并组织一批图书和科普挂图，免费发放给农村科普基地、农技协会、农家书屋、学校及农民群众使用，把知识送到了群众家门口。

出版物。印刷出版《品牌云浮——商标战略篇》宣传画册，并免费派发。该宣传画册涵盖云浮市各县（市、区）企业、行业品牌商标，对宣传该市名优特新产品，提升品牌云浮内涵和品质，强化“云浮品牌”建设产生良好成效。

（供稿人：凌勇）

表彰奖励

BIAO ZHANG JIANG LI

● 表彰奖励

表彰奖励

2014年广东省获得全国专利信息领军人才和师资人才名单

全国专利信息领军人才		全国专利信息师资人才	
李富山	腾讯科技（深圳）有限公司	黄少晖	广东省知识产权研究与发展中心
罗建平	深圳市中彩联科技有限公司	刘长威	华南农业大学
		王　栋	广州奥凯信息咨询有限公司
		武月娇	广东省知识产权研究与发展中心
		叶广海	广州奥凯信息咨询有限公司

注：截至2014年，全省累计8名领军人才，17名师资人才。

国家知识产权试点示范城市工作先进集体和先进个人

【概况】　2014年，国家知识产权局组织开展2013年度国家知识产权试点示范城市工作先进集体和先进个人评选表彰工作。经推荐和评审，广东省知识产权局，广州市、深圳市等副省级示范城市，佛山市、汕头市等地级试点城市，广州增城市、江门台山市等县级试点城市获“国家知识产权试点示范城市工作先进集体”称号。广东省知识产权局张璟、广州市知识产权局黄海、深圳市知识产权局周家贵、佛山市知识产权局聂波、汕头市知识产权局赖耿、增城市知识产权局潘正焕、台山市知识产权局黄卫松获“国家知识产权试点示范城市工作先进个人”称号。　（供稿人：陈燕）

ZHUAN TI YAN JIU YU GONG ZUO JIAO LIU

专题研究与工作交流

- 专题研究与工作交流
- 工作交流

专题研究与工作交流

广东省知识产权局软科学研究管理

【概况】 2014年，广东省知识产权局新修订《广东省知识产权局关于软科学研究计划项目的管理办法》（粤知〔2014〕14号），该办法自2014年3月1日起施行。

2014年，为更好地实施软课题项目管理、评审、汇总以及提升申报效率，省知识产权局开始统一使用网上项目申报系统组织软课题项目申请工作，共收到符合条件的项目申报61项，经专家评审后批准立项15项，其中重点3项，一般项目12项。

组织全省5个项目申报2014年度国家知识产权局软科学研究项目，其中“专利制度对增强创新驱动力的机制和路径研究”及“中小微企业知识产权培训基地人才培养模式研究”2个项目获得国家知识产权局立项；组织获得国家知识产权局2013年度的软课题“产业提升目标下的广东专业镇知识产权战略研究”（华南农业大学）结题评审，并顺利通过验收；组织开展2013年度广东省知识产权软课题项目结题工作，并组织部分项目进行会议评审结题。

（供稿人：赵飞）

工作交流

广交会知识产权保护工作

【概况】 第115届广交会于2014年4月15日至5月5日在广州举办，第116届广交会于2014年10月15日至11月4日在广州举办。两届广交会期间，广东省知识产权局组织50余人的省市专利联合执法队伍驻会开展专利保护工作。在广交会业务办的统筹下，与商标、版权等职能部门共处理知识产权投诉1022宗，其中，专利类投诉758宗，商标类投诉173宗，版权类投诉91宗。

【第115届广交会】 知识产权投诉情况。此届广交会投诉接待站受理知识产权投诉案件总量为496宗，比上届减少4宗，减幅0.8%；被投诉企业共计664家，比上届增加53家，增幅8.7%；最终认定涉嫌侵权企业318家，比上届增加27家，增幅9.3%，占被投诉企业总数的47.9%。知识产权投诉中，专利类投诉348宗，占知识产权投诉案件总数的70.2%，被投诉企业485家；商标类投诉88宗，占17.7%；版权类投诉60宗，占12.1%。

专利投诉情况。在348宗专利类投诉案件中，外观设计278宗,占79.9%；实用新型54宗，占15.5%；发明16宗，占4.6%。

知识产权投诉展品情况。此届广交会按电子及家电、照明、车辆及配件、机械、五金工具、建材等15大类商品设置50个展区，但知识产权投诉涉及的行业相对集中，被投诉企业最多的依次是家用电器（100家）、家居用品（57家）和摩托车（54家）等。

【第116届广交会】 知识产权投诉情况。此届广交会投诉接待站受理知识产权投诉案件总量为526宗，比上届增加30宗，增幅6.1%；被投诉企业626家，比上届减少38家，减幅5.7%；最终认定涉嫌侵权企业329家，比上届增加11家，增幅3.5%，占被投诉企业总数的52.6%。知识产权投诉案件中，专利类投诉410宗，占知识产权投诉案件总数的77.9%；商标类投诉85宗，占16.2%；版权类投诉31宗，占5.9%。

专利投诉情况。在410宗专利类投诉案件中：外观设计306宗,占74.6%；实用新型87宗，占21.2%；发明17宗，占4.1%。

知识产权投诉展品情况。此届广交会按电子及家电、照明、车辆及配件、机械、五金工具、建材等16大类商品设置51个展区，与近几届的情况相同，知识产权投诉涉及的行业相对集中，被投诉企业最多的依次是家用电器（90家）、家居用品（61家）和摩托车（55家）等行业。

（供稿人：毕赓）

FU LU

附录

- 政策法规
- 知识产权大事记
- 统计资料

政策法规

中华人民共和国商标法实施条例

（2002年8月3日中华人民共和国国务院令第358号公布
2014年4月29日中华人民共和国国务院令第651号修订）

第一章　总　则

第一条　根据《中华人民共和国商标法》（以下简称商标法），制定本条例。

第二条　本条例有关商品商标的规定，适用于服务商标。

第三条　商标持有人依照商标法第十三条规定请求驰名商标保护的，应当提交其商标构成驰名商标的证据材料。商标局、商标评审委员会应当依照商标法第十四条的规定，根据审查、处理案件的需要以及当事人提交的证据材料，对其商标驰名情况作出认定。

第四条　商标法第十六条规定的地理标志，可以依照商标法和本条例的规定，作为证明商标或者集体商标申请注册。

以地理标志作为证明商标注册的，其商品符合使用该地理标志条件的自然人、法人或者其他组织可以要求使用该证明商标，控制该证明商标的组织应当允许。以地理标志作为集体商标注册的，其商品符合使用该地理标志条件的自然人、法人或者其他组织，可以要求参加以该地理标志作为集体商标注册的团体、协会或者其他组织，该团体、协会或者其他组织应当依据其章程接纳为会员；不要求参加以该地理标志作为集体商标注册的团体、协会或者其他组织的，也可以正当使用该地理标志，该团体、协会或者其他组织无权禁止。

第五条　当事人委托商标代理机构申请商标注册或者办理其他商标事宜，应当提交代理委托书。代理委托书应当载明代理内容及权限；外国人或者外国企业的代理委托书还应当载明委托人的国籍。

外国人或者外国企业的代理委托书及与其有关的证明文件的公证、认证手续，按照对等原则办理。

申请商标注册或者转让商标，商标注册申请人或者商标转让受让人为外国人或者外国企业的，应当在申请书中指定中国境内接收人负责接收商标局、商标评审委员会后继商标业务的法律文件。商标局、商标评审委员会后继商标业务的法律文件向中国境内接收人送达。

商标法第十八条所称外国人或者外国企业，是指在中国没有经常居所或者营业所的外国人或者外国企业。

第六条　申请商标注册或者办理其他商标事宜，应当使用中文。

依照商标法和本条例规定提交的各种证件、证明文件和证据材料是外文的，应当附送中文译文；未附送的，视为未提交该证件、证明文件或者证据材料。

第七条　商标局、商标评审委员会工作人员有下列情形之一的，应当回避，当事人或者利害关系人可以要求其回避：

（一）是当事人或者当事人、代理人的近亲属的；

（二）与当事人、代理人有其他关系，可能影响公正的；

（三）与申请商标注册或者办理其他商标事宜有利害关系的。

第八条 以商标法第二十二条规定的数据电文方式提交商标注册申请等有关文件，应当按照商标局或者商标评审委员会的规定通过互联网提交。

第九条 除本条例第十八条规定的情形外，当事人向商标局或者商标评审委员会提交文件或者材料的日期，直接递交的，以递交日为准；邮寄的，以寄出的邮戳日为准；邮戳日不清晰或者没有邮戳的，以商标局或者商标评审委员会实际收到日为准，但是当事人能够提出实际邮戳日证据的除外。通过邮政企业以外的快递企业递交的，以快递企业收寄日为准；收寄日不明确的，以商标局或者商标评审委员会实际收到日为准，但是当事人能够提出实际收寄日证据的除外。以数据电文方式提交的，以进入商标局或者商标评审委员会电子系统的日期为准。

当事人向商标局或者商标评审委员会邮寄文件，应当使用给据邮件。

当事人向商标局或者商标评审委员会提交文件，以书面方式提交的，以商标局或者商标评审委员会所存档案记录为准；以数据电文方式提交的，以商标局或者商标评审委员会数据库记录为准，但是当事人确有证据证明商标局或者商标评审委员会档案、数据库记录有错误的除外。

第十条 商标局或者商标评审委员会的各种文件，可以通过邮寄、直接递交、数据电文或者其他方式送达当事人；以数据电文方式送达当事人的，应当经当事人同意。当事人委托商标代理机构的，文件送达商标代理机构视为送达当事人。

商标局或者商标评审委员会向当事人送达各种文件的日期，邮寄的，以当事人收到的邮戳日为准；邮戳日不清晰或者没有邮戳的，自文件发出之日起满15日视为送达当事人，但是当事人能够证明实际收到日的除外；直接递交的，以递交日为准；以数据电文方式送达的，自文件发出之日起满15日视为送达当事人，但是当事人能够证明文件进入其电子系统日期的除外。文件通过上述方式无法送达的，可以通过公告方式送达，自公告发布之日起满30日，该文件视为送达当事人。

第十一条 下列期间不计入商标审查、审理期限：

（一）商标局、商标评审委员会文件公告送达的期间；

（二）当事人需要补充证据或者补正文件的期间以及因当事人更换需要重新答辩的期间；

（三）同日申请提交使用证据及协商、抽签需要的期间；

（四）需要等待优先权确定的期间；

（五）审查、审理过程中，依案件申请人的请求等待在先权利案件审理结果的期间。

第十二条 除本条第二款规定的情形外，商标法和本条例规定的各种期限开始的当日不计算在期限内。期限以年或者月计算的，以期限最后一月的相应日为期限届满日；该月无相应日的，以该月最后一日为期限届满日；期限届满日是节假日的，以节假日后的第一个工作日为期限届满日。

商标法第三十九条、第四十条规定的注册商标有效期从法定日开始起算，期限最后一月相应日的前一日为期限届满日，该月无相应日的，以该月最后一日为期限届满日。

第二章　商标注册的申请

第十三条 申请商标注册，应当按照公布的商品和服务分类表填报。每一件商标注册申请应当向商标局提交《商标注册申请书》1份、商标图样1份；以颜色组合或者着色图样申请商标注册的，应当提交着色图样，并提交黑白稿1份；不指定颜色的，应当提交黑白图样。

商标图样应当清晰，便于粘贴，用光洁耐用的纸张印制或者用照片代替，长和宽应当不大于10厘米，不小于5厘米。

以三维标志申请商标注册的，应当在申请书中予以声明，说明商标的使用方式，并提交能够确定三维形状的图样，提交的商标图样应当至少包含三面视图。

以颜色组合申请商标注册的，应当在申请书中予以声明，说明商标的使用方式。

以声音标志申请商标注册的，应当在申请书中予以声明，提交符合要求的声音样本，对申请注册的声音商标进行描述，说明商标的使用方式。对声音商标进行描述，应当以五线谱或者简谱对申请用作商标的声音加以描述并附加文字说明；无法以五线谱或者简谱描述的，应当以文字加以描述；商标描述与声音样本应当一致。

申请注册集体商标、证明商标的，应当在申请书中予以声明，并提交主体资格证明文件和使用管理规则。

商标为外文或者包含外文的，应当说明含义。

第十四条　申请商标注册的，申请人应当提交其身份证明文件。商标注册申请人的名义与所提交的证明文件应当一致。

前款关于申请人提交其身份证明文件的规定适用于向商标局提出的办理变更、转让、续展、异议、撤销等其他商标事宜。

第十五条　商品或者服务项目名称应当按照商品和服务分类表中的类别号、名称填写；商品或者服务项目名称未列入商品和服务分类表的，应当附送对该商品或者服务的说明。

商标注册申请等有关文件以纸质方式提出的，应当打字或者印刷。

本条第二款规定适用于办理其他商标事宜。

第十六条　共同申请注册同一商标或者办理其他共有商标事宜的，应当在申请书中指定一个代表人；没有指定代表人的，以申请书中顺序排列的第一人为代表人。

商标局和商标评审委员会的文件应当送达代表人。

第十七条　申请人变更其名义、地址、代理人、文件接收人或者删减指定的商品的，应当向商标局办理变更手续。

申请人转让其商标注册申请的，应当向商标局办理转让手续。

第十八条　商标注册的申请日期以商标局收到申请文件的日期为准。

商标注册申请手续齐备、按照规定填写申请文件并缴纳费用的，商标局予以受理并书面通知申请人；申请手续不齐备、未按照规定填写申请文件或者未缴纳费用的，商标局不予受理，书面通知申请人并说明理由。申请手续基本齐备或者申请文件基本符合规定，但是需要补正的，商标局通知申请人予以补正，限其自收到通知之日起30日内，按照指定内容补正并交回商标局。在规定期限内补正并交回商标局的，保留申请日期；期满未补正的或者不按照要求进行补正的，商标局不予受理并书面通知申请人。

本条第二款关于受理条件的规定适用于办理其他商标事宜。

第十九条　两个或者两个以上的申请人，在同一种商品或者类似商品上，分别以相同或者近似的商标在同一天申请注册的，各申请人应当自收到商标局通知之日起30日内提交其申请注册前在先使用该商标的证据。同日使用或者均未使用的，各申请人可以自收到商标局通知之日起30日内自行协商，并将书面协议报送商标局；不愿协商或者协商不成的，商标局通知各申请人以抽签的方式确定一个申请人，驳回其他人的注册申请。商标局已经通知但申请人未参加抽签的，视为放弃申请，商标局应当书面通知未参加抽签的申请人。

第二十条 依照商标法第二十五条规定要求优先权的，申请人提交的第一次提出商标注册申请文件的副本应当经受理该申请的商标主管机关证明，并注明申请日期和申请号。

第三章 商标注册申请的审查

第二十一条 商标局对受理的商标注册申请，依照商标法及本条例的有关规定进行审查，对符合规定或者在部分指定商品上使用商标的注册申请符合规定的，予以初步审定，并予以公告；对不符合规定或者在部分指定商品上使用商标的注册申请不符合规定的，予以驳回或者驳回在部分指定商品上使用商标的注册申请，书面通知申请人并说明理由。

第二十二条 商标局对一件商标注册申请在部分指定商品上予以驳回的，申请人可以将该申请中初步审定的部分申请分割成另一件申请，分割后的申请保留原申请的申请日期。

需要分割的，申请人应当自收到商标局《商标注册申请部分驳回通知书》之日起15日内，向商标局提出分割申请。

商标局收到分割申请后，应当将原申请分割为两件，对分割出来的初步审定申请生成新的申请号，并予以公告。

第二十三条 依照商标法第二十九条规定，商标局认为对商标注册申请内容需要说明或者修正的，申请人应当自收到商标局通知之日起15日内作出说明或者修正。

第二十四条 对商标局初步审定予以公告的商标提出异议的，异议人应当向商标局提交下列商标异议材料一式两份并标明正、副本：

（一）商标异议申请书；

（二）异议人的身份证明；

（三）以违反商标法第十三条第二款和第三款、第十五条、第十六条第一款、第三十条、第三十一条、第三十二条规定为由提出异议的，异议人作为在先权利人或者利害关系人的证明。

商标异议申请书应当有明确的请求和事实依据，并附送有关证据材料。

第二十五条 商标局收到商标异议申请书后，经审查，符合受理条件的，予以受理，向申请人发出受理通知书。

第二十六条 商标异议申请有下列情形的，商标局不予受理，书面通知申请人并说明理由：

（一）未在法定期限内提出的；

（二）申请人主体资格、异议理由不符合商标法第三十三条规定的；

（三）无明确的异议理由、事实和法律依据的；

（四）同一异议人以相同的理由、事实和法律依据针对同一商标再次提出异议申请的。

第二十七条 商标局应当将商标异议材料副本及时送交被异议人，限其自收到商标异议材料副本之日起30日内答辩。被异议人不答辩的，不影响商标局作出决定。

当事人需要在提出异议申请或者答辩后补充有关证据材料的，应当在商标异议申请书或者答辩书中声明，并自提交商标异议申请书或者答辩书之日起3个月内提交；期满未提交的，视为当事人放弃补充有关证据材料。但是，在期满后生成或者当事人有其他正当理由未能在期满前提交的证据，在期满后提交的，商标局将证据交对方当事人并质证后可以采信。

第二十八条 商标法第三十五条第三款和第三十六条第一款所称不予注册决定，包括在部分指定商品上不予注册决定。

被异议商标在商标局作出准予注册决定或者不予注册决定前已经刊发注册公告的，撤销该注册公告。经审查异议不成立而准予注册的，在准予注册决定生效后重新公告。

第二十九条 商标注册申请人或者商标注册人依照商标法第三十八条规定提出更正申请的，应当向商标局提交更正申请书。符合更正条件的，商标局核准后更正相关内容；不符合更正条件的，商标局不予核准，书面通知申请人并说明理由。

已经刊发初步审定公告或者注册公告的商标经更正的，刊发更正公告。

第四章 注册商标的变更、转让、续展

第三十条 变更商标注册人名义、地址或者其他注册事项的，应当向商标局提交变更申请书。变更商标注册人名义的，还应当提交有关登记机关出具的变更证明文件。商标局核准的，发给商标注册人相应证明，并予以公告；不予核准的，应当书面通知申请人并说明理由。

变更商标注册人名义或者地址的，商标注册人应当将其全部注册商标一并变更；未一并变更的，由商标局通知其限期改正；期满未改正的，视为放弃变更申请，商标局应当书面通知申请人。

第三十一条 转让注册商标的，转让人和受让人应当向商标局提交转让注册商标申请书。转让注册商标申请手续应当由转让人和受让人共同办理。商标局核准转让注册商标申请的，发给受让人相应证明，并予以公告。

转让注册商标，商标注册人对其在同一种或者类似商品上注册的相同或者近似的商标未一并转让的，由商标局通知其限期改正；期满未改正的，视为放弃转让该注册商标的申请，商标局应当书面通知申请人。

第三十二条 注册商标专用权因转让以外的继承等其他事由发生移转的，接受该注册商标专用权的当事人应当凭有关证明文件或者法律文书到商标局办理注册商标专用权移转手续。

注册商标专用权移转的，注册商标专用权人在同一种或者类似商品上注册的相同或者近似的商标，应当一并移转；未一并移转的，由商标局通知其限期改正；期满未改正的，视为放弃该移转注册商标的申请，商标局应当书面通知申请人。

商标移转申请经核准的，予以公告。接受该注册商标专用权移转的当事人自公告之日起享有商标专用权。

第三十三条 注册商标需要续展注册的，应当向商标局提交商标续展注册申请书。商标局核准商标注册续展申请的，发给相应证明并予以公告。

第五章 商标国际注册

第三十四条 商标法第二十一条规定的商标国际注册，是指根据《商标国际注册马德里协定》（以下简称马德里协定）、《商标国际注册马德里协定有关议定书》（以下简称马德里议定书）及《商标国际注册马德里协定及该协定有关议定书的共同实施细则》的规定办理的马德里商标国际注册。

马德里商标国际注册申请包括以中国为原属国的商标国际注册申请、指定中国的领土延伸申请及其他有关的申请。

第三十五条 以中国为原属国申请商标国际注册的，应当在中国设有真实有效的营业所，或者在中国有住所，或者拥有中国国籍。

第三十六条 符合本条例第三十五条规定的申请人，其商标已在商标局获得注册的，可以根据马德里协定申请办理该商标的国际注册。

符合本条例第三十五条规定的申请人，其商标已在商标局获得注册，或者已向商标局提出商标注册申请并被受理的，可以根据马德里议定书申请办理该商标的国际注册。

第三十七条 以中国为原属国申请商标国际注册的，应当通过商标局向世界知识产权组织国际局（以下简称国际局）申请办理。

以中国为原属国的，与马德里协定有关的商标国际注册的后期指定、放弃、注销，应当通过商标局向国际局申请办理；与马德里协定有关的商标国际注册的转让、删减、变更、续展，可以通过商标局向国际局申请办理，也可

以直接向国际局申请办理。

以中国为原属国的，与马德里议定书有关的商标国际注册的后期指定、转让、删减、放弃、注销、变更、续展，可以通过商标局向国际局申请办理，也可以直接向国际局申请办理。

第三十八条 通过商标局向国际局申请商标国际注册及办理其他有关申请的，应当提交符合国际局和商标局要求的申请书和相关材料。

第三十九条 商标国际注册申请指定的商品或者服务不得超出国内基础申请或者基础注册的商品或者服务的范围。

第四十条 商标国际注册申请手续不齐备或者未按照规定填写申请书的，商标局不予受理，申请日不予保留。

申请手续基本齐备或者申请书基本符合规定，但需要补正的，申请人应当自收到补正通知书之日起30日内予以补正，逾期未补正的，商标局不予受理，书面通知申请人。

第四十一条 通过商标局向国际局申请商标国际注册及办理其他有关申请的，应当按照规定缴纳费用。

申请人应当自收到商标局缴费通知单之日起15日内，向商标局缴纳费用。期满未缴纳的，商标局不受理其申请，书面通知申请人。

第四十二条 商标局在马德里协定或者马德里议定书规定的驳回期限（以下简称驳回期限）内，依照商标法和本条例的有关规定对指定中国的领土延伸申请进行审查，作出决定，并通知国际局。商标局在驳回期限内未发出驳回或者部分驳回通知的，该领土延伸申请视为核准。

第四十三条 指定中国的领土延伸申请人，要求将三维标志、颜色组合、声音标志作为商标保护或者要求保护集体商标、证明商标的，自该商标在国际局国际注册簿登记之日起3个月内，应当通过依法设立的商标代理机构，向商标局提交本条例第十三条规定的相关材料。未在上述期限内提交相关材料的，商标局驳回该领土延伸申请。

第四十四条 世界知识产权组织对商标国际注册有关事项进行公告，商标局不再另行公告。

第四十五条 对指定中国的领土延伸申请，自世界知识产权组织《国际商标公告》出版的次月1日起3个月内，符合商标法第三十三条规定条件的异议人可以向商标局提出异议申请。

商标局在驳回期限内将异议申请的有关情况以驳回决定的形式通知国际局。

被异议人可以自收到国际局转发的驳回通知书之日起30日内进行答辩，答辩书及相关证据材料应当通过依法设立的商标代理机构向商标局提交。

第四十六条 在中国获得保护的国际注册商标，有效期自国际注册日或者后期指定日起算。在有效期届满前，注册人可以向国际局申请续展，在有效期内未申请续展的，可以给予6个月的宽展期。商标局收到国际局的续展通知后，依法进行审查。国际局通知未续展的，注销该国际注册商标。

第四十七条 指定中国的领土延伸申请办理转让的，受让人应当在缔约方境内有真实有效的营业所，或者在缔约方境内有住所，或者是缔约方国民。

转让人未将其在相同或者类似商品或者服务上的相同或者近似商标一并转让的，商标局通知注册人自发出通知之日起3个月内改正；期满未改正或者转让容易引起混淆或者有其他不良影响的，商标局作出该转让在中国无效的决定，并向国际局作出声明。

第四十八条 指定中国的领土延伸申请办理删减，删减后的商品或者服务不符合中国有关商品或者服务分类要求或者超出原指定商品或者服务范围的，商标局作出该删减在中国无效的决定，并向国际局作出声明。

第四十九条 依照商标法第四十九条第二款规定申请撤销国际注册商标，应当自该商标国际注册申请的驳回期限届满之日起满3年后向商标局提出申请；驳回期限届满时仍处在驳回复审或者异议相关程序的，应当自商标局或者商标评审委员会作出的准予注册决定生效之日起满3年后向商标局提出申请。

依照商标法第四十四条第一款规定申请宣告国际注册商标无效的，应当自该商标国际注册申请的驳回期限届满后向商标评审委员会提出申请；驳回期限届满时仍处在驳回复审或者异议相关程序的，应当自商标局或者商标评审委员会作出的准予注册决定生效后向商标评审委员会提出申请。

依照商标法第四十五条第一款规定申请宣告国际注册商标无效的，应当自该商标国际注册申请的驳回期限届满之日起5年内向商标评审委员会提出申请；驳回期限届满时仍处在驳回复审或者异议相关程序的，应当自商标局或者商标评审委员会作出的准予注册决定生效之日起5年内向商标评审委员会提出申请。对恶意注册的，驰名商标所有人不受5年的时间限制。

第五十条 商标法和本条例下列条款的规定不适用于办理商标国际注册相关事宜：

（一）商标法第二十八条、第三十五条第一款关于审查和审理期限的规定；

（二）本条例第二十二条、第三十条第二款；

（三）商标法第四十二条及本条例第三十一条关于商标转让由转让人和受让人共同申请并办理手续的规定。

第六章 商标评审

第五十一条 商标评审是指商标评审委员会依照商标法第三十四条、第三十五条、第四十四条、第四十五条、第五十四条的规定审理有关商标争议事宜。当事人向商标评审委员会提出商标评审申请，应当有明确的请求、事实、理由和法律依据，并提供相应证据。

商标评审委员会根据事实，依法进行评审。

第五十二条 商标评审委员会审理不服商标局驳回商标注册申请决定的复审案件，应当针对商标局的驳回决定和申请人申请复审的事实、理由、请求及评审时的事实状态进行审理。

商标评审委员会审理不服商标局驳回商标注册申请决定的复审案件，发现申请注册的商标有违反商标法第十条、第十一条、第十二条和第十六条第一款规定情形，商标局并未依据上述条款作出驳回决定的，可以依据上述条款作出驳回申请的复审决定。商标评审委员会作出复审决定前应当听取申请人的意见。

第五十三条 商标评审委员会审理不服商标局不予注册决定的复审案件，应当针对商标局的不予注册决定和申请人申请复审的事实、理由、请求及原异议人提出的意见进行审理。

商标评审委员会审理不服商标局不予注册决定的复审案件，应当通知原异议人参加并提出意见。原异议人的意见对案件审理结果有实质影响的，可以作为评审的依据；原异议人不参加或者不提出意见的，不影响案件的审理。

第五十四条 商标评审委员会审理依照商标法第四十四条、第四十五条规定请求宣告注册商标无效的案件，应当针对当事人申请和答辩的事实、理由及请求进行审理。

第五十五条 商标评审委员会审理不服商标局依照商标法第四十四条第一款规定作出宣告注册商标无效决定的复审案件，应当针对商标局的决定和申请人申请复审的事实、理由及请求进行审理。

第五十六条 商标评审委员会审理不服商标局依照商标法第四十九条规定作出撤销或者维持注册商标决定的复审案件，应当针对商标局作出撤销或者维持注册商标决定和当事人申请复审时所依据的事实、理由及请求进行审理。

第五十七条 申请商标评审，应当向商标评审委员会提交申请书，并按照对方当事人的数量提交相应份数的副本；基于商标局的决定书申请复审的，还应当同时附送商标局的决定书副本。

商标评审委员会收到申请书后，经审查，符合受理条件的，予以受理；不符合受理条件的，不予受理，书面通知申请人并说明理由；需要补正的，通知申请人自收到通知之日起30日内补正。经补正仍不符合规定的，商标评审委员会不予受理，书面通知申请人并说明理由；期满未补正的，视为撤回申请，商标评审委员会应当书面通知申请人。

商标评审委员会受理商标评审申请后，发现不符合受理条件的，予以驳回，书面通知申请人并说明理由。

第五十八条 商标评审委员会受理商标评审申请后应当及时将申请书副本送交对方当事人，限其自收到申请书副本之日起30日内答辩；期满未答辩的，不影响商标评审委员会的评审。

第五十九条 当事人需要在提出评审申请或者答辩后补充有关证据材料的，应当在申请书或者答辩书中声明，并自提交申请书或者答辩书之日起3个月内提交；期满未提交的，视为放弃补充有关证据材料。但是，在期满后生成或者当事人有其他正当理由未能在期满前提交的证据，在期满后提交的，商标评审委员会将证据交对方当事人并质证后可以采信。

第六十条 商标评审委员会根据当事人的请求或者实际需要，可以决定对评审申请进行口头审理。

商标评审委员会决定对评审申请进行口头审理的，应当在口头审理15日前书面通知当事人，告知口头审理的日期、地点和评审人员。当事人应当在通知书指定的期限内作出答复。

申请人不答复也不参加口头审理的，其评审申请视为撤回，商标评审委员会应当书面通知申请人；被申请人不答复也不参加口头审理的，商标评审委员会可以缺席评审。

第六十一条 申请人在商标评审委员会作出决定、裁定前，可以书面向商标评审委员会要求撤回申请并说明理由，商标评审委员会认为可以撤回的，评审程序终止。

第六十二条 申请人撤回商标评审申请的，不得以相同的事实和理由再次提出评审申请。商标评审委员会对商标评审申请已经作出裁定或者决定的，任何人不得以相同的事实和理由再次提出评审申请。但是，经不予注册复审程序予以核准注册后向商标评审委员会提起宣告注册商标无效的除外。

第七章 商标使用的管理

第六十三条 使用注册商标，可以在商品、商品包装、说明书或者其他附着物上标明“注册商标”或者注册标记。

注册标记包括㊟和®。使用注册标记，应当标注在商标的右上角或者右下角。

第六十四条 《商标注册证》遗失或者破损的，应当向商标局提交补发《商标注册证》申请书。《商标注册证》遗失的，应当在《商标公告》上刊登遗失声明。破损的《商标注册证》，应当在提交补发申请时交回商标局。

商标注册人需要商标局补发商标变更、转让、续展证明，出具商标注册证明，或者商标申请人需要商标局出具优先权证明文件的，应当向商标局提交相应申请书。符合要求的，商标局发给相应证明；不符合要求的，商标局不予办理，通知申请人并告知理由。

伪造或者变造《商标注册证》或者其他商标证明文件的，依照刑法关于伪造、变造国家机关证件罪或者其他罪的规定，依法追究刑事责任。

第六十五条 有商标法第四十九条规定的注册商标成为其核定使用的商品通用名称情形的，任何单位或者个人可以向商标局申请撤销该注册商标，提交申请时应当附送证据材料。商标局受理后应当通知商标注册人，限其自收到通知之日起2个月内答辩；期满未答辩的，不影响商标局作出决定。

第六十六条 有商标法第四十九条规定的

注册商标无正当理由连续3年不使用情形的，任何单位或者个人可以向商标局申请撤销该注册商标，提交申请时应当说明有关情况。商标局受理后应当通知商标注册人，限其自收到通知之日起2个月内提交该商标在撤销申请提出前使用的证据材料或者说明不使用的正当理由；期满未提供使用的证据材料或者证据材料无效并没有正当理由的，由商标局撤销其注册商标。

前款所称使用的证据材料，包括商标注册人使用注册商标的证据材料和商标注册人许可他人使用注册商标的证据材料。

以无正当理由连续3年不使用为由申请撤销注册商标的，应当自该注册商标注册公告之日起满3年后提出申请。

第六十七条 下列情形属于商标法第四十九条规定的正当理由：

（一）不可抗力；

（二）政府政策性限制；

（三）破产清算；

（四）其他不可归责于商标注册人的正当事由。

第六十八条 商标局、商标评审委员会撤销注册商标或者宣告注册商标无效，撤销或者宣告无效的理由仅及于部分指定商品的，对在该部分指定商品上使用的商标注册予以撤销或者宣告无效。

第六十九条 许可他人使用其注册商标的，许可人应当在许可合同有效期内向商标局备案并报送备案材料。备案材料应当说明注册商标使用许可人、被许可人、许可期限、许可使用的商品或者服务范围等事项。

第七十条 以注册商标专用权出质的，出质人与质权人应当签订书面质权合同，并共同向商标局提出质权登记申请，由商标局公告。

第七十一条 违反商标法第四十三条第二款规定的，由工商行政管理部门责令限期改正；逾期不改正的，责令停止销售，拒不停止销售的，处10万元以下的罚款。

第七十二条 商标持有人依照商标法第十三条规定请求驰名商标保护的，可以向工商行政管理部门提出请求。经商标局依照商标法第十四条规定认定为驰名商标的，由工商行政管理部门责令停止违反商标法第十三条规定使用商标的行为，收缴、销毁违法使用的商标标识；商标标识与商品难以分离的，一并收缴、销毁。

第七十三条 商标注册人申请注销其注册商标或者注销其商标在部分指定商品上的注册的，应当向商标局提交商标注销申请书，并交回原《商标注册证》。

商标注册人申请注销其注册商标或者注销其商标在部分指定商品上的注册，经商标局核准注销的，该注册商标专用权或者该注册商标专用权在该部分指定商品上的效力自商标局收到其注销申请之日起终止。

第七十四条 注册商标被撤销或者依照本条例第七十三条的规定被注销的，原《商标注册证》作废，并予以公告；撤销该商标在部分指定商品上的注册的，或者商标注册人申请注销其商标在部分指定商品上的注册的，重新核发《商标注册证》，并予以公告。

第八章 注册商标专用权的保护

第七十五条 为侵犯他人商标专用权提供仓储、运输、邮寄、印制、隐匿、经营场所、网络商品交易平台等，属于商标法第五十七条第六项规定的提供便利条件。

第七十六条 在同一种商品或者类似商品上将与他人注册商标相同或者近似的标志作为商品名称或者商品装潢使用，误导公众的，属于商标法第五十七条第二项规定的侵犯注册商标专用权的行为。

第七十七条 对侵犯注册商标专用权的行为，任何人可以向工商行政管理部门投诉或者举报。

第七十八条 计算商标法第六十条规定的违法经营额，可以考虑下列因素：

（一）侵权商品的销售价格；

（二）未销售侵权商品的标价；

（三）已查清侵权商品实际销售的平均价格；

（四）被侵权商品的市场中间价格；

（五）侵权人因侵权所产生的营业收入；

（六）其他能够合理计算侵权商品价值的因素。

第七十九条 下列情形属于商标法第六十条规定的能证明该商品是自己合法取得的情形：

（一）有供货单位合法签章的供货清单和货款收据且经查证属实或者供货单位认可的；

（二）有供销双方签订的进货合同且经查证已真实履行的；

（三）有合法进货发票且发票记载事项与涉案商品对应的；

（四）其他能够证明合法取得涉案商品的情形。

第八十条 销售不知道是侵犯注册商标专用权的商品，能证明该商品是自己合法取得并说明提供者的，由工商行政管理部门责令停止销售，并将案件情况通报侵权商品提供者所在地工商行政管理部门。

第八十一条 涉案注册商标权属正在商标局、商标评审委员会审理或者人民法院诉讼中，案件结果可能影响案件定性的，属于商标法第六十二条第三款规定的商标权属存在争议。

第八十二条 在查处商标侵权案件过程中，工商行政管理部门可以要求权利人对涉案商品是否为权利人生产或者其许可生产的产品进行辨认。

第九章 商标代理

第八十三条 商标法所称商标代理，是指接受委托人的委托，以委托人的名义办理商标注册申请、商标评审或者其他商标事宜。

第八十四条 商标法所称商标代理机构，包括经工商行政管理部门登记从事商标代理业务的服务机构和从事商标代理业务的律师事务所。

商标代理机构从事商标局、商标评审委员会主管的商标事宜代理业务的，应当按照下列规定向商标局备案：

（一）交验工商行政管理部门的登记证明文件或者司法行政部门批准设立律师事务所的证明文件并留存复印件；

（二）报送商标代理机构的名称、住所、负责人、联系方式等基本信息；

（三）报送商标代理从业人员名单及联系方式。

工商行政管理部门应当建立商标代理机构信用档案。商标代理机构违反商标法或者本条例规定的，由商标局或者商标评审委员会予以公开通报，并记入其信用档案。

第八十五条 商标法所称商标代理从业人员，是指在商标代理机构中从事商标代理业务的工作人员。

商标代理从业人员不得以个人名义自行接受委托。

第八十六条 商标代理机构向商标局、商标评审委员会提交的有关申请文件，应当加盖该代理机构公章并由相关商标代理从业人员签字。

第八十七条 商标代理机构申请注册或者受让其代理服务以外的其他商标，商标局不予受理。

第八十八条 下列行为属于商标法第六十八条第一款第二项规定的以其他不正当手段扰乱商标代理市场秩序的行为：

（一）以欺诈、虚假宣传、引人误解或者商业贿赂等方式招徕业务的；

（二）隐瞒事实，提供虚假证据，或者威胁、诱导他人隐瞒事实，提供虚假证据的；

（三）在同一商标案件中接受有利益冲突的双方当事人委托的。

第八十九条 商标代理机构有商标法第

六十八条规定行为的，由行为人所在地或者违法行为发生地县级以上工商行政管理部门进行查处并将查处情况通报商标局。

第九十条 商标局、商标评审委员会依照商标法第六十八条规定停止受理商标代理机构办理商标代理业务的，可以作出停止受理该商标代理机构商标代理业务6个月以上直至永久停止受理的决定。停止受理商标代理业务的期间届满，商标局、商标评审委员会应当恢复受理。

商标局、商标评审委员会作出停止受理或者恢复受理商标代理的决定应当在其网站予以公告。

第九十一条 工商行政管理部门应当加强对商标代理行业组织的监督和指导。

第十章 附 则

第九十二条 连续使用至1993年7月1日的服务商标，与他人在相同或者类似的服务上已注册的服务商标相同或者近似的，可以继续使用；但是，1993年7月1日后中断使用3年以上的，不得继续使用。

已连续使用至商标局首次受理新放开商品或者服务项目之日的商标，与他人在新放开商品或者服务项目相同或者类似的商品或者服务上已注册的商标相同或者近似的，可以继续使用；但是，首次受理之日后中断使用3年以上的，不得继续使用。

第九十三条 商标注册用商品和服务分类表，由商标局制定并公布。

申请商标注册或者办理其他商标事宜的文件格式，由商标局、商标评审委员会制定并公布。

商标评审委员会的评审规则由国务院工商行政管理部门制定并公布。

第九十四条 商标局设置《商标注册簿》，记载注册商标及有关注册事项。

第九十五条 《商标注册证》及相关证明是权利人享有注册商标专用权的凭证。《商标注册证》记载的注册事项，应当与《商标注册簿》一致；记载不一致的，除有证据证明《商标注册簿》确有错误外，以《商标注册簿》为准。

第九十六条 商标局发布《商标公告》，刊发商标注册及其他有关事项。

《商标公告》采用纸质或者电子形式发布。

除送达公告外，公告内容自发布之日起视为社会公众已经知道或者应当知道。

第九十七条 申请商标注册或者办理其他商标事宜，应当缴纳费用。缴纳费用的项目和标准，由国务院财政部门、国务院价格主管部门分别制定。

第九十八条 本条例自2014年5月1日起施行。

驰名商标认定和保护规定

（2014年7月3日国家工商行政管理总局令第66号公布）

第一条 为规范驰名商标认定工作，保护驰名商标持有人的合法权益，根据《中华人民共和国商标法》（以下简称商标法）、《中华人民共和国商标法实施条例》（以下简称实施条例），制定本规定。

第二条 驰名商标是在中国为相关公众所熟知的商标。

相关公众包括与使用商标所标示的某类商品或者服务有关的消费者，生产前述商品或者提供服务的其他经营者以及经销渠道中所涉及的销售者和相关人员等。

第三条 商标局、商标评审委员会根据当事人请求和审查、处理案件的需要，负责在商标注册审查、商标争议处理和工商行政管理部门查处商标违法案件过程中认定和保护驰名商标。

第四条 驰名商标认定遵循个案认定、被动保护的原则。

第五条 当事人依照商标法第三十三条规定向商标局提出异议，并依照商标法第十三条规定请求驰名商标保护的，可以向商标局提出驰名商标保护的书面请求并提交其商标构成驰名商标的证据材料。

第六条 当事人在商标不予注册复审案件和请求无效宣告案件中，依照商标法第十三条规定请求驰名商标保护的，可以向商标评审委员会提出驰名商标保护的书面请求并提交其商标构成驰名商标的证据材料。

第七条 涉及驰名商标保护的商标违法案件由市（地、州）级以上工商行政管理部门管辖。当事人请求工商行政管理部门查处商标违法行为，并依照商标法第十三条规定请求驰名商标保护的，可以向违法行为发生地的市（地、州）级以上工商行政管理部门进行投诉，并提出驰名商标保护的书面请求，提交证明其商标构成驰名商标的证据材料。

第八条 当事人请求驰名商标保护应当遵循诚实信用原则，并对事实及所提交的证据材料的真实性负责。

第九条 以下材料可以作为证明符合商标法第十四条第一款规定的证据材料：

（一）证明相关公众对该商标知晓程度的材料。

（二）证明该商标使用持续时间的材料，如该商标使用、注册的历史和范围的材料。该商标为未注册商标的，应当提供证明其使用持续时间不少于五年的材料。该商标为注册商标的，应当提供证明其注册时间不少于三年或者持续使用时间不少于五年的材料。

（三）证明该商标的任何宣传工作的持续时间、程度和地理范围的材料，如近三年广告宣传和促销活动的方式、地域范围、宣传媒体的种类以及广告投放量等材料。

（四）证明该商标曾在中国或者其他国家和地区作为驰名商标受保护的材料。

（五）证明该商标驰名的其他证据材料，如使用该商标的主要商品在近三年的销售收入、市场占有率、净利润、纳税额、销售区域等材料。

前款所称“三年”、“五年”，是指被提出异议的商标注册申请日期、被提出无效宣告请求的商标注册申请日期之前的三年、五年，以及在查处商标违法案件中提出驰名商标保护请求日期之前的三年、五年。

第十条 当事人依照本规定第五条、第六条规定提出驰名商标保护请求的，商标局、商标评审委员会应当在商标法第三十五条、第三十七条、第四十五条规定的期限内及时作出处理。

第十一条 当事人依照本规定第七条规定请求工商行政管理部门查处商标违法行为的，工商行政管理部门应当对投诉材料予以核查，依照《工商行政管理机关行政处罚程序规定》的有关规定决定是否立案。决定立案的，工商行政管理部门应当对当事人提交的驰名商标保护请求及相关证据材料是否符合商标法第十三条、第十四条、实施条例第三条和本规定第九条规定进行初步核实和审查。经初步核查符合规定的，应当自立案之日起三十日内将驰名商标认定请示、案件材料副本一并报送上级工商行政管理部门。经审查不符合规定的，应当依照《工商行政管理机关行政处罚程序规定》的规定及时作出处理。

第十二条 省（自治区、直辖市）工商行政管理部门应当对本辖区内市（地、州）级工商行政管理部门报送的驰名商标认定相关材料是否符合商标法第十三条、第十四条、实施条例第三条和本规定第九条规定进行核实和审查。经核查符合规定的，应当自收到驰名商标认定相关材料之日起三十日内，将驰名商标认定请示、案件材料副本一并报送商标局。经审查不符合规定的，应当将有关材料退回原立案机关，由其依照《工商行政管理机关行政处罚程序规定》的规定及时作出处理。

第十三条 商标局、商标评审委员会在认定驰名商标时，应当综合考虑商标法第十四条第一款和本规定第九条所列各项因素，但不以满足全部因素为前提。

商标局、商标评审委员会在认定驰名商标时，需要地方工商行政管理部门核实有关情况的，相关地方工商行政管理部门应当予以协助。

第十四条 商标局经对省（自治区、直辖市）工商行政管理部门报送的驰名商标认定相关材料进行审查，认定构成驰名商标的，应当向报送请示的省（自治区、直辖市）工商行政管理部门作出批复。

立案的工商行政管理部门应当自商标局作出认定批复后六十日内依法予以处理，并将行政处罚决定书抄报所在省（自治区、直辖市）工商行政管理部门。省（自治区、直辖市）工商行政管理部门应当自收到抄报的行政处罚决定书之日起三十日内将案件处理情况及行政处罚决定书副本报送商标局。

第十五条 各级工商行政管理部门在商标注册和管理工作中应当加强对驰名商标的保护，维护权利人和消费者合法权益。商标违法行为涉嫌犯罪的，应当将案件及时移送司法机关。

第十六条 商标注册审查、商标争议处理和工商行政管理部门查处商标违法案件过程中，当事人依照商标法第十三条规定请求驰名商标保护时，可以提供该商标曾在我国作为驰名商标受保护的记录。

当事人请求驰名商标保护的范围与已被作为驰名商标予以保护的范围基本相同，且对方当事人对该商标驰名无异议，或者虽有异议，但异议理由和提供的证据明显不足以支持该异议的，商标局、商标评审委员会、商标违法案件立案部门可以根据该保护记录，结合相关证据，给予该商标驰名商标保护。

第十七条 在商标违法案件中，当事人通过弄虚作假或者提供虚假证据材料等不正当手段骗取驰名商标保护的，由商标局撤销对涉案商标已作出的认定，并通知报送驰名商标认定请示的省（自治区、直辖市）工商行政管理部门。

第十八条 地方工商行政管理部门违反本规定第十一条、第十二条规定未履行对驰名商标认定相关材料进行核实和审查职责，或者违反本规定第十三条第二款规定未予以协助或者未履行核实职责，或者违反本规定第十四条第二款规定逾期未对商标违法案件作出处理或者逾期未报送处理情况的，由上一级工商行政管理部门予以通报，并责令其整改。

第十九条 各级工商行政管理部门应当建立健全驰名商标认定工作监督检查制度。

第二十条 参与驰名商标认定与保护相关工作的人员，玩忽职守、滥用职权、徇私舞弊，违法办理驰名商标认定有关事项，收受当事人财物，牟取不正当利益的，依照有关规定予以处理。

第二十一条 本规定自公布之日起30日后施行。2003年4月17日国家工商行政管理总局公布的《驰名商标认定和保护规定》同时废止。

广东省知识产权局、教育厅、科技厅、经济和信息化委、国资委、工商局、版权局、科学院关于转发《关于深入实施国家知识产权战略加强和改进知识产权管理的若干意见》的通知

各地级以上市知识产权局、教育局、科技局、经济和信息化主管部门、国资委、工商局、版权局，深圳市市场监督管理局，顺德区各有关部门，省科学院各单位，各高等学校：

近日，国家知识产权局、教育部、科技部、工业和信息化部、国资委、工商总局、版权局、中科院联合印发了《关于深入实施国家知识产权战略　加强和改进知识产权管理的若干意见》的通知（国知发协字〔2014〕41号，以下简称《意见》），现转发给你们，并结合我省实际提出如下意见，请一并贯彻执行。

一、高度重视知识产权管理工作。加强和改进知识产权管理工作，创新知识产权管理体制机制，建立适应经济社会发展需求的知识产权管理体系，是全面落实深化改革创新的必然要求，是推动知识产权事业发展的有力举措，是充分发挥知识产权助推经济社会发展作用的关键所在。各地各部门要充分认识加强知识产权管理工作的重要性和紧迫性，结合实际，采取有效举措，全面提升知识产权管理水平和公共服务能力，为市场主体创新发展提供有力支撑。

二、切实加强组织领导和部门间协同配合。各地各部门要认真贯彻落实《意见》精神，将加强知识产权管理工作纳入重要工作议程，制定科学可行的工作方案，明确责任主体和分工，确保各项政策措施有效落实。各有关部门间要加强协作配合，建立健全知识产权工作统筹协调机制，形成知识产权行政管理合力，确保全省知识产权行政管理协作体系高效运行。

三、进一步加大条件保障力度。各地要进一步完善知识产权管理机构建设，建立健全知识产权行政工作评价指标体系，创新投入机制，保障资金投入，发挥财政资金引导作用，吸引社会资金投入知识产权管理和运营平台建设，探索建立多渠道资金保障机制。各有关部门要强化管理职能，完善各项规章制度，规范办事程序，提高行政运行效能，加强知识产权发展研究，提高知识产权管理的前瞻性、科学性和可持续性。

四、全面加强管理队伍建设。各地要积极探索建立知识产权人才管理和评价体系，制定完善优惠政策，着力引进和培养本地亟需的知识产权专业人才。广泛开展知识产权培训活动，积极开展知识产权学历教育，大力培养精通知识产权法律和管理、熟悉科技前沿动态的知识产权复合型人才，努力打造数量稳定、业务精干的知识产权管理队伍。

五、广泛开展知识产权宣传。各地各部门要进一步加快知识产权文化建设，广泛开展知识产权宣传普及活动，及时传递知识产权工作重大决策部署和政策措施信息，增强社会各界对知识产权工作的关注和认知，在全省范围内营造全社会尊重和保护知识产权的浓厚氛围。

知识产权局、教育部、科技部、工业和信息化部、国资委、工商总局、版权局、中科院关于印发《关于深入实施国家知识产权战略　加强和改进知识产权管理的若干意见》的通知

各省、自治区、直辖市及新疆生产建设兵团知识产权局、教育厅（局、教委）、科技厅（局、委）、工业和信息化主管部门、国资委、工商局、版权局，中科院各单位：

为贯彻落实《国家知识产权纲要》，科学提高知识产权管理水平，现将《关于深入实施国家知识产权战略　加强和改进知识产权管理的若干意见》印发，请认真贯彻执行。

特此通知。

关于深入实施国家知识产权战略　加强和改进知识产权管理的若干意见

为加快政府职能转变，提高知识产权管理和公共服务能力，有效支撑创新驱动发展战略实施，提出以下意见。

一、总体要求

（一）指导思想。以邓小平理论、“三个代表”重要思想、科学发展观为指导，深入贯彻落实党的十八大和十八届二中、三中全会精神，按照创新驱动发展战略总体要求，大力实施国家知识产权战略，加强知识产权运用和保护，健全技术创新激励机制，以创造良好发展环境、提供优质公共服务和维护社会公平正义为宗旨，坚持规范、协同、主动、高效的原则，突出改进宏观管理，加强市场监管、健全管理制度、创新服务方式，全面提高知识产权科学管理水平，为市场主体创新发展提供强有力支撑。

（二）基本原则。

——规范管理。以依法管理为准绳，坚持市场主导与政府引导相结合，健全管理制度和流程，规范市场行为，增强创新主体知识产权管理能力，提高知识产权服务机构管理水平。

——协同管理。以确保知识产权制度体系协调顺畅运行为目标，坚持分工负责与统一协

调相结合，健全政府部门管理机构和职责分工协作机制，凝聚行政管理合力。

——主动管理。以提高风险防范和处置能力为重点，坚持前瞻布局与积极应对相结合，强化知识产权管理的前瞻性和风险处置的及时性，变被动管理为主动管理。

——高效管理。以提高公共服务能力为导向，坚持转变职能和能力建设相结合，运用先进技术手段，建设公共服务平台，创新服务模式和流程，提高行政管理效能。

（三）主要目标。到2020年，建立起适应经济社会发展需要的知识产权行政管理体系和高效顺畅的协调机制，知识产权宏观管理能力显著加强和改进，战略规划和政策引导水平明显提高。企业、高等院校和科研院所建立起满足发展需求的知识产权管理制度和管理团队，重大科研项目实现知识产权全过程管理。知识产权市场监管能力进一步加强，社会组织和服务机构的服务能力基本满足市场需要，知识产权交易和服务市场秩序明显改善。科技、教育、经贸、文化等领域建立起比较规范和完善的知识产权管理制度，知识产权公共服务能力基本满足社会需求。

二、改进知识产权宏观管理，提高管理综合效能

（四）优化行政管理体系。深化知识产权行政管理体制改革，加强专利、商标和版权等行政管理队伍建设。加强地方知识产权管理工作体系建设，优化工作流程，完善工作机制，提高行政运行效能。进一步简政放权，改革知识产权行政审批制度，充分发挥市场配置创新资源的决定性作用。

（五）健全统筹协调机制。加强国家知识产权战略实施工作部际联席会议制度建设，加大对知识产权宏观管理的指导协调力度，定期研究制定知识产权发展的重大方针和政策，统筹推进知识产权战略实施，协商决策知识产权发展重大事项。加强部门协调配合，推进产业政策、区域政策、科技政策、经贸政策与知识产权政策的衔接。鼓励和支持地方建立高效运行的知识产权工作统筹协调机制，加强国家与地方的沟通协调，凝聚管理合力。

（六）加强知识产权战略布局。以提升产业创新驱动发展能力为目标，开展专利导航试点工程，面向产业集聚区、行业和企业，实施一批专利导航试点项目，开展专利布局，构建支撑产业（企业）竞争力的专利储备。定期发布重点产业专利发展态势报告，引导企业加强产业前沿技术的研发和储备，增强企业核心竞争力。开展国家重大经济活动知识产权评议工作，针对重要重大产业规划、政府重大投资活动开展知识产权评议服务，增强经济活动的知识产权风险防控能力。加强国家科技重大专项知识产权战略研究，定期开展知识产权分析预警，研究制定重大专项知识产权策略。

（七）综合运用政策手段支持知识产权创造运用。运用财政、税收、金融等政策引导市场主体创造和运用知识产权。完善企业研发费用税前加计扣除政策，将发明人奖励计入研发成本，激发发明创造动力。研究改革事业单位科技成果转化相关处置收益政策，调动单位和人员运用知识产权的积极性。鼓励金融机构继续创新开发专利许可证券化、专利保险试点等新型金融产品和服务，对开展知识产权质押贷款业务的金融机构提供金融支持，通过国家科技成果转化引导基金对科技成果转化贷款给予风险补偿，促进知识产权成果产业化。

三、加强知识产权执法监管，维护市场运行良好秩序

（八）加强知识产权行政执法。推进知识产权执法检查常态化机制建设，有序开展执法检查督导工作。进一步加强行政执法队伍建设，严格执法人员持证上岗和资格管理制度，充实行政执法人员队伍。加强对侵犯知识产权突出问题的专项整治。密切跨地区、跨部门执法协作，加强执法调度工作，推进综合执法和联合执法。开展知识产权保护社会满意度调查，完善知识产权执法维权绩效考核评价机

制。加快建设知识产权行政执法与刑事司法衔接工作信息共享平台，实现执法司法信息全面共享。

（九）突出重点环节知识产权监管。加强生产源头和流通环节执法监管。加大各类展会的知识产权执法保护力度，在重点展会设立知识产权投诉处理机构。做好互联网和新兴媒体的知识产权监管工作，规范网络运行秩序。建立专业市场知识产权管理制度和标准，探索在重点专业市场设立知识产权保护巡查办公室，实现市场巡查常态化。

（十）加强知识产权服务市场监管。完善知识产权服务业统计监测体系，推动知识产权服务业标准化体系建设，明确服务内容和流程，提高服务规范化水平。推进建立知识产权服务职业资格制度，规范服务市场监管。加强对违规行为的惩戒，建立公平公正的市场秩序。加强对版权集体管理机构的指导和监督，规范收费活动和收益分配行为。建立知识产权服务信息平台，及时公开服务机构和从业人员信用评价、失信惩戒和表彰奖励等信息，引导服务机构向专业化、品牌化、国际化方向发展。鼓励知识产权服务业协会或联盟加强执业监督与管理，强化行业自律。

（十一）加强知识产权涉外风险防范。加强境外投资项目知识产权风险防范指导，引导企业防范进出口贸易中的知识产权风险，涉及技术进出口的，依法取得许可或者进行登记。完善涉外知识产权信息沟通交流机制，研究开展知识产权贸易统计监测可行性。发布重点领域涉外领域知识产权预警分析报告、重点国家和地区知识产权环境状况报告，有效支持我国企业国际化发展。

四、健全知识产权管理制度，提高管理规范化水平

（十二）引导企业标准化管理知识产权。实施企业知识产权管理标准化工程，推广《企业知识产权管理规范》国家标准，引导企业加强知识产权管理机构和管理制度建设，将规范管理贯穿到企业生产经营全流程。培育管理规范的贯标认证机构，规范认证工作。将企业知识产权管理规范认证情况作为科技项目立项，以及高新技术企业、知识产权示范企业和优势企业认定的重要参考条件，促进企业知识产权管理规范化。支持中小企业利用知识产权集中管理、委托管理等模式，降低管理成本。

（十三）推行科技项目知识产权全过程管理。将知识产权管理全面纳入科技重大专项和国家科技计划全流程管理。在高技术产业化项目、重大技术改造项目、国家科技重大专项等项目中，探索建立知识产权专员制度，加强科研项目立项、执行、验收、评估及成果转化、运营等各环节的知识产权管理。鼓励有条件的高等院校和科研院所设立集知识产权管理、转化运用为一体的机构，统筹知识产权管理工作。

（十四）建立健全知识产权资产管理制度。建立健全知识产权资产价值评估体系。帮助企业按照企业会计准则相关规定，科学合理地划分知识产权开发过程中应予以费用化和资本化的部分，准确反映知识产权资产的入账价值。科学核算企业自创、外购和投资获得的知识产权资产，规范企业在并购、股权流转、对外投资等活动中对知识产权资产的处置和运营。推进软件资产管理，建立企业软件正版化长效机制。制定上市公司知识产权资产信息发布指南，引导企业及时合理披露知识产权信息。

（十五）鼓励社会组织加强行业管理。鼓励协会、商会等社会组织建立知识产权管理部门，支持社会组织依法开展知识产权鉴定、咨询、培训、维权、调解等活动。鼓励发展知识产权联盟等新兴知识产权组织，集中管理行业知识产权资源，探索集约化运用和保护机制。引导社会组织健全行业知识产权自律规范，发挥自我约束、共同维权作用。建立专门机制，畅通社会组织与政府间的常态化、便捷化沟通渠道。

五、创新知识产权服务方式，提供优质公共服务

（十六）提高知识产权审查服务能力。完善知识产权审查标准，创新审查方式，推行电子申请，提高审查效率。建立专利申请人诚信档案制度，加强监控处理力度，规范专利申请行为。以优化专利质量为导向，完善专利申请资助政策，促进专利申请质量提升。完善商标审查和异议、评审审理工作机制，进一步提升商标注册审查效能。加强著作权登记体系建设，扩大版权登记覆盖面。

（十七）提升知识产权运用服务水平。推动专利、商标、版权等各类知识产权平台的互联互通，加强基础知识产权信息的共享开放，向社会提供便利好用的基础信息。推动知识产权管理和执法信息公开，方便公众查阅。采取政府购买服务的方式，支持建立重点领域和重点产业的社会化服务平台。在重点产业集聚区、重点园区建设具有申请受理、咨询、培训、信息服务等功能的"一站式"知识产权服务机构。鼓励建设多方参与、机制开放、资源共享，集交易、评估、投融资服务于一体的知识产权运营中心。探索建立集中经营模式，对高等院校和科研院所的知识产权特别是专利技术进行资本化运作，盘活无形资产。引导社会力量广泛开展知识产权培训。支持市场主体开发知识产权管理系统和工具。鼓励利用先进信息技术创新知识产权信息服务模式，促进协同创新发展。

（十八）提高知识产权维权服务水平。完善知识产权举报投诉机制，加强知识产权侵权热线举报投诉平台建设和信息共享，健全举报投诉电子档案库。加强知识产权维权援助中心建设，规范中心运行，扩大维权志愿者、监督员队伍。针对知识产权保护需求强烈的产业集聚区，探索建立专利快速维权工作机制，为权利人提供快速确权、维权等服务。完善企业海外知识产权维权援助机制，探索开展企业海外知识产权纠纷应急救助工作。

六、加强组织保障，确保各项措施落到实处

（十九）加强组织领导。国家知识产权战略实施工作部际联席会议要加强推进机制建设，提高知识产权管理和服务能力，组织协调落实相关工作。各有关部门要加强协调配合，加强对地方工作的指导，定期开展督导检查，确保政策落到实处。各级政府要加强知识产权战略协调机构建设，把知识产权管理工作纳入重要工作议程，统筹调配资源，推动各项政策措施落实。各地区和有关部门要结合工作实际，研究制定加强知识产权管理工作的配套政策，积极探索、稳步推进知识产权管理模式改革创新。

（二十）强化管理队伍建设。完善知识产权专业技术人才评价制度，将知识产权专业人才纳入职称评价范围，加强人才水平评价，促进人才成长发展和合理流动。鼓励高等院校发展知识产权学科，培养高水平知识产权专业人才。支持高等院校和科研院所的知识产权专员队伍建设，培养和培训一批熟悉科技前沿动态、知识产权法律和管理的人才。完善高层次人才回国优惠政策，优先引进一批知识产权战略实施亟需的海外高端管理人才。

（二十一）保障资金投入。创新投入机制，发挥财政资金引导作用，大力吸引社会资金投入知识产权管理和运营平台建设，逐步建立多渠道资金保障机制。国家科技计划（专项、基金等）项目承担单位的相关知识产权事务费在项目预算中应按规定列支。加大地方资金保障力度，确保各项工作顺利开展。

（二十二）加强考核督导。健全知识产权统计指标体系，将知识产权指标纳入经济社会发展情况统计调查范围，定期评价和发布知识产权发展状况。以公共服务水平和服务效果为核心，建立健全知识产权行政工作考核评价指标体系，提升管理和服务能力。引导企事业单位建立以知识产权实绩为核心的考核评价制度，科学引导知识产权创造与运用。

广东省专利奖励办法

第一条 为了鼓励发明创造，推动自主知识产权的运用和保护，提高自主创新能力，根据《广东省专利条例》等有关规定，结合本省实际，制定本办法。

第二条 本办法适用于广东省专利奖的评审、奖励和管理。

第三条 广东省专利奖由省人民政府设立，包括广东专利奖和中国专利奖配套奖。

广东专利奖设广东专利金奖、广东专利优秀奖和广东发明人奖。广东专利金奖及广东专利优秀奖从发明专利、实用新型专利和外观设计专利中评选产生，广东发明人奖从专利发明人或者设计人中评选产生。

中国专利奖配套奖是对本省获得中国专利奖的单位或者个人的配套奖励。

第四条 广东省专利奖的推荐、评审和奖励工作，应当遵循公开、公平、公正的原则。

第五条 省人民政府专利行政部门负责广东省专利奖评审、奖励的组织以及日常管理。

第六条 省人民政府设立广东专利奖评审委员会（以下称评审委员会），负责广东专利奖的评审工作。

评审委员会成员由相关领域的专家及相关部门负责人组成，人选由省人民政府专利行政部门提出，报省人民政府批准后聘任，每届任期3年。

评审委员会下设专业评审组和办公室。各专业评审组由相关领域的专家组成，负责技术领域的专业评审工作。办公室设在省人民政府专利行政部门，负责评审委员会的日常工作。

第七条 广东专利奖每年评选一次，每次授奖金奖不超过15项，优秀奖不超过55项，其中授予发明专利的奖项均不少于70%；发明人奖不超过10项。

省人民政府对获得广东专利金奖的单位，给予每项10万元的奖励；对获得广东专利优秀奖的单位，给予每项5万元的奖励；对获得广东发明人奖的个人，给予每项2万元的奖励。

根据本省经济社会发展状况，省人民政府专利行政部门可以会同省人民政府财政等有关部门提出调整广东专利奖奖励标准的建议，报省人民政府批准后实施。

广东专利奖奖金从省知识产权专项资金列支。

第八条 申报广东专利金奖及广东专利优秀奖，应当具备以下条件：

（一）申报单位为在本省行政区域内登记注册、具备独立法人资格的专利权人或者实施单位；

（二）申报项目为已获得国家知识产权局授权的专利（不含国防专利和保密专利），且该专利权有效、稳定；

（三）该专利创新性强、技术水平高或者设计独特，实施后取得显著的经济效益、社会效益或者生态效益；

（四）该专利及其产品符合国家和省的产业及环保政策；

（五）针对该专利有相对完善的保护措施。

第九条 申报广东发明人奖，应当具备以下条件：

（一）申报人为本省行政区域内常住的中国专利发明人或者设计人；

（二）申报人遵纪守法，具有良好的社会道德和职业道德；

（三）申报人具有较强的创新意识和较高的发明创造能力，并且为获得授权专利的第一发明人或者设计人；

（四）专利实施后取得显著的经济效益、社会效益或者生态效益，对促进相关领域技术进步具有实质性贡献。

第十条 有下列情形之一的，不得申报广东专利奖：

（一）专利已获得中国专利奖或者广东专利奖；

（二）存在专利权属纠纷、专利权无效纠纷、发明人或者设计人纠纷。

第十一条 申报广东专利金奖及广东专利优秀奖的，应当填写《广东专利奖申报书（项目类）》，并提交以下材料：

（一）申报单位的法人证明材料，申报单位为非专利权人的，还需提供对该专利享有合法实施权的材料；

（二）专利权有效证明材料，实用新型和外观设计专利还需提供独立的专利权评价报告；

（三）专利项目实施所产生的经济效益、社会效益或者生态效益的证明材料；

（四）针对该专利采取的保护措施说明；

（五）外观设计专利产品的样品或者实物照片；

（六）特殊产品的市场准入证明；

（七）其他有关材料。

第十二条 申报广东发明人奖的，应当填写《广东专利奖申报书（发明人类）》，并提交以下材料：

（一）申报人的身份证明材料；

（二）申报人发明创造的基本情况说明；

（三）专利权有效证明材料，实用新型和外观设计专利还需提供独立的专利权评价报告；

（四）申报人发明创造取得的经济效益、社会效益或者生态效益，以及促进相关领域技术进步的证明材料；

（五）其他有关材料。

第十三条 申报广东专利奖，采取推荐与自荐相结合的方式。

下列单位或者专家可以推荐参评项目和发明人：

（一）地级以上市人民政府；

（二）省人民政府有关部门、直属机构；

（三）中国科学院院士或者中国工程院院士；

（四）省级相关行业协会；

（五）其他符合省人民政府要求的单位。

国家级知识产权示范企业可以自荐1项参评项目。省人民政府可以结合知识产权奖励工作实际，适当调整自荐范围。

第十四条 评审委员会办公室收到推荐单位、申报单位或者个人报送的申报材料和推荐意见后，组织各专业评审组进行初评，并将初评结果报评审委员会。

评审委员会根据初评结果进行综合评审，提出广东专利奖拟奖项目名单，并在省人民政府专利行政部门网站上进行公示，公示期为15日。

公示期结束后，由省人民政府专利行政部门将评审结果报省人民政府批准，并向社会公布。

第十五条 参与广东专利奖评审工作的专家及相关工作人员不得泄露评审情况，与申报单位或者个人有利害关系的，应当回避。

第十六条 广东专利奖的评审工作接受社会监督，实行异议制度。对拟奖项目名单有异议的单位或者个人，可以在公示期内以书面形式向评审委员会办公室提出。

评审委员会办公室收到异议材料后，应当对异议内容进行调查、核实，提出处理建议，经评审委员会决定后，将处理意见通知异议方、申报方和推荐方。

第十七条 中国专利奖配套奖授奖名单由省人民政府专利行政部门根据每届中国专利奖授奖名单审核确认后，报省人民政府批准。

省人民政府对获得中国专利金奖或者中国外观设计金奖的单位和个人，给予每项100万元的奖励；对获得中国专利优秀奖或者中国外观设计优秀奖的单位和个人，给予每项50万元的奖励。

中国专利奖配套奖奖金由省财政列支。

第十八条 获得广东省专利奖的单位及个

人，由省人民政府进行表彰和奖励，并颁发证书和奖金。

第十九条 以提供虚假数据、材料或者其他不正当手段骗取广东专利奖的，由省人民政府专利行政部门报省人民政府批准后撤销奖励，追回证书和奖金，对骗取金奖的单位处以3万元罚款，骗取优秀奖的单位处以1万元罚款，骗取发明人奖的个人处以1000元罚款，并在相关媒体上公布，5年内不予申报广东专利奖。

第二十条 推荐单位、专家提供虚假数据、材料等，协助他人骗取广东专利奖的，由省人民政府专利行政部门通报批评，属于专家推荐的，取消其推荐资格；属于单位推荐的，暂停其推荐资格，并由有关主管部门对直接负责的主管人员和其他直接责任人员依法给予处分。

第二十一条 参与评审工作的专家及相关工作人员在广东专利奖评审活动中泄露评审情况，或者弄虚作假、徇私舞弊的，评审专家由省人民政府专利行政部门通报批评，取消其评审资格；工作人员由有关主管部门依法给予处分。

第二十二条 省人民政府专利行政部门应当建立广东专利奖诚信档案，对广东专利奖评审活动中有关单位和个人的违法违规行为，计入诚信档案，并依照省有关规定予以处理。

第二十三条 省人民政府专利行政部门应当根据本办法制定实施细则。

第二十四条 本办法自2014年10月1日起施行。

关于促进我省知识产权服务业发展的若干意见

广东省知识产权局

知识产权服务业是现代服务业的重要内容和高技术服务业的重点发展领域。促进知识产权服务业发展，是贯彻落实《中共广东省委 广东省人民政府关于加快建设知识产权强省的决定》（粤发〔2012〕4号）的重要举措，对我省创建知识产权服务业发展示范省，提高产业核心竞争力，促进经济社会持续健康发展具有重要意义。现就促进我省知识产权服务业发展提出以下意见：

一、明确发展目标

按照“市场主导、政府扶持、分类指导、创新发展”的原则，以创建知识产权服务业发展示范省为目标，全面实施知识产权战略，大力推动我省产业转型升级。以建设创新能力强、服务体系完善、维权保护有力、高端产业集聚的知识产权服务体系为重点，加快形成知识产权服务与科技、产业、金融深度融合的良好格局。推动知识产权服务载体建设，建设1—2个高水平的全国性知识产权产业园区和一批高水平的知识产权培训机构或基地，扶持一批服务专业化、发展规模化、运行规范化的知识产权服务机构，打造一支具有专业素质的知识产权服务队伍，使我省率先成为全国知识产权服务业参与国际竞争的主力省。

二、完善覆盖全省的知识产权服务体系

支持各类知识产权服务机构加快发展，引导服务机构在有条件的地区设立分支机构及工作站，深化“百所千企”知识产权服务对接工作，鼓励各类服务机构开展网络服务，逐步形成覆盖全省的知识产权服务体系和中小微企业服务网络；建设集合政府资源、高新技术园区、服务机构组成的知识产权托管服务联盟，为行业、企业市场拓展、并购、投融资等商业活动提供知识产权服务。充分发挥广州、深圳、佛山、东莞国家专利技术展示交易中心作用，支持有条件的地区建设国际知识产权交易场所，吸收相关专业服务机构作为合作伙伴，提升服务能力，打造完整的知识产权产业服务链。探索搭建知识产权交易多元一体化平台，做强南方国际版权交易所。

三、加大知识产权评估和投融资支持力度

支持服务机构开展知识产权价值分析、评估业务，完善知识产权投融资扶持政策，搭建知识产权与金融资本对接平台，加快知识产权资本化和产业化。探索建立知识产权证券化交易机制，开展知识产权证券交易试点。鼓励金融机构、创业投资、民间资本等进入知识产权运营市场，通过专利收储和组合，对关键技术领域内的专利进行集中管理和集成运营。加大对佛山南海国家知识产权投融资综合试验区建设的支持力度。

四、加强知识产权战略决策分析

深入推进“广东省战略性新兴产业专利信息资源开发利用计划”，为企业、行业提供专利战略态势分析再次开发服务，强化知识产权、技术贸易壁垒的评估、预测与应对，提升产业竞争力和科学决策水平。开展重大经济活动、人才引进和科技事务中知识产权的综合分

析与评估，提升项目实施单位识别、防范和应对潜在知识产权风险的能力。针对我省重点外贸出口产品，建立重点产品专利信息发布系统，定期向广东省企业提供最新的专利技术信息，引导企业建立知识产权长效预警机制。

五、建立知识产权服务业产业集群和孵化基地

依托高新区、战略性新兴产业基地等产业集聚区，发展以知识产权为主导的全产业链体系，打造以知识产权产业集群化为标志的国际性服务园区。引导产业聚集区构建产业专利池，建立以优势企业为龙头、技术关联企业为主体、知识产权布局与产业链相匹配的知识产权专利联盟。探索在广州、深圳等市建设专利技术产业化孵化基地，逐步形成研究、开发、生产一体化的综合优势。

六、推行企业知识产权规范管理和品牌创建

加强对企业知识产权管理的引导，指导和帮助企业强化知识产权创造、运用、管理和保护，争取全省高新技术企业在5年内全部引入知识产权管理规范。支持专利、商标、版权等服务机构做大做强，重点支持60家基础好、能力强、信誉良的服务机构，通过外部合并、重组及内部优化、整合扩大规模，拓展业务范围，提升服务能力，打造知识产权服务品牌。

七、构建知识产权大数据系统

发挥国家知识产权局区域专利信息服务（广州）中心功能，以广东省知识产权公共信息综合服务平台为数据主站，各地市及产业联盟为数据分站，重点企业、高校、科研机构等为服务网点，整合政府、企业、高校、科研机构的知识产权信息资源，建立覆盖全省的“主站—分站—网点”三级数据系统。引进和培育一批知识产权数据分析企业，开展海量信息数据专业化处理，为企业创新、拓展业务提供信息支撑服务。

八、探索知识产权保护和管理模式改革

在中新（广州）知识城、揭阳金属生态城等重大国际合作平台，开展知识产权保护和服务综合改革试点，创新知识产权保护和管理的理念、模式，探索建立多方参与的公益性综合保护和服务体系。加强对广交会、美博会、中博会和外博会等重要知名展会知识产权保护工作的指导、监督和管理，提升我省会展业整体知识产权保护与服务水平。开展知识产权特派员计划，充分发掘和统筹利用我省高校、代理机构及律师事务所等专家资源，有步骤地选派一批知识产权特派员，深入企业和园区创新一线，为创新型企业提供全流程知识产权服务。鼓励服务机构帮助中小型科技企业开展知识产权托管服务。

九、健全知识产权维权援助体系

加快推进中山（灯饰）、东莞（家具）知识产权快速维权中心建设。在产业聚集区或专业镇探索建立具有综合服务功能的知识产权快速调处工作机制，鼓励和支持知识产权代理机构与行业协会合作，构建行政保护、司法保护和行业自律保护衔接协同的维权援助体系。完善知识产权维权援助手段，提供创新阶段的技术咨询、产业化前的市场分析、产业化过程中的金融援助等服务。深化维权案件跨区域合作，探索建立多元化纠纷解决机制。支持广东省知识产权研究与发展中心知识产权司法鉴定所加强软硬件测试环境、国际标准管理体系、专业规范和质量管理控制体系建设，组建涵盖各专业领域的专家库，争取打造全国一流的知识产权司法鉴定所。

十、加强知识产权人才培养

加快国家知识产权培训基地、国家中小微企业知识产权培训（南海）基地建设，鼓励各地通过开展校企合作等方式建立覆盖全省的知识产权远程教育平台。培育一批专业化的知识产权培训机构，大力引进国内外优质师资力

量，形成结构合理、层次衔接的知识产权专业人才培养体系。制定优惠政策，引进一批适应国际竞争需要、懂技术、会管理的知识产权高端复合人才。制订知识产权人才评价体系。在省内高校设立专利信息人才培养基地，开展专利信息检索、分析、利用等培训。鼓励理工类高校开设专利信息检索课程，提升大学生的专利信息利用能力。

十一、加强知识产权服务交流合作

推动知识产权服务企业高端人才的国际交往，加强与欧美及日韩等发达国家和地区知识产权交流合作。完善国际和区域知识产权信息沟通交流机制，引入先进知识产权管理经验和专业化运作模式，提升知识产权国际化服务能力。加强粤港澳金融、文化创意等服务业知识产权交流，深化跨境保护、培训教育、研究服务方面合作；推进粤台知识产权服务人才、信息分析及管理等方面的合作。吸引国际知名机构到广东开展知识产权服务业务，鼓励海外高层次留学人才和创业团队运用知识产权创业。

十二、落实相关保障措施

建立知识产权服务业发展协作机制，协调解决知识产权服务业发展中遇到的重大问题。各地要高度重视发展知识产权服务业工作，把加快知识产权服务业发展作为建设知识产权强省的重要举措，制定和完善促进知识产权服务业发展的政策措施。综合运用基金、贷款贴息、担保等多种方式，引导信贷资金、外资和社会资本多渠道投向知识产权服务业，逐步建立多元的资金投入体系。建立知识产权服务业统计指标体系和知识产权服务业发展监测信息发布机制，实现统计资源共建共享。加强知识产权服务业机构监管以及行业协会和社会中介组织建设，强化行业自律，规范行业竞争，指导企业履行社会责任。加强知识产权宣传工作，大力宣传国家和省发展知识产权服务业的方针政策，为知识产权服务业发展营造良好氛围。

2014年知识产权大事记

1月

6—11日，国家知识产权局专利复审委员会通信二处一行6人来粤对5宗专利无效案件进行口头审理。

8—11日，国家工商行政管理总局商标局一行到广东省调研商标档案工作，省工商行政管理局副局长钱永成出席座谈会。

13日，经省委同意，马宪民任省知识产权局局长。

是日，经省委批准，黄光华任省知识产权局副巡视员。

是日，省知识产权局召开传达贯彻省委十一届三次全会精神大会，局党组书记马宪民主持并传达。

是日，粤闽地区专利保险理赔工作研讨会暨国家专利保险试点首宗赔款支付仪式在佛山市禅城区举行，国家知识产权局专利管理司、中国人民财产保险股份有限公司相关负责人出席会议。

15日，省知识产权局召开“运用知识产权促进企业高效研发对接座谈会”，组织国家专利运营试点企业广东省腾讯公司，与中山大学、华南理工大学、广东工业大学、广州大学等高校开展校企知识产权合作座谈。会议由省知识产权局副局长袁有楼主持。

17日，法国内政部国际合作局内务安全处警务联络官马乐先生一行2人访问省知识产权局。

是日，省知识产权局局长马宪民，副局长谢红接见华南理工大学校长助理吴业春一行，双方共商2014年度知识产权合作工作。

22—23日，省工商行政管理局党组书记、局长卢炳辉到国家工商行政管理总局汇报请示商事登记制度改革和设立商标注册机构工作。

24日，省委组织部在省知识产权局召开干部任命大会。省委常委、省委组织部部长李玉妹出席会议并作重要讲话，省委组织部副部长张辉和省委组织部干部五处处长黄山云等领导出席会议。会上，张辉宣读广东省委关于马宪民、陶凯元职务任免的决定，任命马宪民为省知识产权局局长，免去陶凯元的省知识产权局局长职务。李玉妹在讲话中对陶凯元和马宪民的工作给予高度评价。局长马宪民作履新发言。已任职最高人民法院副院长的原局长陶凯元作离别感言。

2月

7日，省人民政府副省长陈云贤在省知识产权局局长马宪民的陪同下，视察国家知识产权局专利局广州代办处。

11日，省知识产权局局长马宪民会见来粤调研的上海市知识产权局副局长洪涌清一行2人。副局长袁有楼率产业处、执法处有关人员与洪涌清一行进行座谈交流。

18日，省知识产权局举办2014年第一期“知识产权学习讲坛”，邀请省外办出国管理处处长张全坚作“外事政策”专题讲座。

20日，汤森路透（THOMSON REUTERS）知识产权服务副总裁Stuart Recher一行4人访问省知识产权局，副局长袁有楼会见代表团一行。

24日，新加坡知识产权局副局长、新加坡知识产权学院执行总监Lu Lin Chiam（詹露玲）女士一行4人访问省知识产权局，局长马宪民会见代表团一行，副局长谢红陪同会见。

24—27日，省知识产权局派员进驻由广东国际科技贸易展览公司主办的“第12届中国（广州）国际专业灯光音响暨乐器展览会”，开展知识产权保护工作。共调解专利侵权纠纷案件25件。

25日，新加坡知识产权局副局长詹露玲一行赴省知识产权研究与发展中心访问，省知识产权局副局长袁有楼率协调与合作处人员及中心人员与代表团一行进行交流。

25—28日，全国打击侵权假冒绩效现场考核第七组由国家质检总局副司长马雪冰带队到广东省检查打击侵权假冒工作情况。领导小组办公室组织专场汇报会。省打击侵权假冒工作领导小组办公室副主任、省知识产权局副局长谢红陪同检查。

3月

3日，省知识产权局副巡视员黄光华带队赴省信息中心与主任叶元龄沟通集聚中心建设有关事宜。

4日，全省知识产权局局长会议在广州市召开。省知识产权局局长马宪民作了题为“深化改革、加快发展，争当支撑创新转型的顶梁柱”的工作报告。副局长唐毅主持会议，各地级以上市知识产权局负责人及相关人员参加会议。

5日，在国家知识产权局有关人员的陪同下，法国驻华知识产权专员白金先生（Jean-Baptiste Barbier)，法国驻广州总领事馆经济领事、科技领事等一行4人访问省知识产权局。副局长谢红接待代表团一行，省公安厅、省版权局、省工商局、省法院及海关广东分署代表出席会谈，双方围绕加强知识产权保护，深化知识产权合作等话题展开座谈。

6—9日，省知识产权局派员进驻由广东国际科技贸易展览公司主办的“第19届华南国际口腔展览会”，共调解专利投诉案件3件。

7—10日，省知识产权局派员进驻“2014（春）深圳国际家纺布艺家居装饰展览会”，共调解专利投诉案件10件。

9—11日，省知识产权局派员进驻由广东省美容美发化妆品行业协会主办的“第40届广州国际美容美发化妆用品进出口博览会”，共调解专利投诉案件17件。

10—12日，全国打击侵权假冒工作领导小组办公室副主任李振中一行5人到广东省对开展打击利用互联网侵权假冒行为进行调研。省打击侵权假冒工作领导小组办公室副主任、省知识产权局副局长谢红陪同调研。

12—14日，国家知识产权局专利局审查业务部处长韩小非一行7人到广东调研专利费用减缓出证情况，省知识产权局局长马宪民在广州市与调研组进行座谈，副巡视员黄光华及国家知识产权局专利局广州代办处负责人陪同调研。

14日，美国莱纳戴维律师事务所广州办事处代表何勇律师访问省知识产权局，副局长谢红接见何勇先生，双方围绕在知识产权领域的合作展开会谈。

18日，韩国世界知识产权检索有限公司（Wips Co., Ltd.）总裁Lee Hyung-Chil一行4人访问省知识产权局，副局长谢红会见访问团，双方围绕在专利信息领域的合作展开会谈。

是日，省人民政府副省长陈云贤在北京拜会国家知识产权局局长申长雨，双方围绕把广东建设成为“知识产权强国先行地、深化知识产权改革实验区、创建省部知识产权协调发展先导区”的目标，对下一步广东与国家知识产权局开展知识产权战略合作相关工作进行商讨。省人民政府副秘书长李捍东，省知识产权局局长马宪民，副局长袁有楼，副巡视员黄光华参加会见。

25日，省人民政府副省长陈云贤在广州市就企业运用知识产权、促进科技创新和转型升级专题进行调研，省知识产权局局长马宪民等领导陪同调研。

25—27日，由省知识产权局主办、华南理工大学知识产权学院承办的“广东省专利行政执法提高班”在国家知识产权培训（广州）

基地举办，省知识产权局副局长唐毅出席开班仪式并讲话。共有80名来自全省各地市具有一定专利行政执法经验的专利行政部门的学员参加此次培训。

26日，国家知识产权局副局长甘绍宁及文献部相关负责人一行就专利信息传播利用（广东）基地建设情况到广东省知识产权研究与发展中心开展专题工作调研，省知识产权局局长马宪民、副局长谢红等领导陪同调研。

27日，省人民政府副省长陈云贤赴中国中山（灯饰）知识产权快速维权中心调研，听取专利信息运用工作汇报演示，实地考察中山市琪朗有限公司和中山华艺灯饰照明股份有限公司。省知识产权局局长马宪民、中山市副市长冯煜荣等领导陪同调研。

是日，省知识产权局副局长袁有楼会见北京市知识产权局副局长李钟率领的调研组一行6人，与调研组就知识产权投融资工作、专利技术展示交易网站建设情况进行座谈交流。省知识产权局产业促进处、省知识产权研发中心、佛山市南海区知识产权局、海科知识产权交易有限公司、中国专利孵化网运营中心等部门负责人参加座谈。

29日，省知识产权局副局长谢红出席第29届广东省青少年科技创新大赛，并考察大赛参赛项目。

31日，国家知识产权局专利复审委员会通信申诉二处一行8人，在广州第一巡回审理室对广州的“插销套管”“一种用于肿瘤放疗的耐拉脱边框”2件实用新型专利权无效案件进行巡回口头审理。省知识产权局积极组织企业、代理机构及群众20多人参加审理旁听，通过复审委的巡回口审，提高企业和社会公众知识产权意识，提高代理机构服务水平，扩大社会影响，起到良好的宣传效果。

4月

9日，省知识产权局组织召开专利法执法检查协调会，局长马宪民出席会议并作讲话。省科学院、华南理工大学、广州市知识产权局、深圳市知识产权局、珠海市知识产权局、中山市知识产权局等有关单位的负责人参加座谈。

10日，国家知识产权局与广东省人民政府第二轮知识产权高层次战略合作2014年工作会议在广州市举行。广东省省委副书记、省长朱小丹，国家知识产权局局长申长雨出席会议并讲话。会上，省知识产权局局长马宪民总结第二轮省部合作2013年工作情况，广东省副省长陈云贤提出2014年会商工作安排建议，国家知识产权局副局长贺化就2014年工作安排建议交流意见，局长申长雨和省长朱小丹分别作重要讲话。国家知识产权局有关部门和广东省省直有关单位、珠三角各地级以上市知识产权局及顺德区知识产权局负责人参加会议。

是日，省委书记胡春华、省长朱小丹会见国家知识产权局局长申长雨。

是日，国家知识产权局局长申长雨一行在省知识产权局局长马宪民陪同下，视察国家知识产权局专利复审委员会第一巡回审理庭、国家知识产权局专利局广州代办处。

10—11日，国家知识产权局局长申长雨一行赴广州、深圳等地分别对国家知识产权局专利局审查协作广东中心、华为技术有限公司、中兴通讯股份有限公司进行调研，并听取省知识产权局工作汇报和广州开发区关于申报国家知识产权保护和服务综合改革试点工作的情况汇报，还参加深圳市推进知识产权战略实施座谈会。副省长陈云贤陪同广州段调研，省知识产权局局长马宪民陪同调研。

14日，省知识产权局组织召开第115届广交会知识产权保护工作动员大会。省知识产权局副局长唐毅、广州市知识产权局副局长邓佑满出席会议，来自全省知识产权局系统的50多名执法人员参加会议。

15日，全国人大常委会副委员长吉炳轩率执法检查组来粤检查广东省实施专利法的情况，省人民政府副省长陈云贤向检查组汇报广东省贯彻实施专利法的情况。省知识产权局局长马宪民，副局长唐毅，纪检组长严小宜出席专利法执法检查汇报座谈会，局长马宪民在会上发言。

15日—5月5日，第115届广交会在广州市举办。广东省知识产局组织50余人的省市专利联合执法队伍驻会开展知识产权保护工作。大会投诉站共受理专利类投诉348宗，涉及被投诉企业485家，占知识产权投诉案件总数的70.2%，其中，外观设计278宗，占80%；另外实用新型54宗，发明16宗。

16—18日，“广东省企业知识产权管理规范培训班”在惠州市举行。省知识产权局副局长袁有楼、惠州市副市长王胜出席“惠州市4·26知识产权宣传活动启动暨企业知识产权管理规范培训班开班仪式”并讲话。来自惠州市知识产权管理部门、服务机构、企业等代表近200人参加培训。

16—19日，全国人大常委会副委员长吉炳轩率执法检查组来粤检查广东省实施专利法的情况，执法检查组在广州、深圳、珠海、中山等地进行实地考察。省知识产权局局长马宪民，纪检组长严小宜陪同考察。

17日，全国打击侵权假冒领导小组办公室在京召开侵权假冒行政处罚案件信息公开电视电话会议，省打击侵权假冒工作领导小组成员单位代表在广东分会场参加会议。

是日，青海省知识产权局副局长焦锋锐一行2人来广东省知识产权局调研交流，广东省知识产权局副局长袁有楼出席并主持会议。双方就重大经济科技活动知识产权评议机制建设、知识产权战略实施等相关工作进行深入交流。

18日，广东省人民政府新闻办公室召开新闻发布会，广东省人民政府知识产权办公会议副主持人、办公室主任，省知识产权局局长马宪民发布2013年广东省知识产权保护状况，省人民政府知识产权办公会议办公室副主任、省知识产权局副局长谢红发布2014年广东省知识产权宣传周活动方案，各知识产权职能部门代表就有关问题回答记者及领事官员提问。发布会由省府新闻办副主任王永清主持。

21日，“省市联合执法集中销毁活动现场会暨江门市‘4·26’知识产权宣传周启动仪式”在江门市东湖广场举行。由江门市知识产权局主办。省知识产权副局长唐毅、江门市副市长吴国杰以及江门市打击知识产权侵权假冒工作领导小组成员单位和各市区知识产权局负责人出席活动，江门市专利代理机构、省市知识产权示范优势企业等四十多个单位参加活动。活动现场，省市有关领导、各有关单位和企业代表共同参与以“保护知识产权　从我做起”为主题的签名活动。现场销毁假冒专利、商标产品，盗版光碟和非法出版物等一批违法物品。

22日，省知识产权局局长马宪民一行前往广东省中科宏微半导体设备有限公司开展知识产权工作调研，听取中科宏微公司的创新发展与知识产权工作情况介绍，考察该公司生产的MOCVD设备，询问相关产品的生产流程和关键技术。

是日，省知识产权局、香港知识产权署、省版权局和省工商局联合开展“正版正货承诺”活动网络访谈暨公益宣传开播仪式。

24日，省知识产权局局长马宪民，纪检组长严小宜前往第115届广交会会场检查知识产权保护工作，并亲切看望广东省知识产权系统驻大会投诉站的工作人员。局长马宪民与广交会副秘书长、中国对外贸易中心副主任徐兵进行座谈。此届广交会还有来自山东、重庆、湖北和海南知识产权系统的人员来投诉站观摩交流。

是日，副局长谢红率省知识产权局协调与合作处代表一行3人访问澳门经济局，与澳门经济局副局长戴建业、澳门经济局知识产权厅厅长郑晓敏等会谈。

25日，国家知识产权局知识产权发展研究中心发布《2013年全国专利实力状况报告》，广东省连续第三年位居全国专利综合实力状况排名第一位。

是日，审协广东中心举办开放日活动。国家知识产权局直属机关党委副书记朱兴国、省知识产权局副局长谢红、审协广东中心主任毕囡等出席活动。

28—30日，“广东省企业知识产权管理规范培训班”在湛江市举行，来自湛江的知识产权优势、示范企业和其他省内部分企业及知识产权服务机构代表近90人参加培训。湛江市政协副主席、市知识产权局局长欧先伟、省知识产权局处长黄文霞、省知识产权研究与发展中心负责人李强、省海洋大学副校长刘东超等出席开班仪式并讲话。

29日，广东省人民政府副省长陈云贤参加全国打击侵权假冒工作领导小组第五次全体会议，并向国务院副总理汪洋汇报广东省工作情况，局长马宪民陪同参加会议。

截至是月底，全省有效发明专利量在全国率先突破10万件，达到100869件。省知识产权局开展“广东省有效发明专利量取得新突破”的大型专题宣传活动。

5月

4日，省知识产权局副局长唐毅前往第115届广交会检查知识产权保护工作，认真听取工作人员的相关汇报。唐毅对驻会工作人员的辛勤工作表示充分肯定，对全体驻会工作人员表示慰问和感谢。

12日，墨西哥税务局对外贸易国际事务办公室负责人María Elena Sierra Galindo一行5人访问省知识产权局，省知识产权局协调与合作处、海关总署广东分署的代表接待代表团一行，双方围绕在知识产权保护领域的合作展开会谈。

12—16日，国家知识产权局专利复审委员会材料申诉处一行7人来粤对5宗专利无效案件进行口头审理。

15日，澳大利亚骁盾知识产权事务所合伙人Jack Redfern先生一行4人访问省知识产权局，省知识产权局纪检组长严小宜会见代表团一行。

16日，美国全国商会全球知识产权中心总监Ellen Szymanski女士一行9人访问省知识产权局，省知识产权局协调与合作处、产业促进处、执法与监督处的代表接待代表团一行，双方围绕在知识产权领域的合作展开会谈。

20日，省知识产权局副局长袁有楼一行3人赴顺德，调研广东（顺德）知识产权创新运用试验区筹建工作。

21—24日，首届中国国际陶瓷产品展览会在广州举行。省知识产权局派员在展会开展专利行政执法工作。此次展会，工作人员共发放宣传资料四十余份，接受咨询十几起。

22日，全国首个家具知识产权快速维权中心——中国东莞（家具）知识产权快速维权援助中心在东莞厚街镇正式开展运行。

22—25日，2014年专利代理人实务技能培训班在广州、深圳两地同时举办。省知识产权局纪检组长严小宜出席开班仪式并讲话，来自省内的112家专利代理机构的412名专利代理人参加培训。

25—30日，国家知识产权局专利复审委员会生物医药申斥处一行8人来粤对5宗专利无效案件进行口头审理。

27—30日，省知识产权局副巡视员黄光华率国家知识产权局专利局广州代办处有关人员赴陕西、四川两省知识产权局开展专利代办业务调研活动。

28日，“国家知识产权投融资（南海）综合试验区创建工作验收会”在佛山市举行。佛山市南海区顺利通过考评验收，标志着南海区国家知识产权投融资综合试验区工作将进入一个新的阶段。国家知识产权局专利管理司司长马维野、省知识产权局副局长袁有楼出席验收会。

是日，“国家知识产权投融资服务（顺德）试点工作验收会”在佛山市举行。佛山市顺德区顺利通过考评验收，成为全国继长沙、北京中关村后，第三个通过验收的国家知识产权投融资服务试点城市（区）。国家知识产权局专利管理司司长马维野、省知识产权局副局长袁有楼出席验收会。

30日，省政府副省长、省打击侵权假冒工作领导小组组长陈云贤主持召开全省打击侵权假冒工作领导小组全体会议。会议传达全国打击侵权假冒工作领导小组第五次全体会议和汪洋副总理讲话精神，审议通过《广东省依法公开制售假冒伪劣商品和侵犯知识产权行政处罚案件信息工作监督管理办法（试行）》等内容，并就下一步工作作出部署。

是月，省知识产权局参加全国知识产权系统“立足岗位做贡献，服务知识产权事业科学发展”主题征文活动，一项选送作品获二等奖，并获优秀组织奖。

6月

5—6日，省知识产权局局长马宪民率领调研组在汕尾市开展知识产权工作调研。汕尾市委书记温国辉会见调研组一行，双方就如何进一步做好汕尾市的知识产权工作交换意见。汕尾市副市长刘小静陪同调研。

5日，为贯彻落实《广东创建知识产权服务业发展示范省规划（2013—2020年）》，推动广东省知识产权服务业发展，省知识产权局在广州市举办“2014年广东省知识产权评估及运营工作培训班”，这是广东省首个以评估和运营为主题的培训班，副局长袁有楼出席会议并作开班讲话，来自省内知识产权服务机构、资产评估机构、科研院所和企业知识产权负责人约130人参加培训。本次培训班邀请中国技术交易所、北京广智通资产评估有限公司及万慧达等机构的专家进行授课，各位专家分别围绕“专利价值评估与分析”“知识产权助力中小企业融资”及“知识产权运营概述”等内容，在详实的理论基础上，结合具体案例进行讲解分析，并与学员开展深入交流互动，培训班取得圆满成功。

9—14日，国家知识产权局专利复审委员会电学申诉二处一行6人来粤对4宗专利无效案件进行口头审理。

10日，省府研究室张汉昌主任率队到省知识产权局就加快知识产权强省建设工作进行专题调研。局党组书记、局长马宪民，纪检组长严小宜出席座谈会，局机关各处室的有关负责人和同志参加座谈。

11日，省知识产权局组织召开广东创建知识产权强国先行地专题研究座谈会，局长马宪民，纪检组长严小宜出席会议并作讲话。华南理工大学知识产权学院有关人员参加座谈。

11—13日，省知识产权局副巡视员黄光华率局办公室和国家知识产权局专利局广州代办处有关人员赴江苏省开展专利代办业务调研活动。

12日，湖南省知识产权局局长陈仲伯一行11人来粤调研，广东省知识产权局局长马宪民出席并主持座谈会。会议双方就知识产权创造、运用、管理和保护等工作进行深入交流。副局长唐毅一同出席座谈会。

12—13日，由国家知识产权局专利复审委员会主办、省知识产权局承办的2014年专利代理机构业务能力促进培训（广州班）在广州举行。省知识产权局纪检组长严小宜出席开班式并讲话。

17日，省知识产权局、东莞市人民政府2014年知识产权合作会商工作会议在东莞市召开。省知识产权局局长马宪民，副局长袁有楼，东莞市委副书记、市长袁宝成，副市长张科等出席会议。

是日，省知识产权局局长马宪民带队到东莞市调研知识产权工作。与东莞市委副书记、市长袁宝成就如何进一步发挥知识产权服务转型升级、服务创新驱动、服务扩大内外需的作用、加快东莞建设知识产权强市深入交换意见。

18日，由省知识产权局主办，江门市知识产权局承办的广东省知识产权产业促进工作座谈会在江门市召开，国家知识产权局专利管理司司长马维野、省知识产权局副局长袁有楼出席会议，来自各地市知识产权局、知识产权强县工程试点、示范县（区）知识产权管理部门，战略性新兴产业专利信息资源开发利用计划课题组成员，以及全省企业、服务机构代表180余人参加会议。

是日，“国家专利产业化（广州数字家庭）试点基地验收会”在广州市番禺区数字家庭基地举行。国家知识产权局专利管理司司长马维野、省知识产权局副局长袁有楼、广州市番禺区张力仁副区长出席验收会。

18—21日，“2014中国加工贸易产品博览会”在东莞市厚街镇广东现代国际展览中心举行。省知识产权局及东莞市知识产权局执法人员进驻大会，圆满完成知识产权保护和服务工作任务。省、市、镇知识产权管理部门共出动工作人员超过30人（次），共纠正专利标识标注不规范行为8起，并发现重大涉嫌假冒专利案件线索；受理发明专利侵权投诉案件1宗，共接受各类咨询超过20宗，发放宣传资料300多份。

19日，省知识产权局局长马宪民接见来访的佛山市南海区副区长周佩珊一行。副巡视员黄光华一同出席汇报会。

20—22日，省知识产权局派员进驻第三届中国（广州）国际金融交易博览会，开展知识产权保护工作，现场解答知识产权保护问题，积极为广大参展机构及社会公众提供知识产权投诉和咨询服务。

23日，全国打击侵犯知识产权和制售假冒伪劣商品工作会议在北京召开。省知识产权局副局长谢红代表广东省打击侵权假冒工作领导小组办公室参加会议并主持小组讨论。

27日，粤澳知识产权工作小组第二次会议在广州市举行。省知识产权局局长马宪民与澳门经济局副局长陈子慧出席会议。

27—28日，广东专利代理协会在深圳举办“广东专利代理协会2014年年会暨创新知识产权服务论坛”，省知识产权局纪检组长严小宜出席会议并讲话。

29日，湛江市企业孵化器大楼暨大学生创业孵化示范基地正式启用，省知识产权局副巡视员黄光华，湛江市政府副市长梁志鹏，湛江市政协副主席、市知识产权局局长欧先伟等出席启用仪式，并为孵化器大楼及示范基地揭牌。

7月

2日，国家知识产权局副局长何志敏一行6人来广东省知识产权局调研，省知识产权局局长马宪民汇报了省局系统机构设置基本情况、近两年广东省知识产权工作情况以及省部会商等主要内容。何志敏对广东省近年来知识产权工作取得的成绩表示肯定，同时也希望广东进一步把知识产权工作“做强”，当好知识产权强省建设的排头兵。省知识产权局纪检组长严小宜、副局长袁有楼、副巡视员黄光华以及机关处室、局属单位负责人一同出席汇报会。

是日，国家知识产权局副局长何志敏一行在省知识产权局局长马宪民陪同下，视察国家知识产权局专利局广州代办处。

2—4日，由省知识产权局主办、华南理工大学知识产权学院承办的“广东省会展和行业协会知识产权保护实务培训班”在国家知识产权培训（广州）基地举办，省知识产权局副局长唐毅出席开班仪式并讲话。80多名来自广东省会展和行业协会知识产权保护试点单位的学员参加此次培训。

3—5日，根据省政府办公厅工作安排，由省知识产权局局长马宪民，省政府办公厅副主任张爱军，省知识产权局纪检组长严小宜以及相关人员组成的调研组赴四川开展知识产权专题调研。

14—17日，国家知识产权局学术委员会课题组一行4人来广东就《专利登记簿记载事项的法律规范及电子化实施》进行调研，与国家知识产权局专利局广州代办处进行专题座谈，省知识产权局副巡视员黄光华出席座谈会。

16—18日，省知识产权局副局长谢红率省工商局、新闻出版广电局和知识产权局一行5人组成的联合调研组分别赴安徽、江苏、浙江省开展知识产权职称评审工作专题调研。

21日，《广东省专利奖励办法》经广东省人民政府第十二届29次常务会议审议通过。省知识产权局副局长袁有楼列席会议。

22—24日，全国知识产权外事工作会议暨外事工作培训班在北京市举行。省知识产权局副局长谢红代表广东参加会议，并作主题发言。

23日，黄光华副巡视员率筹建组赴武汉拜会吴汉东教授，就吴汉东团队在广东设立知识产权研究院事宜进行商讨。

24日，省知识产权局在广州组织召开试点工作座谈会。广州市及开发区、汕头市及金平区、顺德区知识产权局知识产权特派员及企业代表，以及广东专利代理协会代表共20多人参加座谈会。

25日，粤港保护知识产权合作专责小组第十三次会议暨新闻发布会在广州市召开。省知识产权局局长马宪民，香港知识产权署署长梁家丽分别率团出席。

是日，“LED企业知识产权管理与创新战略高峰论坛暨LED产业专利联盟成立大会”在广州市举行。省知识产权局副局长袁有楼出席大会作致辞，并为LED产业专利联盟揭牌。此次论坛由广东省半导体照明产业联合创新中心主办，来自广东、浙江、江苏、上海等国内多个省市的LED业内企事业单位代表和知识产权界专家等150余人参加会议。

29—31日，“广东省专利信息服务地市行”第一期活动在惠州、深圳及东莞三个地市举办，省知识产权局副局长谢红出席活动并致辞。

30日，全省打击侵权假冒工作电视电话会议召开，省人民政府副省长陈云贤出席会议并作重要讲话，省知识产权局局长马宪民代表领导小组办公室汇报工作情况。

31日，由国家知识产权局专利管理司组成的强省建设课题组赴广东省进行强省建设专题调研。省知识产权局局长马宪民，纪检组长严小宜出席强省建设座谈会，省委政研室、省工商局、省版权局等单位及省知识产权局局机关相关处室负责人参加座谈。

是月，省知识产权局执法与监督处调配省内执法力量，在揭阳市开展联合执法行动。行动中“轮胎成型鼓”案涉案物品为涉外发明专利的大型机械，价值40余万元。

8月

4日，吴汉东教授率团队到省知识产权局就设立广东知识产权研究院一事进行座谈商讨，并就相关具体事宜达成共识。省知识产权局局长马宪民，副巡视员黄光华及规划处、筹建组相关人员参加座谈。

6日，“生物医学工程产业专利分析及预警项目启动及研讨会”在广州市召开，省知识产权局局长马宪民出席会议并致辞。此次会议由广东省医学学术交流中心主办，来自省直有关部门、生物医学工程领域企事业单位等各界专家与代表50余人参加会议。省卫生计生委主任陈元胜、国家知识产权局专利局专利审查协作广东中心主任毕囡出席会议并致辞。

7—8日，省知识产权局副局长唐毅率执法与监督处与东莞市知识产权局一行8人，赴广西桂林参加桂林—东莞知识产权工作及专利执法工作能力提升座谈会。参会人员包括广东、广西、东莞和桂林知识产权局的代表共20余人。广东和广西对粤桂专利行政执法协作方面的重点问题进行深入的沟通和交流。此外，为落实《华南地区专利行政执法协作调度中心》2014年度重点工作，广东省知识产权局决定联合广西、海南知识产权局开展一次三省（区）查处假冒专利统一执法行动，与会代表讨论具体的工作方案。

7—8日，国家知识产权局规划发展司司长龚亚麟一行6人赴粤开展知识产权服务业专题调研。7日上午，调研组会同省知识产权局在佛山市召开知识产权服务业集聚发展试验区座谈会。会上，佛山市知识产权局、深圳市福田区科创局有关负责人，分别就各自知识产权服务业集聚发展试验区建设情况进行汇报，并与调研组进行深入分析和交流。下午，调研组实地考察佛山市智慧新城、知识产权培训基地、知识产权展示平台创客俱乐部及广东金融高新区股权交易中心，听取南海区知识产权服务业工作情况、中小企业知识产权服务工作情况、广东金融高新区股权交易中心科技板（知识产权交易平台）情况、企业知识产权质押融资服务情况等介绍，并与部分知识产权服务企业进行座谈交流。

8日，调研组赴省知识产权局就知识产权服务业发展情况、知识产权服务机构培育情况、知识产权统计调查情况及知识产权"十三五"规划编制情况进行座谈调研。会议由局长马宪民主持，副局长袁有楼就广东省知识产权服务业发展整体情况、"十三五"规划编制前期工作进展情况进行简要汇报，龚亚麟对广东省发展知识产权服务业提出要求，双方进行深入沟通与交流。政策法规处、规划发展处、产业促进处、筹建组及代办处有关负责同志参加会议。

7—9日，省知识产权局进驻2014（秋）深圳国际家纺布艺家居装饰展览会，为参展商和参观者提供现场知识产权保护咨询和维权援助服务。展会期间，工作人员现场共收到专利方面的投诉13件，其中外观设计专利12件，实用新型专利1件。此外工作人员还向参展商和参观者开展知识产权宣传，发放宣传材料200余册，现场解答有关知识产权法律知识及侵权应对策略的问题。

8日，由省知识产权局主办，广州粤高专利商标代理有限公司及台湾鼎智管理顾问有限公司协办的粤台知识产权运营合作洽谈活动在广州市举行。

13日，省知识产权局产业促进处召开2013年企业知识产权管理规范推进项目验收复评会议。承担省知识产权局2013年企业知识产权管理规范推进项目的11家单位参加答辩。

13—14日，2014年度中国知识产权报社全国通联工作会议在广西壮族自治区首府南宁市召开。省知识产权局副局长谢红参加会议并做经验交流发言。会议对2014年度通联工作先进单位和先进个人进行表彰，并颁发证书。广东记者站获得最佳记者站，副局长谢红获得最佳站长。

14日，知识产权系统省市区三级协调会在省知识产权局七楼会议室召开，会议就引进吴汉东团队入户广东设立知识产权研究院一事进行协调。参加人员有省知识产权局局长马宪民，副巡视员黄光华，广州市知识产权局局长邓佑满，副局长丁力，广州开发区知识产权局局长孙学伟等。

是日，省知识产权局局长马宪民接见来访的广州市知识产权局局长邓佑满等一行5人，双方就广州市知识产权工作和下一步省市局工作协同推进等问题进行座谈交流。副局长唐毅、副巡视员黄光华陪同会见并参加座谈交流。

18—20日，省知识产权局派人参加国家知识产权局条法司在北京市召开的专利法修改专题研讨会。

20—22日，2014年专业市场知识产权保护工作交流会在杭州市举行，广东省知识产权局副局长谢红参加会议并在大会上发言。

25日，东莞市贺宇副市长率领市知识产权局一行到省知识产权局访问，局长马宪民会见并主持召开座谈会。

是日，广东省2014年第三期企业知识产权管理规范培训班在佛山市南海区开班。培训班由省知识产权局主办，南海区知识产权局承办，国家中小微企业知识产权培训（南海）基地协办，邀请《企业知识产权管理规范》主要起草人韩奎国等多位专家授课，共有企业、知识产权服务机构、行政事业单位、商协会200多名学员参加。

25—29日，省知识产权局派人参加由省人大教科文卫委组织开展的赴湖南、湖北两地科技成果转化及知识产权保护工作专题调研。

27日，广东省人民政府以第202号省政府令正式公布《广东省专利奖励办法》，办法自

2014年10月1日起正式施行。

28日，省政府在广州市召开全省知识产权工作会议暨广东省专利奖励表彰大会。省长朱小丹、国家知识产权局局长申长雨出席会议并讲话。副省长陈云贤主持会议。省知识产权局局长马宪民作工作报告。会议通报并表彰广东省获得第十五届中国专利奖的单位和个人。此届中国专利奖广东省共获得专利金奖4项，外观设计金奖1项，专利优秀奖51项，外观设计优秀奖16项。省人大，省政协，各地级以上市、顺德区政府主要负责人及相关人员，省知识产权办公会议成员单位及战略纲要实施有关单位相关负责人，第十五届中国专利奖获奖单位和个人、企事业单位代表共计300多人参加会议。

是日，全省专利申请及资助工作座谈会在广州市召开。会议由省知识产权局副局长袁有楼主持，局长马宪民出席会议并讲话，21个地市及顺德区知识产权局负责人及相关业务处室负责人、省局各机关及局属各单位负责人等60余人参加会议。会议通报全省1—7月专利申请授权、专利电子申请及省、市、县三级资助政策制定等情况，分析广东省专利申请的特点及问题。各地市知识产权局交流推动专利申请的做法和经验。

是日，共建国家专利审查协作广东中心领导小组第二次会议在广州市召开。省长朱小丹、国家知识产权局局长申长雨出席会议并作重要讲话。副省长陈云贤主持会议。会上，审协广东中心主任毕囡，广州开发区管委会副主任李红卫，省知识产权局局长马宪民依次作了专题工作汇报，共建领导小组成员单位对共建工作提出建议。

29日，国家知识产权局局长申长雨赴广东省佛山市南海区调研知识产权工作，实地考察广东瑞洲科技有限公司、广东金赋信息科技有限公司和广东金融高新区股权交易中心，听取佛山市及南海区知识产权工作汇报，并与佛山市代市长鲁毅就加强知识产权工作进行交流。省知识产权局局长马宪民，佛山市副市长郭文海等陪同调研。

29日—9月1日，2013中国（广东）国际旅游产业博览会在广州市举行，省知识产权局与其他职能部门一同组成综合服务组，现场开展知识产权保护服务工作。

是月，“凤凰单丛”“英德红茶”注册商标被国家工商行政管理总局推荐，入选商务部、国家质检总局中欧地理标志协定谈判的第一批地理标志备选名单。

9月

9—12日，省知识产权局派人参加省人大教科文卫委组织开展的赴吉林、辽宁两地科技成果转化及知识产权保护工作专题调研。

11—12日，省知识产权局派人参加国家知识产权局在贵州召开的全省知识产权局系统地方立法指导协调会。

16日，由省贸促会主办的“企业‘走出去’知识产权培训会议”在广州市成功举办。省知识产权局副局长谢红出席会议并致辞。

17日，省知识产权局在广州市召开《广东省专利奖励办法》新闻媒体通气会，副局长袁有楼向媒体通报《广东省专利奖励办法》（以下简称《办法》）的出台背景及亮点等相关情况，人民日报广东分社、南方日报、广州日报等20余家省内外主流媒体的记者参加会议。《办法》于2014年7月21日经省人民政府第十二届二十九次常务会议表决通过；8月27日，朱小丹省长签发省人民政府令公布《办法》，《办法》并于2014年10月1日起正式实施。

17—18日，国家知识产权局专利局审查业务部、初审及流程管理部联合调研组一行到广东省就《专利审查业务暨电子申请智能审查》进行调研，省知识产权局副巡视员黄光华与国家知识产权局专利局广州代办处相关人员全程参与调研活动。

17—19日，省知识产权局派员驻会由广东省美容美发化妆品行业协会主办的第41届广东国际美博会，提供知识产权咨询服务，开展专利投诉案件的受理和处理工作。大会期间，驻会人员共巡查展位4000多个，检查具有专利标志的产品80多种；受理专利侵权投诉案件17宗，涉及企业10家，所有案件均得到妥善处理。

22—23日，广东省知识产权质押融资工作培训班在佛山市举办。此次培训由省知识产权局主办、佛山市知识产权局具体承办，来自全省各地市知识产权管理部门、优势示范企业、知识产权服务机构及科研院所等单位130余名代表参加培训。

24日，重庆市知识产权局副局长曾学东一行来省知识产权局调研知识产权文化建设情况。省知识产权局副巡视员黄光华出席并主持座谈会。

是日，全省中小微企业知识产权人才培养工作研修班在佛山南海举办，并举行国家中小微企业知识产权培训（南海）基地揭牌仪式，副局长谢红出席仪式并致辞。

24—25日，全国打击侵权假冒工作领导小组办公室副主任柴海涛带队来广东省调研对非洲出口商品质量情况。

25日，第二届中新知识论坛在广州开发区开幕。省知识产权局副局长谢红，广州市委常委、广州开发区党工委书记、管委会主任、中新广州知识城管委会主任、黄埔区委书记陈志英，新加坡企业发展局中国司华南区副司长、粤新理事会新方秘书长冯家强出席开幕式并致辞。

是日，由省知识产权局会同省人保财险公司主办、中山市知识产权局和人保财险中山分公司承办的2014年广东省专利保险专题培训班在中山市举办，全省各地市知识产权管理部门、人保财险分公司、专利代理机构和企业代表130余人参加培训。

28日，省知识产权局在东莞理工大学举办第四期企业知识产权管理规范培训班，省知识产权局副局长谢红、东莞市知识产权局副局长吴美良等领导和嘉宾出席此次发布会。来自全省企业、服务机构200多人参加此次培训。

29日，召开全省知识产权局系统执法工作座谈会。局长马宪民和国家局专利管理司执法管理处处长赵梅生出席此次座谈会并作讲话，会议由副局长袁有楼主持。全省各地级以上市和顺德区知识产权局执法工作分管副局长、专利行政执法部门负责人、执法业务骨干及知识产权维权援助中心负责人，共80余人参加会议。

10月

10日，梅州市委书记黄强率梅州市党政代表团赴省工商行政管理局联系工作，就如何保障梅州工商系统体制改革顺利过渡和促进梅州商标发展战略等相关问题进行座谈交流。省工商局领导班子和相关处室负责人参加座谈。

10—15日，国家工商行政管理总局在深圳国家工商行政管理总局行政学院举办全国工商系统新《商标法》框架下的商标确权理论与实务操作专题研修班，省工商行政管理局副局长钱永成参加研修班。

11—14日，第十一届中国国际中小企业博览会在广州保利世贸博览馆和国际采购中心展馆举行。省政府知识产权办公会议办公室在会场设立知识产权保护服务处，组织省公安厅、新闻出版广电局（版权局）、知识产权局和省知识产权维权援助中心等单位驻会开展知识产权保护工作。

11—18日，省知识产权局局长马宪民率知识产权代表团一行10人赴台湾参加第七届两岸专利论坛及开展知识产权交流合作。

13日，省工商行政管理局局长朱泽君，广州市工商局党委书记、局长张建华陪同广东省委常委、广州市委书记任学锋，广州市委副书记、市长陈建华，就争取在中新广州知识城设立商标注册派出机构事宜，在北京市拜会国家工商行政管理总局局长张茅、副局长刘玉亭等领导。张茅、刘玉亭表示，将商标注册派出机构设在广州，对推动广东乃至华南地区商标品牌发展，提升商标保护和服务水平，促进地区经济转型升级有积极意义。国家工商总局将全力支持在广州设立商标注册派出机构，同时会继续支持在广东、广州试点的商事登记、广告监管等改革措施。

14日，国家知识产权局副局长杨铁军一行到佛山市顺德区调研知识产权工作。

14—15日，省知识产权局牵头组织在湛江、茂名两地举行百所千企知识产权服务对接系列活动。活动共有9家专利代理机构、80多家企业以及多家高校、科研院所代表，市、区知识产权工作负责人160多人参加此次活动。

15—16日，副巡视员黄光华率筹建组及知识产权研究院筹备组一行赴厦门市开展知识产权研究院建设专题调研。了解厦门市知识产权服务业发展情况、政府与当地高校合作开展工作的情况及知识产权服务业集聚区建设思路等，并赴厦门大学知识产权研究院开展实地考察，就研究院共建运营情况及工作开展情况进行广泛交流和探讨。

15日至11月4日，第116届广交会在广州市举办。省知识产权局组织50余人的省市专利联合执法队伍驻会开展知识产权保护工作。大会投诉站共受理专利类投诉526宗，涉及被投诉企业626家，专利类投诉共受理410宗，占知识产权投诉案件总数的77.9%。在专利类投诉案件中，外观设计306宗，占74.6%；另外实用新型87宗，发明17宗。

21—24日，省工商行政管理局副局长钱永成赴中山市、香港、澳门三地参加省知识产权局、香港特区政府知识产权署、澳门特区政府经济局知识产权厅联合主办的第十届泛珠三角区域知识产权合作联席会议暨泛珠三角区域知识产权专题交流活动。

22日，第十届泛珠三角区域知识产权合作联席会议在广东省中山市举办。会议总结2004年泛珠三角区域知识产权合作联席会议制度建立以来合作取得成效，讨论并原则通过《泛珠三角区域知识产权合作计划（2014—2016年）》。省知识产权局局长马宪民出席会议并致辞。

22—24日，泛珠三角区域知识产权专题交流活动在香港、澳门举行。省知识产权局副局长唐毅率省知识产权局、版权局、工商局等知识产权代表团一行9人参加活动，并在香港的交流活动上介绍广东开展“正版正货承诺”活动的经验。

23日，省工商行政管理局局长朱泽君带队到广东省政府，向省领导汇报商事登记制度改革推进会筹备工作和落实工商总局局长张茅关于“工商总局全力支持在广州设立商标注册派出机构”有关指示情况。副省长许瑞生表示，广东省委、省政府大力支持在广州设立商标注册派出机构事项。省工商局副局长凌锋、郑勇明参加汇报。

是日，省知识产权局局长马宪民出席广州市知识产权工作会议并作重要讲话，为第二届广州市保护知识产权市长奖获奖单位颁发奖牌。

28—29日，省知识产权局纪检组长严小宜率机关党委办、政策法规处相关人员赴韶关市调研。

29日，省知识产权局副局长谢红一行5人赴广州交易所集团调研知识产权工作。考察该集团的各类产权交易场所，并与广州交易所集团董事长李正希等集团领导进行座谈。

11月

1日，省知识产权局局长马宪民来到第116届广交会展馆，检查知识产权局系统驻会专利保护工作，对工作人员的工作予以充分的肯定，对全体驻会工作人员表示亲切慰问和感谢。局长马宪民一行还来到2014年广交会出口产品设计奖展厅，参观有关获奖产品。

3日，国家知识产权局副局长贺化，省知识产权局局长马宪民，副局长谢红一行，在深圳市开展企业知识产权专题调研，并在深圳市知识产权局召开“产业化发展中的知识产权问题调研”企业座谈会。

4日，省知识产权局副局长唐毅在省知识产权局会见美国驻广州总领事馆知识产权官员包迪及美国专利商标局驻广州办公室知识产权顾问郑丹丹一行。

4—5日，"知识产权走基层　服务经济万里行"大型公益活动广东深圳站暨国际工商知识产权峰会（以下简称"万里行"活动）在深圳市举办。国家知识产权局专利局副局长张茂于、中国国际贸易促进委员会副会长卢鹏起，省知识产权局局长马宪民，深圳市副市长陈彪出席活动的启动仪式并致辞。省知识产权局副局长谢红、深圳市市场和质量监管委常务副主任徐友军和国家知识产权局有关司部级领导出席启动仪式。来自全国及广东省近400名领导、专家、企事业单位和服务机构代表参加"万里行"深圳站活动。

4—7日，省知识产权局邀请美国飞翰律师事务所分别在广州、肇庆、清远、佛山四地举办美国知识产权制度巡回研讨活动。

5日，国家知识产权局审查业务管理部副部长汤志明一行来粤开展社会需求调研工作，并与企业、院校、代理机构代表进行座谈。

6日，省知识产权局局长马宪民率有关处室负责人出席汕头市知识产权工作会议暨专利奖励大会并讲话。会前，局长马宪民与汕头市市长郑人豪进行亲切会谈，双方就进一步加强合作，运用知识产权助推汕头社会、经济、科技全面快速发展交换意见。

8日，省知识产权局印发通知，组织到深圳、珠海、佛山、汕尾、中山、江门等6个市知识产权局开展专项资金检查工作。

8—10日，中华商标协会在江苏省苏州市举办"2014年中国国际商标·品牌节"，省工商行政管理局副局长钱永成参加相关活动。

10日，省人民政府副省长陈云贤在省知识产权局视察知识产权工作，了解国家知识产权局专利局广州代办处工作情况，并听取省知识产权局局长马宪民关于全省知识产权工作情况的汇报和明年工作部署。

11日，湛江市知识产权工作会议在湛江市国际会展中心召开。省知识产权局副局长袁有楼到会指导并作重要指示。

13—14日，国家知识产权局专利局初审及流程管理部部长钱孟姗带领检查组，对国家知识产权局专利局广州代办处进行年度工作检查，并召开部分专利代理机构、企业和高校代表参加的座谈会，省知识产权局局长马宪民参加座谈会并讲话。

14日，粤渝两省市专利行政执法协作第四次会议在重庆市召开，省知识产权局局长马宪民和重庆市知识产权局局长袁杰出席会议并致辞。会议由重庆市知识产权局副局长曾学东主持，广东省知识产权局副局长袁有楼及两省市相关处室人员参加会议。

是日，广东中策知识产权研究院正式注册成立。

15日，受省人民政府副省长陈云贤委托，省知识产权局局长马宪民代表省政府到暨南大学出席"2014年中国南方药物经济学论坛"并作重要讲话。

是日，佛山、中山成为国家知识产权第三批示范城市资格城市。

19日，国家知识产权局在京召开全国知识产权人才工作会议。会议总结交流2014年全国知识产权人才工作取得的成绩，对2015年的人才工作和"十三五"人才规划制定作出全面部署。广东省知识产权局副局长唐毅参加会议并围绕如何进一步加强人才体系建设和推进落实知识产权人才"十二五"规划各项目标任务等议题作研讨发言。会议还对获得2014年全国知识产权系统人才工作先进集体和先进个人进行表彰，广东省广州市知识产权局、深圳市知识产权局知识产权促进处、国家中小微企业知识产权培训（南海）基地等3个单位被评为先进集体，惠州市知识产权局邹平生、茂名市知识产权局谢博松、省知识产权研究与发展中心李强等3名个人被评为先进个人。

19—21日，国家知识产权局专利复审委员会在福建省福州市举行2014年度巡回审理庭工作会议，广东省知识产权局副局长袁有楼及执法与监督处负责人参加会议。国家知识产权局专利复审委员会副主任蒋彤出席会议并讲话。

25日，全国地方知识产权战略实施工作会议在福建省福州市召开，广东省知识产权局副局长唐毅参加会议并作《广东扎实推进知识产权保护规范化市场培育工程》的经验发言。

28日，省知识产权局组织召开广州专利代理机构负责人座谈会，共33家机构负责人及广东专利代理协会理事40多人参加会议。

12月

1日，海南省知识产权局局长杨天梁一行来广东省知识产权研究与发展中心调研专利信息资源服务、应用、开发与培训工作，广东省知识产权局副局长谢红陪同调研。

1—2日，省打击侵权假冒工作领导小组办公室组织由省公安厅、文化厅及省质监局等单位代表组成的督查组对佛山、江门两市开展工作督查。

3日，国家知识产权局专利局广州代办处组织相关技术人员，赴阳江市举办2014年专利电子申请宣讲与使用培训班。阳江市各县（市、区）知识产权局相关人员、部分企业、专利代理机构及行业协会代表等共100多人参加培训。

4—5日，省知识产权局副局长唐毅率队赴港出席第四届亚洲知识产权营商论坛。香港特别行政区行政长官梁振英、世界知识产权组织副总干事王彬颖、中国国家知识产权局办公室副主任赵志彬、世界贸易组织知识产权部总监Antony Taubman以及香港贸易发展局总裁方舜文出席开幕式并致辞。

6—7日，国家知识产权局专利局广州代办处和深圳代办处全体干部职工60余人在深圳会计进修学院参加为期两天的业务集训，国家知识产权局相关专家到会授课，省知识产权局副巡视员黄光华到会作开班动员讲话并全程参加集训。

8—12日，国家知识产权局专利复审委员会光电申诉一处、二处一行8人来粤进行专利复审或无效案件进行口头审理。

9日，广东（广州）汇桔知识产权交易中心筹建知商论坛暨汇桔网战略融资新闻发布会在广州索菲特酒店隆重举行，省知识产权局副局长谢红长出席并致辞。此次论坛由广州市工商联主办，汇桔网具体承办。

10—12日，广东省打击侵权假冒工作领导小组办公室组织由省工商局、新闻出版广电局（版权局）及食品药品监管局等单位代表组成的督查组对汕头、惠州和东莞开展工作督查。

12日，省知识产权局副局长谢红携广东省知识产权研究与发展中心相关人员接待美国Innography公司CEO John F. Martin及广州奥凯信息咨询有限公司等一行7人，双方围绕专利信息资源开发及利用、知识产权交流合作等主题展开会谈。

是日，省知识产权局组织召开专利代理惩戒工作会议。

16日，广东省高级人民法院在广州市举行广州知识产权法院揭牌仪式。根据省委安排，省知识产权局局长马宪民出席揭牌仪式。

18日，由省知识产权局主办、佛山市南海区人民政府承办、广东金融高新区股权交易中心协办的2014中国（广东）知识产权投融资项目对接会在广东金融高新区股权交易中心开幕。省知识产权局副局长谢红出席并致辞。

18—19日，由省知识产权局主办、广东知识产权保护协会承办的"专利执法案例与实务研讨班"在广州市举办。此次研讨班是在国家知识产权局的支持下举办的跨省域的专利执法案例与实务研讨，由南方10省（市）专利行政执法人员近90人参加此次研讨班。国家知识产权局专利管理司司长马维野、执法管理处处长赵梅生及省知识产权局副局长袁有楼出席研讨班，马维野作了题为"知识产权保护的若干思考"专题报告。

20—21日，第十二届广东省少年儿童发明奖优秀作品展在广东科学中心隆重举行，省知识产权局副局长谢红主持开幕式。

21日，“国家知识产权智库建设”专题研讨会在武汉召开，会议邀请国家知识产权局前局长田力普、保护协调司司长黄庆、国家版权局版权管理司司长于慈珂等国家部委领导及知识产权界知名专家、学者。广东省知识产权局局长马宪民应邀出席会议并讲话，副巡视员黄光华代表省知识产权局，与中南财经政法大学签订《知识产权协同创新框架协议》。

22日，省发展和改革委员会对《省知识产权服务业集聚中心项目建议书》作出批复，同意项目立项。项目总投资2亿元，建设知识产权综合服务楼2栋，用地面积20亩，建设起止年限为2015至2016年，项目实行全过程代建。

26日，省知识产权局局长马宪民带队赴广州市花都区调研知识产权工作。并与广州市知识产权局局长邓佑满、花都区副区长罗干政就加强区知识产权工作进行交流。

28日，广东商标协会在广州珠江宾馆召开第四届会员大会暨广东商标高峰论坛。省工商行政管理局副局长钱永成参加会议。会议选举钱永成兼任广东商标协会会长。

是月，由省知识产权局组织翻译的《知识产权密集型产业对欧盟经济及就业的贡献》（中文版）一书正式出版并在全国发行。

统计资料

广东省历年专利申请情况

类别 / 年份	小计	专利种类构成						专利申请人构成									
		发明		实用新型		外观设计		企业		高校		科研单位		机关团体		个人	
		件	%	件	%	件	%	件	%	件	%	件	%	件	%	件	%
1985-1990	5928	910	15.4	3385	57.1	1633	27.5	1713	28.9	214	3.6	313	5.3	568	9.6	3120	52.6
1991	2997	322	10.7	1371	45.7	1304	43.5	924	30.8	36	1.2	60	2.0	514	17.2	1463	48.8
1992	4656	476	10.2	1640	35.2	2540	54.6	1554	33.4	39	0.8	64	1.4	932	20.0	2067	44.4
1993	5020	603	12.0	2002	39.9	2415	48.1	1494	29.8	65	1.3	74	1.5	958	19.1	2429	48.4
1994	5883	605	10.3	1960	33.3	3318	56.4	1334	22.7	48	0.8	49	0.8	1687	28.7	2765	47.0
1995	7729	463	6.0	2367	30.6	4899	63.4	3017	39.0	65	0.8	50	0.6	1186	15.3	3411	44.1
1996	9946	510	5.1	2798	28.1	6638	66.7	5442	54.7	47	0.5	54	0.5	87	0.9	4316	43.4
1997	12858	680	5.3	3173	24.7	9005	70.0	7084	55.1	62	0.5	102	0.8	17	0.1	5593	43.5
1998	13473	753	5.6	3621	26.9	9099	67.5	7230	53.7	88	0.7	115	0.9	40	0.3	6000	44.5
1999	16802	1127	6.7	4561	27.1	11114	66.1	8372	49.8	175	1.0	147	0.9	57	0.3	8051	47.9
2000	21123	1760	8.3	6033	28.6	13330	63.1	9988	47.3	237	1.1	194	0.9	27	0.1	10677	50.5
2001	27596	2549	9.2	8144	29.5	16903	61.3	10882	39.4	305	1.1	276	1.0	51	0.2	16082	58.3
2002	34352	3819	11.1	9972	29.0	20561	59.9	11769	34.3	384	1.1	194	0.6	59	0.2	21946	63.9
2003	43186	6181	14.3	12985	30.1	24020	55.6	14510	33.6	532	1.2	299	0.7	86	0.2	27759	64.3
2004	52201	8093	15.5	14682	28.1	29426	56.4	17222	33.0	671	1.3	227	0.4	113	0.2	33968	65.1
2005	72220	12887	17.8	18951	26.2	40382	55.9	23999	33.2	1070	1.5	371	0.5	96	0.1	46684	64.6
2006	90886	21351	23.5	23886	26.3	45649	50.2	33737	37.1	1537	1.7	429	0.5	174	0.2	55009	60.5
2007	102449	26692	26.1	25389	24.8	50368	49.2	42701	41.7	1593	1.6	500	0.5	194	0.2	57461	56.1
2008	103883	28099	27.0	28883	27.8	46901	45.1	47954	46.2	2322	2.2	783	0.8	165	0.2	52659	50.7
2009	125673	32247	25.7	39027	31.1	54399	43.3	60450	48.1	3029	2.4	1068	0.8	250	0.2	60876	48.4
2010	152907	40866	26.7	47706	31.2	64335	42.1	78119	51.1	4696	3.1	1412	0.9	484	0.3	68196	44.6
2011	196275	52012	26.5	67336	34.3	76927	39.2	107806	54.9	5165	2.6	3347	1.7	1028	0.5	78929	40.2
2012	229514	60448	26.3	78731	34.3	90335	39.4	125503	54.7	6191	2.7	2730	1.2	1321	0.6	93769	40.9
2013	264265	68990	26.1	93592	35.4	101683	38.5	136713	51.7	7533	2.9	3976	1.5	1947	0.7	114096	43.2
2014	278351	75148	27.0	96136	34.5	107067	38.5	149670	53.8	9432	3.4	3926	1.4	2077	0.7	113246	40.7
扣除不规范专利申请	1492	775		410		307		2								1490	
合计	1878681	446816	23.8	597921	31.8	833944	44.4	909185	48.39	45536	2.42	20760	1.11	14118	0.75	889082	47.32

广东省历年专利授权情况

类别 / 年份	小计	专利种类构成						专利申请人构成									
		发明		实用新型		外观设计		企业		高校		科研单位		机关团体		个人	
		件	%	件	%	件	%	件	%	件	%	件	%	件	%	件	%
1985-1990	2212	104	4.7	1517	68.6	591	26.7	754	34.1	96	4.3	131	5.9	129	5.8	1102	49.8
1991	1348	30	2.2	661	49.0	657	48.7	597	44.3	25	1.9	42	3.1	174	12.9	510	37.8
1992	1708	34	2.0	891	52.2	783	45.8	580	34.0	28	1.6	39	2.3	294	17.2	767	44.9
1993	4546	96	2.1	1822	40.1	2628	57.8	1556	34.2	55	1.2	67	1.5	966	21.2	1902	41.8
1994	3149	63	2.0	1440	45.7	1646	52.3	909	28.9	44	1.4	34	1.1	783	24.9	1379	43.8
1995	4611	56	1.2	1447	31.4	3108	67.4	1277	27.7	30	0.7	33	0.7	1423	30.9	1848	40.1
1996	5273	57	1.1	1399	26.5	3817	72.4	2412	45.7	46	0.9	37	0.7	726	13.8	2052	38.9
1997	7173	49	0.7	1606	22.4	5518	76.9	4340	60.5	22	0.3	30	0.4	88	1.2	2693	37.5
1998	10707	77	0.7	1992	18.6	8638	80.7	6503	60.7	45	0.4	71	0.7	28	0.3	4060	37.9
1999	14328	123	0.9	3897	27.2	10308	71.9	7697	53.7	80	0.6	89	0.6	50	0.3	6412	44.8
2000	15799	261	1.7	4797	30.4	10741	68.0	7937	50.2	132	0.8	118	0.7	41	0.3	7571	47.9
2001	18259	301	1.6	5246	28.7	12712	69.6	8354	45.8	130	0.7	108	0.6	29	0.2	9638	52.8
2002	22761	352	1.5	6395	28.1	16014	70.4	8612	37.8	135	0.6	135	0.6	26	0.1	13853	60.9
2003	29235	953	3.3	7921	27.1	20361	69.6	9467	32.4	233	0.8	196	0.7	46	0.2	19293	66.0
2004	31446	1941	6.2	9307	29.6	20198	64.2	9899	31.5	382	1.2	224	0.7	58	0.2	20883	66.4
2005	36894	1876	5.1	11017	29.9	24001	65.1	11518	31.2	393	1.1	206	0.6	45	0.1	24732	67.0
2006	43516	2441	5.6	15644	35.9	25431	58.4	13801	31.7	503	1.2	283	0.7	72	0.2	28857	66.3
2007	56451	3714	6.6	21636	38.3	31101	55.1	19776	35.0	759	1.3	272	0.5	109	0.2	35535	62.9
2008	62031	7604	12.3	25072	40.4	29355	47.3	25703	41.4	984	1.6	327	0.5	119	0.2	34898	56.3
2009	83621	11355	13.6	27438	32.8	44828	53.6	36706	43.9	1419	1.7	525	0.6	158	0.2	44813	53.6
2010	119346	13691	11.5	43901	36.8	61754	51.7	56334	47.2	1926	1.6	767	0.6	258	0.2	60061	50.3
2011	128415	18242	14.2	51402	40.0	58771	45.8	68914	53.7	2946	2.3	1121	0.9	539	0.4	54895	42.7
2012	153598	22153	14.4	65946	42.9	65499	42.6	85375	55.6	3084	2.0	1555	1.0	2357	1.5	61227	39.9
2013	170430	20084	11.8	77503	45.5	72843	42.7	92717	54.4	4241	2.5	1644	1.0	774	0.5	71054	41.7
2014	179953	22276	12.4	83202	46.2	74475	41.4	104193	57.9	4300	2.4	1786	1.0	766	0.4	68908	38.3
合计	1206810	127933	10.6	473099	39.2	605778	50.2	585931	48.6	22038	1.8	9840	0.8	10058	0.8	578943	48.0

1986—2014年广东省各类专利申请人三种专利申请情况

单位：件

申请人	年份/类别	1986—1999年	2000年	2001年	2002年	2003年	2004年	2005年	2006年	2007年	2008年	2009年	2010年	2011年	2012年	2013年	2014年	扣除非正常专利	合计
企业	发明	1285	665	1058	1973	3508	5032	8677	15455	20296	21282	24151	30226	37770	45774	49801	53898		320851
	实用新型	6681	2245	2845	3239	4089	4898	6667	8671	10843	14068	21352	29206	44375	52470	58355	63125	2	333127
	外观设计	30144	7078	6979	6557	6913	7292	8655	9611	11562	12604	14947	18687	25661	27259	28557	32647		255153
高校	发明	381	154	204	271	389	495	811	1188	1254	1663	1944	2566	2988	3294	4247	5086		26935
	实用新型	370	80	97	111	138	170	256	314	331	473	594	785	1204	1301	1776	2216		10216
	外观设计	46	3	4	2	5	6	3	35	8	186	491	1345	973	1596	1510	2130		8343
科研单位	发明	404	112	203	134	215	174	265	292	355	515	708	950	2419	1875	2822	2825		14268
	实用新型	418	55	61	55	76	43	89	105	126	246	293	398	803	696	1062	973		5499
	外观设计	177	27	12	5	8	10	17	32	19	24	67	64	125	159	92	128		966
机关团体	发明	401	13	24	20	48	47	55	83	84	91	106	163	369	430	767	790		3491
	实用新型	1421	10	24	19	33	47	38	64	61	57	103	231	591	759	992	1176		5626
	外观设计	4211	4	3	20	5	19	3	27	49	15	41	90	68	132	188	111		4986
个人	发明	3850	816	1057	1421	2021	2345	3079	4333	4703	4548	5338	6961	8466	9075	11353	12549	775	81140
	实用新型	17852	3643	5117	6548	8649	9524	11901	14732	14028	14039	16685	17086	20363	23505	31407	28646	408	243317
	外观设计	17365	6218	9908	13977	17089	22099	31704	35944	38730	34072	38853	44149	50100	61189	71336	72051	307	564477
合计		85006	21123	27596	34352	43186	52201	72220	90886	102449	103883	125673	152907	196275	229514	264265	278351	1492	1878395

1986—2014年广东省各类专利申请人三种专利授权情况

单位：件

申请人	年份/类别	1986—1998年	1999年	2000年	2001年	2002年	2003年	2004年	2005年	2006年	2007年	2008年	2009年	2010年	2011年	2012年	2013年	2014年	合计
企业	发明	74	27	54	72	123	434	1033	1024	1366	2443	5807	8839	10814	14117	17226	15455	17416	96324
	实用新型	2841	1428	1904	2068	2386	2869	3176	4173	6215	9235	11962	14808	26096	34112	45067	53045	59837	281222
	外观设计	14032	6242	5979	6214	6103	6164	5690	6321	6220	8098	7934	13059	19424	20685	23082	24217	26940	206404
高校	发明	124	21	36	52	56	117	266	240	283	395	566	770	946	1477	1708	1667	1823	10547
	实用新型	248	51	90	74	78	111	116	149	215	346	416	469	629	893	1148	1465	1974	8472
	外观设计	22	8	6	4	1	5	0	4	5	18	2	180	351	576	228	1109	503	3022
科研单位	发明	104	12	32	39	57	127	172	145	178	139	168	220	318	463	645	738	823	4380
	实用新型	290	48	45	57	63	59	44	51	80	119	146	270	355	548	682	745	924	4526
	外观设计	90	29	41	12	15	10	8	10	25	14	13	35	94	110	228	161	39	934
机关团体	发明	57	8	17	14	5	8	13	11	25	30	19	36	57	76	184	77	129	766
	实用新型	1074	28	20	12	18	24	35	23	43	54	62	60	163	347	1405	646	568	4582
	外观设计	3509	14	4	3	3	14	10	11	4	25	38	62	38	116	768	51	69	4739
个人	发明	207	55	122	124	111	267	457	456	589	707	1044	1490	1556	2109	2390	2147	2085	15916
	实用新型	8321	2342	2738	3035	3850	4858	5936	6621	9091	11882	12486	11831	16658	15502	17644	21602	19899	174296
	外观设计	9733	4015	4711	6479	9892	14168	14490	17655	19177	22946	21368	31492	41847	37284	41193	47305	46924	390679
合计		40726	14328	15799	18259	22761	29235	31446	36894	43516	56451	62031	83621	119346	128415	153598	170430	179953	1206809

2010—2014年广东省各地级以上市专利申请情况

单位：件

类别	2010年				2011年				2012年				2013年				2014年			
地区	发明	实用新型	外观设计	合计	发明	实用新型	外观设计	合计	发明	实用新型	外观设计	合计	发明	实用新型	外观设计	合计	发明	实用新型	外观设计	合计
广州	6503	7141	7159	20803	8173	10219	9705	28097	9815	11824	11748	33387	12157	14575	13019	39751	14587	15784	15941	46312
深圳	23955	15113	10354	49422	28823	21196	13503	63522	31068	23706	18335	73109	32211	28109	20337	80657	31077	30455	20723	82255
珠海	847	1765	942	3554	1484	2706	1404	5594	2287	3513	1297	7097	2729	3895	1393	8017	3172	4162	1664	8998
汕头	675	859	8058	9592	1423	1452	9796	12671	1638	2130	6620	10388	1692	2431	6877	11000	884	1670	6543	9097
韶关	158	337	435	930	179	428	638	1245	274	757	783	1814	316	1107	843	2266	420	874	1060	2354
河源	77	244	101	422	147	151	191	489	125	229	216	570	194	545	359	1098	145	391	317	853
梅州	80	210	285	575	111	317	560	988	126	401	618	1145	122	795	769	1686	174	1316	782	2272
惠州	823	1352	714	2889	1296	2236	2497	6029	1676	2614	5604	9894	2466	3830	8872	15168	3347	4853	10159	18359
汕尾	65	93	136	294	69	86	187	342	93	166	501	760	79	521	576	1176	81	127	387	595
东莞	3143	7677	10834	21654	4214	10821	9419	24454	5568	13167	10464	29199	6454	12746	9812	29012	6913	11977	9541	28431
中山	985	3333	7714	12032	1289	4162	8684	14135	1816	5067	11518	18401	2432	5885	13501	21818	3350	6106	15162	24618
江门	531	1403	3911	5845	821	2100	4776	7697	1259	2322	4585	8166	1634	2373	4432	8439	1935	2399	4014	8348
佛山	2182	6312	9358	17852	2758	8424	9191	20373	3310	9514	9780	22604	4674	11537	10988	27199	7261	11844	10602	29707
阳江	68	238	946	1252	73	250	1009	1332	47	272	938	1257	41	381	1077	1499	69	308	996	1373
湛江	219	318	279	816	225	426	401	1052	263	373	516	1152	289	598	601	1488	343	721	1031	2095
茂名	98	199	306	603	109	293	506	908	172	398	1026	1596	392	725	1413	2530	378	627	1664	2669
肇庆	161	334	264	759	266	805	395	1466	323	824	404	1551	295	964	518	1777	402	864	515	1781
清远	51	146	268	465	115	337	355	807	127	290	333	750	187	331	320	838	160	371	351	882
潮州	95	342	1410	1847	282	497	2259	3038	251	606	2671	3528	389	1234	2941	4564	238	639	2597	3474
揭阳	109	211	715	1035	97	330	1256	1683	142	344	2043	2529	143	768	2667	3578	123	385	2591	3099
云浮	40	67	133	240	58	98	195	351	55	167	284	506	79	175	315	569	71	214	388	673
校正值	1	12	13	26	0	2	0	2	13	47	51	111	15	67	53	135	18	49	39	106
合计	40866	47706	64335	152907	52012	67336	76927	196275	60448	78731	90335	229514	68990	93592	101683	264265	75148	96136	107067	278351

2010—2014年广东省各地级以上市专利授权情况

单位：件

类别	2010年				2011年				2012年				2013年				2014年			
地区	发明	实用新型	外观设计	合计	发明	实用新型	外观设计	合计	发明	实用新型	外观设计	合计	发明	实用新型	外观设计	合计	发明	实用新型	外观设计	合计
广州	1990	6152	6949	15091	3146	8032	7168	18346	4027	9692	8278	21997	4055	12098	10003	26156	4590	13512	10036	28138
深圳	9611	14265	11076	34952	11824	16309	11230	39363	13143	20799	14919	48861	10988	23233	15545	49766	12041	25419	16221	53681
珠海	201	1597	970	2768	323	1999	1368	3690	503	3198	1235	4936	482	3214	1109	4805	608	4230	1420	6258
汕头	109	923	4686	5718	149	979	3243	4371	179	1451	4953	6583	211	1804	4818	6833	230	1414	4826	6470
韶关	40	321	197	558	29	258	381	668	39	536	856	1431	61	932	445	1438	52	722	810	1584
河源	12	86	98	196	5	209	158	372	19	139	168	326	23	281	217	521	24	304	241	569
梅州	27	172	332	531	29	225	438	692	57	372	486	915	44	632	590	1266	81	1074	454	1609
惠州	44	992	592	1628	117	1577	1223	2917	313	2227	1553	4093	467	2577	2870	5914	522	3563	3311	7396
汕尾	4	60	189	253	4	60	163	227	21	139	342	502	24	364	430	818	16	188	254	458
东莞	442	7529	12426	20397	758	7976	10618	19352	1381	10667	8852	20900	1495	12080	9020	22595	1624	10582	8130	20336
中山	165	2914	5459	8538	355	3400	6272	10027	465	3822	6591	10878	464	4941	8815	14220	505	5235	9309	15049
江门	151	1383	3884	5418	213	1549	3547	5309	362	1917	2991	5270	272	1973	3101	5346	307	2226	3005	5538
佛山	683	5872	10395	16950	974	6651	8715	16340	1152	8131	8535	17818	1012	9717	8897	19626	1109	11211	9393	21713
阳江	6	239	973	1218	10	204	641	855	17	239	656	912	4	252	924	1180	5	298	832	1135
湛江	68	300	397	765	110	329	308	747	144	382	375	901	117	473	498	1088	115	547	632	1294
茂名	12	133	177	322	23	197	176	396	39	239	416	694	41	457	591	1089	53	465	661	1179
肇庆	31	285	234	550	56	492	341	889	98	758	317	1173	116	790	382	1288	146	889	414	1449
清远	16	128	272	416	13	233	151	397	51	290	328	669	43	266	300	609	52	292	286	630
潮州	22	318	1725	2065	47	365	1465	1877	63	480	1859	2402	85	622	2250	2957	107	422	2313	2842
揭阳	39	153	573	765	43	286	1011	1340	59	317	1537	1913	51	580	1766	2397	63	408	1601	2072
云浮	4	58	128	190	12	69	154	235	19	125	225	369	28	178	255	461	26	160	294	480
校正值	14	21	22	57	2	3	0	3	2	26	27	55	1	39	17	57	0	41	32	73
合计	13691	43901	61754	119346	18242	51402	58771	128413	22153	65946	65499	153598	20084	77503	72843	170430	22276	83202	74475	179953

2002—2014年全国及广东省PCT国际专利申请情况

年 份	全 国		广 东		广东占全国比例（%）
	数量（件）	增长率（%）	数量（件）	增长率（%）	
2002年	951	/	200	/	21.03
2003年	1146	20.50	287	43.50	25.04
2004年	1592	38.92	467	62.72	29.33
2005年	2438	53.14	989	111.78	40.57
2006年	3826	56.93	1731	75.03	45.24
2007年	5401	41.17	2646	52.86	48.99
2008年	5853	8.37	3120	17.91	53.31
2009年	8000	36.68	4418	41.60	55.23
2010年	12016	50.20	6678	51.15	55.58
2011年	16089	33.90	8941	33.89	55.57
2012年	18145	12.78	9211	3.02	50.76
2013年	20897	15.17	11525	25.12	55.15
2014年	24007	14.88	13332	15.68	55.53

2014年广东省各地级以上市PCT专利申请情况

单位：件

地级以上市	数量	地级以上市	数量	地级以上市	数量
广州	554	惠州	272	湛江	2
深圳	11639	汕尾	1	茂名	5
珠海	193	东莞	299	肇庆	6
汕头	26	中山	73	清远	2
韶关	25	江门	30	潮州	1
河源	0	佛山	195	揭阳	1
梅州	0	阳江	3	云浮	3
修正	2				

2014年广东省各地级以上市专利行政执法状况

单位：件

执法部门	专利纠纷案件情况											查处假冒专利行为		强制执行累计	涉外案件	行政诉讼
	纠纷案件受理（宗）							纠纷案件结案（宗）								
	合计	专利种类			纠纷种类			合计	结案方式			假冒立案	假冒结案			
		发明	实用新型	外观设计	侵权	权属	其他		处理	调解	撤回			（包括港澳台）	（受理）	
广东省知识产权局	1085				1085			1084				0	0			
广州市知识产权局	179				179			138				281	281			
深圳市知识产权局	132				130	2		113				115	115			
珠海市知识产权局	5				5			6				3	3			
汕头市知识产权局	14				13	1		9				120	120			
佛山市知识产权局	12				10	2		11				43	43			
佛山市顺德区知识产权局	33				33			30				9	9			
韶关市知识产权局	0				0			0				1	1			
河源市知识产权局	0				0			0				2	2			
梅州市知识产权局	0				0			1				10	10			
惠州市知识产权局	9				9			7				104	104			
汕尾市知识产权局	1				1			1				5	5			
东莞市知识产权局	30				30			33				4	4			
中山市知识产权局	225				225			325				0	0			
江门市知识产权局	20				20			0				6	6			
阳江市知识产权局	26				26			10				0	0			
湛江市知识产权局	5				5			5				2	2			
茂名市知识产权局	1				1			0				18	18			
肇庆市知识产权局	1				1			1				2	2			
清远市知识产权局	0				0							11	11			
潮州市知识产权局	36				36			20				1	1			
揭阳市知识产权局	2				2			8				2	2			
云浮市知识产权局	0				0			0				0	0			
合 计	1816	1341	341	134	1811	5		1802				739	739		368	

广东省历年受理、审结专利案件情况

单位：件

执法部门			1985—1991年	1992年	1993年	1994年	1995年	1996年	1997年	1998年	1999年	2000年	2001年	2002年	2003年	2004年	2005年	2006年	2007年	2008年	2009年	2010年	2011年	2012年	2013年	2014年	合计	历年查处假冒专利案件
行政	广东省知识产权局	受理	35	11	0	18	45	83	102	72	96	97	57	44	6	29	23	42	23	23	22	33	0	5	1115	1085	3066	89
		审结	30	6	7	12	32	56	80	56	93	83	75	55	23	13	25	20	33	26	13	33	10	8	1106	1084	2979	
	其他地级以上市知识产权局	受理	67	5	2	16	22	78	99	115	113	221	240	374	350	347	307	194	233	176	122	112	220	484	742	731	5370	2064
		审结	49	16	7	9	12	55	81	76	75	210	173	265	269	267	252	180	181	172	79	74	137	410	468	718	4235	
	小计	受理	102	16	2	34	67	161	201	187	209	318	297	418	356	376	330	236	256	199	144	145	220	489	1857	1816	8436	2153
		审结	79	22	14	21	44	111	161	132	168	293	248	320	292	280	277	200	214	198	92	107	147	418	1574	1802	7214	

注：自2013年开始，广东省知识产权局系统调解展会案件纳入案件统计。

2010—2014年广东省专利案件收、结统计表

单位：件

类别	收案					结案				
	2010年	2011年	2012年	2013年	2014年	2010年	2011年	2012年	2013年	2014年
一审	1646	2608	3726	3096	3154	1441	2241	3354	3193	3179
二审	541	562	690	892	1166	571	559	698	771	1087
合计	2187	3170	4416	3988	4320	2012	2800	4052	3964	4266

2014年广东省专利奖名单

一、2014年广东专利奖名单

（一）广东专利金奖（15项）

序号	项目名称	专利号	申报单位
1	一种一元或多元气凝胶隔热材料及其制备方法	201210038638.5	广东埃力生高新科技有限公司
2	一种水性砂浆改性剂及其制备方法与应用	201210247969.X	中科院广州化学有限公司
3	一种亚硒酸钠生产方法	201010548269.5	广东先导稀材股份有限公司
4	一种汽车用低TVOC聚丙烯组合物及其制备方法	201010266765.1	金发科技股份有限公司
5	电机前轴承及包含该轴承的离心压缩机、制冷设备	201210015294.6	珠海格力电器股份有限公司
6	一种登机桥行走机构的控制方法	200510100860.3	深圳中集天达空港设备有限公司
7	一种带专用整流变压器的直流融冰装置及其保护方法	201010140060.5	南方电网科学研究院有限责任公司
8	网页浏览方法、WebApp框架、执行JavaScript方法及装置、移动终端	201210132741.6	广州市动景计算机科技有限公司
9	一种射频装置和射频读卡器以及相关通信系统和通信方法	200910250430.8	国民技术股份有限公司
10	一种具有扫描链的集成电路	200910110751.8	炬力集成电路设计有限公司
11	宽频带环状双极化辐射单元及线阵天线	200710031144.3	京信通信系统（中国）有限公司
12	无源光网络用户终端	200610082274.5	华为技术有限公司
13	一种艾普拉唑肠溶片剂及其制备方法	201010610953.1	丽珠医药集团股份有限公司
14	压滤工艺分离人血浆蛋白的方法	200410077693.0	广东双林生物制药有限公司
15	数控皮革切割机（RZCUT-2510）	200930341896.X	广东瑞洲科技有限公司

（二）广东专利优秀奖（55项）

序号	项目名称	专利号	申报单位
1	多联式空调机组的控制方法	201210032848.3	美的集团股份有限公司
2	一种聚甲基丙烯酸甲酯防水涂料及其制备方法	201110095025.0	广州秀珀化工股份有限公司
3	一种管壳式换热器	200910040432.4	华帝股份有限公司
4	一种低损耗高压陶瓷电容器介质	201010588021.1	汕头高新区松田实业有限公司
5	一种空调室内机	201010201278.7	珠海格力电器股份有限公司
6	一种压榨连续生产线	200910000313.6	佛山市海天调味食品股份有限公司
7	多联空调机组及其网络通讯方法	200510037261.1	珠海格力电器股份有限公司
8	变频高压微雾加湿机	201010605323.5	东莞市丰远电器有限公司
9	一种利用水库水作冷源或热源的水电空调系统	201210212523.3	广东申菱空调设备有限公司
10	一种用污水压榨泥制造的环保瓷质砖	201110176328.5	广东新明珠陶瓷集团有限公司
11	含哒嗪取代基的哌嗪酰胺类化合物	201110369551.1	中国科学院广州生物医药与健康研究院
12	柠檬酸亚锡二钠的制备方法	201010190576.0	西陇化工股份有限公司
13	液体硅橡胶基础胶料、液体硅橡胶材料及其它的制备方法	200510036344.9	广州天赐有机硅科技有限公司
14	一种耐寒智能电表壳体用聚碳酸酯/ABS合金及其制备方法	201110188106.5	惠州市昌亿科技股份有限公司
15	一种高光泽度的硬质聚氯乙烯制品的制作方法	200610132320.8	广东天安新材料股份有限公司
16	回转式压缩机	201010116771.9	广东美芝制冷设备有限公司
17	一种一体化防伪防窜标识制备工艺	201010299936.0	广东正迪科技股份有限公司
18	防盗集装箱	200810176385.1	广东新会中集特种运输设备有限公司
19	长U弯管机	201010592786.2	中山市奥美森工业有限公司
20	冲压焊接成型的管道泵	200910308753.8	广东永力泵业有限公司
21	一种无助力变桨距水平轴风力发电机	200910193299.6	广州红鹰能源科技股份有限公司
22	一种热熔连接承插管件	200610036004.0	佛山市日丰企业有限公司
23	一种往复密封式压缩机	200810220752.3	广州万宝集团压缩机有限公司
24	一种USB设备及其检测方法	201010557614.1	炬力集成电路设计有限公司
25	一种自激推挽式变换器	201110436259.7	广州金升阳科技有限公司
26	基于斜坐标系的红外触摸屏触摸定位方法及装置	201110142765.5	广州视睿电子科技有限公司
27	电源管理系统	200910036917.6	珠海全志科技股份有限公司
28	智能卡及数据写入方法	200710032776.1	东信和平科技股份有限公司
29	分布式电池管理系统及管理方法	200410081434.5	比亚迪股份有限公司
30	电子元件及其制作方法	200910189141.1	深圳顺络电子股份有限公司
31	永磁辅助同步磁阻电机及其安装方法	201210056143.5	珠海格力节能环保制冷技术研究中心有限公司
32	一种无汞或低汞的高强度放电灯	200510032932.5	广东雪莱特光电科技股份有限公司
33	钞票处理系统及方法	201010593971.3	广州广电运通金融电子股份有限公司
34	模块化拼接方式的液晶电视驱动系统及控制方法	201110189362.6	广州视源电子科技股份有限公司
35	应用于城市轨道交通的火灾联动控制系统及方法	200910041239.2	广州地铁设计研究院有限公司

（续上表）

序号	项目名称	专利号	申报单位
36	一种电源老化的方法和系统	200910109531.3	东莞市冠佳电子设备有限公司
37	调节呼吸流量的装置和呼吸机	200910190154.0	深圳市安保科技有限公司
38	一种检测克伦特罗酶联免疫试剂盒及其检测方法与检测前动物组织的制样方法	200610036447.X	华南农业大学
39	一种物理上行控制信道干扰随机化的方法	200810094545.8	中兴通讯股份有限公司
40	一种自适应时间域和空间域分辨率框架的图像处理方法	200910104868.5	深圳市融创天下科技有限公司
41	数据同步系统及方法	201010103737.8	腾讯科技（深圳）有限公司
42	一种绑定即时通信识别码与无线通信识别码的方法	200510109483.X	腾讯科技（深圳）有限公司
43	扣片式散热器及其制造方法	200710076841.0	深圳市超频三科技有限公司
44	一种活血化淤、益气养阴的中药制剂及其制备方法	200910215814.6	广东众生药业股份有限公司
45	一种低盐度养殖凡纳滨对虾的配合饲料及其制备方法	201110061929.1	广东恒兴饲料实业股份有限公司
46	氨基酸注射液及其制备方法	200810218542.0	广东利泰制药股份有限公司
47	一种双蛋白发酵型奶冻食品及其制备方法	200810218569.X	广州合诚实业有限公司
48	一种固相氧化环合合成特利加压素的方法	200910110354.0	深圳翰宇药业股份有限公司
49	一种提高生物利用度及药效的中药复方风湿宁制剂和制备方法	200410080304.X	广东罗浮山国药股份有限公司
50	分体式壁挂机壳体（13-01）	201330103179.X	珠海格力电器股份有限公司
51	落地式空调室内机壳体（双贯流YA100）	201330179871.0	广东美的制冷设备有限公司
52	自助终端	201230382188.2	广东金赋信息科技有限公司
53	泡茶机（聚宝盆自吸加水智能电磁泡茶机）	201130268437.0	广东海利集团有限公司
54	机顶盒（1J1型）	201030568886.2	广东九联科技股份有限公司
55	LED路灯	201030200669.8	东莞勤上光电股份有限公司

（三）广东发明人奖

序号	发明人	单位
1	瞿金平	华南理工大学
2	梁　捷	广州市动景计算机科技有限公司
3	黄　辉	珠海格力电器股份有限公司
4	成晓华	深圳市朗科科技股份有限公司
5	吴清平	广东省微生物研究所
6	苏薇薇	中山大学
7	梁　柱	腾讯科技（深圳）有限公司
8	卜斌龙	京信通信系统（中国）有限公司
9	陈俊平	广东海利集团有限公司
10	常厚春	广州迪森热能技术股份有限公司

二、第十六届中国专利奖配套奖名单

（一）中国专利金奖（4项）

序号	专利号	专利名称	专利权人	发明人
1	ZL200810026054.X	基于拉伸流变的高分子材料塑化输运方法及设备	华南理工大学	瞿金平
2	ZL200610162179.6	远端串扰抵消方法、装置及信号发送装置和信号处理系统	华为技术有限公司	方李明
3	ZL201010133008.7	一种单模业务连续性实现方法及单模业务连续性系统	中兴通讯股份有限公司	谢振华、郝振武、陶全军
4	ZL200810241509.X	一种核电机组的事故监控系统及其监控方法	中国广东核电集团有限公司、大亚湾核电运营管理有限责任公司	张锦浒、周创彬、魏艳辉

（二）中国外观设计金奖（2项）

序号	专利号	专利名称	专利权人	发明人
1	ZL201230649223.2	电视机（PLY1201）	深圳创维-RGB电子有限公司	彭丽媛
2	ZL201230119818.7	分体落地式空调器室内机（单贯流B）	美的集团股份有限公司	汪海路、李　雯

（三）中国专利优秀奖

1. 机械领域（6项）

序号	专利号	专利名称	专利权人	发明人
1	ZL200810185951.5	一种混合动力汽车	比亚迪股份有限公司	罗红斌、任毅、杨胜麟、王涛、刘彦
2	ZL200410004652.9	登机桥辅助支撑装置和带有该装置的登机桥及其控制方法	中国国际海运集装箱（集团）股份有限公司、深圳中集天达空港设备有限公司	沈鸿生、郑祖华、张肇红、谭立
3	ZL201110079339.1	前纵梁、几何吸能控制结构、汽车以及提供几何吸能控制结构的方法	广州汽车集团股份有限公司	黄向东、曾庆洪、章恒、杨荣山、袁焕泉、王玉超、杨蔓、蔡汉琛、孙信、杨万庆、苏瑞峰
4	ZL201110253723.9	一种酱油灌装机	广州达意隆包装机械股份有限公司	谢棋柏、刘海丰、吴茂柿、胡秋娴
5	ZL201010116735.2	一种回转式压缩机	广东美芝制冷设备有限公司	小津政雄、陈振华
6	ZL00117190.9	用淡水河蚌养殖珍珠的插核方法	谢绍河	谢绍河

2. 电学领域（8项）

序号	专利号	专利名称	专利权人	发明人
1	ZL200910040197.0	一种异物检测方法及系统	广州广电运通金融电子股份有限公司	罗攀峰、唐键、谢文超、刘志梧
2	ZL200910003320.1	一种电动汽车用动力电池	比亚迪股份有限公司	朱建华、韩磊、江文峰、郑卫鑫、潘丽英、周皓、胡浩、蒋露霞、顾红娟、姚佳、吴光麟、王昌平、石晶晶、李成亮、沈晞
3	ZL201110201987.X	一种镍氢动力电池的生产工艺	泉州劲鑫电子有限公司、深圳市嘉乐讯电子科技有限公司	陈端典、陈文明、李培坤、张桂生、尹纯
4	ZL03146090.9	利用半导体存储装置实现自动执行的方法	深圳市朗科科技股份有限公司	杨龙和、钟智渊
5	ZL200710026450.8	一种多制式UPS电源及其实现方法	广东志成冠军集团有限公司、华中科技大学	周志文、李民英、张宇
6	ZL01114752.0	一种用于电磁炉具上的带电磁耦合线圈的烹调器具	广东夏野日用电器有限公司	陈梓平
7	ZL201010104157.0	组件显示处理方法和用户设备	华为终端有限公司	彭玉卓
8	ZL03126696.7	电解电容器阳极铝箔腐蚀工艺	乳源瑶族自治县东阳光化成箔有限公司	吕根品、罗向军、吴志坚

3. 通信领域（14项）

序号	专利号	专利名称	专利权人	发明人
1	ZL200810105792.3	一种感应式2D-3D自动立体显示装置	深圳超多维光电子有限公司	戈张
2	ZL200910224715.4	高级长期演进系统中参考信号序列的映射系统及方法	中兴通讯股份有限公司	戴博、吴欣、郁光辉、左志松
3	ZL200710002482.4	一种演进网络中建立S1信令连接的方法、装置及系统	华为技术有限公司	张宏卓、邱勇
4	ZL201210040481.X	一种多人视频通信中的视频编码方法以及终端	腾讯科技（深圳）有限公司	谷沉沉
5	ZL200810067833.4	采用机顶盒适配器实现的数字电视一体机及其方法	深圳创维-RGB电子有限公司	白骥、乔木、李坚、朱建文
6	ZL200810000085.8	文件内容分发方法和装置	中兴通讯股份有限公司	夏宏飞
7	ZL200810216209.6	一种LED显示屏运行监控方法和系统	深圳市奥拓电子股份有限公司	吴涵渠
8	ZL200710073724.9	一种具有信息保密功能的移动终端及保密方法	宇龙计算机通信科技（深圳）有限公司	蒲崇奕、郦伟强、郭晓涛
9	ZL200810199144.9	一种电视遥控方法及用该方法遥控操作电视机的系统	TCL集团股份有限公司	邵诗强
10	ZL200810009496.3	一种物理混合重传指示信道资源的分配方法	中兴通讯股份有限公司	戴博、夏树强、梁春丽、郝鹏
11	ZL201010230502.5	立体图像处理方法和立体显示装置	深圳超多维光电子有限公司	闫飞、刘宁、李统福、李亚奎、戈张
12	ZL200610062832.1	移动终端的联系人定位方法	宇龙计算机通信科技（深圳）有限公司	郭晓涛、郦伟强、胡良
13	ZL200910084010.7	一种接入分组数据服务节点的方法、系统和终端	中兴通讯股份有限公司	王晓伟、方胜、潘英、陈夕华
14	ZL200910242528.9	一种CDMA和GSM双模数字移动通信终端	中兴通讯股份有限公司	张永亮、戚燃、马磊、侯方西

4. 医药生物领域（7项）

序号	专利号	专利名称	专利权人	发明人
1	ZL200610123668.0	天然有色糖品的生产方法	华南理工大学	于淑娟、朱思明
2	ZL200910041187.9	头孢克肟分散片及其制备方法	广州白云山制药股份有限公司广州白云山制药总厂	卢丹、吴振华、朱少璇、尤孝庆
3	ZL201210030079.3	一种丙泊酚中/长链注射液及其制备方法	广东嘉博制药有限公司	岳峰、梁成标、刘红旗、蔡文坚、曾少群、童伟国
4	ZL201110342439.9	重组牛碱性成纤维细胞生长因子滴眼液	珠海亿胜生物制药有限公司	方海洲、唐祝华、郑赞顺、姜若峰、朱爱堂、蓝瑄、黄贤科
5	ZL200410051250.4	一种治疗高脂血症的药物	广东药学院	郭姣
6	ZL200910040956.3	军团菌种快速检测试剂盒及其检测方法	广州金域医学检验中心有限公司	朱庆义、詹晓勇、李连青、胡朝晖、张远志
7	ZL201010237529.7	一种新众生丸的中药制剂及其制备方法	广东众生药业股份有限公司	龙超峰、谢称石、陈木洲、赵希平

5. 化学领域（5项）

序号	专利号	专利名称	专利权人	发明人
1	ZL03123813.0	一种具有螯合结晶水合物的头孢菌素及其制备方法	中国药品生物制品检定所、深圳九新药业有限公司	胡昌勤、陈重、尹利辉、郎雅宁

（续上表）

序号	专利号	专利名称	专利权人	发明人
2	ZL201010603231.3	一种生物降解树脂组合物及其制品	金发科技股份有限公司、珠海万通化工有限公司、上海金发科技发展有限公司	焦建、徐依斌、苑仁旭、钟宇科、曾祥斌、蔡彤旻、夏世勇、袁志敏
3	ZL200710172073.9	一种高耐磨高刚性增强尼龙66复合物及其制备方法	上海金发科技发展有限公司、广州金发科技股份有限公司	苏妤、吉继亮、刘志力、张永、姜苏俊、陈大华
4	ZL200610083362.7	美罗培南的制备方法	深圳市海滨制药有限公司	张恒利
5	ZL201110314034.4	一种弹性体组合物、弹性体软管及弹性体软管的制备方法	佛山市日丰企业有限公司	全季靖、彭晓翊、李白千

6. 光电领域（10项）

序号	专利号	专利名称	专利权人	发明人
1	ZL200610157027.7	一种交互式的行车导航和车载安防系统	深圳市赛格导航科技股份有限公司	侯丹、刘云
2	ZL201080003606.0	扭曲向列液晶盒及包含该液晶盒的2D-3D立体显示装置	深圳超多维光电子有限公司	戈张、郭福忠
3	ZL200410026794.5	微生物抗干扰快速检测方法	广东省微生物研究所、广州环凯生物技术有限公司	吴清平、张菊梅、吴慧清、郭伟鹏
4	ZL200710305062.3	一种基于多导同步心电信号处理方法及装置	深圳迈瑞生物医疗电子股份有限公司	叶文宇、张光磊、洪俊标、孙泽辉、岳宇、邹人强
5	ZL200710194570.9	对高带信号进行帧错误隐藏的方法及装置	华为技术有限公司	许剑峰、苗磊、胡晨、张清、许丽净、李伟、杜正中、杨毅、齐峰岩、詹五洲、王东琦
6	ZL200710121803.2	一种三维波形实时显示方法和系统	优利德科技（中国）有限公司	叶芃、曾浩、张沁川、黄建国、王厚军
7	ZL200910115628.5	核反应堆压力容器接管安全端焊缝检测设备	中广核检测技术有限公司、中科华核电技术研究院有限公司	汪涛、王彬、曹志军、李明、陈怀东、刘金宏
8	ZL200610011729.4	一种可变增益的高灵敏度GPS接收机基带频率跟踪方法	深圳市德赛微电子技术有限公司	李金海、陈杰、牟荣增
9	ZL200510008995.7	检测禽流感病毒的核苷酸序列、试剂盒及检验方法	中华人民共和国北京出入境检验检疫局、凯杰生物工程（深圳）有限公司	魏传忠、张鹤晓、赖平安、杨伟、高志强、张利锋、刘环、刘继红、郭晋优、李宁、谷强、汪琳、吴丹、段生涛、张向东
10	ZL200810028230.3	一种X射线检测设备	广东正业科技股份有限公司	梅领亮、徐地华、王天辉、莫车生、王树华

7. 材料领域（10项）

序号	专利号	专利名称	专利权人	发明人
1	ZL00114693.9	一种污水处理方法及装置	中国科学院水生生物研究所、深圳市环境科学研究所	吴振斌、雷志洪
2	ZL201110123363.0	核壳结构聚氨酯与丙烯酸共聚水性木器漆及其制备方法	黄宏亭	黄宏亭
3	ZL200510120796.5	生物型外科补片	广东冠昊生物科技股份有限公司	徐国风
4	ZL201110110488.X	一种陀螺积分系统及其数据信息读写方法	广东奥飞动漫文化股份有限公司、广东奥迪动漫玩具有限公司、广州奥飞文化传播有限公司	蔡东青
5	ZL201010003596.2	立式空调室内机	珠海格力电器股份有限公司	张辉、钟明生、孟宪运、丘晓宏、陈国豪
6	ZL200510036984.X	多联空调机组及其网络通讯方法	珠海格力电器股份有限公司	谭建明、姜灿华、冯宇杰、陈东亮
7	ZL201110102410.3	一种处理废旧印刷电路板的方法	深圳市格林美高新技术股份有限公司	许开华、曹卉
8	ZL201110327527.1	多层共挤吹膜设备的挤出机和模头的清机方法	广东金明精机股份有限公司	马镇鑫、李浩、李子平、陈新辉、林永忠、何二君
9	ZL200910192919.4	一种变频空调器的控制方法	美的集团股份有限公司	袁兰浪、李强、罗宇华、朱良红、刘阳、孙铁军
10	ZL200710032685.8	城市污水一体化组合工艺处理反应器	华南理工大学	周少奇、丁进军

8. 实用型新专利（4项）

序号	专利号	专利名称	专利权人	发明人
1	ZL201120213848.4	玩具公仔	广东邦宝益智玩具股份有限公司	吴锭辉
2	ZL201220460725.5	LED路灯	深圳市洲明科技股份有限公司	林铭锋、周晴、张春旺、胡丹
3	ZL201120076228.0	移民村村通监控装置	广东华南水电高新技术开发有限公司	陈军强、钟道清
4	ZL201220170516.7	一种应用于养殖池水质过滤处理系统的抽水装置	余炳炎	余炳炎

（四）中国外观设计优秀奖（13项）

序号	专利号	专利名称	专利权人	发明人
1	ZL201130356931.2	汽车	比亚迪股份有限公司	但卡、叶理瑜、廉玉波
2	ZL201130443504.8	彩色台式超声系统（Centaur）	深圳迈瑞生物医疗电子股份有限公司	张琪、罗军、周翔
3	ZL201230294417.5	分体落地式房间空调器（K12011）	海信科龙电器股份有限公司、广东科龙空调器有限公司	王磊、邓广森、覃沛然、王志刚、范志刚、沈亚锋、张江
4	ZL201330401070.4	手表（5615-02）	珠海罗西尼表业有限公司	王永宁
5	ZL201130249664.9	空调器（分体立式柜机11-68）	珠海格力电器股份有限公司	刘家华、吴欢龙、李亮、揭繁
6	ZL201230276811.6	餐台（84700）	汕头市华莎驰家具家饰有限公司	黄茂荣
7	ZL201130470448.7	陶瓷锅（伏尔思）	广东顺祥陶瓷有限公司	林伟河
8	ZL200930682213.7	蒸汽站式电熨斗（EC1706）	广东新宝电器股份有限公司	郭建刚、黎柏瑜
9	ZL201230382449.0	远程视频虚拟柜台金融设备（VTM-3）	广州广电运通金融电子股份有限公司	朱鹏、邓庆科
10	ZL201330009403.9	手机（AscendP2s）	华为终端有限公司	伍国平、张海琪、李文思

（续上表）

序号	专利号	专利名称	专利权人	发明人
11	ZL201230474320.2	空气能热水机水箱	美的集团股份有限公司	陈嘉伟、卢明远
12	ZL201230412005.7	壁挂式空调室内机（KB）	美的集团股份有限公司	詹素君、李三新、刘晓辉
13	ZL201230473541.8	数控机床（HS1066）	东莞市润星机械科技有限公司	王晓玲

广东省第十六届中国专利奖获奖项目名单

一、中国专利金奖（4项）

序号	专利号	专利名称	专利权人	发明人
1	ZL200810026054.X	基于拉伸流变的高分子材料塑化输运方法及设备	华南理工大学	瞿金平
2	ZL200610162179.6	远端串扰抵消方法、装置及信号发送装置和信号处理系统	华为技术有限公司	方李明
3	ZL201010133008.7	一种单模业务连续性实现方法及单模业务连续性系统	中兴通讯股份有限公司	谢振华、郝振武、陶全军
4	ZL200810241509.X	一种核电机组的事故监控系统及其监控方法	中国广东核电集团有限公、大亚湾核电运营管理有限责任公司	张锦浙、周创彬、魏艳辉

二、中国外观设计金奖（2项）

序号	专利号	专利名称	专利权人	发明人
1	ZL201230649223.2	电视机（PLY1201）	深圳创维RGB电子有限公司	彭丽媛
2	ZL201230119818.7	分体落地式空调器室内机（单贯流B）	美的集团股份有限公司	汪海路、李雯

三、中国专利优秀奖

（一）机械领域（6项）

序号	专利号	专利名称	专利权人	发明人
1	ZL200810185951.5	一种混合动力汽车	比亚迪股份有限公司	罗红斌、任毅、杨胜麟、王涛、刘彦
2	ZL200410004652.9	登机桥辅助支撑装置和带有该装置的登机桥及其控制方法	中国国际海运集装箱（集团）股份有限公司、深圳中集天达空港设备有限公司	沈鸿生、郑祖华、张肇红、谭立
3	ZL201110079339.1	前纵梁、几何吸能控制结构、汽车以及提供几何吸能控制结构的方法	广州汽车集团股份有限公司	黄向东、曾庆洪、章恒、杨荣山、袁焕泉、王玉超、杨蔓、蔡汉琛、孙信、杨万庆、苏瑞峰
4	ZL201110253723.9	一种酱油灌装机	广州达意隆包装机械股份有限公司	谢棋柏、刘海丰、吴茂柿、胡秋娴
5	ZL201010116735.2	一种回转式压缩机	广东美芝制冷设备有限公司	小津政雄、陈振华
6	ZL00117190.9	用淡水河蚌养殖珍珠的插核方法	谢绍河	谢绍河

（二）电学领域（8项）

序号	专利号	专利名称	专利权人	发明人
1	ZL200910040197.0	一种异物检测方法及系统	广州广电运通金融电子股份有限公司	罗攀峰、唐键、谢文超、刘志梧
2	ZL200910003320.1	一种电动汽车用动力电池	比亚迪股份有限公司	朱建华、韩磊、江文峰、郑卫鑫、潘丽英、周皓、胡浩、蒋露霞、顾红娟、姚佳、吴光麟、王昌平、石晶晶、李成亮、沈晞
3	ZL201110201987.X	一种镍氢动力电池的生产工艺	泉州劲鑫电子有限公司、深圳市嘉乐讯电子科技有限公司	陈端典、陈文明、李培坤、张桂生、尹纯
4	ZL03146090.9	利用半导体存储装置实现自动执行的方法	深圳市朗科科技股份有限公司	杨龙和、钟智渊
5	ZL200710026450.8	一种多制式UPS电源及其实现方法	广东志成冠军集团有限公司、华中科技大学	周志文、李民英、张宇
6	ZL01114752.0	一种用于电磁炉具上的带电磁耦合线圈的烹调器具	广东夏野日用电器有限公司	陈梓平
7	ZL201010104157.0	组件显示处理方法和用户设备	华为终端有限公司	彭玉卓
8	ZL03126696.7	电解电容器阳极铝箔腐蚀工艺	乳源瑶族自治县东阳光化成箔有限公司	吕根品、罗向军、吴志坚

（三）通信领域（14项）

序号	专利号	专利名称	专利权人	发明人
1	ZL200810105792.3	一种感应式2D-3D自动立体显示装置	深圳超多维光电子有限公司	戈张
2	ZL200910224715.4	高级长期演进系统中参考信号序列的映射系统及方法	中兴通讯股份有限公司	戴博、吴欣、郁光辉、左志松
3	ZL200710002482.4	一种演进网络中建立S1信令连接的方法、装置及系统	华为技术有限公司	张宏卓、邱勇

（续上表）

序号	专利号	专利名称	专利权人	发明人
4	ZL201210040481.X	一种多人视频通信中的视频编码方法以及终端	腾讯科技（深圳）有限公司	谷沉沉
5	ZL200810067833.4	采用机顶盒适配器实现的数字电视一体机及其方法	深圳创维-RGB电子有限公司	白骥、乔木、李坚、朱建文
6	ZL200810000085.8	文件内容分发方法和装置	中兴通讯股份有限公司	夏宏飞
7	ZL200810216209.6	一种LED显示屏运行监控方法和系统	深圳市奥拓电子股份有限公司	吴涵渠
8	ZL200710073724.9	一种具有信息保密功能的移动终端及保密方法	宇龙计算机通信科技（深圳）有限公司	蒲崇奕、郦伟强、郭晓涛
9	ZL200810199144.9	一种电视遥控方法及用该方法遥控操作电视机的系统	TCL集团股份有限公司	邵诗强
10	ZL200810009496.3	一种物理混合重传指示信道资源的分配方法	中兴通讯股份有限公司	戴博、夏树强、梁春丽、郝鹏
11	ZL201010230502.5	立体图像处理方法和立体显示装置	深圳超多维光电子有限公司	闫飞、刘宁、李统福、李亚奎、戈张
12	ZL200610062832.1	移动终端的联系人定位方法	宇龙计算机通信科技（深圳）有限公司	郭晓涛、郦伟强、胡良
13	ZL200910084010.7	一种接入分组数据服务节点的方法、系统和终端	中兴通讯股份有限公司	王晓伟、方胜、潘英、陈夕华
14	ZL200910242528.9	一种CDMA和GSM双模数字移动通信终端	中兴通讯股份有限公司	张永亮、戚燃、马磊、侯方西

（四）医药生物领域（7项）

序号	专利号	专利名称	专利权人	发明人
1	ZL200610123668.0	天然有色糖品的生产方法	华南理工大学	于淑娟、朱思明
2	ZL200910041187.9	头孢克肟分散片及其制备方法	广州白云山制药股份有限公司广州白云山制药总厂	卢丹、吴振华、朱少璇、尤孝庆
3	ZL201210030079.3	一种丙泊酚中/长链注射液及其制备方法	广东嘉博制药有限公司	岳峰、梁成标、刘红旗、蔡文坚、曾少群、童伟国
4	ZL201110342439.9	重组牛碱性成纤维细胞生长因子滴眼液	珠海亿胜生物制药有限公司	方海洲、唐祝华、郑赞顺、姜若峰、朱爱堂、蓝瑄、黄贤科
5	ZL200410051250.4	一种治疗高脂血症的药物	广东药学院	郭姣
6	ZL200910040956.3	军团菌种快速检测试剂盒及其检测方法	广州金域医学检验中心有限公司	朱庆义、詹晓勇、李连青、胡朝晖、张远志
7	ZL201010237529.7	一种新众生丸的中药制剂及其制备方法	广东众生药业股份有限公司	龙超峰、谢称石、陈木洲、赵希平

（五）机械领域（5项）

序号	专利号	专利名称	专利权人	发明人
1	ZL03123813.0	一种具有螯合结晶水合物的头孢菌素及其制备方法	中国药品生物制品检定所、深圳九新药业有限公司	胡昌勤、陈重、尹利辉、郎雅宁
2	ZL201010603231.3	一种生物降解树脂组合物及其制品	金发科技股份有限公司、珠海万通化工有限公司、上海金发科技发展有限公司	焦建、徐依斌、苑仁旭、钟宇科、曾祥斌、蔡彤旻、夏世勇、袁志敏
3	ZL200710172073.9	一种高耐磨高刚性增强尼龙66复合物及其制备方法	上海金发科技发展有限公司、广州金发科技股份有限公司	苏妤、吉继亮、刘志力、张永、姜苏俊、陈大华
4	ZL200610083362.7	美罗培南的制备方法	深圳市海滨制药有限公司	张恒利
5	ZL201110314034.4	一种弹性体组合物、弹性体软管及弹性体软管的制备方法	佛山市日丰企业有限公司	金季靖、彭晓翊、李白千

（六）光电领域（10项）

序号	专利号	专利名称	专利权人	发明人
1	ZL200610157027.7	一种交互式的行车导航和车载安防系统	深圳市赛格导航科技股份有限公司	侯丹、刘云
2	ZL201080003606.0	扭曲向列液晶盒及包含该液晶盒的2D-3D立体显示装置	深圳超多维光电子有限公司	戈张、郭福忠
3	ZL200410026794.5	微生物抗干扰快速检测方法	广东省微生物研究所、广州环凯生物技术有限公司	吴清平、张菊梅、吴慧清、郭伟鹏
4	ZL200710305062.3	一种基于多导同步心电信号处理方法及装置	深圳迈瑞生物医疗电子股份有限公司	叶文宇、张光磊、洪俊标、孙泽辉、岳宇、郭人强
5	ZL200710194570.9	对高带信号进行帧错误隐藏的方法及装置	华为技术有限公司	许剑峰、苗磊、胡晨、张清、许丽净、李伟、杜正中、杨毅、齐峰岩、詹五洲、王东琦
6	ZL200710121803.2	一种三维波形实时显示方法和系统	优利德科技（中国）有限公司	叶芃、曾浩、张沁川、黄建国、王厚军
7	ZL200910115628.5	核反应堆压力容器接管安全端焊缝检测设备	中广核检测技术有限公司、中科华核电技术研究院有限公司	汪涛、王彬、曹志军、李明、陈怀东、刘金宏
8	ZL200610011729.4	一种可变增益的高灵敏度GPS接收机基带频率跟踪方法	深圳市德赛微电子技术有限公司	李金海、陈杰、阜荣增
9	ZL200510008995.7	检测禽流感病毒的核苷酸序列、试剂盒及检验方法	中华人民共和国北京出入境检验检疫局、凯杰生物工程（深圳）有限公司	魏传忠、张鹤晓、赖平安、杨伟、高志强、张利锋、刘环、刘继红、郭普优、李宁、谷强、汪琳、吴丹、段生涛、张向东
10	ZL200810028230.3	一种X射线检测设备	广东正业科技股份有限公司	梅领亮、徐地华、王天辉、莫车生、王树华

（七）材料领域（10项）

序号	专利号	专利名称	专利权人	发明人
1	ZL00114693.9	一种污水处理方法及装置	中国科学院水生生物研究所、深圳市环境科学研究所	吴振斌、雷志洪
2	ZL201110123363.0	核壳结构聚氨酯与丙烯酸共聚水性木器漆及其制备方法	黄宏亭	黄宏亭
3	ZL200510120796.5	生物型外科补片	广东冠昊生物科技股份有限公司	徐国风
4	ZL201110110488.X	一种陀螺积分系统及其数据信息读写方法	广东奥飞动漫文化股份有限公司、广东奥迪动漫玩具有限公司、广州奥飞文化传播有限公司	蔡东青

（续上表）

序号	专利号	专利名称	专利权人	发明人
5	ZL201010003596.2	立式空调室内机	珠海格力电器股份有限公司	张辉、钟明生、孟宪运、丘晓宏、陈国豪
6	ZL200510036984.X	多联空调机组及其网络通讯方法	珠海格力电器股份有限公司	谭建明、姜灿华、冯宇杰、陈东亮
7	ZL201110102410.3	一种处理废旧印刷电路板的方法	深圳市格林美高新技术股份有限公司	许开华、曹卉
8	ZL201110327527.1	多层共挤吹膜设备的挤出机和模头的清机方法	广东金明精机股份有限公司	马镇鑫、李浩、李子平、陈新辉、林永忠、何二君
9	ZL200910192919.4	一种变频空调器的控制方法	美的集团股份有限公司	袁兰浪、李强、罗宇华、朱良红、刘阳、孙铁军
10	ZL200710032685.8	城市污水一体化组合工艺处理反应器	华南理工大学	周少奇、丁进军

（八）实用型新专利（4项）

序号	专利号	专利名称	专利权人	发明人
1	ZL201120213848.4	玩具公仔	广东邦宝益智玩具股份有限公司	吴锭辉
2	ZL201220460725.5	LED路灯	深圳市洲明科技股份有限公司	林铭锋、周晴、张春旺、胡丹
3	ZL201120076228.0	移民村村通监控装置	广东华南水电高新技术开发有限公司	陈军强、钟道清
4	ZL201220170516.7	一种应用于养殖池水质过滤处理系统的抽水装置	余炳炎	余炳炎

四、中国外观设计优秀奖（13项）

序号	专利号	专利名称	专利权人	发明人
1	ZL201130356931.2	汽车	比亚迪股份有限公司	但卡、叶瑾瑜、廉玉波
2	ZL201130443504.8	彩色台式超声系统（Centaur）	深圳迈瑞生物医疗电子股份有限公司	张琪、罗军、周翔
3	ZL201230294417.5	分体落地式房间空调器（K12011）	海信科龙电器股份有限公司、广东科龙空调器有限公司	王磊、邓广森、章沛然、王志刚、范志刚、沈亚锋、张江
4	ZL201330401070.4	手表（5615-02）	珠海罗西尼表业有限公司	王永宁
5	ZL201130249664.9	空调器（分体立式柜机11-68）	珠海格力电器股份有限公司	刘家华、吴欢龙、李亮、揭繁
6	ZL201230276811.6	餐台（84700）	汕头市华莎驰家具家饰有限公司	黄茂荣
7	ZL201130470448.7	陶瓷锅（伏尔思）	广东顺祥陶瓷有限公司	林伟河
8	ZL200930682213.7	蒸汽站式电烫斗（EC1706）	广东新宝电器股份有限公司	郭建刚、黎柏瑜
9	ZL201230382449.0	远程视频虚拟柜台金融设备（VTM-3）	广州广电运通金融电子股份有限公司	朱聃、邓庆科
10	ZL201330009403.9	手机（AscendP2s）	华为终端有限公司	伍国平、张海琪、李文思
11	ZL201230474320.2	空气能热水机水箱	美的集团股份有限公司	陈嘉伟、卢明远
12	ZL201230412005.7	壁挂式空调室内机（KB）	美的集团股份有限公司	詹素君、李三新、刘晓辉
13	ZL201230473541.8	数控机床（HS1066）	东莞市润星机械科技有限公司	王晓玲

2014年“广东省专利技术实施计划”项目情况表

技术领域	地市	申报单位	项目名称
机械（11项）	广州	华南理工大学	中央空调末端环境温度与冷源负荷远程调控方法及系统
	顺德	广东科达洁能股份有限公司	高效大规格陶瓷砖包装线
	顺德	广东美芝制冷设备有限公司	卧式旋转压缩机
	中山	中山市奥美森工业有限公司	数控强制式胀管机
	云浮	广东万事泰集团有限公司	全自动智能温控奶泡机
	汕头	广东达诚机械有限公司	高性能数字化五层共挤片材机组
	江门	广东新会中集特种运输设备有限公司	轻质重载折叠式特种货物运输装备的研究开发
	广州	广州达意隆包装机械股份有限公司	基于独立式可控硅智能温度调控吹瓶机项目
	阳江	广东永力泵业有限公司	冲压焊接半开式叶轮离心泵
	东莞	东莞精锐电器五金有限公司	碎纸刀具加工设备及精密型碎纸刀具加工方法
	佛山	佛山市鼎吉包装技术有限公司	墙地砖直连自动包装生产成套设备
医药生物（13项）	中山	完美（中国）有限公司	健扬胶囊的研发与产业化
	湛江	广东恒兴饲料实业股份有限公司	一种仔猪低蛋白饲料及其制备方法
	广州	广州白云山和记黄埔中药有限公司	脑心清片用于糖脂代谢类相关疾病的临床研究
	珠海	丽珠医药集团股份有限公司	神经生长因子工艺研发
	潮州	广东真美食品集团有限公司	休闲干肉制品的研发及产业化
	河源	河源市绿纯酿酒厂	客家月子酒的保护开发
	惠州	广东罗浮山国药股份有限公司	丹莪妇康颗粒产业化实施
	湛江	广东绿百多生物科技有限公司	一种水产养殖微生物饲料预混剂及其制备方法
	佛山	佛山德众药业有限公司	“药用贴膏基质及其制备方法和应用”专利技术实施
	汕尾	汕尾市五丰海洋生物科技有限公司	淡水鱼胶原蛋白肽产业化项目
	云浮	广东温氏食品集团股份有限公司	猪肉品质风味的改善技术及推广应用
	韶关	韶关金苹果饲料有限公司	具有抗腹泻的中草药添加剂在乳猪料中的应用
	阳江	广东阳江八果圣食品有限公司	一种益智油的提取方法
材料及化学（21项）	深圳	深圳市新星轻合金材料股份有限公司	高性能铝钛硼母铝合金产业化
	广州	广州鹿山新材料股份有限公司	管道防腐专用聚丙烯胶粘剂
	广州	广州立白企业集团有限公司	高分子洗涤助剂在液体洗涤剂中的产业化开发
	梅州	广东嘉元科技股份有限公司	新能源汽车动力电池用高精度电子铜箔生产关键技术
	广州	广州市白云化工实业有限公司	太阳能光伏组件用有机硅密封胶
	中山	中山金利宝胶粘制品有限公司	新型热收缩式自动剥离环保标签的制备方法及其产业化
	广州	中科院广州化学有限公司	预拌湿混砂浆高保塑改性剂
	揭阳	揭阳市广福电子实业有限公司	高分子PVC/石墨电磁屏蔽音视频信号线
	清远	广东豪美铝业股份有限公司	一种铝材着金色的方法
	江门	嘉宝莉化工集团股份有限公司	一种具有吸收甲醛功效木器涂料的研制及产业化项目
	肇庆	广东羚光新材料股份有限公司	陶瓷电容器电极用银浆及其配套银粉技术
	清远	广东聚石化学股份有限公司	环保无卤膨胀型阻燃聚丙烯
	揭阳	广东泰宝医疗科技股份有限公司	抗菌功能纤维及制品的研发
	韶关	乳源东阳光精箔有限公司	一种电解电容器高压阳极用铝箔的制造方法
	潮州	潮州市庆发陶瓷有限公司	陶瓷玩偶的制作工艺
	河源	河源市新凌嘉电音有限公司	新型高面密度锂离子动力电池的产业化
	中山	中山益达服装有限公司	牛仔棉布再生工艺
	中山	广东华兹卜化学工业有限公司	核壳结构聚氨酯与丙烯酸共聚儿童水性木器漆
	汕头	广东益德环保科技有限公司	以淀粉为基料的全降解发泡材料及制品研发
	广州	广东标美硅氟新材料有限公司	应用于海洋漏油污染处理的溢油驱集剂
	东莞	东莞市康博士装饰材料有限公司	无甲醛抗菌环保粘接胶
电学、光电及通信（26项）	汕头	广东奥飞动漫文化股份有限公司	一种陀螺积分系统及其数据信息读取方法
	珠海	珠海和佳医疗设备股份有限公司	冷极射频肿瘤治疗机
	珠海	珠海天威飞马打印耗材有限公司	SmarTactTM技术在HP碳粉盒上的应用及产业化攻关
	东莞	广东电子工业研究院有限公司	G-Cloud云操作系统及其定时备份和恢复技术
	深圳	深圳创维-RGB电子有限公司	智能3D云电视
	广州	广州广电运通金融电子股份有限公司	支持国密算法的加密设备
	惠州	惠州市蓝微电子有限公司	多节动力锂电池管理系统产品测试设备技术成果转化
	广州	广州地铁设计研究院有限公司	城市轨道交通火灾联动控制系统技术创新研究及工程实践
	珠海	长园共创电力安全技术股份有限公司	FY3000-TM微机在线防止电气误操作系统
	深圳	安科智慧城市技术（中国）有限公司	监控视频综合应用系统
	深圳	深圳市汇顶科技股份有限公司	5点电容触控芯片
	肇庆	广东风华高新科技股份有限公司	基于厚薄膜混合集成片式保险丝关键技术应用及产业化
	惠州	惠州市华阳多媒体电子有限公司	微型投影仪亮度调节系统发明专利技术产业化
	深圳	深圳先进技术研究院	铜铟镓硒薄膜太阳电池制造技术
	东莞	国云科技股份有限公司	教育云计算公共服务平台及其无线网络节点缓冲数据包处理技术
	珠海	珠海银邮光电技术发展股份有限公司	SmartDAS系统
	深圳	深圳光启创新技术有限公司	超材料天线罩
	中山	中山市开普电器有限公司	一种具有漏电保护功能的电源插头
	梅州	博敏电子股份有限公司	高阶HDI电路板关键技术研究与应用

（续上表）

技术领域	地市	申报单位	项目名称
电学、光电及通信（26项）	广州	广州白云电器设备股份有限公司	轨道交通牵引直流配电控制设备
	广州	广州市雅江光电设备有限公司	一种LED调光装置的调光方法
	中山	广东长宝信息科技有限公司	中山市政府重点车辆动态监管服务平台
	惠州	广东卓耐普智能技术股份有限公司	数字式场感应水位智能传感系统及其实现方法
	深圳	深圳市中庆微科技开发有限公司	一种平面发光设备区域校正方法
	深圳	深圳雅图数字视频技术有限公司	双灯叠加高亮度投影显示技术研发及产业化
	佛山	广东中商国通电子有限公司	电动汽车充电机构

2014年查处商标侵权假冒案件情况统计表

项目		机器编号	案件总数（件）合计	案件总数（件）其中：投诉案件	其中:涉外案件 小计	其中:涉外案件 其中：投诉案件	案值（万元）	罚没金额（万元）	其中：立案查处（件，万元）小计	其中：投诉案件	处罚程度 罚款10-100万元	处罚程度 罚款100万元以上	利用互联网实施侵权假冒案件 案件数	利用互联网实施侵权假冒案件 案值	没收、销毁侵权商品（件）	没收、销毁侵权商标标识（件）	没收、销毁专门用于制造侵权商品和伪造注册商标标识的工具（件）	移送司法机关（件，人）案件数 合计	案件数 其中：投诉案件	人数	其中:涉外案件 合计	其中：投诉案件	人数
甲		乙	1	2	3	4	5	6	7	8	9	10	11	12	13	14	15	16	17	18	19	20	21
合 计		1	5719	2842	3130	1918	8995.47	7613.96	5242	2738	78	2	24	127.73	5907148	2058829	6293	—	—	—	—	—	—
假冒商标	小 计	2	1671	898	1046	720	4740.93	2425.63	1583	897	7	0	8	46.32	1492336	442918	5440	137	107	61	97	77	47
假冒商标	未经注册商标所有人的许可，在相同商品上使用与其注册商标相同的商标的	3	851	450	543	358	3940.56	1092.57	828	438	2	0	4	4.23	1047967	125937	5372	112	85	40	83	65	31
假冒商标	伪造、擅自制造他人注册商标标识或者销售伪造、擅自制造的注册商标标识的	4	114	68	68	36	54.98	171.06	89	45	1	0	0	0.00	92246	301859	66	1	1	1	1	1	1
假冒商标	销售明知是假冒注册商标的商品的	5	706	380	435	326	745.39	1162.00	666	414	4	0	4	42.09	352123	15122	2	24	21	20	13	11	15
商标侵权	小 计	6	4048	1944	2084	1198	4254.54	5188.33	3659	1841	71	2	16	81.41	4414812	1615911	853	—	—	—	—	—	—
商标侵权	未经注册商标所有人的许可，在相同商品上使用与其注册商标近似的商标或在类似商品上使用与其注册商标相同或近似的商标的	7	963	391	535	241	1423.23	1456.12	874	359	46	0	9	73.93	1302969	371356	196	—	—	—	—	—	—
商标侵权	销售侵犯注册商标专用权的商品的	8	2919	1468	1467	919	2744.17	3534.87	2640	1409	23	2	7	7.48	2912820	1191787	630	—	—	—	—	—	—
商标侵权	在同一种或类似商品上，将与他人注册商标相同或近似的标志作为商品名称或者商品装潢使用，误导公众的	9	75	34	55	26	49.29	96.68	68	27	0	0	0	0.00	164422	22952	23	—	—	—	—	—	—
商标侵权	故意为侵犯他人注册商标专用权行为提供仓储、运输、邮寄、隐匿便利条件的	10	15	1	8	1	2.51	23.34	15	1	0	0	0	0.00	243	151	0	—	—	—	—	—	—
商标侵权	未经商标注册人同意更换其注册商标并将该更换商标的商品又投入市场的	11	2	0	0	0	3.95	21.91	2	0	0	0	0	0.00	4	0	0	—	—	—	—	—	—
商标侵权	给他人注册商标专用权造成其他损害的	12	25	16	16	10	11.22	36.45	25	16	1	0	0	0.00	32692	28096	4	—	—	—	—	—	—
商标侵权	侵犯地理标志专用权的	13	11	5	0	0	3.89	5.36	0	0	0	0	0	0.00	1511	1511	0	—	—	—	—	—	—
商标侵权	侵犯特殊标志所有权的	14	1	1	0	0	0.00	0.50	1	1	0	0	0	0.00	0	0	0	0	0	0	0	0	0
商标侵权	侵犯驰名商标权益的	15	37	28	3	1	16.28	13.10	34	28	1	0	0	0.00	151	58	0	—	—	—	—	—	—

2014年查处商标一般违法案件情况统计表

项目		机器编号	案件总数（件）合计	案件总数（件）其中：投诉案件	其中:涉外案件 合计	其中:涉外案件 其中:投诉案件	案值（万元）	罚没金额（万元）	其中：立案查处（件）小计	其中:投诉案件	罚款10-100万元	罚款100万元以上	收缴和销毁商标标识（件）	销毁物品（件）
甲		乙	1	2	3	4	5	6	7	8	9	10	11	12
合 计		1	452	96	73	45	768.29	357.79	344	91	1	0	81	3995
注册商标使用的管理	自行改变注册商标的	2	19	0	5	0	14.25	—	19	0	—	—	—	—
注册商标使用的管理	自行改变注册商标注册人名义、地址或其他注册事项的	3	0	0	0	0	0.00	—	0	0	—	—	—	—
注册商标使用的管理	自行转让注册商标的	4	0	0	0	0	0.00	—	0	0	—	—	—	—
注册商标使用的管理	商品粗制滥造、以次充好、欺骗消费者的	5	40	28	20	18	14.15	15.84	40	28	0	0	—	—
未注册商标使用的管理	冒充注册商标的	6	236	37	45	26	556.14	218.28	165	35	1	0	—	—
未注册商标使用的管理	商品粗制滥造、以次充好、欺骗消费者的	7	1	1	0	0	0.10	0.10	1	0	0	0	—	—
未注册商标使用的管理	违反《商标法》第六条规定的	8	3	0	0	0	0.09	0.20	3	0	0	0	—	—
未注册商标使用的管理	违反《商标法》第十条规定的	9	29	0	0	0	33.34	26.39	6	0	0	0	—	—
违反《商标法》第四十条第二款规定的		10	1	1	0	0	0.04	—	1	1	—	—	0	0

（续上表）

项目	机器编号	案件总数（件）		其中:涉外案件		案值（万元）	罚没金额（万元）	其中：立案查处（件）				收缴和销毁商标标识（件）	销毁物品（件）
		合计	其中：投诉案件	合计	其中:投诉案件			小计	其中:投诉案件	罚款10–100万元	罚款100万元以上		
违反《商标法》第十三条规定的	11	9	7	1	1	6.13	—	9	7	—	—	51	3993
违反《商标印制管理办法》规定的	12	113	21	2	0	144.05	95.98	99	19	0	0	30	2
违法使用地理标志的	13	0	0	0	0	0.00	0.00	0	0	0	0	0	0
违法使用地理标志产品专用标志的	14	0	0	0	0	0.00	0.00	0	0	0	0	0	0
违法使用特殊标志的	15	1	1	0	0	0.00	1.00	1	1	0	0	0	0

2014年查处侵犯港澳台和外国商标注册人权益案件情况统计表

国别（地区）	机器编码	案件总数（件）		案值（万元）	罚款金额（万元）	其中：立案查处（件，万元）							其中：立案查处（件，万元）			没收、销毁侵权商品（件）	没收、销毁侵权商标标识（件）	没收、销毁专门用于制造侵权商品和伪造注册商标标识的工具（件）	移送案件（件，人）		
								处罚程度		假冒商标案件			商标侵权案件								
		合计	其中：投诉案件			小计	其中：投诉案件	罚款10–100万元	罚款100万元以上	案件数	其中：投诉案件	案值	案件数	其中：投诉案件	案值				案件数	其中：投诉案件	人数
甲	乙	1	2	3	4	5	6	7	8	9	10	11	12	13	14	15	16	17	18	19	20
合计	1	3129	1927	6123.89	5166.43	3058	1886	52	2	1033	708	3558.58	2025	1178	2521.28	4552003	1689111	5656	121	91	60
美国	2	1102	660	1476.66	1197.13	1057	641	21	0	287	190	804.32	770	451	642.92	2476931	851984	5530	47	34	31
日本	3	358	219	976.79	1269.10	349	217	4	2	85	63	150.89	264	154	824.54	598065	140212	37	10	7	6
德国	4	195	134	847.18	424.75	194	133	6	0	83	58	585.00	111	75	261.55	446490	42447	8	20	16	5
英国	5	125	70	100.24	161.58	124	68	2	0	35	22	26.46	89	46	73.78	51202	71240	0	1	1	0
法国	6	512	302	1510.57	1045.04	507	296	13	0	213	154	1161.37	294	142	344.82	302232	433600	8	22	16	5
俄罗斯	7	1	0	0.00	1.00	1	0	0	0	0	0	0.00	1	0	0.00	1700	0	0	0	0	0
瑞士	8	118	92	395.72	161.93	118	92	1	0	67	50	344.82	51	42	50.90	150042	46694	15	4	3	3
韩国	9	128	79	157.82	137.89	128	79	0	0	19	13	71.37	109	66	85.25	257454	7600	13	6	5	5
意大利	10	177	86	128.12	265.09	174	82	1	0	85	49	73.14	89	33	54.28	76370	52873	15	3	3	1
新加坡	11	103	96	15.55	25.37	103	96	0	0	42	39	3.04	61	57	9.71	3639	1627	0	0	0	0
维尔京	12	1	0	0.17	0.50	1	0	0	0	0	0	0.00	1	0	0.17	0	0	4	0	0	0
澳大利亚	13	1	0	0.00	2.00	1	0	0	0	0	0	0.00	1	0	0.00	64	0	0	0	0	0
瑞典	14	3	3	2.40	3.50	2	2	0	0	1	1	0.97	1	1	1.43	203	0	0	0	0	0
加拿大	15	6	5	8.06	8.30	6	5	0	0	0	0	0.00	6	5	8.06	926	0	0	0	0	0
芬兰	16	6	2	8.91	11.69	6	2	0	0	3	1	7.33	3	1	1.58	26079	0	4	0	0	0
泰国	17	31	20	1.74	5.26	31	20	0	0	1	0	0.11	30	20	1.63	2096	0	6	0	0	0
比、荷、卢	18	90	71	124.50	194.30	89	70	1	0	59	47	94.59	30	23	29.91	37154	18037	2	3	2	3
丹麦	19	17	10	24.87	24.39	17	10	0	0	5	1	6.81	12	9	18.06	8988	9892	2	0	0	0
西班牙	20	12	6	16.17	19.25	11	5	0	0	9	5	15.12	2	0	0.60	3609	0	0	0	0	0
马来西亚	21	0	0	0.00	0.00	0	0	0	0	0	0	0.00	0	0	0.00	0	0	0	0	0	0
香港	22	61	44	121.02	144.78	58	41	2	0	12	8	54.38	46	33	65.66	28212	12708	0	3	3	1
澳门	23	0	0	0.00	0.00	0	0	0	0	0	0	0.00	0	0	0.00	0	0	0	0	0	0
台湾	24	10	7	5.04	6.58	9	6	0	0	3	3	1.32	6	3	3.72	21079	0	0	0	0	0
哈萨克斯坦	25	0	0	0.00	0.00	0	0	0	0	0	0	0.00	0	0	0.00	0	0	0	0	0	0
冰岛	26	0	0	0.00	0.00	0	0	0	0	0	0	0.00	0	0	0.00	0	0	0	0	0	0
越南	27	0	0	0.00	0.00	0	0	0	0	0	0	0.00	0	0	0.00	0	0	0	0	0	0
蒙古	28	0	0	0.00	0.00	0	0	0	0	0	0	0.00	0	0	0.00	0	0	0	0	0	0
罗马尼亚	29	0	0	0.00	0.00	0	0	0	0	0	0	0.00	0	0	0.00	0	0	0	0	0	0
新西兰	30	0	0	0.00	0.00	0	0	0	0	0	0	0.00	0	0	0.00	0	0	0	0	0	0
其他	31	72	21	202.36	57.00	72	21	1	0	24	4	157.54	48	17	42.71	59468	197	12	2	1	0

2014年农资打假情况统计表

项目	查获数量		货值金额	查处起数	检查企业	整顿市场	受理举报案件	捣毁制假窝点	挽回经济损失	出动执法人员	印发资料	查获甲胺磷等5种高毒农药数量	立案查处						
													查处	结案	移送司法机关	涉案人数	逮捕人数	案值5万元以上案件	
																		总数	货值金额
单位	公斤	台件	万元	起	个/次	个/次	件	个	万元	人次	万份	吨	件	件	件	人	人	起	万元
代码	1	2	3	4	5	6	7	8	9	10	11	12	13	14	15	16	17	18	19
1种子（含种苗、种畜禽）	1854	8003	351.85	77	5409	310	7	2	136.46	12845	5382.25	0	56	50	2	18	2	2	332
2肥料	127456	107	94.73	241	7300	287	13	0	494.51	16170	5352.1	0	233	196	0	67	0	1	14.9
3农药	14836	760	114.93	468	10807	405	39	1	856.11	23635	8811.9	0	447	387	0	174	0	1	5.8
4饲料	33832	0	21.28	44	3582	142	2	0	0	8656	3157.37	0	24	23	0	20	0	0	0
5兽药（含渔药）	3827	61	47.48	149	9809	314	5	0	23.68	20989	2741.24	0	117	105	0	99	0	0	0
6渔机渔具	0	0	0	0	0	0	0	0	0	0	0	0	0	0	0	0	0	0	0
7农机及零配件	0	0	0	0	1390	55	0	0	0	2694	2678.43	0	0	0	0	0	0	0	0
合计	181805	8931	630.27	979	38297	1513	66	3	1510.76	84989	28123.29	0	877	761	2	378	2	4	352.7

（供稿人：张志平）

2013年广东省林业植物新品种授权品种名录

序号	品种名	所属的属（种）	品种权人	品种权号
1	闪亮一品红	大戟属	东莞市农业种子研究所	20140005
2	新桉3号	桉属	国家林业局桉树研究开发中心	20140032
3	新桉4号	桉属	国家林业局桉树研究开发中心	20140033
4	新桉5号	桉属	国家林业局桉树研究开发中心	20140034
5	新桉6号	桉属	国家林业局桉树研究开发中心	20140035
6	玉壶含笑	含笑属	中国科学院华南植物园	20140046
7	甜 甜	含笑属	棕榈园林股份有限公司深圳市仙湖植物园管理处	20140047
8	转 转	含笑属	棕榈园林股份有限公司深圳市仙湖植物园管理处	20140048
9	心 愿	野牡丹属	广州市园林科学研究所	20140097
10	天 骄	野牡丹属	广州市园林科学研究所	20140102
11	木麻黄粤501	木麻黄属	福建省林业科学研究院华南农业大学	20140104
12	中大一号红豆杉	红豆杉属	梅州市中大南药发展有限公司	20140110
13	嘉能1号	麻疯树	普罗米绿色能源（深圳）有限公司	20140136
14	嘉能2号	麻疯树	普罗米绿色能源（深圳）有限公司	20140137
15	嘉能3号	麻疯树	普罗米绿色能源（深圳）有限公司	20140138
16	嘉桐1号	麻疯树	普罗米绿色能源（深圳）有限公司	20140139
17	嘉桐2号	麻疯树	普罗米绿色能源（深圳）有限公司	20140140
18	嘉优1号	麻疯树	普罗米绿色能源（深圳）有限公司	20140141
19	夏风热浪	山茶属	棕榈园林股份有限公司	20140147
20	夏日红绒	山茶属	棕榈园林股份有限公司	20140148
21	夏梦小旋	山茶属	棕榈园林股份有限公司	20140149
22	夏梦春陵	山茶属	棕榈园林股份有限公司	20140150
23	夏梦玉兰	山茶属	棕榈园林股份有限公司	20140151

（供稿人：叶龙华）

2014年广东省文化市场行政执法数据统计表

省份	日常检查			案件查办				行政处罚				
	出动检查（人次）	检查经营单位（家次）	责令改正（家次）	受理举报（件）	立案调查（件）	移交案件（件）	办结案件（件）	警告（家次）	罚款（元）	责令停业整顿（家次）	吊销许可证（家）	没收违法所得（元）
演出市场	8,015	1,499	45	26	12	0	12	10	32,200.00	0	0	0
艺术品市场	1,207	341	8	12	4	0	15	1	7,000.00	0	0	0
游艺娱乐场所	64,920	23,433	161	20	41	0	27	61	105,000.00	17	3	1,500.00
歌舞娱乐场所	177,682	71,780	887	121	434	3	291	355	1,273,504.04	35	6	45,240.00
互联网上网服务营业场所	256,534	110,751	1,065	397	1,232	21	973	747	4,772,412.00	74	0	55,500.00
互联网文化经营单位	6,180	2,936	41	1,098	81	2	152	7	889,500.00	0	0	80,300.00
电影发行放映单位	32,540	3,644	39	3	8	0	7	15	60,000.00	0	0	700.00
广播电视、地面卫星接收设施	7,709	2,584	161	44	29	0	29	18	29,000.00	0	0	0
互联网视听节目服务单位	1,991	869	6	20	11	1	19	1	127,300.00	0	0	0
互联网出版机构	543	148	0	8	4	0	10	2	80,000.00	0	0	0
书报刊经营单位	120,609	40,923	525	99	147	5	139	530	566,150.00	7	0	13,309.00
音像（电子）出版物经营单位	70,934	18,826	234	59	97	25	86	124	175,100.00	2	0	416.00
印刷经营单位	109,074	33,016	354	15	186	1	115	196	1,479,581.00	1	0	103,754.00
文物	12,347	4,285	155	83	38	0	10	5	780,000.00	0	0	0
其他	40,428	7,982	376	385	167	7	82	46	1,286,731.00	4	1	59,150.00
合计	910,713	323,017	4,057	2,390	2,491	65	1,967	2,118	11,663,478.04	140	10	359,869.00

专利代理机构

广东省专利代理机构名录

序号	代码	机构名称	地址	负责人	电话	传真
1	44001	广州科粤专利商标代理有限公司	广州市先烈中路100号大院23-1栋616室	莫瑶江	020-87688146	020-87683303
2	44100	广州新诺专利商标事务所有限公司	广东省广州市越秀区先烈中路81号之一301A、B自编01房	罗毅萍	020-83565354	020-83631275
3	44101	深圳市中知专利商标代理有限公司	深圳市福田区上步中路1001号科技大厦1楼	孙 皓	0755-83699465	0755-83699700
4	44102	广州粤高专利商标代理有限公司	广州市天河区体育西路中石化大厦B塔3912室	林德纬	020-38922329	020-38922322
5	44103	汕头市高科专利事务所	汕头市金砂路86号友谊国际大厦704	丁楚浩	0754-88632248	0754-88608236
6	44104	广州知友专利商标代理有限公司	广州市东风东路555号粤海集团大厦26楼2604室	刘小敏	020-87685310	020-87687207
7	44106	茂名市穗海专利事务所	茂名市油城6路5号大院207	李好琚	0668-2870299	0668-2283413
8	44202	广州三环专利代理有限公司	广州市先烈中路80号汇华商贸大厦1508	温 旭	020-37616191	020-37616451
9	44203	湛江市三强专利事务所	湛江市霞山人民南路30号	庞爱英	0759-2231844	0759-2218471
10	44205	广州嘉权专利商标事务所有限公司	广州市黄埔大道西100号富力盈泰广场A栋910	喻新学	020-38061202	020-38061201
11	44206	佛山市永裕信专利代理有限公司	佛山市汾江中路217号佛山市工商大厦第六层604室	朱永忠	0757-82281605	0757-82238752
12	44209	深圳市睿智专利事务所	深圳市南山区科技园科苑路6号科技大厦501A	郭文姬	0755-26614184	0755-26636489
13	44210	广州华创源专利事务所有限公司	广东省广州市番禺区市桥盛泰路盛兴大街31号厂商会大厦十层103室	钟武平	020-28655962	020-28655963
14	44211	中山市科创专利代理有限公司	中山市东区岐关西路55号朗晴假日园7幢2层1号	尹文涛	0760-88326997	0760-88330074
15	44214	广州红荔专利代理有限公司	广州市东山区竹丝岗二马路37号617室	李彦孚	020-87695086	020-87626409
16	44215	东莞市华南专利商标事务所有限公司	东莞市南城区胜和路华凯大厦601	张 明	0769-22800788	0769-89032550
17	44216	广东世纪专利事务所	广州市天河区黄埔大道201号金泽大厦2109房	刘 卉	020-87502863	020-87567115
18	44217	深圳市顺天达专利商标代理有限公司	深圳市福田区深南大道7008号阳光高尔夫大厦8楼	蔡晓红	0755-82872707	0755-82873034
19	44218	深圳千纳专利代理有限公司	深圳市福田区深南中路新城大厦西座601-605	胡 坚	0755-25987001	0755-25986996
20	44219	汕头新星专利事务所	汕头市天山路绿园大厦17层C单元	林希南	0754-88167379	0754-86328655
21	44220	广州市一新专利商标事务所有限公司	广州市天河区天河北路892号7楼自编705单元	王德祥	020-38289945	020-38288563
22	44221	广东国欣律师事务所	深圳市红岭中路1010号国际信托大厦1、6楼	廖耀雄	0755-82117575	0755-25564216
23	44222	江门创颖专利事务所（普通合伙）	江门市蓬江区港口一路13号-2之10F	刘晓雪	0750-3826226	0750-3826116
24	44223	深圳新创友知识产权代理有限公司	深圳市福田区上步南路东南园路北佳兆中心B713	江耀纯	0755-83671888	0755-83671968
25	44224	广州华进联合专利商标代理有限公司	广州市天河区花城大道85号3901房	胡 杰	020-87323188	020-87320273
26	44225	佛山市南海智维专利代理有限公司	佛山市南海区桂城街道深海路17号瀚天科技城A区8号楼14楼I116室	梁国杰	0757-86224095	0757-81211785
27	44226	韶关市雷门专利事务所	韶关市新华北路科技中心大楼3楼	周胜明	0751-8611923	0751-8611923
28	44227	广州三辰专利事务所（普通合伙）	广州市越秀区中山三路11号越秀区工商联大厦11楼1102室	范钦正	020-83874231	020-83874231
29	44228	广州市南锋专利事务所有限公司	广州市先烈中路100号高技术中心实验楼2楼	刘 媖	020-87688686	020-87682576
30	44229	广州市深研专利事务所	广州市先烈中路100号黄花岗科贸街C栋305室	陈雅平	020-87685380	020-87688087
31	44230	汕头市潮睿专利事务有限公司	汕头市大华路8号之一	朱明华	0754-88985533	0754-88280803
32	44231	东莞市中正知识产权事务所	东莞市东城大道23号骏达商业中心901室	瞿友胜	0769-22366800	0769-22366878
33	44232	深圳市隆天联鼎知识产权代理有限公司	广东省深圳市福田区南园路70号上田综合楼4楼A单元	刘 耿	0755-83752268	0755-82077567
34	44233	深圳市毅颖专利商标事务所	深圳市福田区八卦四路先科机电大厦534，536室	张艺影	0755-25844824	0755-25841694
35	44235	珠海市威派特专利事务所	珠海市香洲区凤凰路2088号珠都国际广场B座801室	张 润	0756-2237259	0756-2237258
36	44236	广州弘邦专利商标事务所有限公司	广州市天河区黄埔大道西路638号富力科讯大厦902室	张钇斌	020-37883640	020-37884462
37	44237	深圳中一专利商标事务所	深圳市福田区深南中路1014号深圳报春大厦四楼西面	张全文	0755-82094718	0755-82100908
38	44238	深圳汇智容达专利商标事务所（普通合伙）	深圳市福田区深南中路与广深高速公路交界东南金运世纪大厦04层04G	潘中毅	0755-23968600	0755-82290360
39	44239	广州中瀚专利商标事务所	广州市越秀区先烈中路100号大院23-1栋203室	黄 洋	020-87688195	020-37656478

（续上表）

序号	代码	机构名称	地 址	负责人	电 话	传 真
40	44240	深圳市百瑞专利商标事务所（普通合伙）	深圳市福田区竹子林益华综合楼A栋205	金 辉	0755-83581881	0755-83860058
41	44241	深圳市智科友专利商标事务所	深圳市罗湖区红岭中路2118号建设集团大厦A座9D	曲家彬	0755-25599215	0755-25572914
42	44242	深圳市精英专利事务所	深圳市福田区深南中路6009号绿景广场B栋20层B	刘贻盛	0755-82073938	0755-82073295
43	44244	广州市天河庐阳专利事务所	广州市天河东路242号802之一室	胡济元	020-85260125	020-87531786
44	44245	广州市华学知识产权代理有限公司	广州市天河区五山路381号华南理工大学物资大楼首层	李卫东	020-22237100	020-38744550
45	44246	深圳市兴力桥知识产权事务所	深圳市人民南路国商大厦东座401室	董洪波	0755-82175903	0755-82175766
46	44247	深圳市康弘知识产权代理有限公司	深圳市福田区彩田路5015号中银花园办公楼A栋6C1	胡朝阳	0755-83509309	0755-83509045
47	44248	深圳市科吉华烽知识产权事务所（普通合伙）	深圳市南山区深南西路深南花园裙楼A区402	胡吉科	0755-83900889	0755-83089268
48	44249	东莞市创益专利事务所	东莞市体育路二号鸿禧中心5楼B15	李卫平	0769-22806686	0769-22806676
49	44250	佛山市科顺专利事务所	佛山市顺德区大良国际商业城A区四座三楼108	梁红缨	0757-22619500	0757-22619501
50	44251	东莞市神州众达专利商标事务所（普通合伙）	东莞市莞城东城西路138号泰丰大厦701室	王 敏	0769-22337256	0769-22386465
51	44252	揭阳市博佳专利代理事务所	揭阳市东山区8号街东侧沿江路北侧立康花园E幢102号	黄镜芝	0663-8125608	0663-8125608
52	44253	广州致信伟盛知识产权代理有限公司	广州市东风东路767号东宝大厦1501-1502	郭晓桂	020-38210518	020-38210535
53	44254	广州中浚雄杰知识产权代理有限责任公司	广州市花都区新华街天贵路88号A座112房	周永强	020-36998272	020-36987762
54	44255	中山市汉通知识产权代理事务所（普通合伙）	广东省中山市石岐区岐头新村龙凤街8号A幢3层305-308	田子荣	0760-88803655	0760-88801595
55	44256	深圳市凯达知识产权事务所	深圳市南山区科技南十二路011号方大大厦609室	王 琦	0755-83065409	0755-83922352
56	44257	深圳市汇力通专利商标代理有限公司	深圳市福田区振中路6号雍怡阁大厦（玮鹏花园4栋）13A	王锁林	0755-83989263	0755-83288438
57	44258	深圳市港湾知识产权代理有限公司	深圳市福田区深南中路1019号万德大厦1302-1303室	微 嘉	0755-25935228	0755-25935816
58	44259	广州凯东知识产权代理有限公司	广州市越秀区东风东路750号16楼1601-1606房	姚迎新	020-87663569	020-87656030
59	44260	深圳市兴科达知识产权代理有限公司	深圳市南山区科技园高新南一道008号创维大厦A座西602室022信箱	王 翀	0755-86116996	0755-83925316
60	44261	广州广信知识产权代理有限公司	广州市先烈中路100号大院58栋9楼915-917室	张文雄	020-87682813	020-87680381
61	44262	珠海智专专利商标代理有限公司	珠海市南屏坪岚路南屏企业大厦第六层	段淑华	0756-8813895	0756-8813896
62	44263	广东星辰律师事务所	深圳市深南大道田面村城市大厦24层	郭星亚	0755-82813366	0755-82816855
63	44264	佛山市粤顺知识产权代理事务所	佛山市顺德区大良国际商业城A区四座三楼411号	唐强熙	0757-22616777	0757-22615389
64	44265	深圳市德力知识产权代理事务所	深圳市福田区深南中路新闻大厦1号楼3楼307室	林才桂	0755-82090292	0755-82092120
65	44266	广东国晖律师事务所	深圳市福田区莲花支路1001号公交大厦主楼3层	孙智峰	0755-83033000	0755-83033022
66	44267	深圳冠华专利事务所（普通合伙）	深圳市福田区滨河大道与一田路交界东南皇都广场1号楼3304	诸兰芬	0755-83037378	0755-83037018
67	44268	深圳市君胜知识产权代理事务所	深圳市南山区麒麟路1号南山科技创业服务中心308,309	王永文	0755-26406581	0755-26406587
68	44269	深圳市维邦知识产权事务所	深圳市南山区科苑路6号科技园工业大厦东706室	黄 莉	0755-83635730	0755-83655056
69	44270	深圳市启明专利代理事务所（普通合伙）	深圳市福田区深南中路北方大厦1119号	张信宽	0755-83279101	0755-83278318
70	44271	深圳市惠邦知识产权代理事务所	深圳市南山区科发路8号金融服务技术创新基地1栋5C01	满 群	0755-26506289	0755-26584255-802
71	44272	东莞市冠诚知识产权代理有限公司	东莞市东城区御景大厦2001号	杨正坤	0769-22505815	0769-22505895
72	44273	深圳市嘉宏博知识产权代理事务所	深圳市福田区红荔西路鹏基上步工业厂房302栋第二楼东201	杨 敏	0755-83255585	0755-83256786
73	44274	深圳市中联专利代理有限公司	深圳市罗湖区东门南路办公楼1栋（食出大厦）605房	李 俊	0755-82228908	0755-82250395
74	44275	深圳市博锐专利事务所	深圳市福田区上步中路1043号深勘大厦11E（1111-1112）	张 明	0755-82078127	0755-82078121
75	44276	深圳市远航专利商标事务所（普通合伙）	深圳市福田区福田路深圳国际文化大厦1019	褚治保	0755-82897199	0755-83981901
76	44277	广东中亿律师事务所	中山市孙文东路639号	罗春宝	0760-88223838	0760-88223188
77	44279	深圳市万商天勤知识产权事务所（普通合伙）	深圳市福田区深南大道4013号兴业银行大厦2107—C	王志明	0755-83024062	0755-83026990
78	44280	深圳市威世博知识产权代理事务所（普通合伙）	深圳市南山区高新区南区粤兴三道8号中国地质大学产学研基地中地大楼A806	何青瓦	0755-82839168	0755-25335968
79	44281	深圳鼎合诚知识产权代理有限公司	深圳市福田区金田路与福华路交汇处现代商务大厦2201	彭家恩	0755-33335533	0755-33335558
80	44282	珠海市英华知识产权代理事务所（普通合伙）	广东省珠海市吉大九洲大道东1023号怡海楼1102室	王 军	0756-3370193	0756-3370903
81	44283	佛山市中迪知识产权代理事务所（普通合伙）	广东省佛山市顺德区大良连新路22街1号地下B室	薛家驹	0757-22276980	0757-22276980
82	44284	东莞市科安知识产权代理事务所	广东省东莞市旗峰路国泰大厦6层B01房	周后俊	0769-22369373	0769-22369203
83	44285	深圳市深佳知识产权代理事务所（普通合伙）	深圳市罗湖区人民南路国贸大厦4013-4018室	李文红	0755-89530474	0755-82211322
84	44286	中山市铭洋专利商标事务所（普通合伙）	中山市火炬开发区孙文东路濠头科益大厦四楼A区	邹常友	0760-88283758	0760-88387438

（续上表）

序号	代码	机构名称	地址	负责人	电话	传真
85	44287	深圳市世纪恒程知识产权代理事务所	深圳市南山区南山大道3838号设计产业园金栋二层210—212（原南头城工业村11栋）	胡海国	0755-86218128	0755-26470166
86	44288	广州市越秀区哲力专利商标事务所（普通合伙）	广州市越秀区东风中路300号之一东侧602房	李悦	020-83646322	020-83646388
87	44289	深圳市中原力和专利商标事务所（普通合伙）	深圳市南山区蛇口沿山路45号佳利泰大厦一楼C单元	王英鸿	0755-82266719	0755-82266719
88	44290	深圳市钧含知识产权代理有限公司	深圳市福田区新闻路1号中电信息大厦西座610室	符立新	0755-82947277	0755-82948234
89	44291	广东秉德律师事务所	珠海市吉大路63号新怡发商贸大厦一、七楼	闵晓军	0756-3222483	0756-3222732
90	44293	佛山市名诚专利商标事务所（普通合伙）	佛山市顺德区大良街道办事处金榜居委会凤山西路21号四楼之二	卢志文	0757-22385005	0757-22385009
91	44294	广州天河互易知识产权代理事务所（普通合伙）	广州市天河区体育西路107号B座三楼A室	鲍子玉	020-22081000	020-22087610
92	44295	广州市越秀区海心联合专利代理事务所（普通合伙）	广州市连新路171号大院内自编4号楼308室	黄为	020-83516393	020-83516553
93	44296	深圳市国科知识产权代理事务所（普通合伙）	深圳市福田区深南中路3007号国际科技大厦2505	陈永辉	0755-83789455	0755-83789448
94	44297	深圳市金笔知识产权代理事务所（特殊普通合伙）	深圳市罗湖区笋岗东路2121号华凯大厦1405	胡清方	0755-25936787	0755-25936787-808
95	44298	广东广和律师事务所	深圳市福田区福虹路世贸广场A座20层	童新	0755-89802529	0755-83679694
96	44299	广州天河恒华智信专利代理事务所（普通合伙）	广州市天河北路689号1307自编02号	姜宗华	020-38351581	020-38351585
97	44300	深圳翼盛智成知识产权事务所（普通合伙）	深圳市福田区深南大道南泰然九路西喜年中心A座1709.1710.1711	黄威	0755-82879626	0755-86621781
98	44301	汕头市南粤专利商标事务所（特殊普通合伙）	汕头市碧霞庄北区1幢汇泉大厦601之7	林逸平	0754-86731088	0754-86731089
99	44302	广州圣理华知识产权代理有限公司	广东省广州市越秀区先烈中路100号大院8号楼305房	顿海舟	020-37636018	020-37636018-818
100	44303	深圳市盈方知识产权事务所（普通合伙）	深圳市福田区福虹路9号世贸广场C座705室	朱晓江	0755-82979900	0755-82976600
101	44304	深圳市铭粤知识产权代理有限公司	广东省深圳市南山区登良路21号南油第二工业区206栋6层611室（恒裕中心B座）	杨林	0755-86599991	0755-86599995
102	44305	广东卓建律师事务所	深圳市福田区深南中路1099号平安银行大厦三层全层	张斌	0755-33029968	0755-33002996
103	44306	深圳市携众至远知识产权代理事务所（普通合伙）	深圳市龙岗区中海康城花园（二期）26栋2单元19B	成义生	0755-86508030	0755-86508265
104	44307	佛山东平知识产权事务所（普通合伙）	广东省佛山市禅城区岭南大道北123号慧港国际一座1508室	詹仲国	0757-83394427	0757-83394376
105	44308	东莞市展智知识产权代理事务所（普通合伙）	广东省东莞松山湖高新技术产业开发区松科苑9号楼215室	冯卫东	0769-33211185	0769-27226785
106	44309	深圳市合道英联专利事务所（普通合伙）	广东省深圳市福田区竹子林紫竹四路道桥管理处综合楼1-3楼（市道桥管理处大楼二楼213）	康红果	0755-88300116	0755-88300116
107	44310	广东赋权律师事务所	深圳市福田区泰然大道东路泰然劲松大厦9C	张松	0755-22214568	0755-82682466
108	44311	深圳市鼎言知识产权代理有限公司	深圳市宝安区龙华街道梅龙路与东环一路交汇处梅龙苑2楼209	哈达	0755-23156686	0755-27740164
109	44312	深圳市恒申知识产权事务所（普通合伙）	广东省深圳市福田区南园路68号上步大厦10楼H单元	陈健	0755-83468251	0755-82910622
110	44313	深圳力拓知识产权代理有限公司	深圳市南山区深南大道10128#南山软件园东塔1701	龚健	0755-82209322	0755-82228011
111	44314	深圳市瑞方达知识产权事务所（普通合伙）	深圳南山区科兴路11号深南花园裙楼B区2层208室	张秋红	0755-61372510	0755-61372511
112	44315	深圳市君盈知识产权事务所（普通合伙）	深圳市福田区华强北路圣廷苑B座1705室	陈琳	0755-82074410	0755-82075899
113	44316	深圳市科进知识产权代理事务所（普通合伙）	深圳市南山区工业六路创业壹号大楼D栋210B	沈祖锋	0755-86350111-804	0755-86350180
114	44317	广东安国律师事务所	广东省广州市越秀区环市东路339号广东国际大酒店A附楼17楼A座	谢乐安	020-22372906	020-22372906
115	44318	广东祁增颢律师事务所	广东省广州市越秀区先烈中路100号大院60号楼201房	曾琦	020-87687583	020-87687583
116	44319	深圳市华优知识产权代理事务所（普通合伙）	深圳市南山区高新区北区北环大道9116号富华科技大厦B栋4层405室	韦鳌	0755-26562251	0755-26562251
117	44320	深圳市弘拓知识产权代理事务所（普通合伙）	广东省深圳市福田区福华路嘉汇新城汇商中心3107	彭年才	0755-33203919	0755-33203919
118	44321	深圳市硕法知识产权代理事务所（普通合伙）	深圳市福田区深南中路2070号电子科技大厦C座37E	李妹	0755-83551188-823	0755-83671591
119	44322	广东德而赛律师事务所	广东省深圳市福田区上步中路南方日报大厦2楼	叶秀进	0755-23890737	0755-23996456
120	44323	广东前海律师事务所	深圳市南山区南海大道保利大道2508室	许志兵	0755-86331083	0755-86331083
121	44324	深圳国鑫联合知识产权代理事务所（普通合伙）	深圳市龙华新区大浪办事处龙胜社区腾龙路淘金地电子商务孵化基地展滔商业广场A座206室	王志强	0755-66806635	0755-85290385
122	44325	深圳众鼎专利商标代理事务所（普通合伙）	深圳市龙岗区中心城龙岗天安数码创新园一号厂房A603	黄章辉	0755-28363699	0755-29363699
123	44326	广州番禺容大专利代理事务所（普通合伙）	广州市番禺区市桥街光明南路199号1号楼304	刘新年	020-83646291	020-83646291
124	44327	中山市捷凯专利商标代理事务所（特殊普通合伙）	广东省中山市石岐区民科西路2号民营科技园管理大厦402室	杨连华	0760-88701600	0760-88701600
125	44328	深圳华奇信诺专利代理事务所（普通合伙）	深圳市南山区南头关口二路智恒战略性新兴产业园29栋3楼B5-01	曲卫涛	0755-61613095	0755-61613092
126	44329	广东广信君达律师事务所	广州市天河区珠江东路30号广州银行大厦7层	王晓华	020-37181234	020-83510021
127	44330	东莞市说文知识产权代理事务所（普通合伙）	广东省东莞市南城区宏伟路33号凯旋公馆18-2-603	程修华	0769-22000462	0769-22000462
128	44331	深圳壹舟知识产权代理事务所（普通合伙）	深圳南山区粤兴二道6号武汉大学深圳产学研大楼9楼B901-I	吴娟	0755-26737833	0755-26737833
129	44332	广东莞信律师事务所	广东省东莞市东城中路南81号辉煌商务大厦六楼	麦金惠	0769-22339298	0769-22339298

（续上表）

序号	代码	机构名称	地址	负责人	电话	传真
130	44333	深圳盛德大业知识产权代理事务所（普通合伙）	深圳市福田区车公庙绿景纪元大厦44层44A.44C-145室	贾振勇	0755-86644258	0755-86644203
131	44334	深圳市赛恩倍吉知识产权代理有限公司	深圳市龙华新区龙观路与东环二路交汇处荣群大厦九楼	谢志为	0755-29270808	0755-29270808
132	44335	深圳市舜立知识产权代理事务所（普通合伙）	深圳市罗湖区太宁路85号罗湖科技大厦600室	李亚萍	0755-82481788	0755-82481788
133	44336	深圳市诺正专利商标代理事务所（普通合伙）	深圳市龙华新区民治街道民治大道展滔科技大厦B座13层1310室	张玮	0755-86021008	0755-86020965
134	44337	中山市科企联知识产权代理事务所（普通合伙）	中山市西区富华道383号柏景台3幢17A房	杨立铭	0760-85750937	0760-85750937
135	44338	深圳市深软鸿皓知识产权代理有限公司	深圳市福田区深南中路3039号国际文化大厦2101室	朱民	0755-83468306	0755-83468306
136	44339	佛山市广盈专利商标事务所（普通合伙）	广东省佛山市顺德区大良新宁路76号503	杨乐兵	0757-22271269	0757-22271269
137	44340	深圳瑞天谨诚知识产权代理有限公司	广东省深圳市南山区麻雀岭工业区M 2栋四楼410室	张佳	0755-26582209	0755-26582209
138	44341	深圳市爱迪森知识产权代理事务所（普通合伙）	深圳市南山区前海路0101号丽湾商务公寓A-1816B-23	何婷	0755-88274088	0755-88273968
139	44342	广东知恒律师事务所	广东省深圳市福田区深南中路2010号东风大厦21楼2101-2113全层	任杰	0755-88890066	0755-88890066
140	44343	深圳市明日今典知识产权代理事务所（普通合伙）	深圳市南山区粤海街道后海大道以东天利中央商务广场（二期）C座2016-04室	罗志强	0755-86262200	0755-86262200
141	44344	深圳市龙成联合专利代理有限公司	深圳市南山区南海大道海王大厦住宅楼27E	周雷	0755-86210250	0755-86210250
142	44345	中山市兴华粤专利代理有限公司	广东省中山市火炬开发区大庙街225号东镇广场11卡之一	吴剑锋	0760-88616610	0760-88616620
143	44346	中山市高端专利代理事务所（特殊普通合伙）	广东省中山市火炬开发区康乐大道33号创业大厦236号房	钟作亮	0760-28139297	0760-28139296

广东省专利代理机构分支机构名录

序号	代码	机构名称	分支机构	负责人	地址	电话	传真
1	44001	广州科粤专利商标代理有限公司	云浮办事处	黄培智	云浮市育华区市科技馆一楼	0766-8806636	0766-8921262
2			佛山办事处	莫瑞江	佛山市南海桂城南桂东路38号房地产发展大厦主楼6楼24号	0757-86323236	0757-86237605
3			贺州办事处	张新球	广西贺州市八步区建设中路25号八步区科学技术局大楼402房	0774-5282257	0774--5282257
4			深圳办事处	刘明星	深圳市南山区丽百旺大厦A栋3楼303房	0755-86157540	0755-86157540
5			东莞分公司	谭一兵	东莞市莞城区东城大道金澳花园B座（方中大厦）708号	0769-22808700	0769-22808700
6	44100	广州新诺专利商标事务所有限公司	江门新会办事处	黎伟虹	江门市新会区会城圭峰路科学馆内	0750-6196750	0750-6186768
7			湛江办事处	胡武	湛江市赤坎区海田装饰材料市场灯饰行15-18号3楼	0759-3164202	0759-3164202
8			江门台山办事处	关静芬	台山市石花路科学馆	0750-5504184	0750-3161915
9			江门分公司	华辉	江门市港口一路13号之二29楼H单元（中远大厦远景阁）	0750-3161915	0750-3161915
10			佛山分公司	罗毅萍	佛山市顺德区大良新桂南路18号5楼9号单元	0757-23808575	0757-22913991
11			阳江分公司	曹爱红	阳江市江城区东门路东安小区11号	0662-3661772	0662-3503380
12			广州科学城办事处	罗庆西	广州市萝岗区科学城科汇发展中心（自编J-1栋）715房	020-83564153	020-83631275
13			韶关分公司	许英伟	韶关市新华北路32号科技局办公楼首层101号房	0751-8762001	0751-8762001
14			佛山高明分公司	李德魁	佛山市高明区荷城街道跃华路284号6座7层701室	0757-88219688	0757-88280028
15	44102	广州粤高专利商标代理有限公司	惠州分公司	苏共练	惠州市江北云山西路十二号德赛大厦18楼1806室	0752-2818976	0752-2833631
16			阳江分公司	陈卫	阳江市江城区安宁路富华小区A7号6楼	0662-3287575	0662-3222023
17			东莞分公司	罗晓林	东莞市南城区胜和路胜和广场B栋14A	0769-22993790	0769-22993799
18			中山分公司	林新中	中山市东区兴龙街27号地下	0760-88363611	0760-88363612
19			江门分公司	禹小明	江门市港口路72号江门市科技创业中心大楼10楼1006室	0750-3861201	0750-3861201
20			清远分公司	汤立文	清远市新城东18号区科技生活服务区二层	0763-3361715	0763-3361715
21			汕头分公司	张月光	汕头市龙湖区长平路123号朝阳庄广海大厦801室之二	020-38922301	020-38922322
22			潮州分公司	张爱武	潮州市潮州大道中物花园二幢303号	0768-3299664	0768-2268685

（续上表）

序号	代码	机构名称	分支机构	负责人	地址	电话	传真
23	44102	广州粤高专利商标代理有限公司	湛江分公司	林伟斌	湛江市霞山区人民大道南53号国贸大厦B座3幢14层B01房	0759-2360690	0759-2678729
24			揭阳分公司	郑永泉	普宁国际商品城商贸中心南区5楼502号	0663-2666593	0663-2666583
25			开发区分公司	邱奕才	广州高新技术产业开发区科学城科学大道245号总部经济区A6栋第7层705室	020-82037781	020-82037781
26			天河分公司	凌衍芬	广州市天河区瘦狗岭路561号905房	020-28075830	020-28075830
27			深圳分公司	邓义华	深圳市龙岗区龙城街道黄阁路天安数码新城三号楼4楼F11-12	0755-82398885	0755-82398885
28	44103	汕头市高科专利事务所	汕头澄海办事处	黄河长	汕头市澄海区文冠路金冠园三幢B梯204单元	0754-88632248	0754-88608236
29	44104	广州知友专利商标代理有限公司	顺德办事处	刘小敏	广东省佛山市顺德区北滘镇三乐路北1号	020-87684470	020-87687207
30			深圳办事处	宣国华	深圳市南山区南海大道海王大厦写字楼12F2	020-87685310	020-87687207
31	44202	广州三环专利代理有限公司	中山分公司	温乾	中山市南头镇华辉花园环安三路二号	0760-23118002	0760-23118002
32			东莞分公司	张艳美	东莞市南城区鸿福路108号中盛商务大厦705-708	0769-22458956	0769-22496842
33			顺德分公司	何兆华	佛山市顺德区大良新宁路76号弘升大楼507室	0757-22269440	0757-22259770
34			深圳分公司	熊永强	深圳市福田区车公庙天安创新科技广场B1607-A	0755-82734660	0755-82734662
35			珠海分公司	温镜满	珠海市香洲区人民东路313号1栋901-902室	0756-2316632	0756-2316630
36			汕头分公司	张泽思	汕头市高新区科技东路亨泽大厦15楼1508	0754-88272584	0754-88980990
37			佛山分公司	颜希文	佛山市禅城区华宝南路13号佛山国家火炬创新创业园B2-3	0757-82500236	0757-82500236
38			增城分公司	王会龙	增城市荔城接华丰西路6号104	020-82441689	020-82441689
39			江门分公司	陈国平	江门市蓬江区港口路72号创业中心二期902	0750-3962186	0750-3962186
40			北京分公司	郝传鑫	北京市海淀区北四环中路238号柏彦大厦1703	010-82334622	010-82334872
41			温州办事处	唐娇	温州市矮凳桥228号10幢705室	0577-88808255	0577-88809255
42			潮州办事处	朱信贵	潮州市枫春路枫荷亭凤新大厦西侧五层3号办公楼5010单元	0768-2135555	0768-2135555
43			惠州分公司	刘孟斌	惠州市江北16号小区双子星国际商务大厦B座1009号之一	0752-2222039	0752-2222026
44			厦门分公司	陈进芳	福建省厦门市思明区湖滨南路388号27C3单元	0592-5869500	0592-5166901
45			柳州分公司	梁顺宜	广西壮族自治区柳州市桂中大道南端2号阳光100城市广场2号写字楼20-9室	0772-3166801	0772-3166802
46			海口分公司	郭俊艳	海南省海口市蓝天路31号名门广场C栋1901-2号房	0898-68535549	0898-68535564
47	44205	广州嘉权专利商标事务所有限公司	中山分公司	张海文	广东省中山市西区彩虹大道11号美银国际大厦2幢1101卡	0760-88809855	0760-88924555
48			佛山分公司	谭英强	佛山市禅城区文华北路60号707房	0757-82135920	0757-82135910
49			佛山顺德分公司	张萍	佛山市顺德大良凤翔路创意产业园A105	0757-22213626	0757-22210236
50			江门分公司	冯剑明	江门市港口路183号新隆基大厦301	0750-3124468	0750-3101083
51			珠海分公司	谭志强	珠海市水湾头红塔大厦第7楼703室	0756-3330699	0756-3332444
52			深圳分公司	唐致明	深圳市南山区高新北区朗山路7号航空电子工程研发大厦8楼803	0755-86587393	0755-86587392
53	44211	中山市科创专利代理有限公司	小榄分公司	丁湘俊	中山市小榄镇民安北路东华居一期5号	0760-22269859	0760-22282024
54	44214	广州红荔专利代理有限公司	珠海分公司	王贤义	珠海市香洲人民东路125号工商大厦1512房	0756-2620838	0756-2620899
55			广州东山分公司	黄大宇	广州市越秀区德政北路401-409号801房	020-83379501	020-83636966
56			东莞分公司	吴世民	东莞市东城区鳌峙塘连塘9号A07	0769-22302599	0769-22300598
57			南宁分公司	李珊	广西南宁市民族大道38-2号泰安大厦第1栋写字楼第十二层12号房	0771-5852191	0771-5880312
58			深圳分公司	柴燕	深圳市南山区南山街道桃园路北常兴路东常兴广场东座8M	0755-26398982	0755-26398982
59			佛山分公司	彭娅平	广东省佛山市文庆路2号三层A9室	0757-82802656	0757-82802656
60	44215	东莞市华南专利商标事务所有限公司	广州分公司	张明	广东省广州市越秀区先烈中路83号802、803房	020-87685843	020-87685847
61	44217	深圳市顺天达专利商标代理有限公司	武汉分公司	郭伟刚	湖北省武汉市东湖开发区珞瑜路727号星光无限4栋8层02号	027-86648182	027-86648182
62			惠州分公司	柯夏荷	惠州市仲恺高新区陈江五一住宅小区A1-1、A1-2、A1-3栋613房	0755-82872707	0752-3161177
63	44218	深圳市千纳专利代理有限公司	东莞分公司	胡毅	东莞市莞城汇峰路1号汇峰中心E区701A	0769-89810333	0769-89810198
64			梅州分公司	李开盛	广东省梅州市梅县新城办事处广梅路顺风客运站侧二楼	0753-2510300	0753-2510300
65			醴陵分公司	夏兴友	湖南省醴陵市西山办事处碧山村委	0731-23452777	0731-23452777
66			惠州分公司	练南星	惠州市演达大道11号港惠新天地商业广场1座23层05号房	0752-2885005	0752-2157309
67			日照分公司	卜令涛	山东省日照市新市泰安路南、威海路西日照市海正置业商住楼001栋902室	0633-8781949	0633-8781949

（续上表）

序号	代码	机构名称	分支机构	负责人	地址	电话	传真
68	44219	汕头新星专利事务所	汕头澄海办事处	许映扬	汕头市澄海区文祠东路34号	0754-85732817	0754-86328655
69	44220	广州市一新专利商标事务所有限公司	东莞分公司	王德祥	东莞市莞城区旗峰路159号东远大厦4楼407	0769-23395029	0769-23395092
70	44223	深圳新创友知识产权代理有限公司	南宁办事处	江耀纯	广西南宁市东葛路29-1号荣和中央公园1号楼2512号	0771-5670771	0755-83671968
71			罗湖分公司	江耀锋	深圳市罗湖区桂园街道深南东路5002号地王大厦708室	0755-83671889	0755-83671968
72	44224	广州华进联合专利商标代理有限公司	北京分公司	郑小粤	北京市海淀区学清路9号汇智大厦B座801-805室	010-82736868	010-82737016
73			深圳分公司	邓云鹏	深圳市南山区高新区南区粤兴三道8号中国地质大学产学研基地中地大楼A803	0755-33012323	0755-33012322
74			珠海分公司	王　昕	珠海市九洲大道东1248号九洲假日公寓1单元815房	0756-3895351	0756-3837667
75			东莞分公司	吴　平	东莞市南城区胜和路3号胜和广场C座12楼F单元	0769-22220357	0769-22225317
76			顺德分公司	潘雯瑛	佛山市顺德区大良新桂路明日广场一座403办公室	020-87323188	020-87320273
77			惠州分公司	何　平	惠州市江北东江二路二号富力丽港中心酒店22层11号	0752-2169621	0752-2169621
78			长沙分公司	邓云鹏	湖南省长沙市雨花区芙蓉中路二段359号佳天大厦北栋1701室	0731-85060391	0731-85060392
79			苏州分公司	唐清凯	苏州工业园区星湖街328号创意产业园10-303单元	0512-82285112	0512-82285133
80	44228	广州市南锋专利事务所有限公司	东莞分公司	罗晓聪	东莞市南城区鸿福路鸿福广场A座1703	0769-22824580	0769-22824580
81			东莞办事处	李永庆	广东省东莞市南城区新城元美东路东侧东莞市商业中心A2320号	0769-23024178	0769-23024178
82			肇庆办事处	梁哲文	肇庆市莲湖中路7号陶然居21卡（即湖滨派出所对面）	0758-2820823	0758-2906926
83			湛江办事处	袁周珠	湛江市赤坎区军民路19号（荣基大厦）723房	0759-3289879	0759-3133855
84			河源办事处	何海帆	河源市新市旺源路润宏居A栋A3-401	0762-3100361	0762-3100088
85			潮州办事处	沈悦涛	潮州市枫春路中段潮州日报社办公楼12层西	0768-2355511	0768-2355511
86			清远办事处	罗凯梅	清远市清城区B38#洲心工业园清远铜交易中心三楼	0763-3509740	0763-3509741
87			茂名办事处	何本谦	茂名市茂南区河东油城六路5号科委大院附属楼群3栋309室	0668-5115120	0668-5115120
88	44231	东莞市中正知识产权事务所	佛山分所	成　伟	佛山市顺德区大良国际商业城B区3座103室	0757-22661119	0757-22661112
89			中山分所	侯来旺	中山市古镇镇新兴中路88号邮电大楼七楼	0760-22323635	0760-22320995
90			惠州分所	张汉青	惠州市惠城区演达大道2号海信金融曼哈顿广场9层913号	0752-2275834	0752-2275235
91			贵阳分所	徐　康	贵州省贵阳市云岩区中华北路53号美佳大厦2单元14层4号	0851-5834308	0851-5834308
92	44245	广州市华学知识产权代理有限公司	中山分公司	裘　晖	中山市石岐区莲塘东路8号422房	0760-88868163	0760-88331801
93			东莞分公司	李盛洪	东莞市莞城东纵大道地王广场写字楼7层10号	0769-22320685	0769-86220326
94			南海分公司	梁　莹	佛山市南海区桂城海辉路2号广一大厦10层1001	0757-86131499	020-38744550
95			萝岗分公司	黄　磊	广州市高新技术产业开发区科学城科学大道111号科学城信息大厦主楼第10层1001-7单元	020-62800736	020-38744550
96			增城分公司	盛佩珍	广东省增城市新塘镇广深公路北侧庵前巷32幢703房	020-22237111	020-38744550
97			惠州分公司	李卫东	惠州市惠台工业园区54号小区（厂房）（308-A）号房	0752-2622020	020-38744550
98			番禺分公司	陈燕娴	广州市番禺区市桥大北路150号华兴商贸大厦1510号	020-87113553	020-38744550
99			江门分公司	付茵茵	江门市蓬江区港口路72号904	020-87113553	020-38744550
100			东阳分公司	张金刚	浙江省东阳市吴宁东路57号科技楼2#办公楼2-205	0579-86823185	0579-86823185
101	44248	深圳市科吉华烽知识产权事务所	东莞分所	朱晓光	东莞市莞城区东城南路东升大厦1011室	0769-23360190	0769-23360190
102			成都分所	陈本发	成都市青羊区大安西路56-58号11栋1单元5楼2号	028-6959590	0769-23360190
103			广州分所	孙　伟	广州市天河区华强路2号409房	020-38678810	020-38678267
104			柳州分所	刘昱扬	广西壮族自治区柳州市桂中大道南端2号阳光壹佰城市广场9栋11-12	0772-2624302	0772-2624302
105	44253	广州致信伟盛知识产权代理有限公司	东莞分公司	伍嘉陵	东莞市莞城区运河东二路20号二楼B室	0769-22119785	0769-22214155
106	44260	深圳市兴科达知识产权代理有限公司	南宁分公司	袁士林	南宁市科园大道东四路2号厂房第四层4A17号场地	0771-3214839	0771-3214839
107	44268	深圳市君胜知识产权代理事务所	佛山分所	刘文求	禅城区张槎新媒体产业园4座606	0757-88034113	0757-88034113-608
108	44271	深圳市惠邦知识产权代理事务所	东莞分所	满　群	东莞市南城区体育路2号鸿禧中心B117单元	0755-26506289-802	0755-26506289-802
109	44275	深圳市博锐专利事务所	厦门办事处	张　明	福建省厦门市思明区莲前西路2号莲富大厦F15B	0592-5814556	0592-5814556
110	44280	深圳市威世博知识产权代理事务所（普通合伙）	郑州分所	李庆波	郑州市管城回族区紫盛街65号2单元15层1505号	0755-61675839	0755-61675839
111	44281	深圳鼎合诚知识产权代理有限公司	东莞分公司	彭家恩	东莞市松山湖高新技术产业开发区总部二路9号东莞市依时利科技办公楼-研发楼B3-03	0769-89099567	0755-33335558
112			汕尾分公司	陈俊斌	汕尾市区文德路汕尾职业技术学院我A区实训中心大楼二楼213室	0755-33335533	0755-33335558

（续上表）

序号	代码	机构名称	分支机构	负责人	地址	电话	传真
113	44287	深圳市世纪恒程知识产权代理事务所	武汉分所	胡海国	湖北省武汉市东湖开发区关山大道1号软件产业三期A3栋6层03号	027-87522600	027-87522600
114	44288	广州市越秀区哲力专利商标事务所（普通合伙）	佛山分所	贺红星	佛山市禅城区季华五路2号一座804室	0757-82369001	0757-83289348
115			深圳分所	张　鹏	深圳市福田区深南大道与泰然九路交界本元大厦9B-2	0755-83005234	0755-83827902
116			东莞分所	谭启斌	东莞市南城区鸿福西路81号国际商会大厦12层06A室	0769-22825599	0769-22825101
117			中山分所	刘兴彬	中山市西区富华道10号西苑广场富华阁8C房	0760-88624868	0760-88614833
118	44295	广州市越秀区海心联合专利代理事务所（普通合伙）	梧州分所	蔡　国	广西壮族自治区梧州市蝶山一路拉船里4号	0774-3894849	0774-3894849
119			玉林分所	王洪娟	广西壮族自治区玉林市玉东新区高新技术产业区中小企为创业园综合大楼二楼2A1房	0775-2806355	0775-2806355
120	44302	广州圣理华知识产权代理有限公司	顺德分公司	陈业胜	佛山市顺德区凤翔路41号创意产业园B栋309	020-37636018	020-37636018-818
121	44309	深圳市合道英联专利事务所（普通合伙）	广州分所	廉红果	广州市天河区车陂龙口大街7号2A03房	020-82529125	020-82529231
122	11006	北京市律诚同业知识产权代理有限公司	深圳办事处	黄韧敏	深圳市福田区深南中路2008号华联大厦1411-1413室	0755-83667462	0755-83668754
123	11002	北京路浩知识产权代理有限公司	广州分公司	谢顺星	广州市天河区天河北路908号高科大厦B座3008室	010-62196988	010-62198011
124	35203	厦门市新华专利商标代理有限公司	东莞分公司	朱　凌	东莞市东城西路181号金澳大厦6座302室	0769-22495526	0769-22504005
125			广州分公司	李　宁	广州市越秀区先烈中路92号大院8号8238房	020-37617125	020-37617125
126	11246	北京众合诚成知识产权代理有限公司	东莞办事处	连　平	东莞市南城区元美路华凯广场A1716	0769-23186866	0769-23182369
127	11221	北京捷诚信通专利事务所	深圳办事处	杨竹清	深圳市福田区彩田南路海天大厦1928室	0755-83461499	0755-83460428
128	11290	北京信慧永光知识产权代理有限责任公司	佛山办事处	艾持平	佛山市禅城区惠景三街40号502房	0757-82328308	0757-83120342
129			东莞分公司	张淑珍	广东省东莞市松山湖科技产业园区科苑6号楼四楼403A，403B室	0769-22890318	0769-22361353
130	11212	北京轻创知识产权代理有限公司	东莞分公司	吴英彬	东莞市南城区第一国际百安居A幢508	0769-23023265	0769-23182100
131			深圳分公司	王新生	深圳市福田区彩田路瑰丽福景大厦3#楼1708室	0755-83005980	0755-53695132
132	11285	北京北翔知识产权代理有限公司	深圳分公司	钟守期	深圳市宝安区新安办创业西路富源商贸大厦1栋D座604室	0755-29075489	0755-61624078
133	12201	天津市北洋有限责任专利代理事务所	东莞分所	曹玉平	东莞市南城区鸿福西路南城商务大厦1210室	0769-23020555	0769-23020555
134	11227	北京集佳知识产权代理有限公司	广州分公司	陈剑华	广州市天河路351号广东外经贸大厦21楼2109室	020-38816190	020-38806446
135			东莞分公司	张　浩	东莞市南城区元美东路东侧商业中心F座1508号	0769-22020278	0769-22020248
136	11279	北京中誉威圣知识产权代理有限公司	东莞分公司	丛　芳	广东省东莞市东城区岗贝雍华庭都市E站902号房	0769-22309696	0769-28200800
137	11234	中国商标专利事务所有限公司	东莞办事处	桑丽茹	广东省东莞市东城区育兴路84号	0769-22609984	0769-22295542
138	11335	北京汇信合知识产权代理有限公司	东莞分公司	王维新	广东省东莞市莞城区东纵路2号地王广场24层2A	0769-22482526	0769-22087052
139	11330	北京市立方（广州）律师事务所	广州分所	刘延喜	广州市天河区体育西路189号城建大厦9B室	020-85561566	020-87583005
140	11332	北京品源专利代理有限公司	东莞分公司	胡　彬	东莞市南城区鸿福路76号南城商务大厦办公楼603号	0769-23033956	0769-23033595
141			深圳分公司	邓猛烈	广东省深圳市福田区彩田路彩福大厦D座嘉福阁7G	0755-61547960	0755-61547961
142			佛山分公司	吕　琳	佛山市禅城区文华北路60号1911房	0757-88778186	0757-83309422
143			广州分公司	钟锦舜	广东省广州市天河区林和西路157号A栋1001单元	020-22020285	020-22020286
144	11350	北京科亿知识产权代理事务所（普通合伙）	东莞分所	宋　华	东莞市莞城八达路电子大厦901室	0769-89810940	0769-89810908
145			中山分所	孙海英	中山市石岐区中山二路48号6楼623室	0760-85757870	0760-85757870
146			佛山分所	肖平安	广东省佛山市高明区荷城街道沿江路463号3座1703之5	0757-88660999	0757-88660999
147			深圳分所	许　娆	深圳市宝安区九区宝民一路广场大厦九层913	0755-32936055	0755-32936055
148	11282	北京中海智圣知识产权代理有限公司	东莞办事处	白凤武	东莞市南城区莞太路鸿福路段63号鸿福广场A座1802C号	0769-22024556	0769-22024559
149	11340	北京天奇智新知识产权代理有限公司	深圳分公司	汪琳琳	深圳市福田区彩田南路中深花园A座1612室	0755-83475145	0755-83475145
150	11111	北京万慧达知识产权代理有限公司	广州分公司	杨　颖	广州市天河区林和西路3-15号耀中广场3901-03单元	020-81362728	020-81364186
151			深圳分公司	王　虎	深圳市福田区香林路富春东方大厦1506	0755-82762920	0755-82762920
152	11369	北京远大卓悦知识产权代理事务所（普通合伙）	江门办事处	张　清	江门市蓬江区港口路中远大厦17楼E座	0750-3963376	0750-3963376
153	11129	北京海虹嘉诚知识产权代理有限公司	汕头办事处	吴小灿	广东省汕头市金砂路106号国际商业大厦B座24F	0754-88944447	0754-88484447
154			东莞办事处	李正清	广东省东莞市南城区胜和莞太路12号中兴大厦1103室	0769-33326068	0769-33326067
155	11201	北京清亦华知识产权代理事务所（普通合伙）	深圳分所	李志东	深圳市福田区华强北路长盛大厦1319-1320室	0755-33008005	0755-33008006
156	11042	北京乾诚五洲知识产权代理有限责任公司	东莞办事处	杨玉荣	广东省东莞市华凯豪庭办公楼707	0769-22028595	0769-22029555
157	11250	北京三聚阳光知识产权代理有限公司	深圳分公司	张　杰	深圳市福田区益田路江苏大厦B1401室	0755-83547528	0755-83547388

（续上表）

序号	代码	机构名称	分支机构	负责人	地址	电话	传真
158	11403	北京风雅颂专利代理有限公司	东莞分公司	姚伟祺	广东省东莞市南城区元美东路东侧商业中心D座1711（A）号	0769-22036235	0769-22036230
159	11400	北京商专永信知识产权代理事务所（普通合伙）	广州分所	许春兰	广州市越秀区环市中路205号自编B312	020-86669887	020-86672612
160			佛山分所	高之波	佛山市禅城区金源街8号第六层（自编606室之二）	0757-83209888	0757-88359808
161	11319	北京润泽恒知识产权代理有限公司	广州办事处	赵娟	广州市天河区珠江新城华强路3号富力盈力大厦南塔1404室	020-87385717	020-87380321
162	11421	北京天盾知识产权代理有限公司东莞分公司	东莞分公司	林晓宏	东莞市南城区体育路28号嘉信大厦9楼6号	0769-21682609	0769-21682609

主题索引

ZHU TI SUO YIN

主题索引

说　明

一、本索引采用主题分析方法，款目按汉语拼音字母（同音字按声调）顺序排列。

二、本索引一般摘录各篇的节题、目及小目作索引条目。

三、索引款目后的数字表示内容所在的页码，数字后的拉丁字母（a、b）表示栏别（即版面的1、2栏）。

四、同一主题的内容在文中多处出现的，在其款目后用不同的页码标明。

五、本索引对《知识产权大事记》和《附录》等篇不作内容主题分析。

T

W

X

Y

Z